中央高校基本科研业务费专项资金
（西南交通大学『中国宗教研究』创新团队建设项目2682018WCX04）赞助

關公文化

河南赊店关公文化研究会
西南交通大学中国宗教研究中心/编

西南交通大学出版社
·成都·

图书在版编目（ＣＩＰ）数据

南阳关公文化 / 河南赊店关公文化研究，西南交通大学中国宗教研究中心编. —成都：西南交通大学出版社，2019.9

ISBN 978-7-5643-7145-6

Ⅰ．①南… Ⅱ．①河… ②西… Ⅲ．①关羽（160-219）－文化研究－南阳 Ⅳ．①K825.2

中国版本图书馆 CIP 数据核字（2019）第 205529 号

NanYang Guangong Wenhua

南阳关公文化

| 河南赊店关公文化研究会 | 编 | 责任编辑／罗小红 |
| 西南交通大学中国宗教研究中心 | | 封面设计／墨创文化 |

西南交通大学出版社出版发行

（四川省成都市金牛区二环路北一段 111 号西南交通大学创新大厦 21 楼　610031）

发行部电话：028-87600564　028-87600533

网址：http://www.xnjdcbs.com

印刷：成都市金雅迪彩色印刷有限公司

成品尺寸　210 mm×285 mm

印张　21.25　　字数　474 千

版次　2019 年 9 月第 1 版　　印次　2019 年 9 月第 1 次

书号　ISBN 978-7-5643-7145-6

定价　280.00 元

2014 年中国·赊店首届关公文化庙会

赊店首届关公文化庙会

时任会长苟义全主席恭读祭文

关公文化庙会上的表演　胡居凌／摄

盘鼓表演

巡街（一）

巡街（二）

赊店首届关公文化研讨会现场

赊店首届关公文化研讨会合影　胡居凌／摄

2015 年中国·赊店关公文化节

参会嘉宾

庆祝表演

祭拜

中国（赊店）关公文化研讨会合影留念

2015.06.28

赊店关公文化研讨会合影留念　胡居凌／摄

2016年中国·赊店关公文化旅游节

仿古祭祀

赊店关公文化旅游节
嘉宾签字

民俗文艺踩街活动

赊店关公文化旅游节出席文化论坛人员合影

社旗县领导在 2016 年中国·赊店关公文化旅游节开幕式现场

国内外专家学者在社旗县山陕会馆大拜殿参加关公文化论坛

"敬关公、倡忠义、讲诚信"
三百米长卷在巡展途中

　　为了弘扬关公精神，树立"忠义仁勇信"的理念，赊店关公文化研究会组织了"敬关公、倡忠义、讲诚信"三百米长卷签名活动。本次活动签名人数达 12852 人，在节会期间组织 200 多名志愿者抬长卷在街道上进行巡展。

2017 年中国·赊店国际关公文化旅游节

仿古祭祀

悬鉴楼

叩拜

巡游

主祭官

献艺

山西解州关帝庙文管所所长卫龙致辞

社旗县委副书记王少华宣布文化节开幕

2018 年中国·赊店国际关公文化旅游节

祭台

仿古祭祀

总顾问苟义全与
《关帝庙赋》演出人员合影

彩车巡游

社旗县非物质文化遗产——独杆轿

新编情景剧《驻马山》

赊店关公文化论坛合影

秉忠

2018赊店关公文

主办：社旗县赊店关公文化研究会
社旗县赊店民俗文化研究会

中国·赊店关公文化旅游节秋
季大典会场全景（摄影：胡居凌）

　　中共社旗县委书记余广东：节会从关公文化庙会升级为关公文化旅游节，主办单位从河南赊店关公文化研究会升格为社旗赊店商埠文化产业示范园区管委会和社旗县文物旅游局，这是文化担当。恰恰是这个担当，既回应了群众文化生活的急切呼声，又承载了社旗转型升级发展的崭新希望。

　　社旗县人民政府县长张荣印：文化是社旗的一大优势和一张名片，我们要把这种优势做得更大，把这张名片擦得更亮。今年关公旅游文化节就是一个很好的载体，其意义不仅仅会显现在眼前，也定会有益于未来。因此，今年这个头一定要开好，办好办实，办出精彩。

　　社旗县人民政府副县长郭鹏：一个民族的复兴，需要强大的物质力量，也需要强大的精神力量。希望赊店关公文化研究会、民俗文化研究会和《赊店春秋》杂志社，深入挖掘赊店历史文化，进一步弘扬优秀传统文化，努力寻找关公文化与社会主义核心价值观的契合点，坚定信心，聚力攻坚，为加快社旗从文化资源大县向"文化强县"的跨越做出新的更大的贡献！

贾　迪

　　中共社旗县委宣传部部长贾迪：2014年9月，在赊店关公文化研究会的主导下，中断了一个甲子的关公庙会以"中国·赊店首届关公文化庙会"的形式，重新在山陕会馆演绎，海内外宾朋云集。该活动已连续成功举办了五届，逐渐成为承载社旗优秀传统文化、具有国际影响力的知名品牌和靓丽名片，成为社旗开放的窗口、合作的纽带和发展的桥梁。

南阳是我第二故乡。1984年大学刚毕业，我就被分配到南召县某军工厂工作，四年后调回许昌。2003年创办关公网之后，我曾赴社旗县和淅川县考察山陕会馆，赴新野县考察汉桑城。而真正与南阳关公文化发生密切联系，则是在2014年的一天。

这天，河南赊店关公文化研究会苟义全会长率领副会长、秘书长一行四人，专程驾车来许昌，请求我使用关公网的资源，帮助提升赊店关公庙会举办水平。他说，自古以来，赊店每年举办祭祀关公的关公庙会，但20世纪50年代初停办了，他们几位退下来的老同志成立了研究会，费尽周折把庙会恢复了。然而，庙会举办存在许多不如意的地方，需要弥补和提高。我也向他们介绍，创办关公网的初衷就是为了弘扬关公文化，加之身为关公后裔，对于赊店的请求没有不支持的道理。苟会长和我相见恨晚，还说"终于找到了组织""关站长指到哪儿我们就做到哪儿"这样的话，临行还送了我一件南阳特产"赊店青花瓷"酒。从此，关公网就成了赊店关公文化研究会的"军师"，帮助赊店出谋划策，培训志愿者，召集海内外专家学者和艺术家，寻求重点关庙和企业家的支持等。转眼五年过去了，苟会长初来许昌白发童颜的样子，仿佛就在昨天一样。关公网成就了赊店，赊店也成就了关公网。赊店关公文化研究会和苟会长，对关公网有知遇之恩，我终生难忘。

赊店关公节庆的名称，从关公庙会到关公文化节，又到关公文化旅游节。不仅名称上有细微变化，其规模和社会影响也是一年登上一台阶。然而与三大关庙举办的关公节庆相比，赊店关公节庆仍存在较大差距。如何扩大与外界的交流合作，如何提升办节社会效果，是赊店关公文化研究会领导也是我经常思索的一件大事。在2016年年底，经过酝酿和沟通，由关公网召集马来西亚关老爷文化协会、河南赊店关公文化研究会、广西桂林恭城关帝庙会理事会三个单位的主要领导开了一次协商会，签署了《促进关公节庆健康发展的共识》。因签约地点在赊店，所以简称《赊店共识》。《赊店共识》的主要内容是，三地每年举办关公节庆活动，每三年一大办，大办地点循环更替，小办支援大办。这三个办节单位，既有共性又有个性。共性方面，他们不是寺庙或景区，都没有香火和门票收入，常常面临经费困难；他们不是体制内单位，养不起专职队伍，缺乏各种专业人才。个性方面，三个单位所在地相距遥远，分属关公文化传承地区的不同类型，有不同的人文环境和不同的参与者。河南赊店地处中原腹地，是关公文化发祥地，关公节庆参与者主要是汉族同胞。广西恭城地处西南边陲，是关公文化中转地，参与者既有汉族同胞，又有壮族、瑶族等十五个少数民族同胞。马来西亚地处异国他乡，是关公文化传承地，参与者既包括华裔，也包括印度裔、马来裔等。所以把这三个地点连接起来，既便于互相学习和促进，又便于参与者全面体验关公文化。

2017 年是签订《赊店共识》后的第一年，河南赊店和广西恭城如约率团协办马来西亚国际关公文化节。原创越调《汉桑情》情景剧和瑶族吹笙哒鼓舞在马来西亚首都吉隆坡首演，之后又赴主办单位马来西亚关老爷文化协会驻地新山市演出，取得了良好社会效果。年底苟会长又找到我，商量 2018 年的重点工作。我说，在《赊店共识》的三家单位中，赊店的地位非常重要，因为南阳是关老爷生活过的地方，是关公文化的发祥地，现在又不存在其他

关公文化研究组织，那么我们赊店就应该主动把南阳的关公文化研究与弘扬工作担负起来。首要的工作，是把南阳的关公文化资源摸个底，搞一次重点调查。到底关老爷去过哪里？发生过什么事？史料有什么记载？民间有什么传说？有哪些主祀关老爷的寺庙会馆？只有我们将南阳的关公文化资源挖掘出来，今后才能科学系统地开发利用，才能开展艺术创作和文化交流等。苟会长对我的建议大为赞同，很快就落实到关研会的行动上。既寻求到当地南阳市社科联、宣传系统的支持，又邀请到西南交通大学人文学院梅红教授的支持。通过梅红教授的顶层设计和培训，赊店关公文化研究会和我分成了多个调研小组，走遍了南阳的山山水水，一处一处地核实线索，实地开展田野调查。经过半年多时间，搜集到四十多处关公遗址遗迹和纪念建筑物的详细资料。梅教授把大家的工作成果汇集起来，就有了《南阳关公文化》这本书。

如果用一句话概括关公与南阳的关系，我就这样表述：1800 多年前，关羽真的来过南阳；他至少在这里生活和战斗七年多时间；他至少在新野、沙堰、驻马山、博望坡等地留下了真实的足迹；他骁勇善战的水军是在这里训练的；他和刘备、张飞在这里奠定了"三分天下"的人才和物质基础；南阳是关公文化的重要发祥地；关公是南阳最宝贵的文化资源。

关志杰

2019 年 6 月

赊店，我最初知道这个名字，是因为酒。而那时年轻，对酒文化不甚了解，也便没有过多地留意。后来从事文保工作之后，听业内朋友谈到特色古建筑时，建议我们到赊店去一下，说那里有个会馆，绝对值得一看。只因机遇未达，终未成行。及至关帝祖庙工作后，朋友知我还没去过赊店，便又建议，此会馆等同于一座关帝庙，应该去实地考察一下。因此，在去湖北出差时，专程绕到赊店，只为参访此处的会馆。

好在，会馆的管理人员在我们一行人拿出工作证后，不仅让我们免费进入，还给予了相应的关照。那时的会馆周边，尚未整治改造，谈不上如今的档次和气势，宛然就是一个极其普通的村镇架构。可是，馆内却另有一番天地，想不到，此处竟有如此宝贝！匆匆忙忙地浏览观赏，给了我一个大大的震撼，却也留下了大大的遗憾！只因时间有限，不能仔细品味其中的

蕴涵。下定决心，要再到赊店。

时不久，我组团带队，二到赊店。从会馆名称到会馆历史，从建筑布局到建筑风格，从外在形制到文化内涵，从文物保护到开发利用，从管理体制到人员收入，逐项了解，逐项考察，逐项研判。所有参加考察之人，都感到不虚此行，深受震撼！宝贝，不愧为宝贝！可是，震撼的同时，也不无遗憾。因为，宝贝是蒙尘的宝贝，世人未能让宝贝发出应有的光芒。

在2014年运城的关公文化节上，知道河南社旗来了一支团队，着人了解与赊店山陕会馆有否关系。得知是一家后，急忙相见。从此，与苟义全主席及其团队，建立了友好的、紧密的联系。

受苟主席的盛情邀请，三到赊店。本来是去参加关公文化节，为赊店加油、助威。却不料，赊店给了我更大的震撼！一是周边环境的整治与改造，不管是扩建的新广场，还是修缮的老街道，不仅宽阔整

洁，而且井然有序。赊店，开始为宝贝除尘了！二是文化气息浓郁，文化活动丰富。尤其是苟主席领导的关公文化研究会，在短短几年的时间，不仅把赊店的关公文化进行了发掘、整理、研究，而且把赊店的其他传统文化也进行了传承和弘扬，同时，还在国内和国际打出了品牌，打响了名声。不容易，的确不容易！因为这些人全是志愿者，全是义务工，有年轻的，有年长的。凭的是坚定的信仰和对家乡的挚爱，其中的艰辛可想而知，让我的敬佩之情油然而生。

之后，又几次到赊店，每每见到这支团队的人，见到赊店的人，都感到无比的亲切。见到赊店的发展变化、发展成果，由衷地为赊店高兴。赊店，让人心情舒畅！赊店，让人看到了光芒！

前不久，苟主席与我联系，得知他们又在干大事，组织南阳市十三个县市区的几十个学者，对关公在南阳市辖区战斗和生活的地方，进行拉网式地普查、调查和考查，准备出一本《南阳关公文化》专著。

虽然我还没有看到这本书的样稿，但从苟主席的介绍和书的提纲中，就能感觉到，这不仅仅是他们汗水的结晶，是他们的研究成果，更是填补了关公文化的一项空白！在国家"坚定文化自信，推动社会主义文化繁荣兴盛"的总体方针下，"加强思想道德建设"，"传承和弘扬中华优秀传统文化"，"推动文化事业和文化产业发展"，"提高国家文化软实力"，就是我们需要贯彻落实的具体工作任务。无疑，赊店在这一方面，进行了扎扎实实的推进，就像为我们奉献了一颗璀璨绚丽的礼花，可喜可贺！当敬当佩！

我惊叹！惊叹他们的精神！

我感叹！感叹我不如他们！

邀请我为此书写序，当真有些惭愧，却又为了工作，为了责任，为了感情，不便拒绝，只好"恭敬不如从命"了。

不敢赘述，谨为序。

山西解州关帝祖庙　卫龙

2019 年 7 月 1 日

关羽作为历史上三国时期蜀汉名将，虽然没有留下流芳千古的皇皇巨著和封疆列土的显赫功绩，但却凭借着"忠""义""仁""勇"的人格力量，在千年风雨的文化迁徙和浮沉中，从关公、关王、关帝、关圣而逐渐神圣化。关羽的历史事迹与人物品格，使其成为中华儿女的一笔宝贵精神财富，而其演变形成的关公文化，更是表征为一种独立的且拥有强大精神力量的中华传统文化。时至今日，关公文化的影响仍然能够圆融儒道佛、和睦多民族、覆盖全社会、延及海内外。如何将具有民族文化传统美德的关公精神与社会主义核心价值观相融合，是一件非常有意义、有价值的工作。

南阳与洛阳，有着相同的关公文化情结。南阳是关羽的第二故乡，他曾在这里生活长达八年之久，留下了众多遗迹。自唐宋以来，南阳一带对关羽的祭祀活动络绎不绝，至今仍方兴未艾。而洛阳是关公文化的重要发源地之一，洛阳关林是关公的圣域，在全国各地数以万计的关庙中，唯洛阳关林是林、庙合祀。关林还是国家级非物质文化遗产"关公信俗"的遗产地。关公文化是洛阳和南阳共同拥有的历史文化品牌。因此，我任职洛阳理工学院党委书记期间，大力倡导洛阳、南阳两地携起手来，合作开展关公文化的研究、传承、创新。洛阳理工学院分别在2016年、2018年与社旗县协办了"中国·赊店国际关公文化旅游节"，我校关公文化研究院和依托我校的洛阳市人文社科重点研究基地"关公文化研究中心"也派出专家学者参会，提交会议论文，主持"关公文化论坛"，为这两届盛会积极服务、建言献策。双方围绕共同关心、热爱的关公文化，探讨学术问题，发布最新成果，谋划未来发展，这对推动关公文化的深入研究，进一步开掘赊店历史文化内涵、打造"文化社旗"品牌、带动地方文化旅游发展，增进两地的文化传播与感情交流，都起到了积极的推动作用。我作为学校党委书记，同时还是一个南阳人，能够尽绵薄之力对南阳关公文化给予支持，并协助老家社旗做一些事情，深感欣慰。

关公文化在南阳有着深厚的基础。南阳学者借助天时、地利的优势，顺势而为，从2014年开始，经过五届的关公文化节会活动和一年多的辛苦工作，编写出了《南阳关公文化》一书。书中既有对南阳关公文化研究会十年历程的回顾，也有对五届南阳关公文化节成果的总结，但更重要的是他们以田野调查的方法，收集、整理的关公在南阳留下的庙宇、碑文、画册、故事、书籍等内容。这些珍贵的、大量的第一手文献资料，以其历史与现实的地域性存在，生动地诠释了关公信仰的民间虔诚与生命活力，表明千年不衰、风景依然的关公文化已深深潜入民族文化心理，成为重要的精神遗传基因。当前，关公文化作为中华传统文化的一个标志性符号和重要的人文现象，既需要宏观历史层面总览其普适性发展演变，也要注重从"小传统"出发，建构"地方性知识"，探究其如何"在地化"流布民间从而深刻影响民众日常生活。而《南阳关公文化》无疑为关公文化研究提供了颇具地方色彩的"小传统"标本，其田野调查而来的关公事迹及历史文物有着丰富的阐释空间，这为今后的关公文化"在地化"研究奠定了深厚基础，也必将推进其迈向新的高度。

关公文化博大精深，其时代精神内涵，与社会主义核心价值观及其公民个人层面的价值准则有着高度的契合点。关公精神体现了社会主流审美情趣和价值取向，符合社会对合格公民的要求，其核心价值，就是教人如何成为人，如何行使自己的社会使命。倡导关公精神，有利于社会的和谐，有利于倡导社会正义，引导全社会共同努力去构建暖烘烘的集体，追求真善美的珠玉。

如果说人类精神大厦需要现代文化的支撑，也需要传统文化的基石，那么《南阳关公文化》的出版，既是一次对关公文化传统的发掘与弘扬，也是一次与时俱进的当代构建与创新。作为一名关公文化爱好者，我能够第一时间阅读家乡学者的著作，深感欣慰和荣幸。

是为序。

洛阳理工学院党委书记　苟义伦

2019年6月22日

很高兴看到赊店关公文化研究会送来的南阳关公文化研究书稿。

在历史长河中，关公的"忠义、仁勇、诚信"精神，散发着人性和道德的光辉，为后人膜拜与传唱，成为中华民族传统美德的承载者和化身，堪称"精忠贯日、义薄云天"的伦理道德典范。

南阳是三国的古战场、三国文化的源头。据史料记载，刘秀、刘玄、诸葛亮、许攸、黄忠、魏延、邓艾……这些南阳籍或在南阳发迹的人物在魏蜀吴政权中占据重要位置，发挥着重要作用，推动了三国历史的发展，演绎了一幕幕惊心动魄的历史故事。特别是关于关羽的历史文物遗存也是星罗棋布、弥足珍贵，其故事传说更是家喻户晓、妇孺皆知。

明清时期，晋陕商人的生意遍及全国各地，每到一处，他们都会修建关帝庙和会馆，把"浩气已吞吴并魏"的关公当作"财神"奉为神祇，期望关公的"麻光"常荫"晋与秦"。赊店镇历史悠久，曾经是繁华的商埠重镇、纵贯南北的水陆交通要道——万里茶路的重要中转站。凭借古镇独特的地理位置和开放包容的胸襟，不少晋陕商人生意兴隆，日进斗金，赚得盆满钵满。于是，他们依赵河码头修建了关公祠，后又集资兴建了"叙乡谊、通商情、敬关公"的山陕会馆。

社旗山陕会馆始亦称"山陕庙"，始建于清乾隆二十一年（1756年），经嘉庆、道光、咸丰、同治至光绪十八年（1892年）竣工，历经6帝136年。这座会馆建于中国古建筑艺术臻于完美的最后一个高潮期，加之寓居赊店的晋陕二省商贾"盖压三江"的比富心理，以其雄厚的财力对会馆建筑倾力投入，"运巨材于楚北，访名匠于天下"。其建筑工艺兼收南北建筑文化之长，融北方古建筑雄浑壮观之气势和南方古建筑严谨柔美之风格于一体，雄伟壮丽、精美绝伦，被誉为"天下第一会馆"。

会馆的建筑造型、布局以及木刻、石雕、彩绘、刺绣等建筑装饰图案，不仅突出地体现了崇商意识，更着意强化了对关公"诚信为本"精神的宣扬，教育、警示、约束和鞭策商人诚信经营，以义取利。

关公文化是中华民族优秀传统文化的重要组成部分。近年来，赊店关公文化研究会不断挖掘、传承、创新和弘扬关公文化，取得了丰硕成果。2014年9月，在赊店关公文化研究会的主导下，中断了一个甲子的关公庙会以"中国·赊店首届关公文化庙会"的形式，重新在山陕会馆演绎，海内外宾朋云集。该活动已连续成功举办了五届，逐渐成为承载社旗优秀传统文化、具有国际影响力的知名品牌和靓丽名片，成为社旗开放的窗口、合作的纽带和发展的桥梁。

据我了解，本书填补了南阳地区关公文化研究方面的空白，对推动传统文化研究具有重要意义。为了出版这本书，赊店关公文化研究会做了大量前期调研和筹备工作，全国各地以及南阳的民俗专家、学者给予了极大的关注和协助，尤其是西南交通大学梅红教授倾注了大量的心血和汗水，为书籍的出版奠定了很好的基础。

是为序。愿能起到抛砖引玉作用，希望有更多的人关注社旗的关公文化研究工作，也愿关公文化作为赊店古镇的名片愈加丰富、深刻。

2019 年 9 月 19 日

（作者系社旗县委常委、宣传部长）

南阳，在地理位置上位于河南省西南部，属于中原文化圈，又位于豫鄂陕交汇处，地缘上深受楚文化、晋文化的影响。中原文化向四方辐射的过程中，逐渐形成了中华民族稳定的文化特征、价值观念、道德典范，因而在中华文化中具有举足轻重的作用。荆楚地方文化为关公文化在民间的流行涂抹了浓重的色彩。而晋陕商人在中原的行走，以及他们源自关公故里的文化基因，就这样在山陕会馆中传播，为各行各业的商业文化制定了基本的行为准则与道德规范。以儒家忠义精神为核心价值的关公文化，在中原大地上的独特存在，需要更多的关注。

窥一斑而知全豹，就文化社会学而言，个案研究在研究条件比较局限的情况下，可以集中人力、物力、财力，对某一文化现象产生与发展的过程，内在与外在因素进行深入细致的分析，从而达到对有关问题深入全面的认识，得出一些有价值的结论。对南阳的关公文化的深入研究，既可以对中原地区的关公文化加深认识，又可以提炼关公文化学术研究的若干议题，还可以为关公文化多元研究的展开奠定基础。这次调研，是南阳地区第一次有组织的对关公文化进行实地考察的文化活动，调动了南阳市所有区县的力量，高效地对南阳关公文化做了一个全面的摸底。其成果和发现令人惊喜！这更让人赞同河南大学王立群教授所言的："在中国的历史长河中，南阳好像杠杆的一个支点，只要得到这个支点，就能撬动历史的进程。"

南阳关公文化有以下特点：

丰富的关公文化是南阳三国文化的一个特点。比如南阳市是诸葛亮躬耕之地、刘备"三顾茅庐"发源地。在南阳卧龙区，诸葛亮隐居之所，纪念诸葛亮的祠堂仅武侯祠一座，而关帝庙的数量远远多于此，南阳市老城区的关帝庙超过 10 个。再以新野为例，新野是蜀汉政权的发源地，新野涉及关公的历史遗迹，与关公文化有关的胜迹有汉桑城、关宿桑、议事台、鹊尾坡、瑞莲池、关公提闸放水淹曹军处（石门厅）、水军演武场、拦马桥、关场；遗迹有校场、三义庙、结义庙、关庙晋楸、春秋楼；遗物有关公磨刀石（待考证）；文物碑刻有汉桑城碑、关公行祠碑、焦店关帝庙碑及沙堰四门石匾额等。而新野的关帝庙有沙堰街关公行祠，焦店关帝庙，古城关帝庙，陈营关帝庙，老徐庄关帝庙，夏官营关帝庙，板桥铺关帝庙，大程营关帝庙，李庄关公祠，东高营关爷庙，东园关爷庙，兴隆观关帝庙，梅堂关帝庙，岗南关帝庙，沙堰镇关帝庙等。在南阳市各县各地，还有大量的关于关羽的民间传说故事流传，与关公相关的地名也有很多，一些村庄直接就叫关庙村。这种盛况在我国其他地区并不多见。以同为蜀汉政权重要地方的成都为例，这里是刘备称帝的地方。专祀关羽的庙宇数量完全不能和新野比，成都市区仅有关帝庙一所，现已毁。成都地名中的小关庙，祭祀的是关索。成都的洗面桥与关羽有关，传说关羽被害后，刘备为思念关羽，日夜哭泣，整日以泪洗面，这个故事突出的是刘皇叔的兄弟情谊。同为三国文化，南阳的三国文化更侧重关公文化。这当然与关公在南阳生活战斗了

七年有关，也与当地民间关公崇拜兴盛有关。南阳三国文化研究，不能忽略了关公文化。

南阳的关公文化起源非常早。据乾隆《新野县志》中记载："关帝祠，一在城内东南隅；一在城南关；在城北里许，晋楸在焉。"而《新野县志古迹》中载："晋楸，城北，关壮缪祠前，相传晋时所植，老干已枯，旁枝犹茂，望之如怪石耸立，真千年物也。"此庙是中华人民共和国成立后才毁。如此，晋时南阳已经有关帝庙了。唐代是南阳关帝庙修建的另一个时期，邓州姜岗关帝庙，据王国勇同志的实地调查，"该庙始建于唐朝，属千年古刹。清康熙五十八年、乾隆二年、乾隆四十二年、同治十年、民国二十四年、民国二十六年、民国三十四年、民国三十五年及岁次辛未年二月，共十数次进行重修，有石碑为证。"新野关场结义庙、东营关帝庙为唐代所建。宋元时期，南阳地区的关帝庙持续修建，如南召关帝庙，始建于元至正元年（1347年）。明清时期，山陕会馆在南阳一带大量兴建起来，它们是建筑艺术的精品，社旗山陕会馆被称为"天下第一会馆"，源潭山陕会馆、荆紫关山陕会馆等也都如明珠一般闪耀。

历史上南阳的关帝庙数量多，规模大。

如清代乾隆《新野县志》在"坛祠"中载新野县城关帝庙有3处，民国《新野县志》在"列祠寺观"中载新野县城乡关帝庙有9处，当地文化学者葛磊老师实地考察出新野历史上存在15座古关帝庙。又如，据有关史料记载，仅南阳老城区不到3平方千米内记录有关帝庙的不下10处。据这次调查（2018年4月到7月）不完全发现，现在南阳地区仍然活跃的关帝庙有15座。南阳的关帝庙的另一个特点是庙宇规模大。建于明末的岗南关羽庙占地10余亩（1亩约为666平方米）。建于清康熙五十四年（1715年）的梅堂关帝庙占地30余亩。西峡县九柏关帝庙占地面积36960平方米。社旗赊店山陕会馆占地面积达13423平方米。

关公为儒释道共同供奉，也是民间信仰的重要对象，从现在掌握的材料来看，道教与南阳关公文化关系紧密。中原地区深受道教全真道一支和正一派一支的影响。历史上南阳关帝庙多由道士主持，明清时期所修山陕会馆中，也多为信仰道教。如镇平山陕会馆住持是道士果端，根据石碑上的太极图案和供奉神仙判断，应该是道教。新野岗南关帝庙，旧时有道士10人。建于明嘉靖年间的新野李庄关公祠，历史上祠堂内供奉关羽、关平、周仓，祠内主

持道人2人。新野梅堂关帝庙大殿塑关公神像，东堂供土地、财神、玉皇大帝，当为道教寺庙。如果结合碑刻、志书等材料，当有更多更深的发现。鲁迅说，道教是中国的根柢。关公文化研究，不可忽视道教的影响。

南阳关帝庙在革命时期，发挥了很大的作用。社旗山陕会馆，曾是陈赓、谢富治兵团驻军处，南召关帝庙旧址，曾是陈赓兵团的前委扩大会的旧址，淅川韦集山陕会馆为刘邓大军作战指挥部，张集厚坡关帝庙为中共宛西地下党活动地。深入挖掘这一方面的历史文化，是南阳关公文化研究的一个方向。

以上为此次调研发现的概况。

需要说明的是，此次调查的庙宇，以主祀关羽为准则，一些财神庙、佛庙道庙，虽然有供奉关羽，但没有录入。对稿件的整理上，以保留材料的本来面貌为准，尽量少做改动。比如镇平县晁陂关帝庙提供的材料，"唐贞观十年（公元636年），道教兴盛，著名道人麻衣子在内乡修炼。一天东游，借宿此地，惊觉祥云笼罩，神灵闪光，顿生关羽大义参天之感。麻衣子见此，即同随人与地方邑绅商量，为关羽修庙纪念。兴定七年（公元1223年）全真道龙门派创始人邱处机由西域返京，到北

顶五朵山青牛宫修炼，特游此地祭祀增建。大德四年（公元1300年），该庙毁于水患及战乱。"麻衣子的生活时代是晋，另有一麻衣道人为五代时人。在编辑中，保留了这一段文字，因为其价值恰恰是民间文化的真实体现。这种现象也为文化研究学者提供了基础。由于种种原因，此次调查有一些遗憾，最大的遗憾是各地发现古碑刻后，大多没有拓文，甚至没有照相。这些古碑保护不够，笔者生恐古碑内容还没有留下就又消失了。这些都是不可再生的资源，如果消失，是祖国珍贵遗产的损失。另外，除一些地区外，大部分地方对县志、地方志的等材料的利用不够，材料的质量显得参差不齐。再有是文艺类作品收集不够，比如剧本就未搜集到，民间传说故事也搜集不足。这些遗憾，也为更专业、更全面、更深入的研究提供了空间，是又为幸事！

由于城市化进程，现代化的发展，笔者深深感到抢救性研究、保护南阳关公文化的迫切性。目前，对推动南阳关公文化的发展做出了重要贡献的是赊店关公文化研究会。河南赊店关公文化研究会，成立于2009年9月，设会长1名，时任会长苟义全，副会长2名，时任副会长时磊、郜遂中，秘书长杨玲。其宗旨为弘扬传统文化，助力文化社旗发展。研究会成立之后，

为了弘扬民族优秀传统文化，赊店关公文化研究会推动和主持了2014年关公文化庙会，恢复了中断60年的传统文化活动，之后每年一办。关公文化节，已成为赊店的一张国际名片。此文化节，扩大了社旗的影响，与世界上多个国家建立了联系，与国内20个地方的专家学者保持了联系。2016年12月3日，赊店关公文化研究会与马来西亚、广西恭城达成共识，签订《赊店共识》协议，商定今后举办关公文化节采取三年一大办，一年一小办，横向联合，互相支援的办法。研究会成员主动走出去，与国内各关帝庙交流，又前往印度尼西亚、法国等地的关帝庙交流。研究会办有《赊店春秋》内刊，主编魏从敬，一直连续出刊，成为南阳关公文化的交流平台。

南阳关公文化目前的研究尚处于自发的状态，需要更多专业、更多学科的进入。希望这本书能够引起国内外同行的研究兴趣，希望社会学、历史学、建筑学、宗教学等更多专业的专家学者关注南阳。如果书中的哪一点内容，哪一张图片引起了您的停目，引起了您的研究兴趣，这本小书的使命就完成了。而南阳关公文化研究的繁荣新局面也必将到来！

梅红

2018年8月

名人书画作品

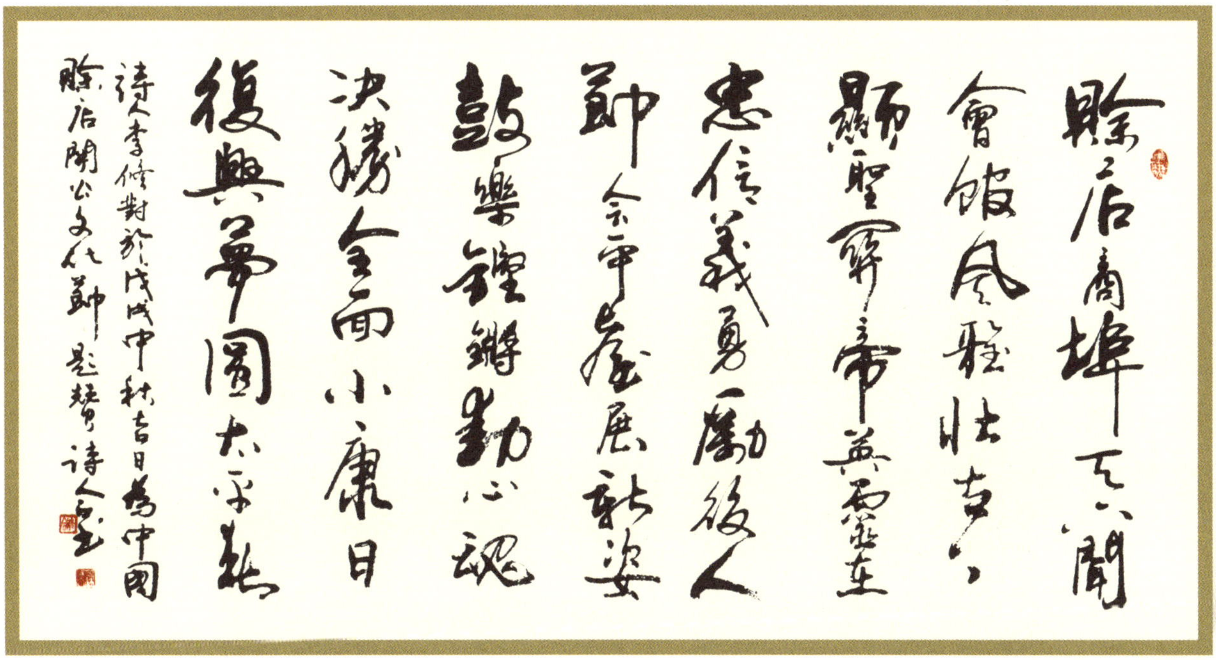

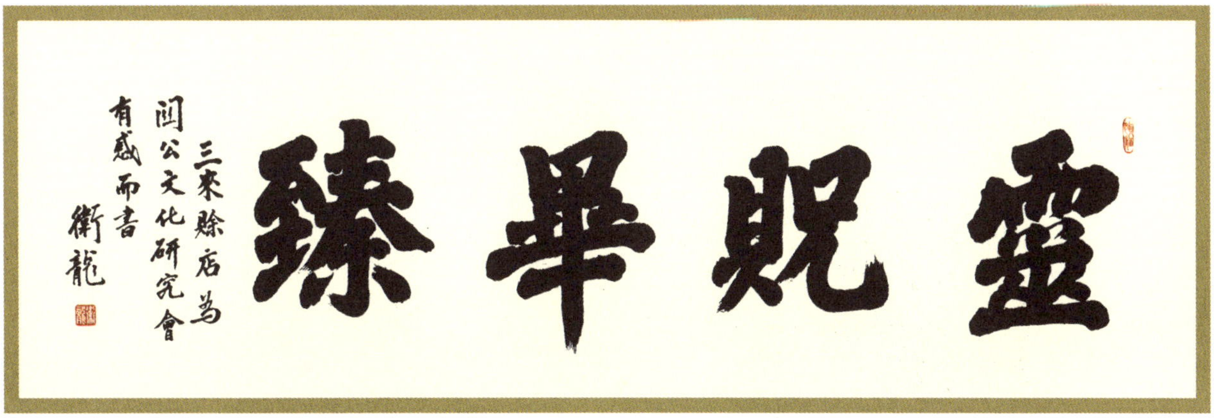

元亨利贞

乙未書
文京

賒店商埠天下聞
會館風貌壯古今
顯聖罕帝英雨靈垂
忠信義勇一勵後人
帥余甲辰屈展新姿
鼓樂鐘鑼勤心魂
決勝金甌小康日
復興夢圓太平秋
詩人李修對於戊戌中秋吉日為中國
賒店關公文化帥發懷詩人金玉
臨店關公文化帥

靈貺畢臻

三來賒店為
關公文化研究會
有感而書
衛龍

聖帝垂訓不一此四句普人謂包括經史義理
謹勒俾觀者各存好心同受其益

讀好書說好話
行好事作好人

關陵廟宇在當陽章鄉戌辰請修起己巳工竣
同治十年辛未當陽縣知縣閩丁鍾德敬書

上篇　南阳市关公文化田野调查

南阳城区关公文化

　　省辖地级市南阳，古称宛，位于河南省西南部、豫鄂陕三省交界地带，因地处伏牛山以南，汉水以北而得名。南阳是国家历史文化名城，有2000多年的建城历史，为楚汉三国文化的发源地。三顾茅庐、火烧博望、火烧新野、战宛城等三国故事家喻户晓。而关公文化在南阳更是源远流长，底蕴丰厚。据有关史料记载，仅南阳老城区不到3平方千米内有记录的关帝庙不下10处。

　　①汉寿亭侯庙（又：关圣帝君庙，俗称老关帝庙、老关爷庙），位于南阳市卧佛寺街东段，建庙时间不详。原占地面积约5000平方米，房舍78间，戏楼3间。明代唐王府重建，清司李任克溥、高正仪重修。有咸丰九年（1859年）颁御书"万世人极"匾额。光绪县志记，清代重修碑记3通，今佚失。

　　②北寨根街（今工农路325号）。湮灭。

　　③杜父街（今仲景路交通旅社）西侧。湮灭。

　　④东门大街（今新华中路原工人俱乐部）曾有房舍16间，康熙年间为道会司。湮火。

　　⑤小关帝庙（今解放北路卧龙搬运公司）曾有房舍12间。

　　⑥南城门淯阳门附近，俗称关爷庙，曾有房舍3间。

　　⑦东关大街北侧，明代为唐藩养正书院。

　　⑧柳河街与红桃街路口（今人民路南阳商场），曾有房舍3间。湮灭。

　　⑨玄妙观内关帝殿。

　　⑩南关新街山陕会馆关帝殿。每逢农历初一、十五，山陕两省商人到此烧香祭祀。民国时毁于战火。

（供稿人：周明仁）

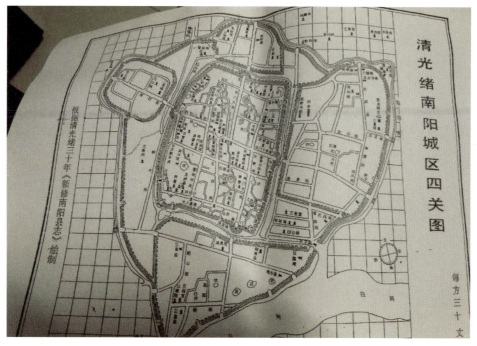

清光绪南阳城区四关图

●南阳下关帝庙

据《南阳市地名志》载："下关帝庙始建于明万历年间，因该村有一关帝庙，而村北2华里处——王府也有一关帝庙，故习惯称该村之庙为下关帝庙，后沿用村名。"（1华里为500米）

南阳下关帝庙遗址位于滨河东路市体育中心东，宛城区仲景办陈棚社区下关帝庙村东北处，距滨河东路1米处，在南阳市滨河路23路车站牌"下关帝庙"处。现存3通石碑，一通字迹比较清晰，一通字迹半清晰，另一通已风化成高80厘米、宽40厘米残碑。有一碑记道："立庙城东三里之地，滚河北岸，择小观于形胜之迹建立于此，前有白河水流不息，龙吟鱼跃，后有豫山（独山）物生不穷，凤飞鸟鸣，四野包围，群山映照……"落款为"大明万历岁辛卯仲夏朔日吉日立"。另一块碑记载了关帝庙的规模："正殿三楹，东西道舍三楹、殿前卷棚三楹、左右厢房各三楹、山门三楹……恢丽、像貌鬼鬼……于万历十年十月落成，有道士何妙强等朝文诗经，焚备于斯，捐地三十余亩以为番火之费，种植松柏……"（1亩约为666平方米）

碑文记载当时一夏姓南阳籍人士，于陕西汉中为官多年，在任期间清正廉洁，勤政事，亲民意，老年回归故里，与同僚共谋建关圣庙，树忠烈之风，以忠义为感，教化于民。当地人遂将该庙宇称为"夏关帝庙"。下，夏之误也。今关帝庙遗址有下关帝庙村。

下关帝庙400年来屡建屡毁，"文革"时庙被拆除仅留庙基。2002年扩宽滨河路把原庙址的高大土台铲除，6通石碑毁3通、残存3通。

2010年下半年，附近信众集资造汉白玉关公像，信众义务为关帝庙除草，并于绿化带内搭建了临时简易棚，现已修建为砖混结构的庙宇，供奉关公、周仓、关平造像，有人看护。

下关帝庙外观

下关帝庙塑像

● 关公寺

关公寺亦称"关寺",位于南阳城西约10千米的羊磨山前怀。根据该寺仅存碑文记载,现东移200米填沟垫荒,再次恢复重建山门僧居殿5间、伽蓝殿3间,可见待建大殿及寮房基础,前后殿已重塑神像8尊,初具信众供奉规模。

● 官寺村关帝庙

官寺村地处卧龙区南部,距南阳30千米。全村共有6个自然村,3000余口人。清朝光绪年间,官寺高氏先祖于此处兴建关帝庙,占地3亩,气势恢宏,晨钟暮鼓,声闻远近。年年官寺街农历四月十二庙会,八方商贾云集,街填巷塞,祭拜关公,至今亦然。1951年因发展教育,拆庙建校。现民间自发募集资金重建中。

下关帝庙石碑(卧龙收藏斋供图)

下关帝庙庙内(卧龙收藏斋供图)

社旗县关公文化

●赊店山陕会馆

河南省南阳市东北45千米处，是社旗县城所在地，著名的国家级历史文化名镇赊店镇，就坐落在县城之内。该镇中心有一处属于国家级重点文物保护单位的古建筑群——社旗山陕会馆。该馆又名"关公祠""山陕庙""关帝庙"。此庙富丽堂皇、雄伟壮观，无论是占地面积，还是建筑面积，都远远高于全国同类会馆；在建筑艺术上，它"无石不刻，无木不雕"，是清代建筑艺术的典范之作。它虽历经沧桑，迄今仍放射着迷人的光彩。无论是专家学者，还是普通游客，都叹为观止，感到震撼。

党和国家领导人李克强、李长春、李铁映以及全国著名的古建筑专家、学术泰斗杨延宝、罗哲文、郑孝燮、吕济民、单士元等都相继莅临考察参观，还挥毫泼墨，给予高度评价。

罗哲文、郑孝燮的题词为："高楼杰阁，巧夺天工，精雕细琢，锦绣装成，壮哉斯馆"。

国家文物局局长、故宫博物院副院长吕济民的题词是："艺术辉煌，绝无仅有"。

山陕会馆始建于清乾隆二十年（1756年），历经6帝136年，于光绪十八年（1892年）竣工，花费白银88978两。该馆坐北朝南，占地面积达13423平方米。主要建筑沿中轴线自南向北有东西辕门、琉璃照壁、悬鉴楼、钟鼓楼、东西廊房、大拜殿、马王殿、药王殿、春秋楼等。这些建筑分前中后三进院落，整体布局严谨合理，殿堂楼阁疏密有间，北高南低，鳞次栉比。其建筑风格集皇宫、庙宇、商馆、园林艺术之大成。在全国同类建筑中，以其建筑时间之长，艺术之精美，保存之完整，商业文化内涵之丰厚而风标独树。

走进东西辕门，就是会馆的前院，最先看到的是最南端的琉璃照壁。该壁又称"九龙壁"。高10.4米，厚1.07米，单檐歇山顶，由1000多块彩色陶瓷大方砖砌造镶嵌而成。壁面上方的横额有"义冠古今"4个大字（宽13米），意指关公的忠义精神，从古至今都是堪称第一的。因为该馆敬奉的是关羽，因此，馆内大部分对联、门楣、匾额都是颂扬关公功德的。照壁上最显眼的有3幅大型砖雕图案，从东至西，依次为"四狮斗宝""二龙戏珠""鲤鱼跳龙门"和"狮麒争斗"。

琉璃照壁

义冠古今

这些图案之间和两侧，又精心地设置了两幅隶书楹联：

浩气已吞吴并魏　灵光常荫晋与秦

（释义：关公生前的浩然正气足以吞噬吴国和魏国；死后的神灵之光还常常庇护着山西、陕西两省的人民。）

经壁辉光媲美富　羹墙瞻仰对英灵

（释义：关公的浩然正气，千古以来与日月同辉；他的英灵坚守三纲五常，万载不变。）

琉璃照壁

壁面还有许多姿态各异的龙、福、禄、寿的图案和文字。整个设计色彩炫目，构思奇巧，起到了引人入胜的艺术效果。

一进院，东西两侧为东西辕门，两辕门都是上下两层，砖木结构。上层为城垛建筑，可攻可守，带有城堡特色鲜明。东辕门门楣上书"升自阶"，西辕门门楣上书"阅其履"。（释义为：关公的忠义思想与功德，以他的名气与封号一步步上升，达到了圣人与帝君的境地；看关公一生的履历、忠义仁勇精神一以贯之，只要沿着关公的忠义之路走下去，就会达到更高的境界）。

前院竖有凌空而立的铁木旗杆各一对。铁旗杆高达28米，重5万余斤（1斤为500克），青石须弥座，座上立铁狮，旗杆穿狮而过；旗杆上有大中小3个云斗，云斗之间巨龙缠绕，杆顶金凤展翅，栩栩如生。因当时尚无吊车，旗杆为拥土分节铸造而成。

铁旗杆

前院后排的建筑叫"悬鉴楼"，又名"八卦楼"，是会馆的戏楼。此楼在中国的古建筑史上，是戏剧文化与建筑文化密切结合的典范之作，为三重檐歇山式一体两面建筑。面南为山门，面北为戏台。楼高22.36米，面阔三间15.7米，进深三间17.38米。戏楼分上中下三层，20根合抱粗的木质大柱将巨大的戏楼凌空擎起。戏台上的装饰多姿多彩。一层飞檐之下悬挂有清道光二十四年（1844年）浩生社立的巨大匾额，上书"悬鑑楼"三个大字。该字笔锋恣肆，凝重有力，犹如枯藤古木，老辣苍劲，为历代书法家所推崇。仔细观察那个"楼"字稍小一些，字迹没有前两个苍劲。经考证这是出自两人之手，"悬鑑"二字由清末山西大书法家傅山亲笔所书，"楼"字因损坏由叶县举人许靖补写。

悬鉴楼

整个戏楼，层层叠叠，翚飞斗拱，规模宏大，结构严谨。环楼上下都有石雕木刻，雕工精细，层次分明，搭配匀称，给人以巧夺天工之感。我国著名的古建专家杨廷宝观后赞扬说："这是华夏戏楼建筑的典范之作！"

"悬鉴楼"两侧分别为钟楼和鼓楼。钟楼居东，内悬一吨半重的铁钟一鼎，人称"聚将钟"，钟鸣时清脆悦耳，十里有声。鼓楼居西，内悬更鼓一面，倘若一击，山摇地动，全镇可闻，人称"助威鼓"。

钟鼓二楼均为两层起架，八角凌空，各用16根合抱粗的木柱支撑，顶盖琉璃，闪闪发光，为游客歇足乘凉之亭榭。

悬鉴楼北侧为戏院,平畅宽大,可容万人。整个院落,全为大理石铺就,庭院中轴线上,铺有一条一丈(约3.33米)来宽的青石甬道,称为"神道"。甬道两边为观众池,有柱洞尚存,看戏时杆挂布帘,男左女右,互不干扰。池的两边建有两排廊房,看戏的达官贵人男左女右坐在里面观赏,不与平民混同,这是戏院最早出现的包厢。

　　戏院后边,即大拜殿。拜殿之前是石牌坊。它高高地耸立于大拜殿前的月台之上,全用大理石垒砌,分左中右三坊,中坊为三间四柱式,左右两侧各有一门柱式小坊相配,三坊上下各有石阶通于庭院。左右阶为游人通道,中阶则为神道,俗称"九龙口"。神道之上是中坊,它用四块巨型石雕做须弥座,座上用四根方形石柱构成框架。最上边雕有福禄寿三星像,这三星加上南六星、北七星,代表老秤十六两中的十六颗星。启示商人做生意要弘扬关公诚信精神,不坑不骗,公平交易。如若缺斤短两,就会折福折禄折寿。两侧分别雕刻《李白骑鲤》《杜甫吟诗》图。坊面正中置石刻匾额,上书"孟氏难言这浩然"七个行楷大字,意思是大学问家孟老夫子也难以说清"浩然"二字的博大含义,是对关公的至高赞誉。

　　中坊背面上部雕"五福图",两侧分别雕《赵匡胤输华山》《赵炎求寿》图。这两则故事的寓意是神仙和帝王说话办事和关公一样讲诚信,商贾和庶民更应如此。中坊柱背面的两侧筑鼓抱石,鼓面刻《俞伯牙爱琴》《陶渊明爱菊》《嵇康爱竹》等图案。鼓面上下雕有各种姿态的狮子、麒麟、人面兽等。石牌坊与月台石柱连成一体,形成了一道参差起伏、完整独特的艺术风景线。

　　月台后面是会馆的主体建筑,该建筑由座殿和拜殿组合而成,面阔三间,进深九椽。前为宴会厅,后为大拜殿。殿高34米,东西宽23米,南北长40米。单檐歇山卷棚顶,庄严宏阔,富丽堂皇。大座殿是会馆的木雕艺术展示最为集中之地,它的额枋、雀替上全是木雕,雕刻的内容有《西游记》《封神演义》《刘备三顾茅庐》《王羲之爱鹅》《周文王访贤》等故事。雕刻技法主要以透雕为主,画面串联,对称呼应;人物千姿百态、生动传神,犹如绚丽多彩的艺术长卷。

　　大拜殿前最独特的装饰莫过于两侧的石雕八字墙和九龙口,其雕刻技法精湛,集中使用

浮雕

了圆雕、高浮雕、浅浮雕、透雕、平雕、线雕等多种手法。九龙口是用整块青石镌雕而成，上刻"九龙戏珠"，中间一龙张口瞠目，形象怪异，其他八龙藏头露尾，相互交错，层层叠压。雕锲深，起伏大，刀法洗练传神，刀工细致入微。大拜殿前东侧八字墙石雕图为《十八学士登瀛洲》。画面上层峦叠嶂，悬崖陡洞，溪流潺潺，古树参天。十八学士或骑马，或步行，不畏艰险，攀山越岭，爬陡坡，穿山洞，过石桥，盘旋于崎岖的小路之上，充分展现了中国文人不畏艰险、勇攀高峰的壮丽景象。

西侧石雕为《先贤桃园隐居图》，主要是根据东晋田园诗人陶渊明的《桃花源记》的意境创作的。讲述的是晋朝武陵渔人在桃花源偶遇隐居秦人，进入与世隔绝的山中小村的见闻，虚构了一个风景如画的"仙境"。山溪湍流而下，桥下水面开阔，碧波荡漾，渔夫正驾小舟打鱼，樵夫肩背柴捆行于溪桥之上。山坡上牧童骑于牛背，对岸房屋窗口露出一位读书之人；溪畔山石参差，树木花草丛生，还有虎、狼等。画面构图巧妙，形态生动，充分表达了人们对温馨宁静生活的无限追求与向往。还有人说这幅图的寓意是"万般皆下品，唯有读书高"。总之，这几幅石雕，既有写意之风，又有工笔之妙，是绘画和雕刻艺术完美结合的精品力作。一位权威专家说，此为国家级石雕艺术珍品。

匾额与楹联是会馆装饰艺术的重要组成部分，而大拜殿又是匾额集中悬挂之地。据记载，该殿原来悬匾32块，几乎将殿顶遮严。其内容均为颂扬关公"忠义、诚信"精神之词，如"正大光明""义塞天地"等。后因损坏现在仅存10多块。

会馆内抱柱楹联多达近百幅，基本达到了有柱必有联的现象。其内容也都是颂扬关公的，如"至大至刚叁天两地；乃神乃圣震古烁今"等。其形式平仄合辙，对仗工整，字体有隶有楷，刚劲挺拔，气势磅礴，为会馆增添了浓郁的文化氛围。

大拜殿内敬奉有一尊巨大威武的关帝塑像。塑像前树立两排只有古代帝王才能使用的日、月、伸手、拳手、金瓜、钺斧、朝天蹬和肃静、回避牌，显得庄严肃穆。两侧墙上还嵌有清代慈禧太后御笔书写的"龙""虎"二字，使大殿显得更加威仪和神秘。

大拜殿两侧分别为药王殿和马王殿。东配殿供奉的是药王孙思邈。据说这与晋陕商人当年经营中草药为大宗生意有关。西配殿供奉的是马王爷，因古时途经赊店的晋陕商贾运货除走水路用船之外，主要以马匹、骆驼为主。供奉马王爷，主要目的是让马王爷保佑商人出入平安。

会馆最后一进院落的建筑为春秋楼。该楼始建于清乾隆二十五年（1760年），竣工于乾隆四十七年（1782年），由主殿卷棚、左右配殿（刀楼、印楼）、东西廊房组成；高37米，由48根擎天大柱撑起。据《创建春秋楼碑记》载："巍然落成，骆骆巩固，迥出霄汉，金碧辉煌，光映日星。试置身其上，凭眺宇内，皆在远瞻旷览中。"民间广泛流传有"赊店有座春秋楼，半截还在天里头"的佳话。

霞蔚大拜殿（胡居凌摄影）

　　楼内塑有关公夜读《春秋》塑像，为建此楼，"运巨石于楚北，访名匠于天下"，确为
会馆最宏伟的建筑。可惜它已于清咸丰七年（1857年）被捻军焚毁，现在只剩遗址可供凭吊。

关公夜读《春秋》

　　为满足广大民众瞻仰祭祀关公之夙愿，社旗县山陕会馆管委会应广大信众的请求，在有
关部门和社会各界人士的大力支持下，采取自愿捐资的办法，于2005年春，在春秋楼遗址后
边复建了12.3米高的大月台和威武雄壮的关公夜读《春秋》铜像。2015年以来，一年一度、
规模宏大的关公文化旅游节恢复，这为社旗山陕会馆增添了新的生机和活力。

　　一个在古地图上很难寻觅的荒僻码头和小镇，何以能筑起如此精妙而又宏大的建筑？社
旗县山陕会馆所在地赊店镇，原为遐迩闻名的商业古镇，据光绪三十年（1904年）出版的《南
阳县志》记载："淯水之东，唐泌之间赊旗店，亦豫南巨镇也。""地濒褚水，北走汴洛，

南船北马，总集百货。"民间有"天下店，属赊店"之誉。当时该镇为水旱码头，也是南北九省的交通要道，全国有十三个省的商人在此经商。其中山西、陕西在此经商的人最多，他们财雄势大，为在此地有一所"叙乡谊，通商情，敬关爷，崇忠义"的场所，遂集巨资兴建了这座富丽堂皇的会馆。

社旗县山陕会馆这座巧夺天工、精美绝伦的建筑群，蕴含着东方美学的神韵，是赊店镇商业兴盛时代的文化物标。它充分显示了晋、陕商贾和赊店人民的聪明才智和拼搏进取的精神，集中反映了他们对关公的无限信仰和崇敬之情，具有较高的历史、文学、建筑、艺术等方面的研究价值。我们应该予以认真地探讨、研究、继承和利用，使之为社会经济文化的发展繁荣做出应有的贡献。

（供稿人：魏从敬）

12

●赊店山陕会馆的关庙建筑体制、礼器与庙会祭祀活动

在中国历史文化名镇赊店镇中心，矗立着一座巍峨壮观的古建筑群——山陕会馆，因会馆内敬奉关公，为此又名"关公祠""山陕庙"，是一座商业会馆建筑与关帝庙建筑的完美结合体。据有关资料统计，全国各地现有会馆类建筑遗存（县级以上文物保护单位）80余处，其中以山陕会馆或山陕甘会馆居多，仅河南除社旗山陕会馆外，还有周口山陕会馆（又称关帝庙）、开封山陕甘会馆、洛阳山陕会馆、潞泽会馆、辉县山西会馆、舞阳北舞渡山陕会馆、淅川荆紫关山陕会馆、唐河源潭山陕会馆等。而在赊店镇周围原来还有桥头镇山陕会馆、饶良镇山陕会馆、青台山陕会馆等。各地的山陕会馆或山陕甘会馆均敬奉关公，为此，研究关公文化就不能不研究山陕会馆这一建筑及其装饰内容和组织形式。社旗山陕会馆作为全国现存会馆类建筑中的最杰出的代表，被众多专家誉称为"天下第一会馆"，更成为研究关公文化现象的重要例证。

我国的关公崇拜最盛时期当推清代，清代皇帝在历代统治者褒封之上，又累累褒封叠至26字之多："忠义神武灵佑仁勇威显护国保民精诚绥靖诩赞宣德关圣帝君"。社旗山陕会馆正是在这种背景下的产物，为此，无论是会馆的建筑、装饰，还是遍布馆内的众多的匾额、楹联，关公崇拜的文化现象在这里得到了最充分的展示。

⊙建筑、装饰与礼器

在中国历史上，关公与孔子并称"二圣"。孔子为文圣，为此敬奉孔子的庙宇为文庙；关公为武圣，供奉关公之庙宇为武庙。社旗山陕会馆就是典型的武庙式建筑。位于会馆最南面的是琉璃照壁，壁面以彩色琉璃砖镶嵌而成，面北立面正上方为四个金色大字："义冠古今"，为会馆敬奉关公开宗明义。前庭院东西两侧分立东、西辕门，是为武庙的典型建筑。辕门外侧门额上方分别石雕额题："东辕门""西辕门"，内侧分别额题"升自阶""阅其履"。辕门北侧各建三间马厩，分塑关公之"赤兔马"与刘备之"的卢马"。庭院内分立一对木旗杆和一对铁旗杆，铁旗杆重 5 万余斤，下为铁狮和石雕须弥座，上铸盘龙与云斗，直插霄汉，煞是壮观，亦为武庙的典型标志。铁旗杆北侧面对琉璃照壁为三重檐歇山建筑之山门，山门两侧分塑关平、周仓二战神塑像。山门后侧面北为戏楼，上方高悬"悬鉴楼"巨匾，两侧分立钟、鼓二楼。

会馆中庭院非常阔大，号称万人庭院，青石铺面，两侧分立各二层 13 间之廊房。面对悬鉴楼为会馆的主体建筑大拜殿和大座殿，亦为供奉关公神位之神殿。拜殿前为高达 2.63 米之石雕月台，月台前立雕饰精美之石牌坊，一中二配，中坊为三间四柱式，正中下部为"九龙口"，亦称神道，因关公封帝而设。牌坊立柱南、北立面皆镌刻赞颂关公忠义精神之楹联及相关图案雕饰，是为关公之功德坊。

石牌坊北为山陕会馆之主体中心建筑大拜殿与大座殿，拜殿与座殿为前卷棚后主殿之连体建筑，因系供奉关公神位之主殿，殿内显得非常阔大高深，其额枋、雀替雕饰亦皆为神话人物及龙凤图案，特别是座殿前之木雕彩画多为垂金，可称金碧辉煌。座殿内为二层楼，自地面至二层楼板高达 10 余米，形成极高深之空间，后墙内置木楼梯，升达二楼。殿内正中二金柱前原置一巨型精雕龛阁，亦称"暖阁"。下置 1.3 米高之砖砌须弥座，宽 4 米，深 3.3 米，座上为全木结构龛阁，高 5 米，仿重檐歇山顶结构，飞檐高挑，花脊、廊柱，额枋、雀替皆透雕彩画，脊、围分饰龙、凤、仙人等，俨然是一座装饰精美的阁楼，形成楼中楼之奇观。阁之前檐门楣上方悬一匾额，金底黑字，阳刻楷书"妙语鳞经"四字。阁内正中立 1.8 米高、1 米宽之红底金字牌位："供奉忠义神武关圣大帝君之神位"，牌位后立屏风，上绘流云坐龙图案。龛阁前置雕花神案，上置锡铸香炉一尊，香筒一对，蜡台一对，右角尚有一铁铸钵钟，两侧置金瓜、钥斧、朝天镫等全副帝王仪仗，后置黄罗伞。惜龛阁于"文革"中被毁，黄罗伞等礼器尚存。现立之大型关公座像为近年所塑。

大座殿后之后庭院原建有春秋楼及配殿、廊房等附属建筑，春秋楼高 38 米，原为会馆的中心建筑，楼内塑关公夜读《春秋》之神像，楼亦因此而得名。咸丰七年（1857 年）为捻军所焚后在遗址上复建三间阁楼，内塑关公神像，"文革"中被毁。

⊙ 匾额与楹联

匾额与楹联是会馆装饰艺术的重要组成部分，也是关公文化最直接、最充分的展示形式。大拜殿作为公众祭拜关公的主要场所，是会馆牌匾最集中的悬挂之地。据资料记载，拜殿内

原悬匾达 30 余块，上下左右层叠排列，几乎将屋顶全遮，可谓是琳琅满目，目不暇接。这些匾额皆为各商社敬献，其匾书内容俱为赞美关公忠义精神之颂词，分别为：

"正大光明""浩然正气""与天地参""英文雄武""犹入圣域""义气凌云""万古精忠""义塞天地""正气常临""道接鳞经""道参光华""浩气磅礴""浩气流行""乾坤正气""义高千古""万世人师""圣神文武""浩气凛然""盖世英雄""气壮霄汉""神威远震""威震乾坤""志在春秋""忠义神武""汉室精英""浩气长存""道衍春秋""德伴文萱""震撼乾坤""忠义长存""名震九州""英灵显著""日在天中""三国一人""帝德广运""尼峰并峙""气吞山河""气势磅礴""光照千秋"等。

以如此众多之颂词集美于一身，既展示了关公崇拜的鼎盛之状，亦可见中国传统文化的博大精深。以上牌匾有的是金底黑字，有的是黑底金字，字体多为行楷，书法各有风采，绚丽多姿，造诣均深。其书家上自明代万历年间进士、兵部司马杨继盛，下至清代进士、举人、拔贡及远近民间书界名人，可说是精英荟萃、书坛奇观。遗憾的是如此众多的牌匾大多毁于战乱及"文革"，现仅存"浩然正气""英灵显著"与"正气常临"三匾及悬鉴楼所悬之"悬鉴楼"和"既和且平"二匾。

会馆内有关赞颂关公忠义精神及戏楼、商馆之楹联亦内容丰富、特色独具，既有琉璃烧制而成者，亦有铁铸而成者，大多则为石雕及木刻而成者。辑录如下：

琉璃照壁内联、外联：

经壁辉光媲美富，羹墙瞻仰对英灵。

浩气已吞吴并魏，麻光常荫晋与秦。

额题：

义冠古今

铁旗杆铸铁对联：

浩气千秋昭日月，英灵万古震纲常。

额题：

大义参天

悬鉴楼内联：

幻即是真世态人情描写得淋漓尽致。

今亦犹昔新闻旧事扮演来毫发无差。

外联：

还将旧事从新演，聊借俳优作古人。

石牌坊南立面中坊内联：

护国佑民万代群黎蒙福祉，

集义配道千秋浩气满寰宇。

额题：

孟氏难言这浩然

外联：

西方圣人犹是东山名士，

后日棣萼何如前代桃园。

额题：

仗义、秉忠

东配坊联：

仰龙德而瞻凤瓷乃神乃圣。

本麟经以树骏烈允武允文。

额题：

威灵显赫

西配坊联：

节义克全所以成君子人也，

纲常无忝此之谓大丈夫矣。

额题：

正气森严

石牌坊北立面中坊内联：

止知臣道当然一心翼汉，

乃复神麻无量千载佑民。

额题：

履中蹈和优人圣域

外联：

仁勇义刚皇汉当年倚柱石，

精忠大节丹衷永世昭日月。

额题：

鸾翔、凤翥

东配坊联：

圣德仰配天美媲尼山泗水，

真经传觉世普荫慧日慈云。

额题：

来雍至肃

西配坊联：

几见称协天夫子其惟至德，

曾谁号大帝圣人宜享隆名。

额题：

有格思诚

大拜殿前石雕八字墙外联：

至大至刚叁天两地，乃神乃圣震古烁今。

大拜殿内联：

①骂使绝婚总是委心汉室，斩良诛丑岂真报效曹瞒。

②刚大塞乎两间气以伸而神德以盛而圣。典谟同有千古日在天之上心在人之中。

③馆宇辟周宾二千里星联之合到此衣冠成雅集，

敦盘开洛社十九郡恭桑敬梓有时樽俎话乡情。

④胜地居河山美轮美奂栋宇聿新佳结构，同仁联几席如兄如弟梓桑借叙好情怀。

⑤春秋大一王拒北和东诸葛尚非知己。纲目存正统崇刘抑魏紫阳方是同心。

⑥讨魏攘吴学本春秋存汉史，安仁处义道同日月近尼山。

⑦数行辞曹书千载不朽，一枝达旦烛日月争光。

⑧大义秉乾坤无愧馨香百代，精忠贯日月蕴育俎豆千秋。

⊙祭祀及庙会活动

　　山陕会馆为道教庙宇，会馆后侧建有道坊院，为主持道长（又称当家道长）居住和接待官府人等的场所。会馆每年举行三次大型祭祀及庙会活动，一月十三相传为关公生日，五月十三为关公磨刀日，九月十三为关公祭日，前两次称为小祭，九月十三为大祭，每次祭祀活动均起庙会三天。祭祀及庙会活动由当家道长和会馆主持人等同力承办。祭祀活动之前，当家道长从湖北武当山、嵩山中岳庙、南阳玄妙观等四方名山庙观请来高功道长和道姑，协助举办盛大祭典。这些远来参祭的道士和道姑们，自己组成了笙、竽、箫、笛、古筝、琵琶、唢呐、五声编磬、小型锣鼓、碰铃、木鱼、拍板等各种管弦打击乐器班。每天早、午、晚，全体道士、道姑齐穿道服，斜襟广袖，脚蹬长筒白袜，黑禅鞋，发挽高髻，道姑们均戴道姑帽，只有天师身着黄冠羽衣。参祭跪拜的道士和道姑，前排人人左手托长木鱼，右手持木槌，在齐敲的木鱼声和各种丝竹乐器悠扬的伴奏声中，肃立合十，齐唱经文，然后排列有序一个个相继独拜，再齐拜三跪九叩首和二十四叩，待祀仪毕，奏乐方徐徐停止。整个祭祀仪式庄严肃穆，围观人个个肃立默祷。

　　大祭的三天时间，也是四方各神社朝祭和进贡之时。各神社首事人提前做好一切准备，组织好朝祭仪仗队，队形排列大致为：排头高举四面带有各神社名称的彩色绣旗前导开路，紧接通过化妆的神兵神将，分为两行纵队，分别举着八对不同色彩的长方形缎绣龙旗和八对长条形龙旗，后跟着大鼓大钹锣鼓队，后有四人高举四块"肃静""迴避"牌，再后跟高举金瓜、铖斧仪仗和枪、刀、剑、戟各类兵器的队列，另有骑竹马和步行的神兵神将，中间跟随小型鼓乐队、唢呐队，后跟狮子、龙灯、武术等舞蹈表演队，边走边表演，表演队后分别有抬架香表桌、炮桌、供飨桌的数班人，接着是二"神童"高举贡罗伞、二"神女"高举掌扇，簇拥着架抬本神社的神龛，后边尾随百余人的善男信女肩背香包、胸佩黄绒绳的香客，人人心虔意诚地前来进香朝拜。各街道两厢拥满了观看的人群，前拥后挤，熙熙攘攘，热闹非常。一个大的神社进贡队伍就排列数条街道长，每天均有十多个神社相继前来朝祭。

　　当每个神社进入山陕庙之时，东西钟、鼓楼各有道士撞击钟、鼓，以示迎接朝祭。来朝祭的神社鞭炮齐鸣，锣鼓喧天，唢呐高奏，狮舞龙跃，香客们则依次来至关公神位前焚香祭拜。由于香蜡纸炮的不断燃放，整个庙院烟雾缭绕，香气浓郁，整日不散。各神社的响器，一直吹奏到香客们祭毕归队。

　　在祭祀和庙会活动的三天期间，山陕会馆内外装点一新，各商社、神社敬献的彩灯、彩旗、帐幔、锦幛各处悬挂、五彩缤纷、璀璨夺目，悬鉴楼上，上午、下午、晚上皆演出大戏。早、中、晚饭之时加演神戏，以表对关公的虔诚敬意，市民随意出入观看。庙会期间，大拜殿内，上香上供、顶礼膜拜、祈求发财的善男信女整日络绎不绝，万人庭院内更是人山人海。特别到了晚上，满院烛火万点，灯火辉煌，加上夜戏闹景，真可称是人间仙境，富丽堂皇。

除每年三次大型祭祀及庙会活动外，每月的初一、十五日为上香祈愿日，四乡的善男信女齐聚于此上香祈愿。此俗一直延续至今，特别是每年的正月初一，更是香火缭绕，人声鼎沸。

⊙会馆碑刻与"义商"精神

社旗山陕会馆现存碑刻九块，其中四块记载了山陕会馆的建筑及集资情况，即立于乾隆四十七年（1782年）之《创建春秋楼碑记》、立于民国十二年（1923年）的《重兴山陕会馆碑记》《重建山陕会馆碑记》及立于清嘉庆二十二年（1817年）的《南阳赊旗镇山陕会馆铁旗杆记》。《创建春秋楼碑记》记录了捐资商号424家，捐资白银8千余两（不包括已被焚毁的数块碑中所载捐银额金）；《重兴山陕会馆碑记》《重建山陕会馆碑记》记录了捐资商号506家，捐资白银8万余两，足见其时该镇商业鼎盛之状。而《创建春秋楼碑记》开宗明义阐述了会馆敬奉关公的宗旨："窃闻五经之有《春秋》，犹律有断例，百王法度，万事准绳，皆在此经而实与诗为表里。自雅诗既亡，大道不著，圣人乎有深忧焉！于是托二百四十年南面之权以作《春秋》。《春秋》既成，去圣百世，以心印心能究其旨者，惟亚圣。迨至汉末，能以圣人之志为志，而明其好者，惟我关圣帝君。是以凡名胜之区，悉建庙以崇祀典，而楼阁以《春秋》名，所在多有。先儒云：《春秋》化工也，《春秋》山岳也，既切崇奉之隆，尤宜位置之焉，所以尊经，所以延圣至肃也……"

会馆内还存有3通订立商业规矩的碑刻，立于清雍正二年（1724年）、重刻于同治六年（1867年）的《同行商贾公议戥秤定规概》碑，立于清乾隆五十年（1785年）的《公议杂货行规》碑和立于清道光二十三年（1843年）的《过载行差务》碑。《同行商贾公议戥秤定规概》碑严格规定秤足十六两，不得按私戥秤交换。《公议杂货行规》碑详细规定更多达18条，如："卖货不得包用，必得实落三分，违者罚银五十两；卖货不得论堆，必要逐宗过秤，违者罚银五十两……"。这些制定于200余年前的商业规则，其内容之详，涉及商业服务范围之广，规范之严，实在令人赞叹。而《过载行差务》碑则对支应官府分派之芦席数量进行公示。

由以上碑文可知，山陕会馆建成同乡商业会馆建筑与关帝庙建筑的特殊结合体，是有其深远的社会背景和商人明确的目的和用意的。首先是迎合了封建统治者的正统思想。商业的发展离不了各地官府的保护与支持。康熙和乾隆皇帝出于巩固清王朝统治地位的政治目的而推崇关公，各地官府自是趋之若鹜。而把山陕会馆建成敬奉关公的庙宇，自然得到各地官府的大力支持，并成为接待官府人等的重要场所，商业活动自此融入了主流社会。同时，因关公的老家在山西解州，与陕西相邻，两省商人当然为自己的家乡出了这位千古之圣人而自豪和炫耀，更要仰仗家乡的这尊千古之神，保佑秦晋商贾招财进宝。镌刻于琉璃照壁上的对联："经壁辉光媲美富，羹墙瞻仰对英灵""浩气已吞吴并魏，麻光常荫晋与秦"，就是这种思想的直接表达。因遍布全国各地的晋陕二省的商人大多精于经商而财源滚滚，因此，关

公也就由"武圣"而成了人们心目中的"财神"。至今我国南方、香港、澳门、台湾和东南亚各地的华商大多敬奉关公这尊财神。

应该说，以上二因是晋陕二省商人推动关公崇拜文化现象的直接和直观成因。但是，山陕会馆敬奉关公更深层次的文化含义，"关公文化"现象在当时得以风行全国的更根本的原因则是：倡导中国儒学的核心、中华民族的传统美德——"信义"。关公一生身体力行"信义"二字："义冠古今""峻德参天""信义昭著""义不苟取""英风峻德""人伦师表"……最好的赞誉之词刻写在山陕会馆、关帝庙的碑文牌匾之中，关公成为民众心目中诚信忠义的化身。他在民众虔诚的祭祀中被神化，赋予他惩邪镇恶、降福消灾、"神鉴洞明"的神威。同时他又被民众作为活的楷模，赋予他道德、伦理、人格、价值观念等方面最优秀的品格。

（供稿人：徐东）

●赊店镇祭祀关公盛典追记

⊙建庙

中原明珠——赊店镇山陕庙，内敬关公，是晋陕豪商富甲广集醵资，历经六帝一百三十六年建筑而成。中设大拜殿，前筑大月台，环以石牌坊。两旁药王、马王殿，东西楼廊及腰楼，对面大戏楼，两旁钟鼓楼及马廊，东西辕门楼，前跨琉璃大照壁，后置雌雄石狮竖霄汉铁旗杆两株，气宇宏大，堪称天下第一会馆。

⊙祭日

过去在赊旗店经商者，多为秦晋商贾，他们有卓越的经商才干，对关公非常崇敬。每年阴历正月十三日为关公升天纪念日，民间传说五月十三是关公磨刀日（此事有待考证），六月二十三是关公生辰纪念日，九月十三是京师国家大祭日。民国十一年（1922年）间赊旗镇山陕庙住持协同其他庙当家道士山陕鼎元社和南汭方统税征收局局长宋万青，联合秦晋各方代表共同商定，"鼎元社"改为"山陕同乡会"。议定为每年阴历九月十三日，为关公朝拜日。

⊙约会

每年九月十三日，赊旗镇山陕庙，以邢演昌为首住持例行招集山陕同乡会，值年会首商讨助祭筹备大祭事宜：

提前邀请周边庙观道士、道姑前来准备助祭盛典。如清初至民末，邀请的人士有：嵩山中岳庙、武当山祖师庙、南阳玄妙观及关帝庙、方城炼真宫、拐河镇关帝庙、黄石山真武观、独树扳倒井光武庙、社旗县桥头镇关帝庙、赵河西泰山庙、吴氏营关帝庙、彭岗关帝庙、青台何庙东岳庙、青台山陕庙等，近百名庙观住持、天师、道士、道姑自带管弦、古筝、萧、笛、鼓板锣、钗和小型编磬、木鱼、碰铃、拍板等，组成乐器班，祈福演出。

团拜组：每座宫殿侍神组织收取功德钱。

贡品组：仓库保管、会计、出纳、采购、舍茶、服务招待、保安、厨师、勤杂等。

所有各神社的善男信女均佩戴标志排队进庙院，到指定地点就位。

⊙布展

大祭之前，山陕同乡会值年首事人及早筹备，装点布置。

布展的场景，是在东西辕门四个楼角各插一面带金鼎的大红缎绣飞龙彩旗，各辕门内外两边分挂四盏彩绘玻璃宫灯；东西马厩分别悬挂带流苏的缎绣"二龙戏珠"绰沿，各门口分挂两盏小型玻璃宫灯；东西钟鼓两楼南北两面分插四面大红缎绣飞龙红旗和四盏大红纱灯。

悬鉴楼南面山门檐下通挂带金黄流苏的彩绣"八仙过海"绰沿，两楼角分插大红缎绣飞龙彩旗，门口两边分挂两盏彩绘玻璃三尺高宫灯；悬鉴楼北面戏台中间上檐悬挂缎绣"八仙庆寿"带金黄流苏的绰沿；西次间上挂带金黄流苏的彩绣"凤凰戏牡丹"及东次间彩绣"鸳鸯闹莲池"绰沿，两次间分别中挂一盏三尺高六扇彩绘玻璃宫灯；中间两石柱内挂"仙鹤铜灯"两盏，以备夜戏照明；戏楼中间屏风迎面高挂大型丈余高、两丈多宽的大红缎面绣花遮堂，并在两边出入口分挂大红缎绣"出将""入相"字样门帘。遮堂中间上挂一个十分耀眼的三尺高、尺五宽的黑色推光漆金字木牌，浮刻楷书"禁演三国"四个大字，主要是告诫所有戏班子，在此只准演关羽过五关斩六将，不准演困麦城，以示对关羽的尊崇。若有违犯禁忌者，就要受责罚，甚至还要赶出庙院。即使演三国戏，扮演关公者，必先沐浴全身，拜关公神像后，才能化妆演出。

悬鉴楼下，甬道两边，分别放两口舍茶大缸，并设有茶桌、小座和茶具等，在此设两个舍茶点，供香客饮用，设有专人看管。

东西廊楼各十三间，民国十八年（1929年）四月二十四日，王泰杆匪烧毁了东廊楼。大祭时笔者看到西廊楼楼檐下挂过带流苏的大红缎绣古代中华典故绰沿，显见檐廊通长的金黄色的流苏，被风吹动如海浪般的闪耀荡漾，光彩夺目，加之流苏上插四面大红龙旗和四盏四尺高的六扇彩画玻璃宫灯，更显光彩炳耀，华美富丽。其中绰沿上最引人注目的是《十八学士比艺》《二十四孝》《名士八爱》《八仙过海》《八仙庆寿》《群仙聚会》《五福临门》《五龙捧圣》《鲤鱼跃龙门》《凤穿牡丹》《丹凤朝阳》《锦鸡闹莲》《鸳鸯戏水》《刘海戏金蟾》《天官赐福》《鹿鹤同春》《松鹤延年》《双狮斗宝》《二龙戏珠》《麒麟送子》《花开富贵》《百鸟朝凤》《孔雀开屏》《梅兰竹菊》《琴棋书画》《花鸟虫鱼》《连中三元》《福禄寿喜》

《莲年有余》（连年有余）等多种民间喜闻乐见的典故传说的图案，用的都是彩绣。

大拜殿月台前礓礤之外，东西分竖两根丈五高的杉筒，再用兰友带缠裹，上挂两面大军旗，这两面旗白天升、夜间降，显示威风凛凛，华贵雍容。

石牌坊"三龙口"下甬道礓礤前置一铁铸鼎状的焚香炉，用以照顾无力登上大拜殿的香客，就近烧到院中焚香炉里，叩拜。

月台石牌坊东边置一插座，上插一"掌扇"和一把大红缎绣"黄罗伞"，西边插一把橘黄缎绣"太平伞"和一把"掌扇"。月台东石围栏前置一插座，上插两个"肃静"牌，西边石围栏前置一插座，上插两个"迴避"牌。

大拜殿栅栏门外上檐高挂大红绸缎彩绣"二龙戏珠"绰沿，右檐上挂彩绣"群仙会"绰沿，左檐上挂"八仙庆寿"绰沿，下边均缀金黄色流苏。四根檐柱上各插大红彩绣龙旗，下挂四尺高六扇彩绘玻璃宫灯。

大拜殿栅栏门外，东西各置一长插座，两厢对应分别插彩画的木质"日、月、伸手、拳手、金瓜、钺斧、朝天蹬、方天戟、偃月刀、长矛"等古代兵器模型。

大拜殿内正间屏风门上端挂有丈二橘黄绸缎彩绣"二龙戏珠"巨型幔帐，上刺绣的两条巨龙相对四只眼睛大如鸡蛋，是用黑色翠珠装饰，看起来晶莹耀眼，活灵活现，栩栩如生。正间上端还分别悬挂丈二高橘黄绸缎彩绣对称"丹凤朝阳"神帘。

屏风门前置有四尺高、丈五长的供案，案前有用金线绣的"二龙戏珠"大红围裙，案面上边摆八盘干果素供，外边中央置一尊三尺高锡铸古雅焚香炉，上插四尺长特制香柱，两边各摆放一个三尺高的香筒和蜡台，紧接着左右两边各摆放一枚金元宝，锡铸模型；供案两厢各放一盏五尺高落地高杆铜制老古董的贡灯，右案边放一尊三尺高的磬钟，香客来进香跪拜叩首时，由一道士击磬告神。

供案前放一低方桌，上依次摆放猪、牛、羊头等供品。供桌前铺有丈五见方的大红地毯，备作团拜之用。

拜殿两山壁，分挂古画、名字，东壁中间高挂八尺长、四尺宽国画《丹凤朝阳》中堂，两边陪挂四幅四季花鸟工笔画，西壁中间高挂八尺高、四尺宽国画《钟馗》，中堂两边陪挂真、草、隶、篆四扇屏。

拜殿栅栏内门两厢各置有丈长兵器，插座上插锡铸日、月、伸手、拳手、金手、钺斧、朝天蹬、方天戟、偃月刀、长矛等古代兵器，件件擦得明亮刺目。

拜殿两架虹梁分挂四盏五尺高的巨型六扇玻璃宫灯，每盏上分别用金漆写福、禄、寿、禧百样篆书，玻璃宫灯每盏安装十二支蜡烛，照得拜殿处处光亮，金碧辉煌。

拜殿后，两铜池中间甬道全铺大红毛毯。两厢厦廊地面都铺有大红毛毯。上檐挂大红绸缎彩绣"二龙戏珠"，绰沿下缀金黄流苏，厦廊两角下挂两小型宫灯。

大座殿檐下悬挂着大红绸缎彩绣双凤朝阳巨型金黄流苏绰沿，檐下四柱上挂大红彩绣龙旗，下挂四盏四尺高六扇彩画玻璃宫灯。座殿檐下两厢，东边置一四尺高的铁铸磬钟，西边置一四尺高的警鼓。

大座殿内迎门金碧龛阁，龛阁内竖一尊五尺高立式牌位，周围雕刻红底云龙相围。中间雕楷书"供奉忠义神武灵佑关圣大帝之神位"，上披金黄彩绫，龛阁内挂橘黄彩绣"二龙戏珠"神帘。龛阁四角挂二尺高六扇彩绘精致玻璃宫灯。龛阁前放一长案，案上摆放有铜制焚香炉、香筒、蜡台、贡灯，案头右边放一尊磬钟。

座殿两山壁前相对放一军旗插座，各插六面上绣有"升腾飞龙"字样的橘黄彩旗。龛阁左边放一方桌坐一道士等待香客们抽签占卦。

药王殿和马王殿，两殿相对檐廊通挂彩绣博古、八宝、仙果等，绰沿下缀金黄流苏。两殿内龛阁同挂八尺高彩绣百花仙草和天马、神牛等，神帘下缀橘黄流苏，两殿龛阁前均放神案，神案前围绣有"百鸟朝凤"字样的围裙。案上均摆供器，供飨。

大拜殿、药王殿、马王殿三处月台石栏石柱，均插大红彩绣龙旗，满院彩旗迎风招展。

座殿后环廊北面中间修有八尺宽可上下的礓磜。顺着院中五丈长的甬道直通原"春秋楼"月台，在月台靠北边新建有五间简易宫殿，内修高四尺、宽八尺的神台，上塑有七尺高的关公坐像，头戴十二冕流帝王冠，身穿绿色彩绣龙袍，脚穿虎头靴，双手抱一七星牌。坐一虎皮垫圈椅，面部蚕眉凤眼，五须长髯，身材魁梧，端正而坐。石壁画有一团盘龙，两边次间石壁和东西两山墙上悬挂有多幅关公事迹图，让众阅其履。

关公宫殿东侧修有一间火神殿，内正靠石墙筑有四尺高四尺宽的神台，中塑火神，两边塑有其他群神。神台前放一供案，陈放有香炉、香筒、蜡台、供飨、供器，案右边放一磬钟，另有道上守候香客进香叩头击钟，以告神知。

关公宫殿西侧陪修一座奶奶殿，殿内正中神台修有一座千手千眼佛，两厢塑有释迦牟尼佛、观世音菩萨、韦驮菩萨、送子娘娘菩萨，还有其他多尊菩萨等。神台前放一供案，上放多种供器和供飨，供案右边放一磬钟，殿内各位道姑守候，来殿的多是求子祈嗣者，香客络绎不绝，香火极旺。

庙院所有宫殿门前，均放有功德箱，每位香客自觉自愿施善奉献。每天各殿收的施银盘后分别交会计入账，然后由保管入库。

⊙大祭

每年大祭日，山陕庙都要集中举行纪念关公盛典。会期一般三至五天。前来朝拜的各神社自动组织捐钱、捐物。现在山陕庙内遗存的文物，多数都是当年各神社商社进贡而来的。

各神社朝祭的程序是，本镇各街神社、附近乡村神社、远道镇邑神社，社首提前到赊旗

上篇 南阳市关公文化田野调查

镇山陕庙与住持（大祭人）联系，以便大祭日统筹安排。各神社首事人提前做好一切准备，组织好朝祭仪仗队（规模大小根据各神社客观条件而定）。

仪仗队形排列大致是：排头的高举四面带有神社名称的彩色绣旗前导开路。紧接大鼓大钗鼓乐队，接连有通过化妆的"神兵天将"分为两纵队，分别举着不同色彩的大型八面彩绣龙旗，八面不同色彩的高六尺宽二尺的绸缎升龙旌旗；后跟四人高举四块"肃静""迴避"大红金字木牌；还有人高举木质的伸手、拳手、金瓜、钺斧、朝天蹬、方天画戟、偃月刀及其他各种彩画兵器模型；另有骑竹马的和步行的"神兵神将"，后跟有舞龙舞狮、武术队伍，紧跟有吹奏唢呐管乐班，又紧随化过妆的两"神童"高举两把掌扇，两"神女"高举两把黄罗伞和太平伞，簇拥护围架抬关公神像龛阁和架抬供飨猪头、牛头、羊头、果品、香表、鞭炮等。另后跟有小型铜器鼓乐班，紧随后跟有上百余人的善男信女，肩背黄稠香包，胸襟佩戴黄绒线绳儿的香客。各条街道夹杂着无数看景的人，南来北往熙熙攘攘，简直是人山人海，前拥后挤，人声、鼓乐声嘈杂充耳，热闹非常。仅一个神社就排有数条街长，在大祭之日，每天就有十多个神社来朝，真是热闹动天。

当每个神社进入山陕庙时，东西钟鼓楼分别有道士撞击钟鼓，以示迎接各社香客朝祭。此刻，来朝神社鞭炮齐鸣，锣鼓喧天，唢呐高奏，狮龙狂舞，武术表演更是吸引观众。各社的香客们分别各自三三两两的自由参拜进香。由于香蜡纸炮的不断燃烧，整个庙院烟雾弥漫，处处散发着香表鞭炮燃放的气味。各神社的鼓乐唢呐响器，一直吹奏到香客们祭毕归队。此景看着真是阵容宏观，声势浩大。

那些从四面八方观庙庵祠邀请来的道士和道姑们，默默无语，心虔意诚地恭祭参拜，他们自己组成的古乐班，有笙、竿、箫、笛、唢呐，有古筝、琵琶、月琴，还有五声编磬，小型锣、钗、鼓、碰铃、木鱼、拍板等管弦打击乐器。

每天早、午、晚，全体道士、道姑，发髻高挽，身着道服，在悠扬的乐队伴奏下心虔意诚地进行祭拜。笔者当年曾多次亲临其境，欣赏过昔日山陕庙大祭关公的盛大祭典的稀景奇观，至今难忘。

在大祭的三天中，不仅白天有戏，夜晚也能看戏，而且在早、午、晚饭前，还要加演神戏，以表对关公的虔诚敬重。

总之，此一隆重盛典，将整个庙院从外到内点缀得五彩缤纷，璀璨夺目。凝视着一件件、一幅幅充满情趣的画图，人们谁也不想隔三离四、走马观花地欣赏。特别是到晚间，满庙院烛光万点，灯火辉煌，加上夜戏闹景，简直比神话中东海龙王水晶宫和天上王母蟠桃园还要绚丽多彩，富丽堂皇。

由于规模之大，朝拜香火兴盛，四方神社男女香客和外省观光游人越来越多。特别是庙会期间，经商设点摆摊者，大街小巷遍地皆是。镇内的各个店铺，也都装修门面、招牌、匾额。

街上流动做小生意的摩肩接踵，给庙会增添了新的光彩。

（供稿人：杨骏声）

●赊店镇陈郎店二圣庙

赊店古镇虽为明清时期驰名全国的商业重镇，但由于非县级政治中心，因此有关关公文化的历史记载较为鲜见。同时由于时代发展、朝代更迭等，相关遗存多已毁弃，仅有民间传闻而无实迹可查，成为关公文化研究的缺憾。

近年来，随着多次全国性文物普查和重点文化遗迹发掘活动的开展，发现和出土了一批珍贵的文物，为赊店古镇及社旗全县关公文化调查与研究提供了有力的佐证。

⊙南阳裕州陈家店重修二圣庙碑记

在1984年全国文物普查活动中，社旗县文化馆在县城西3千米赵河西岸原城郊乡谭营大队（今赊店镇谭营村）陈郎店村后，发现明代嘉靖戊午年（1558年）仲夏所刻《南阳裕州陈家店重修二圣庙碑记》。碑身高1.52米，宽0.61米，厚0.19米，方座高0.4米，长0.79米，青石质。今陈郎店即碑文中所记陈家店。碑文辑录如下：

且今之陈家店，即古之许封镇也。店在州南，离城五十里许，路通唐县，店东北临河，路侧有古关王庙迹。陈氏因王自古忠义之士，超然于天地之间。生而为臣，能忠于君；殁而为神，必灵于世。遂因迹而建宇三间，内塑王象，祀之以御灾患、时雨阳昭善恶，而为一方之景仰也。迨至嘉靖九年，河水侵路，路迫于庙，况又象毁、庙圮。有陈氏子文汉等，捐财置地，而迁庙于西北数步，面向大路，而规模朴宏焉。彼因原碑有"二圣"字，遂添塑二郎神象，与王并之，方名曰："二圣庙"。及今，年久庙将圮，而象将坏，陈氏子陈耕、陈孜齐立二社，率众捐财，鸠工而修理之。使圮者茸，而坏者补，焕然一新。盖欲祈神，使民安物阜，而万事清吉也。然不勒石记修茸之功，与夫前人之建是庙者，俱泯矣。遂勒石以记之焉。夫以二郎神事事不可晓，不敢妄言欺神，以诬入也。惟王能明左氏之《春秋》，深识君臣之大义，知刘氏之正，辅之。不以困苦而离斥；曹氏之奸，诱之不以富贵而摇。王之在当时也，桃园三结义重丘山，许田射猎，忠心贯日。一斩华雄，勇镇诸侯；明烛达旦，节吓曹瞒。其在当时，与翼德、孔明、子龙同辅昭烈，百战而卒，成帝业者矣。及殁世而显灵也，除解池之妖，益国利也；于保儿还乡，诚之感也；金氏化狗，彰不孝也；张生送母，不忍□也。是以后世于历代诚感灵应，而显报于天下矣。王之灵不但天下之人知之，虽妇人小子亦皆知之。愿王

使我一方之民有祷必应，有求必获，王之灵也。雨阳时若，灾害不生，王之福也。疫疠不作，盗贼屏息，王之力也。而又于为善者福之以祥，为恶者祸之以殃。其劝善惩恶，亦王之有助于一店之风化也。故《易》曰："积善之家，必有余庆；积不善之家，必有余殃。"《书》曰："积善降之百祥，积不善降之百殃。"《易》《书》之言，其即神之为乎！姑以是而塞其记之云尔。

大明嘉靖岁在戊午仲夏望日

本店居士陈静、陈诰　撰

汝阳后学何潮　书

石匠郭富男郭□　刻

二圣庙台基

社旗县人民政府定"二圣碑"为保护单位

赊店关公文化研究会寻迹二圣碑

二圣古碑

⊙陈郎店遗址发掘重大发现

　　陈郎店遗址也就是以上所提到的"二圣庙碑"发现地——陈郎店自然村东北的台地。2013年，受河南省文物局南水北调办公室委托，省文物考古研究院组成考古队对遗址进行考古发掘，第一阶段发掘1400平方米。

　　遗址呈不规则长方形，面积达76000平方米。文化层最深约2.7米，浅处约0.8米，年代早到西周、战国，晚至元代。考古人员在此发现金末元初窖藏式洞穴或地道、金代建筑基址群、北宋至元代道路、墓葬、灰坑等重要遗迹，并出土陶瓷标本300余袋，完整和可复原文物100余件，这对研究当地历史、经济、文化具有重要意义。

被发现的 7 处窖藏式洞穴或地道，其中 4 处位于一个已发现的建筑基址群下面。窖藏皆为子母型，有大有小，有深有浅，有的洞穴相互连通，皆有脚窝和通风设施，具有家庭互通式地道的性质。这批洞穴年代大约在金末元初，具有战争防御性质，应与当时历史环境和朝代更替有关。每个洞穴的洞室口边，都摆放着许多大瓷罐，应当是躲避战争时盛水用的。洞穴之上，是一处金代建筑基址群，房基内出土了茶盏、围棋子、色子等生活用品，说明这里具有娱乐性质。

在发掘区中部发现了一条北宋至元代的南北向道路。道路厚 2.1 米，宽 8 ～ 15 米。北宋时期路面呈沟状，金代、元代路面呈鱼脊状。北宋时期路面的路边有灶、烤火坑等，金代时期路面的路边只有建筑基址群，元代时期路面的路边则发现有简易棚、烤火坑或烧香坑之类的遗迹。根据陈郎店村现存二圣庙碑碑文记载，此次发掘的道路，可能是古代裕州（今方城县）至唐县（今唐河县）之间的官道，北宋至元代末年连续使用。

陈郎店宋元遗址发掘发现的遗迹及出土的文物表明，早在西周战国时期，这里就有人居住生活，北宋时期开始繁华并形成拥有宗庙、街道的集镇，金元时期是当地经济、文化中心。结合同地发现的"二圣庙碑"开篇首句所记"且今之陈家店，即古之许封镇也"可知，该遗址很有可能就是民间盛传的"四十五里许封镇"。

有关"许封镇"，社旗民间有着诸多传闻。相传此镇北门在方城县的沈营，南门在今社旗县青台镇，南北长 45 里，故有"四十五里许封镇"之说。民间相传，当年许封镇是赫赫有名的繁华巨镇，堪与当时的京都汴梁媲美，有"小东京"之称。《宋史》也有记载，说宋代的许封镇船来车往、商贾云集。《方城县志》亦有载："许封镇，南 50 里，古镇沈营南之保封庄即有遗址。相传有 45 里长街。"

⊙陈郎店二圣庙的历史演变

由以上文物发现可知，陈郎店之地历史上是一个依河而建、傍依官道的繁华集镇，历经宋、金、元、明数代更替。而关庙作为集镇建筑的重要组成部分，与集镇一样历经战火动乱、自然灾害而数兴数毁，也由此记录下了关公文化在此一时期的历史演变脉络。

据碑文载："店东北临河，路侧有古关王庙迹。"由此可知，古关王庙存之久矣，后历战乱毁弃，仅存遗迹。陈氏在此遗迹上重建关王庙，初期仅有三间，内祀王像，但香火很盛，"为一方之景仰"。后至嘉靖九年（1530 年），河水侵路，路迫于庙，况又像毁庙圮。陈氏后代又集资迁庙重建，并扩大规模，"而规模朴宏焉"。因此次重建主因是河水之侵，而道教诸神中，二郎神居于灌河之口，被尊为河神，由此而增祀二郎神以御水患。但由碑文所记可知，二郎神仅处于配享之位，主祀仍为关王，而此时关王武圣之尊已成官民共识，为此而更称为"二圣庙"。迨至嘉靖戊午年（1558 年）仲夏再次重修完工立碑，至今已达 460 年之久。而碑文

中尊称关公为"王"，当为宋时之尊号。由此可知，此关王庙当系由宋遗传至明，而其规模不断扩大、影响不断扩大，见证了关公民间信仰之风日渐强盛的历史演变过程。

（供稿人：徐东）

●赊店镇小关帝庙与大关帝庙

关公文化的主要载体是关帝庙建筑及相关的祭祀和庙会活动。据有关史料研究可知，明清时期是关帝庙建筑的高潮期。而这一时期也正是赊店古镇商业发展由开埠达到鼎盛的时期。因而，赊店古镇关帝庙的建筑沿革史，也形象生动地折射出了赊店当年商业经济发展史。

⊙赊店小关帝庙

自明万历年间起，随着赵河水运的发展，船量日增，赵河南岸码头日渐拥堵，不得不向赵河北岸发展，形成新的北岸码头，并由此沿赵河北岸码头逐渐形成多条街道。此处新兴街区依东汉初刘秀赊旗传说而名为赊旗店，与南岸码头区兴隆店（后名河南街）隔岸并立。而赊旗店（也就是后称的赊店镇）开埠的商户主力是移民至此的晋陕商人。在此经商的晋陕商贾为供祭乡神、联络乡谊，曾于赵河北岸最先形成之老街西端路北、磁器街南口路东，首先兴建了一座小型的关帝庙。据传，此庙仅有正殿五间及左右厢房等建筑。此庙是赊店镇内最早建成的庙宇，规制虽不大，但香火很盛。由该庙之建立及其规模可以看出，赊店当时的商业经济已具有一定规模，但尚处于初期发展阶段，实力有限，只能建此小型关帝庙。这既真实地体现了晋陕商人每到一地都要首建关帝庙的历史现象，也体现了明代后期关公文化崇拜达到了一个新的高度。

⊙赊店大关帝庙

清顺治末康熙初之际，晋陕商人生意愈旺，赊店镇之规模向东、北延展，各行商号数量日增，晋陕商贾经济实力大增，原来的小关帝庙已相形见绌，遂生重建会馆之念，但因财力仍有不足，仅在赵河北岸码头上方又建了一座关帝庙。清乾隆四十七年（1760年）《创建春秋楼碑记》曰："镇兴伊始，立庙之初，即谋卜地为建楼之基，而未逮者，以事巨用广，工大费奢，倘施有不给，胡以观成。"现山陕会馆内存清雍正二年（1724年）刊立、同治元年（1862年）重刻之《同行商贾公议戥秤定规矩》碑亦曰："赊旗店，四方客商集货兴贩之墟……其间即有改换戥秤，大小不一，独网其利，内弊难除，是以合行商贾会同集头齐集关帝庙，公议秤足十六两，戥依天平为则……"，文中所提之关帝庙即谓此庙。

赊店古镇街道门牌

赊店大关帝庙山门原址

赊店大关帝庙兴建于清康熙十一年（1672年），位于原后河码头北岸，庙门正对码头，现赊店镇第二小学所在地。原庙规模甚大，坐北向南，灰瓦构件，前后二重院落，依次有山门戏楼（一体两面）、牌坊、月台、卷棚、大殿，大殿内悬"仁勇义刚"金字匾，殿前石柱上的对联是："庙貌永巍峨，重新阊阖井宫扇；神灵常赫跃，共肃衣冠拜冕旒。"两侧有东西廊房，从大殿的两侧夹道进后院时，用脚跺砖铺地面会传出哇哇的声音，传说为金蛤蟆。后院是两层群楼，群楼的前檐额枋，皆以透雕图案装饰，大殿内敬奉关公神像。主庙东侧院为道坊院，为管理庙院的道士修道和接待官府和各界士绅之地。另在山门外有一对大型圆雕石狮，栩栩如生，比后期建成的山陕会馆内的石狮还要高大威猛、活灵活现，被称为赊店镇四大庙宇奇观（关帝庙的石狮子、山陕庙的花影壁、火神庙的木牌坊、马神庙的大戏楼）之首。

民国十七年（1928年），冯玉祥主政河南时发布政令，要求各地利用庙宇兴办国民学校，关帝庙被改办为赊店镇第二小学，但当时仅拆掉了大殿神像，其他主体建筑全部保存。

直到建县后 70 年代初，一场火灾烧毁了山门和戏楼，以后学校方陆续将老房拆除改建成新校舍。据说原校门前的石狮子和原建筑的石料旧件都被推进了门前原后河码头的河道内或埋于房基下。现后河大桥北头两侧原来均为码头河岸并无房舍，若清理码头遗址很可能会出土原关帝庙的珍贵石料等遗存。

赊店大关帝庙庙门西端

赊店大关帝庙是赵河北岸赊店街市形成后兴建的较早期的关帝庙，因其规模远大于最早兴建于明代的位于南磁器街口的小关帝庙，为此人们就习惯地称其为"大关帝庙"，庙门前的街道也被命名为"关帝庙街"。兴建于清乾隆二十一年（1756 年）的山陕会馆比大关帝庙的兴建年代晚 83 年。虽然山陕会馆主功能为晋陕同乡会馆，但也是敬奉关公的庙宇，为此而被称为"山陕庙"。在一座商业古镇内同时存在两座香火鼎盛的敬奉关公的大型庙宇，足见关公崇拜在赊店信义为本商魂形成中的精神教化功能。

据悉，社旗县在码头区复建的总体规划中，已确定将第二小学迁走异地重建，而在原址复建关帝庙，届时当重现历史盛景。

（供稿人：徐东）

●邓埠口关帝庙

南阳郡东九十里（1 里为 500 米），裕唐二州之中，立于唐河西岸，古称三里直。又因裕唐大道置于其间，贯通广袤，其水陆运道通天，此西二里余燕子岭为邓禹修道之所。公元 25 年，此地又以名人姓氏取名邓埠口。人杰地灵，物华天宝，商贾如云，集市昌隆。一康氏富户募资葺建普惠之堂，并置配殿。神像庄严，聘道爷主持事务。因普惠堂为康氏所建，称康庙。每年兴办三度庙会，集市更加喧闹。如此绵亘千载。至乾隆初年，又增修九仙堂，神像百余尊。乾隆十四年（1749 年），刘承祥、刘尔秀、王弘度三庠生主办新建娘娘殿，主持翟德儒等。乾隆五十四年（1789 年），因九仙堂年久失修，有泌阳县尹夏鼎清主持葺建并增建黑龙殿、火神殿、牛王殿、

社旗县邓埠口关帝庙碑

28

瘟神殿及上品土地庙。但庙仍为康庙。后不久，有陕晋商贾出资，周陈王三家捐地，以会馆形式葺建关圣殿。左修财神殿，右修药王殿，关圣殿为主殿，自此改康庙为关帝庙。共塑神像千余尊，又增建东西二廊房、钟鼓二楼、客堂、经堂、祖堂、膳堂、道院、戏楼、山门等，房舍数百楹，全真道华山派道人十余人，二十世弟子吴传道为主持。因邓埠口关帝庙道人字辈居上，其弟子遍及豫西南大部分。其下属庙观有何庙、东岳庙、大冯营火神庙、南阳玄妙观、三贤山祖师宫、泌阳花山玉皇庙、南召祖师宫、赊店北关帝庙、赊店火神庙、马王庙。抗日战争后，林嘉泉、刘嘉福主持该庙。中华人民共和国成立后，林嘉泉羽化，刘嘉福西去南召祖师宫。1957 年，因时代之故，庙观部分殿堂被损，大部分尚存，被更为埠口学校至今。1998 年，大德缘士张荣福顺应民意，率众恢复关帝庙。募化资物重建关圣殿、奶奶殿等。

（材料来自邓埠口关帝庙）

●兴隆镇老街村关帝庙

2015 年夏天，社旗县兴隆镇老街村边的唐河里，两块体积较大的石碑被村民捞出。经仔细辨认，此碑是当年兴隆镇关帝庙前的石碑，一块立于清朝同治十二年（1873 年），距今 141 年；另一块立于清光绪二十八年（1902 年），距今 112 年。古碑保存基本完好，碑文清晰可辨，是为

关帝古碑

纪念当年两度重修兴隆古镇关帝庙所立。石碑是村民在老村西南角附近的河水里发现的，之后组织人员采用现代机械辅助才把石碑从河里捞出。

"长条形，体积很大。"村民邓国强说，将石块清洗干净，上面显出文字来："重修关帝庙。"认出镌刻文字后，众人十分兴奋，"这就是关帝庙前边记载关帝庙自清朝初期建庙起至解放后，数百年风雨兴衰史的石碑，非常珍贵啊！"

经过丈量，石碑长约 2 米，宽 0.8 米，厚约 15 厘米。"很重，估计有几百斤。应该是在 1955 年的大洪水中随着关帝庙一同塌到河道里了，一直沉睡了 60 年了。"村民说。1955 年唐河特大洪水，整个村庄集镇被冲毁，关帝庙也被冲垮到河道，这块石碑也随之消失，如今失而复得，真是幸事！

笔者看到，石碑材质为青石，左右镌刻卷草纹，顶头为回纹，上有龙凤图案，刻工精美。其中一块碑体正上方从右至左刻有楷书，碑文竖排。虽然石头被河水多年冲刷，但文字仍依

上篇 南阳市关公文化田野调查

移址重建新关帝庙

关帝庙内

稀可辨。"光绪二十八年岁次壬寅四月中沈""耆民赵国旺""自古有刹安神灵必须建庙""首事人赵国富赵国祥监生张祯元"等重要记载十分清晰。

在我国古代，由于陆路交通的落后，水运便成了重要的运输方式，那些较古老的市镇如我市的赊店、源潭镇、兴隆镇、桐河等都是沿河而兴盛起来的，兴隆镇依其便利的水运逐步发展，航船上可通赊店、方城，下可达源潭镇、老河口、武汉等地，已是当地繁荣的河路码头，鼎盛时期河岸码头帆船达千只，泊数里，吸引很多外地商人前来贸易，形成了无日不集、商品繁多、店铺密集的繁华集镇。据乾隆五十二年（1787年）《唐县志》"集镇篇"记载，"兴龙镇，县北六十里"，为新增集镇。据此推算，兴隆古镇至少已有200多年的悠久历史。

兴隆古镇当时四面建有寨墙，寨墙外边是寨河沟，河沟常年有水，东西南北四个方向有寨门。西寨门因面对的是宽阔的西河，寨门上石匾镌刻四个大字"波凝气爽"；东寨门上石匾是"紫气东来"；南寨门上石匾是"卓定指南"，北门寨门上为"后我启君"。值得庆幸的是，前几年"波凝气爽"石碑已经被老街村民发现并保护起来。

兴隆关帝庙就建在该镇寨墙西北角，紧邻唐河河岸。自古有"碑越大、庙越大"的说法，从石碑的形状和碑文依稀可推断出当年关帝庙的规模和红火程度。

兴隆镇赵氏是在清朝中后期到集市开铁匠炉生意的，兴隆镇上几个铁匠炉都是赵氏后人所开，文中"首事人赵国富赵国祥""耆民赵国旺"均为老街赵家十二代先祖。另一块"同治十二年小阳月"的石碑上字迹更清楚，上面有"捐银一千二百两"等字迹，上面也有数位赵氏十二世"国"字辈的先祖名字。

1975年暴雨导致唐河发大水，兴隆镇再次被淹，唐河沿岸村庄搬离河边，兴隆镇集市也搬到现在的地方，1976年村庄搬到东边社旗到太和的公路边，兴隆镇村也慢慢地被人们称为老街村。在前些年，老街村张付珍等热心人士多方筹集善款，又在现在老街村南公路西边修建了关帝庙，如今每逢初一、十五村民来上香祈福的络绎不绝。

（供稿人：赵华胜）

●桥头镇山陕会馆

世人都知道豫南宛东赊店有座山陕会馆，却很少有人知道赊店西二十里桥头镇也有座山陕会馆。它建造的时间比赊店山陕会馆还早，建筑风格也基本一致。据说赊店山陕会馆还是受它的启发建造的呢。

桥头镇山陕会馆位于桥头镇西北部（现桥头镇小学所在地），毗邻秀美清幽的珍珠河。据碑文记载，桥头镇山陕会馆始建于清乾隆十四年（1749年），由桥头晋秦富商征集巨资创建，原名关帝庙，乾隆二十二年（1757年），更名为山陕庙。自此年开始，几年筹资，先后完成了拜殿、药王殿、马王店、东西廊坊、戏楼、钟楼、鼓楼等建筑。桥头镇山陕会馆气势宏伟，古朴典雅，风格别致，是豫西南最早的会馆式建筑群。

大殿是会馆的主体部分，建造在一米多高的平台上。大殿南部为宽阔的月台，前有台阶，拾级而上，可达大殿。大殿面阔三间，分拜殿、座殿两厅。拜殿在前，座殿在后，衔接工巧，浑然一体。殿内石础擎红柱，匾额悬画栋。纹饰彩绘，流光溢彩。关公一身威武，端坐殿中，座前香炉，香烟袅袅。两侧陪殿，仙佛神圣，各具情态，金光灿然。殿外单檐斗拱，五彩雕饰。殿顶五脊六兽，辉映蓝天。

大殿前，一对巨型石狮分立两侧，口含石球，侧首对视，憨态可掬。这对石狮刻工精湛，

桥头镇山陕会馆戏楼与钟鼓楼

举止神态惟妙惟肖。据世人传说为河南省古建筑中四对最好的石狮之一。因人们时常触摸，石狮表面光滑圆润。

钟楼、鼓楼、戏楼位于会馆两侧，和大殿遥遥相望。戏楼位于钟楼鼓楼之间，内有木质隔扇，隔扇上刻有文字。一侧为"归去"，一侧为"来兮"，隔扇上部为"一小乾坤"。钟楼、鼓楼、戏楼各有四根高大石柱，柱上均刻有精美对联，其书法造诣令人称叹。戏楼上有对联曰："数十朝故事今犹见之，几千载古人如复生也。"其他地方对联如今已不完整，但从残联中可以想见其雄伟气势："丰贻景福何须刘晏持筹策"，"云间雷震遥联锵铴韵连霄"，"海不扬波疏瀹决桃思"，"民皆乐堵江淮河汉奠安澜"，"御四海济苍生巍口功能配地，驾六龙享庶物盛哉德可参天"。这些对联的字个个雄浑遒劲，如行云流水。

戏楼飞檐挑起的四角，各站一个"小人"，据说是历史上有名的短见人：秦桧、庞涓、子都、罗成。寓意是：这些短见人走投无路，须悬崖勒马。钟楼、鼓楼每一飞角下均悬一铜质铎铃，稍有风动，便铃铃作响。

钟楼、鼓楼的钟鼓，合抱粗细，一人高低，每临重大活动，击钟擂鼓，声震数里。

戏楼两侧各植柏树一株，到中华人民共和国成立已历时二百余年。枝叶扶疏，郁郁苍苍。树干高达二十余米，树围需三人合抱。两树东西相望，争高直指，数里之外，巍然可见。

会馆内碑刻众多，社会价值和艺术价值很高。

中华人民共和国成立后，山陕会馆改建为桥头镇小学。两株古柏1958年被伐，用于建赊旗镇人民会场。后来山陕会馆全部拆除，用于建校。

桥头镇在清代是晋秦商人东达赊店的必经之地，同时又是豫西达豫东、豫西到江南的古商道，商业相当繁华。晋秦商人建会馆的目的在于聚会议事，崇尚忠义，后来这里逐渐成为百姓休憩、娱乐，获得心灵解脱的地方。闲暇之余，男女老少成群结队来到这里。拜关公、拜仙佛，或观庙景，发幽思，或乘凉，或望远，每个人都可以从这里得到安适和快乐。尤其是每年的庙戏，更是百姓的一道精神大餐。弦歌悠扬、钟磬和鸣，演员们登场，使出浑身解数；台下济济一堂，凝神细看侧耳静听，如醉如痴。

"流水落花春去也。"曾经傲视四方的桥头镇山陕会馆，到如今只剩下残石断碑。只有那掉了头的石狮子，发了黄的老照片，无声地诉说着往日的辉煌。自会馆毁灭后，每年都有一些知情或不知情的人来到会馆旧址，徘徊、凭吊、叹息。

附录：

桥头镇山陕庙启建拜殿碑记

从来建大业者，不患无所启于前，而虑无所继于后，窃以桥子头镇关帝行宫建于乾隆十四年，殿宇峨峨，□□群飞，舞台层层，亦壮丽而可观，于戏盛矣。然拜殿不立，似非王制之所宜。于是聚众社公议，许魁斗等等为首，慕化商贾各捐赀财，启造拜殿。众皆乐输而争先，鸿匠工巧，又不日告成。兹届仲秋，勒石以垂不朽。礿祠烝尝，神其来格，庶几为于前者美而益彰，为于后者乐而相传。入庙而谒圣神者，均沾润泽。在扶危默默，降祥云为志。

平陆县恩科宝缮撰

晋弟子沐手

太平县后学张存德书

公直

仪永才

许魁斗

冯恩河

王成科

许王

王子兰

大清乾隆二十二年岁次丁丑桂月

石匠：王琰吴煜

桥头镇山陕会馆草图（尚福庆绘）

（供稿人：孙焕宇、张殿举）

（照片提供人：孙焕宇）

●桥头镇老街"墙肚里的关爷庙"

在桥头老街偏北路东，过去有一座建在墙肚里的庙宇，它便是关爷庙。这座庙外是庙宇，内是住宅。关公像嵌在据地面一米三四的墙体内。关公挺身而坐，一手捋须，一手把卷，头微侧，二目凝神观书。整座塑像线条流畅，大气磅礴，表情生动，望之使人顿生敬意。庙宇上圆下方，进深一米二三，上有短檐，短檐之上两米则是向外延伸三四尺（1尺约为33.333厘米）的大屋檐。下雨时，小庙自有短檐挡雨，另有大屋檐遮蔽，小庙豪雨不得入内。桥头老百姓所说的"关爷庙下雨不滴水"就是指的这种情况。

（供稿人：张殿举）

●桥头镇庙前庄三官庙关帝圣君殿

桥头镇王坊村庙前庄自然村在社旗县城西10千米，西南距桥头街5千米。明崇祯八年（1635年），有钱、胡两姓在此建村，取名钱胡庄。清乾隆十九年（1754年），钱、胡两家破产后，王姓人家从窝里迁此，因村北有座三官庙，故名庙前王庄，简称为庙前庄。遵行地方习俗，建村必建庙，以求神灵保护风调雨顺、生活安康，由此在建村之初就建起一座三官庙。"如三官之燮理阴阳，为天官地官水官，与上下同流。"因明代关公崇拜影响愈来愈大，因之在庙内同建起一座关圣帝君殿。"关圣帝君之纲维人纪，为忠臣为义士为圣人，与乾坤并老。真所谓有补于天地有裨于世教者也。则人之修庙致敬，固所以崇调元赞化之德，亦所以敦效忠慕义之风焉。"康熙五十四年（1715年），该庙又进行了一次大修和扩建。据村内老人回忆，该庙规模颇大，在附近村落庙宇中属于大庙，主体建筑计有三官殿、关圣帝君殿、廊房、钟鼓楼、道房等。墙壁全是用十多斤重的古砖砌成，结实厚重，古朴苍劲。关公殿内，关公挺身而坐，背后立刀，手把经卷，神情庄严，彰显了关公智勇双全的形象。四面墙壁彩绘关公桃园结义、秉烛读经、过关斩将、单刀赴会等经典故事。

与大多庙宇一样，三官庙在20世纪50至70年代改为学校，后废弃拆除。幸有识之士发现并保留下两通碑刻，分别为《三官殿关圣帝君殿并建钟楼道房碑记》和《重修关帝圣君庙碑文》。这两通碑系康熙五十四年三官庙重修与扩建时所立，详尽记述了建庙之因，重点阐述了关公的功德和教化影响，因而成为南阳、社旗关公文化调研的珍贵文物遗存。

20世纪90年代，庙前庄及附近村民又集资重建三官庙，建有正殿5间、配殿各3间等，供奉有三官、关圣帝君、老君、圣母、奶奶、药王等佛道各路神仙。这里每年的二月初七为庙会日，庙会期间，各类文艺演出和物资交流，为远近十几里的村民带来了艺术之乐与购物之喜。

（供稿人：徐东、张殿举）

附录：

三官殿关圣帝君殿并建钟楼道房碑记

尝思有补于天地有裨于世教者，人皆尊之奉之，而罔敢非虔。如三官之燮理阴阳，为天官地官水官，与上下同流。

关圣帝君之纲维人纪，为忠臣为义士为圣人，与乾坤并老。真所谓有补于天地有裨于世教者也。则人之修庙致敬，固所以崇调元赞化之德，亦所以敦效忠慕义之风焉。奈历年久远，

风雨飘摇，不为修葺，势必倾颓，于是附近居民为重修创建之计。但大厦将倾，非一木之可支，独力难成，须众善之共济。各捐己财，并化四方，鸠工庀财，勷厥义举，经之营之。不逾月焉，而炳哉麟哉，庙貌焕然一新；堂哉皇哉，神像凛然可瞻。则神既有所凭以降祥，人自有所感以作善矣。

是为序。

南阳县国子监太学生闫绍卿撰文

南阳县后学王湘书丹

……秋上浣谷旦

（抄录：张殿举）

重修关帝圣君庙碑文

神之为灵，昭昭也。智者明其异，愚者不以为信焉。是何故也耶？余以为非其人不信也，良以神之为神，前无所考，后无所稽，未知生于何代，产于何地，卒于何时也。而且上无补于国家，下无益于黎庶，行不足以参天地，赞化育，振纲常，扶名教。如是而谓之曰神，欲其人之信服也，不甚难哉！

若夫关帝圣君者，岂其然耶。生于汉末，产于解梁，非无所考也。桃园结义，终始如一，不谓之信乎。赤心辅汉，不避艰险，忠何如也。而且秉烛达旦，别嫌明微。仁礼如斯，何奸不除，何邪不辟者也。其余过关斩将，赴会除奸，勇冠三军，威震乾坤，一时之奸雄闻风胆寒者，殆不可胜数也。如帝君者，三纲五常有一者不备于其身者乎？岂无补于国家无益于黎庶者之可比耶。一旦而升天，列位于丙丁，敕授伏魔大帝，□谓非情理之必然也耶。故在在有其庙貌，处处有其行宫。上自天子，下及庶人，无不钦而敬之，瞻仰而跪拜者也。

此地此庙，其来久矣。环居兹庙者，蒙神之庇护殆不知其几何也。但恐年久月深，风雨飘零，殿宇偶崩，神像忽颓，前后左右之人其何所依赖，以为祷祀之主也。幸有善士王士爵王好乐，立意重修，以图坚久。不吝赀财，不惮劳瘁，募化众生，聚材鸠工。于今告竣之日，勒名于石，庶几并传于不朽云。

撰文人□琮

书文人王公

（山一日）康熙五十四年岁次菊月吉旦

铁笔石匠　段鸣鹤

王坊三官庙状貌

●桥头镇吴氏营关帝庙

桥头镇吴氏营村在社旗县城赊店镇西北 8 千米，桥头街东北 7 千米，赵河西岸，北与方城县接壤。

据传明万历年间，吴氏寡妇迁此建庄，名吴氏庄。后因此地驻过兵营，改称吴氏营。居民 300 余户，1300 余人，耕地 1800 余亩。该村吴姓与明代招讨吴阿衡门份较近，其房屋装饰有象征官宦之家的铁翅子，室内原供有吴阿衡画像。

该村旧有关帝庙。正殿 3 间，中间供奉站姿铁胎关公，关庙前有数尺高台，台下有三五通石碑。东边为奶奶殿，殿前有卷棚，西边供奉其他神圣。正殿后有四五间庙房。南有大门，东、北、西一圈瓦屋。据传关公像原为泥塑，有一年，吴湾河涨大水，随水下来一个一起一伏、黑黢黢的物什。人们捞出一看，是铁胎关公像，遂将其供在庙里。关帝庙占地五六亩，平时常有善男信女到此瞻拜，香火不断。二月初七为关帝庙会，届时来自北山的山货及其他地方的货物云集于此，唱戏的、杂耍的布满庙宇前后，人头攒动，摩肩接踵，甚是热闹。

中华人民共和国成立前，庙内有两三个道士，其中就有后来迁入三贤山的道士。中华人民共和国成立后，此处做过供销社、吴氏营乡政府驻地、学校等。1958 年，庙宇遭到破坏。1970 年左右，该庙彻底拆毁。

（供稿人：张殿举）

●青台镇山陕会馆（山陕庙）

38

青台在社旗县城南 13 千米，方城至枣阳省道公路西侧。

青台是历代名镇，但始建于何时却无确切考证。据传，宋以前称金华城。1950 年前存有"古金华"石碑，后碑文遗失。绕青台西、南流过掉枪河。掉枪河名称由来的传说为，金花小姐泛舟河上不慎把金枪掉在河水中，故而得名掉枪河。金华城之传说与掉枪河有关。从谭其骧主编的《中国历史地图集》查得，北宋时期，青台镇在京西南路唐州境内唐河西岸。金南京路唐州版图中仍注有青台镇。据北宋《元丰九域志》、民国《方城县志》记载，北宋时青台为方城县青台、许封、罗集、新寨四大镇之一。清光绪三十一年（1905 年）《南阳县志》卷二"疆域"二十一页载："青台在城东八十里，新唐书元和十二年李诉遣方城镇将李荣宗击淮西青台城拔之。元史平章郭详筑青台城以图襄阳。"自北宋起青台名青台镇无疑，但为何名青台却无佐证。群众一致传说：青台地形突兀，形如高台，四周有台阶，且常年盛产青菜，故名。

1958 年以前，青台有 6 座古庙：山陕庙在北门外（现中学校址），回龙寺庙在西门内（现兽医站址），火神庙在北门内（现供销社家属院内），泰山庙在东门外，龙王庙在寨外东北角，城隍庙在南门里东边。这几座古庙于 1950—1958 年间先后拆毁。南北主街两侧，下挖 1 丈左右，可见文物层，有井、锅、鹿角、陶器等。

青台地处古代唐州至裕州的官道要津，唐河古航道之侧，历史上既是一座军事要塞，更是一座商业重镇。加之这里又是明、清移民的重点地区，为此，当时在这里经商的晋陕商人甚多，青台山陕会馆（山陕庙）就是在此经商的晋陕商人集资兴建的，祭祀他们的家乡神关公，祈祷财源广进。据当地群众相传，青台山陕会馆比赊旗镇山陕会馆建筑时间还要早，其形制与赊旗镇山陕会馆相仿，也有大殿、配殿、厢房、戏楼、钟鼓楼等建筑，但规模要小一些。据残存之石柱、柱础等石料照片可知青台山陕会馆当年建筑规模之宏大、雕饰艺术之精湛。

（供稿人：徐东，照片提供人：张殿举）

原青台山陕会馆残存的柱础和石柱

●唐庄乡关帝庙村关帝庙

社旗县唐庄乡关帝庙村是一个因庙而名的自然村，位于社旗县城北3.2千米，沙河西岸，西北距唐庄乡政府驻地2.5千米。据传，明末，杨举人在此建村，因村人中王姓较多，最早称小王庄。后因村风败坏，偷盗成习，故人称贼王庄。清乾隆二十年（1755年）前后，在赊旗店做生意的封丘人刘氏买下此村，并修建一座关帝庙，唱五台大戏，村庄更名关帝庙村，以示改变陋习，大兴忠义、正直之风。村风果然由此大改，以忠义孝信而享誉乡里，闻名宛东一带。解放初首任方城县县长的革命烈士刘毅然就是关帝庙村人。

原关帝庙位于村东，坐北朝南，庙院颇大，庙貌甚宏，有大殿、配殿、厢房、山门等建筑。因村民维护，香火鼎盛。1957年，关帝庙被改建为关帝庙小学。1974年大殿被拆，建成教学楼。2002年教学楼成危房，学生迁往苗庄。2005年，众善士募资对关帝庙进行了重建。2007年，关帝庙再次改为复建之村小学。村民们又再次募资，在原庙址东侧沙河西岸建起尚显简陋的新关帝庙，成为周边信众祭拜关公的精神庙堂。

有关关帝庙村的由来，当地流传的逸闻非常有趣，也颇耐品味。

据说，该村最初的名字叫王庄。那时，村里的居民大多是逃荒而来的，生活困难。为了活命，一些人便到处偷窃，在方圆一二十里落下了不良名声。后来，别村的人行窃也栽赃到了王庄头上。最后，人们干脆把这个村子称为贼王庄了。王庄的子孙为改变这个村名，又是惩戒小偷，又是做善事，付出了很多努力，可总是抹不掉王庄前面的"贼"字。

清朝初年，在赊店做生意的刘姓大户买下王庄，觉得村名太难听，就联合各个姓氏，改换了村庄的名字。为了让新村名传得开，他们特意唱了几天大戏。可事过不久，外人说起他们的村庄，仍称贼王庄。这可怎么办？庄上人犯了愁。后来，高人指路，对王庄人说："为了改村名，必须借重于关老爷子。"

王庄人依从了那人的主意，在村东建了座关帝庙，并改自己的村名为关帝庙。为了广而告之，关帝庙建成后，他们在庙前唱了几天大戏。每天开戏之前，村民便在各个路口设卡。外村人过来，村民便问："到哪里去？"来人若答"到贼王庄去"，村民便说："这里没有这个庄，请回去。"若回答"到关帝庙去"，村民便笑脸相迎。为了强化人们的记忆，村里经常在关帝庙开展文娱活动，吸引远远近近不少人前来观赏。

一来二去，人们渐渐把该村的老名字遗忘了，关帝庙这个村名便扎下了根。

（供稿人：徐东、张殿举，照片提供人：张殿举）

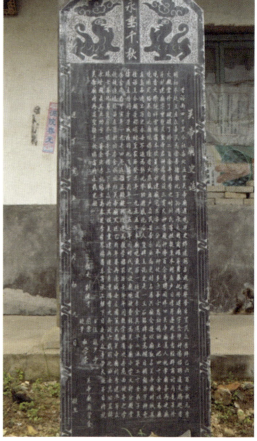

移址新建的关帝庙

唐庄乡关帝庙村关帝庙旧址

补充资料

1957 年该村关帝庙变为关帝庙小学。1974 年大殿被拆，建为教学楼。2002 年教学楼成危房，学生迁往苗庄，房屋重归关帝庙。2005 年，众善士募资对关帝庙进行了重建。2007 年，关帝庙改为关帝庙小学，人们在庙东河边建起了简陋的新关帝庙。

● 苗店镇张营村关帝行宫

听说社旗县苗店镇西南东张营村有个关爷庙，喜欢寻踪访古的我就来了兴致，2019 年 3 月 9 日的早晨，我徒步 8 里到达东张营村。

走进村里碰到张德周老先生，说明来意，他和另外一村民热情地领我去看关爷庙。到那里一看，关爷庙早已荡然无存。张老先生说："可惜啊，大炼钢铁时把庙毁了，要不毁俺庄这关爷庙才排场哩。……俺庄这关爷庙规模可大了，我小时候记得关爷庙是坐北朝南，一进二的大院，"张德周老先生介绍说，"前面是山门，门两边有两个石狮子把门，门楼上头写有字，记不得了。进去大门是前院，有火神殿、瘟神殿、广安殿、疙瘩殿，正殿是关爷殿，关爷殿左右是奶奶殿和药王殿。"

"后院是住庙修行师傅们吃斋休息的地方。俺庄西北有块地就叫老道坟，有十几个坟墓呢，那都是关爷庙里的老道们死了埋那里的。"张先生侃侃而谈，看我还有疑惑，又说，"俺庄关爷庙说有真有的，不但老辈相传，我们这一代亲眼看到，而且还有石碑做证！"

石碑在哪里？我一听来了兴趣，石碑可是考古最直接的证据。张老先生领我到村西南一个小桥旁，果然有石碑在，还不止一块。

我像哥伦布发现新大陆那样兴奋，赶紧细看碑文"皇清道光二十六年重修关帝行宫"几个字清晰可见。

啊？不叫关爷庙，碑文上叫关帝行宫！老百姓们可能喊惯了关爷庙。道光年间距今将近

二百年了，何况是重修？到底啥时候建的？张老先生又带我到村北小桥上看。

草丛中还有一块石碑，村北小桥的旁边有两块石碑。我跳下去赶紧扒开杂草看，其中有一块石碑上清楚刻着，皇清乾隆六十年（1795年）重修。乾隆六十年？这更早？这说明张营村的关帝行宫最少距今有将近四百年的历史了。

我走访过很多叫寺叫庙的大大小小的寺庙，没见一个叫关帝行宫的，为什么看似偏僻的东张营村在很早修建一个关帝行宫呢？为啥不叫关帝庙和关爷庙？

张老先生说："有两种可能。第一，俺张营村过去叫安货寨，也叫张营街，过去是通往南北的官方大道必经之路，远近十里八里的村民都到俺张营村买卖赶集，可热闹了，卖啥的都有，俺张营村还有两层楼高的寨墙，一圈被河水环绕。所以人们在这里修个关帝行宫也是昭示人们学习关公的讲仁义吧？"

"第二个可能是行宫，行宫或许是当年关云长出曹营过五关斩六将后，一路找寻刘备路过俺这里，在这里暂时小歇小住的房屋旧址，人们为纪念关公，把他住的地方叫关帝行宫，后又盖成寺庙，敬奉关公，以便永世不忘关公那样讲仁义的高尚品德。"关帝行宫到底建于何时、为啥兴建已不重要，重要的是东张营村确实有个关帝行宫！有道光、乾隆两个皇帝年间的碑文做证。

（供稿人：黄炳贵）

●饶良镇关公庙

饶良镇为著名历史古镇。史料载，饶良于北魏延昌四年（515年）为阳平县，隋开皇七年（587年）改阳平县为饶良县，大业二年（606年）改饶良县为比阳县。历经漫长的历史沿革，比阳县复称饶良，为泌阳县的一个区级镇。1965年社旗县建立，饶良镇由泌阳县划归社旗县管辖。

饶良古镇南北长3华里，东西宽1.5华里。古镇置五门五路，环城长九里十三步。五个城门楼，城门用三寸厚木板做成，以铁皮镶包，城四角四个炮楼，八个圈，有"人工天堑，固若金汤"之说。

饶良古镇历史悠久，文化积淀丰厚。镇内历代建有八大庙（东大寺、五虎庙、祖始庙、山陕庙、玉皇庙、三仙堂、廊坊庙、罗汉庙）、四小庙（华山阁、全爷阁、倒座堂、七星庙），为盛儒兴佛之地。

特别值得提出的是敬奉关羽的两处庙宇——五虎庙和山陕庙。

五虎庙位于饶良镇东门内，属砖木结构，由三门、东西厢房、卷棚、正殿、东西小殿组成。正殿供奉三国时期蜀国五虎上将：关羽、张飞、赵云、马超、黄忠。塑像均为坐姿，高达 2 米多；关羽居中，其面如紫枣，丹凤眼，卧蚕眉，右手捋须，左手按膝，面微仰，绿袍掩映盔甲。张飞怒目圆睁，赵云精气逼人，马超杀气腾腾，黄忠沉着稳重。望着五虎上将，耳边似腾起金戈铁马、战鼓声声，三国历史烟尘席卷而来，仿佛呈现出"温酒斩华雄""擂鼓三通斩蔡阳""三英战吕布""华容道上遇曹蛮"等一个个古战场画面。

五虎庙对面 40 米处有大戏楼一座，坐南朝北，与五虎庙遥相呼应，隔月十五日有大戏演出，热闹非凡。五虎庙内香烟缭绕，钟磬声声，许愿祈福者络绎不绝。

可惜的是，五虎庙和大戏楼于 1955 年水利化时被拆毁（用砖打井）。这一宝贵的文化古迹毁于一旦。

饶良古镇另一处敬奉关羽的庙宇是山陕庙（又叫关公祠），坐落在饶良镇西南门内路北，是一座雄伟壮观的建筑群。

山陕庙主体建筑为卷棚、东西小殿、东西厢房各 6 间，道房分前院、后院，前院楼房 5 间，后院堂屋、东西屋各 3 间，门楼 1 间。三门前置有石狮子把门。正殿供奉关羽，正殿对面南方 50 米处有大戏楼一座，坐南朝北，亦与山陕庙关羽正殿遥相呼应。

山陕庙建筑属砖木结构。正殿前，卷棚遮顶，面阔 3 间，进深 3 间。正殿内雕梁画栋，檀檐斗拱，额枋三重木架大梁，内外立柱等均为彩绘山水故事。正脊中央立一琉璃陶楼，内塑姜太公神像。两端置大吻兽头，重脊跑坡，飞檐挑起四角，倒挂吊铃，四周檐下饰五彩斗供，两边置有麒麟送宝，再外两边是大象运宝，另有一间饰武士骑马，抡刀舞枪。正殿中央檐下悬有"光明正大"巨幅匾额，两边山墙巨幅彩绘关羽《华容道遭遇曹阿蛮》《古城会》《箭射盔缨》《护驾保皇嫂》等故事图案，雕刻巧夺天工，栩栩如生。

正殿关羽坐像高约 2 米，呈现出傲视群雄、威武忠义的圣君之态。坐像后边二檩处高悬"三国第一人"巨幅横匾。右立关兴，左立周仓。左、右山墙上方各悬"忠义千古""浩然正气"巨幅横额。特别需要提出的是：山陕庙除了敬奉关公，无其他任何神位。可见，关公在世人心目中的"忠、义、仁、勇、诚、信"至高至圣，独一无二。

山陕庙因 1946 年办学，关公像被毁，又 1958 年建棉花厂时庙房被拆，已面目全非。

清末，饶良古镇流传着关羽的神奇传说。

其一，饶良镇郝家药铺掌柜一天早起蒙蒙亮就对街坊惊叹说："哎呀！昨天晚上十二点钟我起来小解，听见大街上马蹄踏踏，人声嘈杂，我隔门缝一看，只见关二爷跨马提刀，众兵勇簇拥跟随，口里嚷着：'快！快！跟关二爷巡逻去，捉拿那些欺行霸市、制卖假药、坑害百姓的奸商去……'我当时以为是哪家戏班子化妆去山陕庙大戏楼演戏哩，便斗胆开门跟随去看热闹，谁知关二爷这行队伍没去大戏楼，径直到东寨门腾空而去……妈呀！以后可得讲诚信，千万不能卖假药了。"

其二，1941 年饶良古镇害"大家病"（瘟疫），一天夜里，明月当空，农家张二抱着 5 岁生病的孩子看郎中，突然看见一红脸大汉身高丈二横刀跃马，后边跟随兵勇，砍死一只黑狗，又剁掉手里的几只黑鸡，骂道："该死的瘟鸡瘟狗，看你还敢再祸害百姓，关二爷命我们把你们这些害人的狗东西全部杀光灭种！"张二知道红脸大汉是关二爷，他也顾不得去看郎中了，躲在家里诚心祈祷关二爷保佑。没出三天，除了恶霸地主的病没有起色，其他农户贫困人家的病全好啦……

类似传说在饶良古镇民间代代相传已有数百年。仗义行侠、秉忠诚信、扶弱济贫的关公早已成为饶良民众心目中至高的庇护神，被称颂为武圣、仁武真君、武财神。许多商家敬奉关公以求生意顺达，许多百姓敬奉关公祈求消灾无难。

（整理人：殷之、尚德宝）

新野县关公文化

●关公文化、三国文化遗存概述

新野县位于河南省西南部，南阳盆地中心，属汉水流域，与湖北省襄阳市接壤。刘秀起兵新野，刘备栖居新野，三请诸葛亮，决策"草庐"对，火烧新野，这些故事驰名中外。新野在历史上是光武中兴的策源地和蜀汉政权的发祥地。

据有关史料载，刘、关、张三兄弟在河北举义后，或依附袁绍，或联络曹操，一直飘摇不定难以立足，直到屯兵新野，才算站稳脚跟。刘备驻扎新野的时间是从建安六年（201年）冬天到建安十三年（208年）秋天，也就是说，刘、关、张兄弟在新野这座风雨飘摇的小城度过了整整7个春秋。关羽最耀眼的17年，其中7年是在新野度过的，最后10年是在荆州度过的。

往事虽越千年，但三国胜迹遍布古城新野城乡。与关公文化有关的胜迹有汉桑城、关宿桑、议事台、鹊尾坡、瑞莲池、关公提闸放水淹曹军处（石门厅）、水军演武场、拦马桥、关场；遗迹有校场、三义庙、结义庙、关庙晋楸、春秋楼；遗物有关公磨刀石；文物碑刻有汉桑城碑、关公行祠碑、焦店关帝庙碑及沙堰四门石匾额等；文化典籍有明马之骐撰板桥铺关帝庙碑文、乡镇各关帝庙部分楹联；清代《汉桑题味》，现县民间文艺家协会编印的《武圣关羽佳说》以及台湾画家所绘的《汉桑图》等。

●县志记载县城内外9座关帝庙

新野县历史上曾存在很多关帝庙，清乾隆《新野县志》在"坛祠"中载新野县城关帝庙有三处：关帝祠，一在城内东南隅；一在城南关；在城北里许，晋楸在焉。雍正三年（1725年），追封三代。前殿牺牲用牛一、羊一、豕一、豆笾各十，后殿牺牲用豕各一、羊各一、笾豆各八、帛各一，照文庙之例。民国《新野县志》在"列祠寺观"中载新野县城乡关帝庙有九处：关帝庙，一在城内东南隅；一在西门大街；一在城北里许，庙前古楸一株，清末始枯，称为晋楸；一在南关曰"春秋楼"；关岳庙，在西门大街即前关帝庙及文昌庙原址；关岳庙城内试院街，初为关帝、文昌二庙，民国四年（1915年）奉令并为关岳庙，正殿置木主二，一关壮缪，一岳武穆，改旧有官厅为东西序，东序为张飞、王浚、韩擒虎、李靖、苏定方、郭子仪、曹彬、韩世忠、旭烈兀、徐达、冯胜、戚继光，西序为赵云、谢玄、贺若弼、尉

迟敬德、李光弼、王彦章、狄青、刘铸、郭侃、常遇春、蓝玉……关帝庙，城东水龙潭，今为国民学校；关帝庙，城东屯头村；关帝庙，城东张刘营；关帝庙，城东北板桥铺，明万历年建，马之骐撰文。

●乡镇 12 处关帝庙旧址

▶**焦店关帝庙址**　在新野县沙堰镇焦店村南门内。始建于清代中期，有大殿三间，东、西廊房各两间。有清咸丰七年（1857 年）《重修关帝庙记》石碑，现存放在县博物馆老院内。

▶**古城关帝庙址**　在今沙堰镇李庄村古城，召父渠右岸。始建于明代，有正殿、拜殿、廊房等。清康熙和嘉庆年间重修。有清代御史邑人焦荣在康熙年间撰写的《重修关帝庙记》石碑。碑现在李庄学校墙壁上，沙堰镇文化站有拓片。

▶**陈营关帝庙址**　在今沙堰镇陈营村东。旧时此处有关帝庙和蔡家庙，附近有桥两座，俗称"一步两座庙，十步两座桥"。村东北角有校场，相传关羽在沙堰镇驻扎时，在此处设校场，供比武、跑马、射箭用，至今遗址仍存。

▶**老徐庄关帝庙址**　在今新野县沙堰镇丁庄村老徐庄自然村东。始建于明成化年间，清乾隆十七年（1752 年）和嘉庆十一年（1806 年）重修。现存有清乾隆和嘉庆年间《重修关帝庙记》石碑两通。

▶**夏官营关帝庙址**　在今新野县沙堰镇夏官营村，为汉淯阳故城遗址。相传三国时曹操大将夏侯惇曾在鹊尾坡和关羽鏖战，兵营设在此地，故名夏官营。明代建有关帝庙，址在今村东南。

▶**板桥铺关帝庙址**　在新野城郊乡板桥铺村。明万历年间重修，邑人进士马之骐撰有《重修关帝庙碑记》，文载在民国《新野县志》中。庙内有明铁铸关公像一尊，一直存放在庙大殿中，2012 年庙址划给本村一户村民为宅基地，关公像移放在房屋后墙外，不久夜间被盗，当时村民已报案，未果。

▶**李庄关公祠址**　在今王庄镇李庄自然村东边。始建于明嘉靖年间，占地 1.5 亩，大殿 3 间，东西偏房各 2 间，内供奉关羽、关平、周仓。祠内主持道人 2 人，有数百斤大铁钟 1 个。清末被洪水冲毁。

▶**东高营关爷庙址**　在今新野县东高营村东。始建于唐代末年，占地 10 余亩。此庙规模宏大，设施完备，庙前有圆形山，内有关爷殿、佛祖殿、娘娘殿、讲经堂和接待厅。庙宇于 1949 年因保护不善而倒塌。

▶**东园关谷庙址**　在今新野县王集镇东园村。建于清康熙年间，占地 6 亩，有正殿 6 间，偏殿东西各 3 间。大殿有关公塑像，高 2 米余。1958 年庙被拆除。

▶**兴隆观关帝庙址**　在今新野县施庵镇兴隆观村。始建于明代，清乾隆五十六年（1791 年）和咸丰元年（1851 年）重修。有《重修关帝庙香亭乐楼记》碑。

▶**梅堂关帝庙址**　在新野县王集镇梅堂村西。始建于清康熙五十四年（1715 年），占地 30 余亩，有房舍 30 余间，大殿 3 间，坐北朝南。大殿塑关公神像，东堂供土地、财神、玉皇大帝，西堂供观音、娘娘神像等，形态逼真，栩栩如生。清乾隆五十七年（1792 年）正月，因湍河水东移，关帝庙东迁重建，今仅存 3 间大殿和《重修关帝庙记》石碑一通。

▶**岗南关羽庙址**　在今新野县上港乡岗南村东北角。建于明末，占地 10 余亩。庙宇建筑精美，旧时香火旺盛，有道士 10 余人。1968 年庙被拆除。

●三国文化相关遗迹

▶**拦马桥三国文化遗址**　位于新野城区北门外护城河上，青石结构。这里曾是新野老百姓拦马敬酒、挽留关公的地方。建安十三年（208 年）秋，曹操大举南征。刘备、诸葛亮决定弃新野、奔樊城、去夏口联合孙权共同抗曹，实行战略转移，并召回在三里河操练水军的关羽回县城议事。当关羽回至城北小石桥时，新野百姓扶老携幼，箪食壶浆，在小石桥上哭拜，拦着马头不让关羽离去。关羽上前挽起众父老，讲明时局。百姓听后，愿随刘、关、张兄弟转移。关羽的赤兔宝马见此情因感动而怆然踏步，结果在石桥上留下了深深的马蹄印儿。拦马桥呈两只马蹄印，深 3 毫米，直径 13 厘米。桥高 3.1 米，桥墩用 24 块圈形石柱构成，桥下有老城区河水通过。前几年房地产开发，今桥不存。

▶**水军演武场**　在今县城北汉风苑的三里河。民国九年（1920 年）《新野县志》载："关壮缪演水军处，在城北三里河。"白河在明隆庆四年（1570 年）改道前，这里是淯水（白河）的主河道，河面广阔，水流湍急，况离县城又近，所以三国时关羽选择在此处操练水军，为后赤壁大战水军作战打下了坚厚基础。旁有雁语山，为新野八景之雁浦秋风。传说关羽曾站在雁语山上指挥水军操练。旧有石碑上书：关壮缪（关壮缪，即关羽。关羽死后，刘禅追封他为"壮缪侯"）演水军处。现此处已被建成楼房，山毁碑失。

▶**关庙晋楸**　位于县城北关拦马桥前，是新野县旧时最大的敬奉关羽的庙宇。关帝庙前有一棵大楸树，传为晋代所植，因此，此处称为关庙晋楸。乾隆十九年（1754 年）《新野县志古迹》中载："晋楸，城北，关壮缪祠前，相传晋时所植，老干已枯，旁枝犹茂，望之如怪石耸立，真千年物也。"关庙晋楸是新野一大景观，历代名人多有题示。1955 年庙扒树伐，今景观不存。

▶**关公跑马堤** 传为关羽在新野时跑马之处。民国九年（1920年）《新野县志》中载："关公跑马堤，在城东里许，北起打鼓庄，南至方庄，高三尺，宽一丈，约五里许，传为关壮缪跑马故址。"本堤存在到21世纪初，后城区扩大，修路建房，此遗址被毁消失。

▶**春秋楼** 关羽在宋代以后特别明、清两代，地位大幅度上升，各地多建有关帝庙、春秋楼。新野春秋楼始建于明代，清代多次修葺，位于新野县城南石头街东端，在一座关帝庙基础上改建。两层阁楼，重檐飞角，内有转梯，可登楼既望新野全景。春秋楼修建时基高出石头街路面，在大门前修有10多级台阶，所以新野人称此处为高台阶。前几年曾发现《重修春秋楼记》石碑，因没有有效保护，旋又丢失，下落不明。

▶**关场结义庙** 位于新野县城东4千米处。此地传为三国时关羽操练兵马和养马牧场，故取名关场。此处历代建有纪念关羽庙宇，唐代叫关公庙，宋、元时又取名结义庙，清代重修，民国时改为学校，解放后被毁。现有石碑2块，碑文记载刘、关、张结义之事。

▶**三里庙** 又名三义庙，在县城南2千米处，白河东岸。此地原名柳林，乾隆十九年（1754年）《新野县志》载："柳林，三里，白水之浒，帆樯上下，桃柳千株，邑之胜境也。"明清时在此处建有三义庙，供奉桃园结义刘、关、张兄弟，因距县衙3里，清末被称为三里庙。

▶**昭烈祠** 原在县城南关，是一座祭祀三国时昭烈皇帝刘备的庙宇。祠内配飨的有诸葛亮、关羽、张飞、赵云、徐庶等人。

▶**校场** 位于今新野县城朝阳路西侧，原县一高中院内。因是古代军人比武和操练的场所，故名。世传为三国时刘备创建，历代俱有增修。校场中心建有演武堂，堂前有旗台，正南有三穿辕门，时占地2.67万平方米。1920年《新野县志》载："校场，县南里许，旧有演武厅，并有三穿辕门峙立其前，世传系昭烈（刘备）与关、张练兵之故址。"今校场不存，仅作为地名使用，为南关校场居民区。

▶**关爷庙巷** 位于新野城区东部。因巷西口有一座清康熙年间所修建的关爷庙，故名。西起东关街，东至朝阳路，全长400米，东段宽7米，西段宽5米。

▶**西关爷庙巷** 位于新野城区西北部，南起汉城西路，北交书院西路。因巷南端东侧原有关爷庙一座，位城西，故名。全长500米，南段宽3米，北段宽2米。

▶**箭道坑巷** 位于县城西路南侧。北起汉城西路，南交下坡巷于老法院门口。因巷西侧有箭道坑，坑为汉代修城取土所致。传为关羽扎营汉桑城内时早晚在此练箭之道（即靶场）而得名。现巷长90米，宽10米，巷东侧为居民住宅，西侧为汉桑城。

▶**关公磨刀石** 汉代文物。传说关羽在新野时用此石磨刀杀恶霸、救民女。磨刀石原一直供奉在新野城郊乡八里堂关公庙内，后又被镶嵌在八里堂石桥上，边有石刻铭文：关公磨刀石。后桥废，磨刀石下落不明，据说现在该地一村民家中存放。

▶**石门厅** 位于新野县沙堰镇西鹊尾坡西南端，水利遗址。民国九年（1920年）《新野县志》

载："石门厅，在沙堰望夫石后，本汉召信臣所筑以蓄水灌田者，后昭烈（刘备）与曹军对垒，关壮缪（关羽）于此囊沙闸水以淹曹军，今遗址宛然。"此水利遗址一千多年一直屹立在白河故道上，是一处重要的汉代水利遗址。前几年新野在疏清河道时，将石门厅毁去。现石门厅坝石被遗弃在老白河岸边。沙堰镇南门原有石匾曰"囊沙遗踪"，就是纪念关羽在此处聚水淹曹军的。

▶**汉桑城** 在今新野城区汉城西路南侧，原汉桑城小学内。有古桑一株，高4米多，主干直径1米余。传为关羽在新野时所植，亦传为关羽拴马之树，今主干已枯。但龙首凤尾之状犹存，后从根部发出幼桑，现已长大成形，并高于枯桑，大于枯桑。后人珍爱，在其四周动以砖垣，垣上部为古城垛状，故名汉桑城。城被誉为世界上最小的城（内中只有一棵树）。树被誉为世界上最大的树（一棵树占据一座城）。汉桑城经历代多次修葺，现状为城体外部形状为南北长6.59米，东西宽4.49米，高2.88米，墙体底部宽0.5米，顶部宽0.37米。有城垛。墙体镶嵌有《重修汉桑城记》及颂扬与关羽有关的石碣题咏。绘画6幅。为县级文物保护单位。

▶**关宿桑** 在今新野县沙堰镇政府院内。因208年夏关羽在鹊尾坡提闸放水淹曹军时夜宿该树下而得名。当地政府围树建一砖石仿城围墙，与县城内汉桑城外形相仿，被称为"南北两汉桑"。关宿古桑围长3.2米，树高16米，冠幅36米。树外围城为八角形，砖石结构，

汉桑城

汉桑城（关志杰供图）

议事台

高3.2米、内径3.95米、外径4.25米，墙东壁上嵌有清乾隆五十年（1785年）《汉壮穆侯关公行祠》石碑一通，该碑高1.2米，宽0.9米。下置有一个长1.3米、宽0.6米、厚0.3

米的青石质𰵺𰵺碑座。碑上记载了关羽三宿桑下鏖战鹊尾坡、水淹曹军的史实。墙体镶嵌有关羽提闸放水、夜宿桑下、回马荐贤等石刻绘画。

▶**议事台** 在县城政府街南侧，为刘、关、张兄弟和诸葛亮商榷军务处，时名议事堂。至明万历二十一年（1593年）知县王瑜令以重建，移至子城城墙上。为砖砌长方体高台，正中建八卦亭一座，双层八棱，飞檐挑角，南北对开门户，东西两壁窗外四廊朱柱，木栏曲环，上有宝葫芦顶，陶制八龙伏脊，内绘太极八卦图。门额横书：汉议事台。今台高5米，宽4米，长70米，台下傍路有门，进门有阶，可登台进亭。为县级重点文物保护单位。

▶**汉风桥** 位于县城北汉风苑三里河（白河故道）上，桥两边石质护栏板上雕刻有关羽植桑、水淹曹军、水军演武、夜读春秋、拦马敬酒等关于关公在新野活动情况的画面多幅。

▶**鹊尾坡三国古战场** 人民文学出版社1978年版《三国演义》中三国演义地图标有此地名。位于新野县沙堰镇西白河故道里，是一片开阔的河套地。此处高丘荒草、河滩宽阔，因河自北至此转向西南形成河湾，河之西北是一带状如鹊尾，故名鹊尾坡。此处立有石碣曰"鹊迹风古"。在曹操大举南征时，刘备、诸葛亮令关羽在此提闸放水，水淹曹兵，曹军无处奔逃，伤亡惨重，刘备带领新野老百姓安全撤离新野。

▶**召父渠** 关羽水淹曹军除上说法外，尚有一个说法是利用召父渠水淹曹军的。据《新野地名志》载："召父渠，古水利工程，在今县境中部，北起沙堰镇，南至城郊乡花陂一带、西汉时南阳太守召信臣倡修，引淯水（今老白河）灌田，民得其利、称信臣为召父，故以名召父渠，渠首在沙堰镇西南、淯水（老白河）向西拐弯处左崖，渠口西200米处（今沙湾村东南），有弧形石坎，曰石门厅，系粗沙石料砌成。干渠自引渠蜿蜒南下。总长30公里，灌溉城区东南大片土地，后因白河改道，渠废。"据传，关羽用沙袋将石门厅加高，逼淯水由召父渠流至城东之罗陂而水淹曹军。清代御史焦荣在为古城关帝庙撰写的《重修关帝庙记》

汉风桥上图雕

鹊尾桥鹊尾坡遗址（关志杰供图）

召父渠遗址

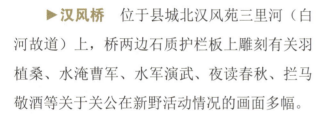

碑文中说："新野治北，念余里有古城焉，遗址宛然。志称创建未详，古老相传昭烈帝屯兵处。城之侧有渠焉，则关帝所决淯水以淹曹军者也。"

▶**瑞莲池**　在今新野县沙堰镇关宿桑东 30 米处。为一天然大池塘，旧时多莲藕，明代产奇莲三种：一青色、一并蒂、一红白各半，后世称此池塘为瑞莲池。旧时池中央设有凉亭，有造型别致的过水桥可进入凉亭纳凉赏荷。关羽在沙堰镇三宿桑下水淹曹军时，常在此池塘观赏莲花，洗涮物品和饮宴。

（供稿人：葛磊）

✿ 淅川县关公文化 ✿

淅川县位于河南省西南边陲，豫、鄂、陕三省交界处，因淅水纵贯境内形成百里冲积平川而得名。古战乱时期该地易守难攻，有"中原未战，淅境兵动"之称。

●韦集山陕会馆

韦集山陕会馆位于厚坡镇韦集村东部，占地面积约 15 亩。经过久远的岁月洗礼，虽饱经风霜，日渐萧落，但它是研究厚坡韦集历史商业文化以及人文风貌的重要历史遗迹之一。

韦集山陕会馆背靠永青山，东临刁水，南迎白龙潭，西接千年古街，由晋陕盐商、布商、药商等及祖籍晋陕的韦集居户赵、李、雷、杨、党等 18 户共同捐资修建。会馆坐北面南、南北 110 米，东西 91 米，占地 10005 平方米。建筑布局采用我国特有的中轴对称式布局。沿中轴线分三院，中轴线上由南到北依次为戏楼、山陕庙楼门、拜祖殿、卷棚、大殿。前院戏楼（3 间），东西各厢房 2 间；中院轴线前为山陕庙楼门（1 间），后依次为拜祖台（上有石制焚香炉，高 2.3 米，宽 2.3 米），卷棚 3 间，卷棚内左右各有龟托石碑 1 座，东间为修建史志碑，西间为捐资纪念志碑。中院轴线左右为东、西廊坊各 6 间，中院西廊坊南头向西 13.3 米为娘娘庙 3 间，供当地妇女朝拜求子。中院东西廊坊北头各有园门通往后院。后院中轴线上为主建筑大殿（3 间，每间 10 平方米），大殿内中供金脸关公坐像，东供周仓坐像，西供关平坐像，各高 6 米，关公像前为石制四尺方形焚香炉。大殿门内二柱东西布局 4.7 米高木质花格门，花格门前东西分别悬挂钟、鼓各一。大殿门上木雕有八仙过海图案，"文化大革命"期间损坏部分。大殿东西山墙绘有彩色壁画。大殿东西分别为药王庙、马王庙。据两块碑文记载会馆经历两次大的续修和重修：韦集山陕会馆创建于清乾隆年间，乾隆五十八年（1793 年）同心会 18 人参与修建，至嘉庆十六年（1811 年）续修舞楼、门庑、垣墙完工。东西廊房重修完工于咸丰六年（1856 年）。从乾隆五十八年（1793 年）开始，到咸丰六年（1856 年），跨越半个多世纪的续修重修，这 60 多年应当说是厚坡韦集商业最繁华的时期。

（供稿人：周红伟）

韦集山陕会馆（谭立胜供图）

韦集山陕会馆内部建筑结构（谭立胜供图）

●荆紫关山陕会馆

荆紫关位于鄂豫陕三省交界处，隶属河南省淅川县，距淅川县城75千米，有"鸡鸣三省"荆紫关之称，自古就是商贸繁华之地和兵家必争的要塞。我国最早的地理书籍《禹贡》记载：荆紫关早在战国以前就是"西接秦川，南通鄂渚"的交通要塞，为唐代后期形成的商业古镇，西汉时始为草桥关，元为荆籽口，明为荆籽关口，清为荆子关，民国初取荆花呈紫色之祥意，改"子"为"紫"，荆紫关之名遂延续至今。明、清时期是荆紫关的黄金时代，沿江码头，船舸弥津，每年有大量的桐油、生漆、食盐、

荆紫关（李静供图）

布匹等从荆紫关进出，每日里车来船往不断，逐渐成为豫、鄂、陕附近7省商贾云集之地，繁华异常。这里曾出现过"三大公司、八大帮会、十大骡马店和二十四大商号"的繁荣景象，是丹江通往龙驹寨，乃至西安的最大水陆码头之一。

山陕会馆位于荆紫关古街东侧面，创建于清道光年间。荆紫关山陕会馆是山西和陕西两省商人集资创建，面积4000平方米。坐东向西，面临丹江。现存建筑6座，房屋29间，皆在中轴线上。依次有大门楼、戏楼、过道楼、钟楼、春秋阁（中殿）、后殿、卷棚等。大门楼3间，门

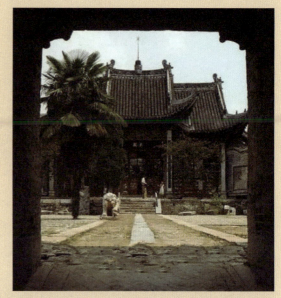

54

荆紫关山陕会馆(李静供图)

前有青石阶，门两侧各伏造型奇特的石狮子，门楣与檐间有两层石雕图案，庄重威严。戏楼3间，系两层硬山式建筑，下层为过道，上层中间为戏楼，北间为乐队室，南间为化妆室。楼的前后檐均有木雕组画"唐僧取经"等6组，雕绘精湛。

山陕会馆的春秋楼。面阔3间，为硬山式建筑，两侧有形态逼真的"麒麟望北斗""丹凤朝阳""习武图""参拜图"及"雄鹰展翅"等透花木雕，前后檐设木雕斗拱，阁内昔供泥塑关公像。春秋阁前南北两侧，建有钟楼和鼓楼，高10米，为方形攒尖顶，四角悬铃，内有"哪吒闹海""仙鹤送书"等故事木雕。20世纪70年代，南侧的钟楼被扒掉，现仅存鼓楼。

（供稿人：赵霞）

●驻马山关帝庙

淅川县驻马山关帝庙位于秦岭之支脉伏牛山脉，蜿蜒起伏八百余里，巍巍高耸。驻马山直插云霄，高高直立，俊秀挺拔。灌锁之水，弯为玉带，前后环绕，山清水秀，灵光四超，古之神仙，久居此地。

上溯远古，查阅历史，春秋战国前，称此山为玉皇顶。后汉之时，石广、石法二仙，隐居此山，刘秀推王莽不成，投奔此山，拜二仙为师，后精通易数，重整河山，打败王莽，霸业已成，来接此师，二师已云游四海，没有得见，遂封此山为驻马山，流传至今。

汉帝后裔，献帝即位，自幼无知，不理朝政，群雄四起，互相残杀，术距南阳，欺压一方，贼寇追野，残害黎民，民无办法，以石垒赛，以挡贼兵，曹吞术后，以灭刘备，备居新野，军事诸葛，烧退曹兵，速派云长，豫渐招兵，关至双河镇，听其山顶喊杀连天，速拍马舞刀，

杀到山顶，荡平贼寇，救寨之百姓，百姓感关公救命之恩，在此山顶建一小庙，初一、十五供奉。唐朝时道教兴盛，在此修复关帝庙，万民供奉。宋、元、明、清历代修复，抗战时期，大部被毁，主庙完存。土改时期，关帝庙被扒，毁于一空。1971年，信士齐集，以石垒庙。信士自华，七人小组，不负众望，合力修庙，历时三十余载，建成了关帝殿、三清殿、天宫殿、祖师殿、山门、素斋堂、师父住室、武圣广场，关公浮雕墙，两个石牌坊。古代遗迹，关爷泉、马刨泉，石白凹，古石寨残余无存，五千米的盘山公路，通往武圣广场，高低压线路连接庙宇，每年春灯节十余万信众，前来供奉，香火旺盛。

四时行焉，星瀚浩茫，淘毓钟灵，大道之行，日月同煌，关公武圣，万古名扬。仁、义、智、信，百代之榜，万古长空，朝阳风月。含笑咀华，毓秀钟灵，仰大道之行，慕明贤之淳风。九流百家，立德立言，儒道法墨，砥砺争鸣，览天地之幽奥，统万物之唯纲，明五德之精华，究阴阳之变通。干支纪日，算术九章，浑天观象，斗转星空，道法自然。格物致知，究天人之际，上善若水，唯德是辅，求至美之境。悟大道玄机之妙，基老庄隐逸游踪。做人之德，据地势坤，厚德载物，老幼无欺，道法自然。万物同生，天地人和，和谐自然。关公之德，儒佛道独尊，"志在春秋身在汉，心同日月义同天"。历代华夏儿女，以仁、义、智、信为榜，使武圣之庙宇，遍布华夏大地，人人敬仰。

（整理人：许子华）

驻马山关帝庙（魏从敬供图）

●西簧关帝庙

西簧关帝庙位于淅川县西簧乡关帝庙村，为河南省第七批文物保护单位。

西簧乡关帝庙外观

西簧乡关帝庙塑像

西簧关帝庙内外

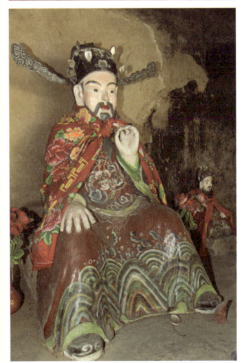

南召县关公文化

58

南召县，隶属南阳市，位于河南省西南部，伏牛山南麓，南阳盆地北缘，东邻方城，南接南阳市区、西临内乡，北靠鲁山、嵩县，素有"北扼汝洛、南控荆襄"之称，是历代兵家必争之地。南召县现在仍然活跃的关帝庙至少有1座。

●南召关帝庙

南召关帝庙，始建于元至正元年（1347年），至今已有600余载，虽经历朝历代兵荒马乱，屡遭破坏，但是却屡坏屡修，直到解放初期大殿还完好。正殿三间前有卷棚，五脊挑檐，雕梁画栋，内有精美壁画。该庙1958年被毁。1993年在原址东北方500米处重建。庙内现存古碑3通，52千克铁质大刀一口［为乾隆五十年（1785年）铸造］。据守庙人田国长先生介绍，此庙是南召大多数关帝庙的"根"，南召县的其他关帝庙均是从此分香而来。此庙现为道教开放场所。该庙每年农历五月十三日举办关公磨刀日活动，每年农历六月二十三日举办关公诞辰活动，有社头前来慰问，连续几天唱大戏。

南召关帝庙古联：

汉封侯明封王清封大帝；儒称圣释称佛道称天尊。

生蒲州出许州坐荆州威震九州；
兄玄德弟翼德斩庞德吓坏孟德。

三人三姓桃园三结义；一君一臣汉室一圣人。
夜观春秋人称文夫子；单刀赴会众呼武圣人。

●南召关帝庙旧址

在今陈广南希望小学院内，现仅存一座保护基本完好的东耳房，房内没有塑像。此处曾是陈谢部队的前沿会议遗址。现为县级文物保护单位。

南召县关帝庙旧址所剩东耳房（关志杰供图）

南召县关帝庙曾为陈谢兵团会议遗址（关志杰供图）

南召县关帝庙牌坊（关志杰供图）

南召县关帝庙内关帝像（关志杰供图）

● 北关帝庙原址遗址

北关帝庙，位于河南省蚕业科学研究院大院内（原北城墙根），正殿三间，高脊挑檐，上安鲻鲸吞脊兽头，级别较高，到此庙观瞻祭祀的多为官宦名士。后来该庙被拆除，研究院在旧址上兴建了办公大楼。

南召北关帝庙遗址（关志杰供图）

● 覃怀会馆遗址

当地百姓将"覃怀庙"误传为"南槐庙"。此庙是覃怀（今河南省沁阳市、温县所辖地域）商人集会议事的会馆。位于

覃怀会馆遗址（关志杰供图）

南召老城外东南角处，原有北屋正殿四间，关爷居中，左右有关平和周仓护侍，塑像威武尊严，神气十足。院内有大楸数两棵，1958年被除去。西跨院是膳房，大门外有水池和广场。现仅存一偏殿，处在一个即将被拆除的工厂内。

●山陕庙

山陕庙位于云阳镇小关街回族小学内，原大门为3间戏楼，坐南面北。戏楼两边是著名的钟鼓楼。钟楼在东，鼓楼在西，各为一大间四脊挑檐、砖瓦木石结构的凉亭建筑，豪华而精美，1958年被毁。原山陕庙庙门及钟鼓楼等已经拆除。现存文物有盘龙碑帽两方，石雕柱础30余件，古联石柱4根。

山陕庙钟鼓楼上有四只单联：

声应青阳宛动碧桃留汉色，近听鲸吼此刻俎豆日月光

渊渊逸达堪舆义勇而同彰，厥声似雷大音于少昊

●铁佛寺

铁佛寺位于小店乡杨庄村东南500米处，原有佛爷大殿，东西厢房及山门一座小院，敬奉有关爷、老母、四大金刚等神像，主祀关公。现仅存山门3间，大殿3间，老墙（上棚是新的），及大青石龟碑座1个。据说，当初建庙是杨庄王家贡献的土地，外地一位陈姓员外出资兴建，因本地一名妇老太在地里剜菜时，剜出一个铁佛爷，故将寺院命名为铁佛寺。

经电子地图查询了解到，南召县石门乡有石人山关帝庙。据南召文化专家高天顺先生讲，当地云阳镇还有新建的关帝庙，南召县皇路店镇还有老的关帝庙。

（供稿人：关志杰、高天顺）

西峡县关公文化

西峡县是河南省南阳市下辖县，位于河南省西南部，伏牛山南麓，淅水中游。西峡是屈原故里，是屈原文化主要遗存地、屈原"扣马谏王"故事发生地，还是重阳文化的发源地，是中国重阳文化之乡。

●九柏关帝庙

九柏关帝庙位于河南西峡县城西8千米的五里桥镇黄狮村境内，面积36960平方米。据记载，九柏关帝庙为明万历年间内乡鲁翰林捐资所建，因庙前有9株参天大古柏而得名。现存建筑前殿、后殿及偏房36间，四合院式。民国前期香火兴盛，拜者络绎不绝，至如今还有一首民调："九柏关帝庙，上下八百里，人人都知道。"

前殿3间长约10米，宽9米，砖木结构，高台建筑，四株格栅门，方砖铺地，屋脊为卷棚式，屋脊木柱梁。后殿3间，紧靠前殿，长10米，宽9米，砖木结构，雕梁画栋，屋脊为坡面楼阁式建筑，内有关羽等塑像3尊，民国时期被破坏。庙前9株大古柏，最粗的周长300厘米，其中株干枯，据说：在民国时期，吴风山与土匪杨捷三争战，杨被吴擒，捆在此柏树上点天灯，柏树被烧枯。目前柏树仍存。

古柏前有观音庵3间，庵前有一尊大钟，直径约3米，上面有"明万历年铸造"几个大字，民国时期失踪。

此庙在民国时期办过私塾，中华人民共和国成立后改为黄狮小学，经扩建现存房屋40余间，为黄狮小学所用。2012年，学校迁走，现为宗教场所。

（供稿：九柏关帝庙）

九柏关帝庙山门

古柏

九柏关帝庙殿内壁画

九柏关帝庙关帝塑像

62

方城县关公文化

方城县位于河南省西南部，南阳盆地东北隅，伏牛山东麓，唐白河上游。东邻舞钢、泌阳县，南接社旗县、宛城区，西连南召县，北依鲁山县、叶县，是南阳市的北大门。县域东西长72千米，南北宽61千米，总面积2542平方千米。方城古称裕州，历史悠久、文化底蕴丰厚。始于夏代，为禹贡豫州之域，春秋为楚地，是中国丝绸之路发源地之一。

方城县境内有多座关帝庙。据清乾隆《裕州志》（裕州即古方城）（卷二·建置）记载：关帝庙州内外俱有。关帝庙在州五十里鄜山之麓；杨楼寨内关帝庙；拐河关帝庙；独树关帝庙；袁店关帝庙。民国《方城县志》（卷三·祀典）记载：关帝庙在城内东大街路北一座，后改关岳庙。县东二里一座，赵河二座，中封一座，吴氏营一座，拐河一座，县北五十里一座，独树一座，老鄜山一座，其余各镇寨亦多有之。凡山西、陕西人建者俗称山陕庙。与关公文化相关的有著名历史文化遗址博望坡。

方志中的方城地图

方城县关帝庙（亢得胜供图）

方城县关帝庙关圣帝君像
（亢得胜供图）

方城县关帝庙关平像
（亢得胜供图）

●博望坡

　　"博望相持用火攻，指挥如意笑谈中，直须惊破曹公胆，初出茅庐第一功"，这是我国四大名著之一的《三国演义》中罗贯中对诸葛亮的豪迈赞誉。正是由于诸葛亮的一把火，博望坡一夜成名，闻名遐迩。博望坡上，现存一棵千年柘刺树，即当年诸葛亮火烧博望留下的"见证"。

　　东汉建安七年（202年），屯兵新野的刘备北上遇阻后退守博望城，与曹军相持，后因兵力悬殊退出博望。建安十二年（207年），刘备三顾茅庐，请出隐居南阳的诸葛亮。诸葛亮出山后，先后设计火烧博望、烧新野、烧赤壁，用三次火攻大破曹军，奠定了三国鼎立的局面。繁华的博望古城在一场大火中化为灰烬，仅留下唯一的活见证柘刺树。博望镇作为三国古战场，自古流传着很多民间传说，如诸葛亮屯兵博望、发明中国最早的军用干粮"博望锅盔"、"博望火烧"故事等。同时，遗留一步三眼井、曹操从许都南下宛城讨伐张绣时经过的梅林铺和三里墩等遗迹。其他遗迹和文物还有刘备观战台及作为军事防御设施的吊桥、寨墙，刘备设伏兵的隐山，曹操"割发代首处"的灵龟铺，魏蜀双方屯兵的大军寨、小军寨、夏响铺和博望古战场大量出土的折戟断镞、土层中被烧的谷物碳化颗粒等，都有着很高的历史价值和文化价值。

博望坡遗址

博望坡三国古柘

博望古城遗址现存垣墙基是驿站建制，汉代兴建的古城墙已踪迹难寻，现存城墙系清咸丰年间所建，称"老寨"，又称"西寨"，东西长1300米，南北宽400米，面积52万平方米。原有东西两座门楼，均为3层3间砖木结构，拱门则用弓形青石砌成，各有一石刻楷书匾。东门楼匾额上书"查客肇封"（意谓张骞侯于此）、"大清咸丰十一年南阳知府顾嘉蘅题"，西门楼上书"星夜传递"。清末民初时，城内还有陕西岳家"和申"日杂货店、"德盛常"油坊、梁家"杏林堂"中药店和"德民瑞""恒泰西"蒸锅酿酒酒坊等老字商号。古城内地下文化层厚1～7米，出土有大量汉砖、筒瓦、陶井圈、水管道、铁器、兵器、钱币等文物。"一步三眼井"，传说开凿于后汉，井深30米，直径2米，水质甘甜。

1963年6月20日，博望古城被河南省人民政府命名为首批重点文物保护单位。

●拐河关帝庙

拐河关帝庙位于方城县拐河镇西关行政村，始建于清雍正己酉年（1729年），坐北朝南，现存建筑15间，其中大殿3间，硬山卷棚勾连搭顶，均为单檐硬山灰瓦覆顶。大殿面阔3间，进深6架椽，通面阔11.7米，通进深9.4米。卷棚面阔3间，进深4架椽，通面阔11.7米，通进深6.7米，青砖铺地。正殿后有拱门，门上镶嵌石刻横额"义之尽"。正殿东西各有一道偏门，（石刻门楣字迹漫漶不清），与东西道院相通，卷棚前连月台。庙内存普碑1通，清碑6通。现为县级重点文物保护单位。

拐河关帝庙（王海林供图）　　　　　　　　拐河关帝庙内结构图（王海林供图）

●赵庄关帝庙

　　赵庄关帝庙位于方城县拐河镇赵庄自然村西组，坐北朝南，始建不详，现存清代大殿及山门。大殿面阔3间，进深4架椽，通面阔7.9米，通进深4.55米，单檐硬山建筑，小灰瓦覆顶。山门1间，面阔3.3米，进深3.5米。院内存清代石碑4通，残碑2通，"清乾隆五十七年"的火神阁石质门一扇。

赵庄关帝庙（王海林供图）

●神林关帝庙

　　神林关帝庙位于方城县四里店乡神林自然村。该建筑坐北朝南，单檐硬山式，小灰瓦覆顶，面阔3间，通面阔10.07米，进深5架椽，通进深7.17米，门西侧立功德碑1通，时代不详。

神林关帝庙（王海林供图）　　　　　　神林关帝庙庙碑，现碑上基本已无字迹
　　　　　　　　　　　　　　　　　　　　　　（王海林供图）

●梅林铺关帝庙

梅林铺关帝庙遗址位于方城县博望镇梅林铺行政村梅林铺自然村。该遗址始建年代不详，清乾隆五十九年（1794年）重修，现为梅林铺小学。有"重修梅林铺关帝庙"碑，圆首，石灰岩质，高1.6米，宽0.65米，厚0.15米，额竖刻"流芳百代"，碑文共24行，满行34字，前3行记述为修关帝庙募化四方之事，后21行为功德主姓名，楷书。立碑于清乾隆五十九年（1794年）孟冬月。另外一通在建学校时被嵌于围墙内，碑文已看不出来。

梅林铺关帝庙内石碑（王海林供图）

●城北关帝庙

城北关帝庙位于方城县城北五里庄行政村焦庙自然村，又名"古裕州关帝庙"。其庙宇始建年代应该在17世纪中叶（另一个传说版本说建于15世纪明朝永乐年间，不确）。据传由山西洪洞迁徙到此的移民修建，后由山西人薛世奎捐资修建。至今仍有庙会。

●罗家沟关帝庙

罗家沟关帝庙，建造于明末清初，现与高庄小学毗邻，至今每逢农历每月初一、十五还香火不断。

（供稿人：方城文物稽查队王印、方城县城北古裕州关帝庙元得顺）

上篇 南阳市关公文化田野调查

☙ 邓州市关公文化 ❧

邓州市地处河南省西南部，北依伏牛，南连荆襄，西纳汉水，东接宛洛，有豫、鄂、陕"三省雄关"之称，面积2369平方千米。

●赵集镇关帝庙

邓州市赵集镇面积126平方千米，27个村委会，8.5万人，2013年被命名为"中国名镇"。

在这里，历朝历代民间信仰比较活跃，境内有各种庙宇达25处之多，其中以"关帝"命名的庙宇有4处：姜岗关帝庙，正月十六和清明节有庙会，会期3天；程苗关帝庙，正月二十三有庙会，会期3天；桥湾关帝庙，二月二十八有庙会，会期3天；李岗关爷庙、陈堰关帝庙有庙无会。供奉有关帝神像的其他庙宇4处，关帝庙遗址1处。

●姜岗关帝庙

姜岗关帝庙位于赵集镇竹李村姜岗自然村和镇平县蒋刘洼自然村之间，归两县市共同管理。1995年，姜岗关帝庙被邓州市人民政府命名为文物保护单位。

该庙始建于唐朝，属千年古刹。清康熙五十八年（1719年）、乾隆二年（1737年）、乾隆四十二年（1777年）、同治十年（1871年）、民国二十四年（1935年）、民国二十六年（1936年）、民国三十四年（1945年）、民国三十五年（1946年）及岁次辛未年（1991年）二月，共十数次进行重修，有石碑为证。2018年，现年80岁的杨清斋在年初拜访该庙时回忆道，小时候有一通石碑上刻着"监工尉迟敬德"几个大字，人们纷纷念着说着，后来看《隋唐演义》才知道尉迟敬德就是尉迟恭，唐王李世民的大将。

姜岗关帝庙的建筑布局分前殿、二殿和大殿，建筑风格为歇山式，飞檐翘脊，脊上有兽形瓦，殿前为四柱卷棚，两侧有三人合抱古柏，雄伟壮观，气势恢宏。该庙于"文化大革命"中遭到破坏，古柏伐掉后锯成短截，社员们用作箍桶材料。据关帝庙前边秦杨村现年69岁的村民杨雪堂回忆，旧时，关帝庙庙产几百亩，解放后仅剩30多亩；庙权归邓县、内乡县、镇平县所有，后内乡退出。庙会会头由百亩土地的大户地主担任，负责庙事活动，土谷山有三面界碑。庙前为官道，信阳人去陕西的必经之地。数百年来，庙宇保存完好。刚解放，庙宇拆除，房产镇平部分村民拉回，邓县部分拉到裴营区建大礼堂（区部南边）。1957年原庙址上建小学，1958年建农中。

现在关帝庙前殿为主殿，供奉关羽神像，左边为关平，右边为周仓；中殿为结义殿，供奉刘、关、张；后殿供奉有玉皇大帝、太上老君等神明。

现在，关帝庙负责人为杨新才，66岁，中医师。2000年修建前殿，投资30多万元，按当时的物价在郑州市能买三四套商品房；2012年，投资180万元建造后殿；2017年建造中殿，因资金不足，中殿建造档次太低，计划2018年重建，200万元材料款已基本筹集到位。

姜岗关帝庙（关志杰供图）

姜岗关帝庙关公大殿（关志杰供图）

●陈堰关帝庙

陈堰关帝庙位于赵集镇吕家村陈堰自然村。1995年，陈堰关帝庙被邓州市人民政府命名为文物保护单位。

该庙始建于明朝。其建筑样式为四合院式，分前殿、后殿（大殿）和西厢房，东边敞开无建筑。人殿歇山式，筒瓦覆盖，进深8米，面阔10.5米，高8.5米；前殿山门式，高5米，因年久失修上部于2000年进行翻修，墙体保存完好。1980年村里建校时将大殿和西厢房拆除，目前仅存前殿3间。据村民王泽勤回忆，明洪武年间，陈堰王姓从山西洪洞县移民至此，因该县距关公故里蒲城较近，那里的人们习惯供奉关公，来到这里后采用募捐的形式修建了关帝庙。起初，只有前殿和大殿，20世纪30年代，建造了西厢房。

庙内，塑有泥胎刘、关、张及关平、周仓，关公像在大殿正中间，包括底座约一人高；刘备在关羽左边，张飞在右边，塑像略小于关公。1947年，村民借住大殿中，因嫌塑像碍事，便将泥胎砸毁；1958年西厢房办起农民夜校，教社员们识字；1965年前殿为村办小学；1970年大殿用作陈东生产队仓库；1980年大殿东山墙裂缝，时任大队支书李保胜让村民去汤庵（大队窑场）拉砖加固，村民不愿出工，考虑到学生安全，才将大殿拆除，一部分物料分给了周边群众，一部分用在了新校建设上。

（供稿人：王国勇）

●汲滩镇关帝庙

汲滩镇位于邓州市东 20 千米处，涝河、赵河、严陵河在此交汇，为邓州市四大名镇之首。其得名据说源自康熙皇帝南巡过此，见三河汇流，滩险漩涡，于是挥笔写下"急滩"2 字，在《康熙字典》中有此字，意思是地名。汲滩镇自隋唐以来为宛西南最大的水旱码头和货物集散地，有"小汉口"美誉。全镇有 32 个行政村，107 个自然村，334 个村民小组，2.2 万户，7.3 万人，10 万亩耕地。汲滩与穰东、白牛、腰店和新野县的上庄、歪子、王集 6 个乡镇接域，有"一镇和六乡"之称，2014 年被河南省命名为历史文化名镇。

汲滩镇关帝庙

关帝庙位于汲滩三河街东 30 米处，始建于隋朝，坐北朝南，占地 12 亩，三进院落，有 120 多间房舍。历经多次战火。嘉庆十三年（1808 年）第四次重修。天南地北的客商来汲滩，下船要做的第一件事到关帝庙焚香叩拜。

关帝庙建筑古朴，沿中轴线渐次有戏楼，穿过戏楼过廊，有东西廊房、旗杆、牌坊、卷棚和大殿。大殿正中供奉着威武凛然的关公，左首关平捧印，右侧周仓持刀，浩然正气令人生威。殿内木隔壁上浮雕精湛，绘画逼真。楹柱和石墩饰着攀龙附凤、神兽仙人。大殿东西两侧有东西花厅，分别供奉着祖师、老君和奶奶、火神君及观世音菩萨塑像。沿东西花厅四周为群房，形成了严谨的四合院古建筑群。尤其戏楼上下三层，巍峨壮观，为三重歇山式建筑。斗拱映月，飞檐望云，木刻剔透，漆画缤纷。顶覆黄绿釉瓦，脊饰神兽飞禽，合抱大柱擎起轩昂戏楼身架。钟、鼓两楼烘托雄伟气势。戏台宽敞豁朗舒心，剧场可容纳 1500 多人，卷概拜殿为四坡流水上下两层，高大雄伟，青砖碧瓦，挑梁飞檐，雍容华贵，与戏楼交相辉映，吸引了大批善男信女在这里叩拜，大批客商在这儿叙乡谊。通商情、观大戏。

关帝庙的旗杆至今在汲滩还流传着一段脍炙人口的传说。关帝庙建成后，缺旗杆，木料要从汉口购买，船运需三日才能到达汲滩，但关帝庙开光大典在即。此刻，在汉口码头出现一位姓火的老者，将购好的木料让一船家连夜装运到邓县汲滩，并再三嘱托，货到付款。但逆水行舟谈何容易，孰料，当夜起风，船家一夜便舟行至汲滩码头，但姓火的老者却不见踪影。船家问汲滩百姓，火姓老者住在哪里，街民告知：汲滩自古无姓火的人，只有关帝庙内火神爷姓火。船家便到关帝庙焚香叩拜关公讨个说法，焚香时檀香怎么也插不到香炉里，用手拨开竟蹦出锭黄澄澄的金元宝。估算一下，刚好够支付木料和船资。

（供稿人：高宝海）

●汲滩山陕会馆

汲滩（浕滩）山陕会馆始建于大清雍正五年（1727年），由晋陕商贾集资新建。位于汲滩集镇东北角（现初中院内），距汲滩集镇约3华里，乾隆四年（1739年）扩大规模，乾隆二十六年（1761年）重新修缮。因三河汇流冲刷东岸，汲滩古镇渐次向东滚移，与山陕会馆融为一体。又因汲滩镇自古为水陆码头，南达武汉、京、沪、杭，北至宛、洛连秦晋。交通枢纽，商贸兴隆。晋商大贾们便在此建立占地40多亩供南北客商歇脚与贸易的办事处——山陕会馆。

山陕会馆分为四重院落，140多间房舍，地面均为一尺见方的青白石板铺砌，山门却面西朝河。因为晋陕商贾忌急，面对浕河、赵河、严陵河在此交汇，便以水为财，加三河水，改"急"为"浕"，故山门朝西。

汲滩山陕会馆

  整个山陕会馆坐北朝南，位于中轴线上，有三山照壁、马殿（内塑关公赤兔马像）、悬鉴殿、东西廊坊、石牌坊、拜殿、大殿、后花厅、群房、春秋楼。门前的三山照壁上彩绘梅花鹿浮雕，悬鉴殿东边为戏楼。悬鉴殿左首钟楼，右边鼓楼，穿过悬鉴殿左右两侧为廊坊、东西马厩，进入牌坊为拜殿、大殿。大殿东边为马王殿，西边为药王殿。拜殿、大殿两侧为东西花厅，供奉火神与财神。大殿正中雕塑着浩然正气、持刀危坐的关公像，关公身后各塑关平、周仓神像。大殿的东西歇山分别写有"赫声，灵濯"，正念倒念，语句通顺，寓意深刻。寓意为大音希声和灵魂得到洗礼。大殿后建有藏经楼和春秋楼，春秋楼内雕塑着关公秉烛夜读《春秋》的坐像，法相庄严，栩栩如生。当地有谚语"邓州有座塔，离天一丈八；汲滩有个春秋

楼，半截还在云里头"。

山陕会馆建筑精巧质朴，环境优雅，亭台楼榭，掩映在绿树丛中，内有铁旗杆、石狮、石墩、石碑等。建筑独特，雕梁画栋，飞檐走兽，融木刻、石雕、刺绣、绘画、铁艺于一体，堪称一绝。若干年后，号称天下第一馆的社旗县的山陕会馆模仿汲滩镇的山陕会馆而建，在国内建筑史上有重要地位。中科院院士著名学者陈宪章于2007—2011年多次到汲滩考察，认为山陕会馆的一砖一瓦、一草一木，都具有重要价值。

山陕会馆的兴建，繁荣了汲滩市场，促进了商贸流通，苏杭的绸缎、花布、茶叶，上海的洋灯、洋油、洋火、洋胰子，新疆的和田玉、奶油芝麻锅盔，东北的人生、貂皮、乌拉草等天南海北的各种生产、生活用品，如潮水般涌上汲滩码头，穿着不同服饰、操着异地口音的各个民族的商人们，在这里流连忘返，徜徉在商海中。晋商大绅们趁机创办了二黄（汉剧）、越调两大戏班子。1904年，又在山陕会馆东侧兴建了砖木结构，四坡流水的上下两层九间大楼。每逢正月二十三庙会，全国各地的商贾云集汲滩，商铺、布棚连绵不断，昼夜人声鼎沸，而山陕会馆又是庙会上商贾签约贸易合同的核心地段，门前车水马龙，客商络绎不绝。

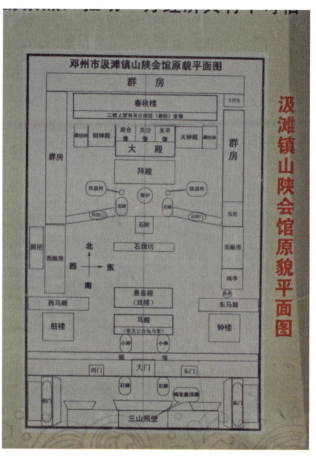

邓州市汲滩镇山陕会馆原貌平面图

汲滩镇山陕会馆原貌平面图

　　山陕会馆部分建筑于 1969 年被拆除，建元庄乡人民公社大院，仅留拜殿、卷棚、东西花厅、药王殿和马王殿及三山照壁。右边的照壁上还残存一副对联"大义继春秋之后，至城在天地之中"，左边对联是"涿郡桃花终继艳，许都烛影至今红"。关公手握的那把青龙偃月刀刀柄已不知去向，仅剩 1 米多高、重达 83 斤的宝刀雄风犹在，仿佛在向世人诉说着山陕会馆的过去、现在、未来的荣辱与兴衰。

（引自《浥滩红色风云录》，有改动）

●夏集镇关洼关帝庙

　　夏集镇关洼关帝庙位于邓州市东北 15 千米，南阳市西南 45 千米，新野西北 25 千米，湖北襄阳北 90 千米处，在焦枝铁路夏集站北 1500 米，207 国道西 1000 米处，北 200 米处是现正在筹建的南阳至南水北调中线渠首的高速公路，交通便利，四通八达。

　　关洼关帝庙占地面积 7 亩，已建好圣祖殿及东西两个配殿，现正在建一、二殿及配殿，计 55 间，总面积 1500 多平方米。

邓州关氏以关洼关帝庙为平台，建立了关氏宗亲联谊会，涉及邓州全市四镇六村及镇平县贾宋镇、唐河油田、内乡的关氏后裔，各村宗长推选建立了"豫西南关氏宗亲联谊会"，构林镇关海龙、镇平关磊、赵集镇关天玉任副会长，下设有支委、委员、财务、后勤、庙管委等组织。

豫西南关氏宗亲联谊会活动办公地在夏集镇夏集村关洼关帝庙处，有办公室、接待室。在《中国关氏宗谱》第一、二部分的记载的渊源中，河南邓州（构林南关营、夏集关洼）的关姓可与《山西解州常平村家谱》《关氏世忠堂家谱》接续。2009 年 2 月，立从、文艺续修关洼家谱，并根据构林清康熙二十三年（1684 年）续修的家谱（现存邓州市档案馆）和关洼现存清雍正年间的碑文记载，自关公为始祖开始至 67 代，后续 33 代至 100 代见附表。

关洼关帝庙的建立为豫西南地区弘扬关公文化、传播关公精神发挥了很大的作用，特别是每年农历二月二十二日的庙会，广大群众以庙会为平台，汇聚有关关姓宗亲，研究关公的忠、义、勇、诚精神及家族史和他本人在每个历史时期对社会的影响，对当代社会起到了很大的推动作用。

附表：

代数	50	51	52	53	54	55	56	57	58	59	60	61	62	63	64	65	66	67	68	69	70	71	72	73	74	75	76	77	78	79	80	81	82	83	84	85	86	87	88	89	90	91	92	93	94	95	96	97	98	99	100
清康熙帝御制宗派							至	诚	参	於	天	忠	义	震	万	年	圣	以	文	武	允	德	从	贤	孝	传																									
赵集白龙庙	志	清	恒	文	天	之	法	震	明	云	士	道	克	自	立	心	善	身	安	修	齐	志	平	度	坤	经	干																								
夏集关洼							守	自	之	震	光	士	宜	端	方	立	品	建	善																																
构林关营	国	文	士	志	希	复	儒	万	有	建	明	经	光	天	德	崇	学	超	朝	臣	前	业	克	振	起	家	声	亦	焕	新																					
新续																															富	录	智	全	熙	怀	祖	丰	厚	泽	忠	义	耀	星	宇	思	铭	伟	奇	功	佰

（供稿人：关立宏）

76

夏集关洼关帝庙（关志杰供图）

夏集关洼关帝庙内塑像（关志杰供图）

夏集关洼关帝庙石碑（关志杰供图）

❧ 桐柏县关公文化 ❧

桐柏县隶属南阳市，位于豫鄂两省交界的桐柏山腹地、南阳盆地东缘，历来被称为"宛东咽喉"之地。据方志记载及民间口碑所传，桐柏县域关公文化遗迹较多，有关圣祠、关帝庙、武庙、神龛、歇马岭、关爷岭等遗迹十多处。关公传说口口相传，影响深远。

现就桐柏县遗存较多的关公文化历史遗迹作以略述如下：

关圣祠，在清朝初年桐柏县城文庙附近，现无遗迹。清康熙三十四年（1695年）版《桐柏县志·城图》中"关圣祠"的位置，就在文庙（现桐柏县文广新局所在地）右后不远的地方，其建筑早毁，形制已不可考。这符合古代建一县必建文、武二庙的规制。文庙敬奉孔子，武庙敬奉关羽。孔子、关羽都是历史上实有其人，因为他们的圣贤言行、楷模作用历来被官民倡导和信奉，就成了尊居庙堂的"神"，备受世人敬重和奉祀。

关帝庙，在清朝前期桐柏县城北门外，现无遗迹。清乾隆十八年（1753年）《桐柏县志·卷之三·建制志》有"武庙（即关帝庙），在城北。乾隆九年卯县刘元享重修"的记载，既有"重修"，必有原庙。原庙建于何时，已不可考，但一定是早于重修时的乾隆九年（1744年）。据桐柏县文史专家许万明讲，此处关帝庙，原是三进庙院，主殿正堂大门上悬挂"义接云天"匾额，殿中塑关公握剑神像，左有关平持刀塑像，右有周仓持青龙偃月刀塑像，正上方悬挂"忠义千古"匾额，庙宇轩昂，香火鼎盛。大约毁于民国后期。

关公神龛，在平氏镇北西村龙王庙内，现失遗迹。平氏镇位于桐柏县西部90里处，是西汉、东汉时期建制县，宋建制县，当时管辖范围略大于或相当于今桐柏县，隋唐时废为平氏镇。据当地70多岁的老艺人刘义平讲，在今平氏镇区北西村原有规模较大的龙王庙遗址，当时庙宇建筑众多，内设佛殿、龙王殿及关公神龛，在方圆百里甚有名气，信众求财必至关公神龛焚香祷祝，据说有求必应。

关帝庙，在大河镇政府院东侧。大河镇位于桐柏县西北部16千米处，是有着数百年历史的古镇。原关帝庙是古庙，殿内敬奉关公，在关帝庙西边建有火神阁，庙、阁之间空地建有古戏楼，建于何时无考，现均已无遗迹。历史上，此地有传统四月八庙会，搭台唱戏，商贩云集，人头攒动，盛况空前。

关帝庙，在大河镇竹园村二郎山水库淹没区。1958年在这里建中型水库，之前这里是一个商贸繁华的竹园街古集镇，有

竹园街古集镇关帝庙遗址已修建为水库（关志杰供图）

寨墙、寨门、街市。寨外西北角不远处是当地有名的占地10余亩的"关帝庙"，庙堂全部由古砖和大石条砌建而成。南北两条河流从庙前、庙侧流过。庙门高大宽敞，庙内有正殿3间，左右偏殿各2间，殿前卷棚3间，紧靠庙门内有一花戏楼，称"山西会馆"，与卷棚相对。原先关帝庙卷棚内悬挂8块大匾，其中一块上刻"惠我无疆"4个大字，是一名山西讲十为敬奉他的老师所赠。庙院西南角有一棵千年古银杏树，高约50米，直径2米多，枝叶覆盖面积1亩多，无论旱涝，枝叶茂盛，果实累累，雄伟壮观。偏殿门前各有巨大石碑。历史上每年三月二十日于此举办庙会，各阶层群众云集庙内外。现成水库淹没区。

关帝庙，在桐柏县固县镇区，古庙宇毁于"文革"时期。固县，三国初年建义阳县、设义阳郡，西晋复设义阳县，东晋建义乡县，隋开皇十八年（598年）省义乡县、始设桐柏县于此，至北宋开宝六年（973年）移桐柏县治于今址。本为故县，写作固县。在固县镇区，原有关帝庙、火神庙，均塑关公神像，并建有"山西会馆"，主殿亦敬奉关公。现遗迹无存。

在桐柏县月河镇白庙以北有一关帝庙，现已无遗迹。

在毛集镇玄坛寺不远处的明山脚下有一座关帝庙，本为古庙，敬奉关公，建于何时无考，现已无遗迹。

在毛集镇原南门外亦有一座关帝庙，现遗址无存。

歇马岭与关爷庙，在新集乡北部歇马岭。据传，所谓歇马岭是指当年关公驻防新野县时曾骑马经过此岭，在此歇马一夜，便在石板上留下四个深深的马蹄印，故而得名。后来群众还在此修建关爷庙，现仅留石头庙址、马蹄石。《关公与歇马岭》的传说一直在民间流传。

歇马岭关帝庙遗址（关志杰供图）　　　　歇马岭关帝庙内关帝塑像（关志杰供图）

关帝庙和戏台，在朱庄镇响潭村萧楼。传说，古时候这里出过一个王总兵，作恶一方，被官兵剿灭。后来又出一个萧总兵，为朝廷带兵。有大臣向朝廷进言：萧楼是藏龙卧虎之地，出高人祸害群众、危害国家。官府就派风水先生过来，在萧楼东边建造了一座关帝庙，又在河对岸造了一座戏楼。一来建庙宇、建戏楼镇邪；二来倡导关公文化教育群众重义向善，和谐共处。现在，关帝庙、戏楼遗址已不在。

关爷岭，在淮源镇北山。据说，为纪念关公当年从此走过，至今称作关爷岭。

（供稿人：李修对）

上篇 南阳市关公文化田野调查

唐河县关公文化

唐河县位于河南省西南部，河南省、湖北省交界处，毗邻南阳市区。古代为京都长安、洛阳通向江汉平原的隘道要冲，物阜民丰，历来为兵家必争之地。

唐河少拜寺关帝庙，位于镇的最南边，1952年，庙改为涧岭店小学校。

● 唐河源潭山陕会馆

源潭镇位于唐河县城北13千米处，西有唐河，南有泌阳河，东有毗河，处于3条河流的夹角处。唐河在县境内纵贯南北，通汉江、达长江，成为江南一带联结中原及其北方地区的重要通道。

源潭山陕会馆建于清雍正九年（1731年），乾隆七年（1742年）重修，乾隆四十六年（1781年）竖立铁旗杆，乾隆五十三年（1788年）重接铁旗杆，道光二十一年（1841年）又有修葺，1963年再进行修葺。会馆位于当铺街衙门口东北角，面临东西大街。整个会馆坐北朝南，呈东西长、南北窄的矩形二进院落，占地5000多平方米。会馆大门面街而建，下留甬道，上建戏楼，为二层台阁重檐歇山式建筑。面南临街处为会馆拱券大门，亦称山门，一条砖铺的甬道从大门沿中轴直通后殿。山门之上戏楼面北而建，此种一体两面之勾连搭结构设计巧妙，组合得体，颇具匠心。戏楼明柱调角翘檐3大间，为中国古代建筑传统之"墙倒屋不塌"形式，以圆大木柱和柱础为主要支撑点，结构稳固。

戏楼两侧是钟鼓楼，东曰钟楼，西曰鼓楼，对称同形，均为两层六角形柱式楼阁。钟楼

源潭山陕会馆大殿（关志杰供图）

源潭山陕会馆

内下悬铁钟，大钟为生铁铸成，高 1.5 米，直径 1 米，重 1000 余千克，可惜此钟于 1958 年被毁；鼓楼内高悬巨鼓。钟、鼓皆为祭神及迎接神社之用，晨敲钟，暮击鼓，源潭镇至今还流传着"钟鸣闻全镇，鼓响震十里"的说法。钟鼓楼之顶部结构为重檐歇山顶，飞檐微跷，四角高挑，整体艺术造型空灵秀逸，具有园林建筑之风格。重檐及楼顶以绿釉瓦饰檐，灰筒瓦覆面，黄釉瓦组成菱形图案装饰中心，给人以古朴素雅之美感。戏楼于 20 世纪 50 年代中期扒掉，钟鼓楼 1972 年被拆，其砖头和会馆内的石碑用于修建西河头机灌站。源潭山陕会馆的铁旗杆立于大清乾隆四十六年（1781 年）九月初一。

进入山门从戏楼下穿过，沿中轴甬道前行 30 米便是前殿。此殿与戏楼之间的空旷大院，是观众们看戏的场所，地面全部用方青砖铺砌。前殿建于约 1 米高的月台上，月台周围立石柱为栅栏，每石柱上端雕蹲型小狮子，造型各异，神态逼真；从甬道登阶踏上平台，即可进入殿内，殿门两旁分别蹲有一对大青石狮子守门，显得威武庄严。在殿门之两旁对称各建有圆形拱门，进入拱门北穿过厅，进入后院方见大殿。前殿在抗日战争时期被毁，仅留月台至解放初期。

铁棋杆下的铁狮子（关志杰供图）

铁棋杆（关志杰供图）

柱础

穿越前殿两旁的拱门，便进入后院，会馆的主要建筑"关帝庙"及配殿就坐立于居中靠后的 2 米多高的月台之上。3 间大殿面阔 14 米，进深 11.5 米，高 16 米；大殿与前殿、戏楼

同处一条中轴线上，主殿为中国传统的重檐悬山顶五脊六兽式建筑，两层木板楼房。一楼六根明柱支撑上层重量，柱围3尺有余，柱础为青色石头精雕而成，下方上圆，各方均有浮雕图纹。殿中供关羽塑像，由关平、周仓护卫，关羽左手捋须，右手持《春秋》，双目微闭，十足将军气魄。关平眉目清秀，怀抱印旗，周仓豹眼圆睁，龇牙张口，单腿立地，手持青龙偃月刀，令人胆寒。与其他庙宇不同的是，此大殿正中这尊3米多高的关公神像，是就原地一棵大树雕琢而成，自然生根于地下，于20世纪20年代末冯玉祥主政河南期间，大肆"毁庙兴学"时被连根锯掉。两山墙壁画为"二十四孝图"，栩栩如生。上层楼为雕梁画栋出前檐，上饰八角形花格窗棂，倚门俯瞰，可览全镇，远望可见唐县城内泗洲塔。仰观二楼脊檩处有"大清道光贰拾壹年岁次辛丑四月十六日丑时竖柱上梁"字样，为重修大殿之日期。大殿屋顶为前后坡面覆灰色半圆筒瓦，五脊六兽，飞檐挑角。大脊正中立1.5米高之绿琉璃楼阁庙宇，供奉姜太公神位，小楼阁悬匾"摘星楼"。楼阁正面有两副对联，分别是"帅旗一展安天下，打神钢鞭定太平""君正臣贤尧舜日，万民乐业保安康"。阁楼的背面还有小题："山西泽州府阳城县东关琉璃匠人乔维城、乔维翰、乔维垣、乔维藩、乔维纲造"。大脊两端安有绿琉璃兽头，从脊中间小阁楼到东西兽头之间，两边分别各安装5个高1尺左右的奇异祥兽雕塑，前

源潭山陕会馆铁旗杆铭文

后房坡四条边脊上亦各装有9只鸟兽饰件。房坡配以黄绿琉璃瓦菱形图案，在阳光照耀下熠熠生辉。前门面处飞檐斗拱，精致繁复，木雕构件，精巧奇绝，虽已无浓墨重彩，但岁月剥落下的木材原色却更加浑朴平和；台阶、拱壁上，数尊精雕细琢的石刻浮雕、砖雕，题材丰富生动，式样别致，独具特色，充分体现了古代高超的雕刻艺术。

大殿东西侧各建有对称的两座配殿，均为3间两层，面阔9.6米，进深8.3米，大殿与配殿搭山处为2米宽的登楼之阶，由此可登上大殿及配殿二楼，互为相通。两侧配殿稍低于大殿，为五脊六兽硬山顶式建筑，房坡面覆以筒瓦。大殿在两座配殿的衬托下，愈发显得古朴典雅、巍峨壮观。同时，在大殿的左右配殿外侧8米处与前殿之间，对称性各建有7间东西廊房，青砖黛瓦，为马头脊徽派建筑风格。

关帝庙现为唐河县重点文物保护单位。

（供稿人：唐河论坛唐河岸边）

内乡县关公文化

内乡县为河南省南阳市下辖县,位于河南省西南部,南阳盆地西缘。东接镇平县,南连邓州,西邻淅川县、西峡县,北依嵩县、南召县。自古有"守八百里伏牛之门户,扼秦楚交通之要津"和"东接宛镇、南瞩荆襄、西带丹江、北枕嵩邙"之说。

● 马山口镇关帝庙

该庙起源不知道何时。抗日战争时被日本飞机炸毁后重建。

中华人民共和国成立后用作物资站。2003年被私人扒掉后由私人重建,收香火钱。县志无记载。

内乡马山口关帝庙

● 张集镇厚坡关帝庙

上有石碑书:"明万历间中丞张悌创建关帝庙,后改为大王庙,1936年由区长王彬鸠工重修。1938年年初,信阳师范100多名师生来到了张集,与桐柏淮阳中学、南阳一中和内乡菊潭中学一起躲避战乱。因为时任民团团长聂相岑热心教育,用不到一年时间,建成了包括两座小洋楼和两座木楼在内的新校区,先后接纳了上千名师生在这里就读。"小洋楼的东侧,至今还留有学校为聂相岑表功的"兴学纪念塔"。

1946年7月,时任中共鄂豫边区党委书记的李先念,先后转战新野和邓州,敌人仍然穷追不舍,李先念率领部队来到张集镇,暂时摆脱了敌人的围追堵截。李先念在关帝庙大殿召开了重要的一次会议,最后决定兵分两路北上,与刘邓大军会和,而后参加了淮海战役。张集的会议对于当时的红军十分重要,它明确了作战的指导思想和行军的路线。

农历每个月的初一和十五,会有大量村民拥进关帝庙上香,也有人捐香火钱修缮庙宇。

内乡张集厚坡关帝庙庙门

内乡张集厚坡关帝庙关帝殿

❁ 镇平县关公文化 ❁

镇平县位于河南省西南部，东依南阳市区卧龙区，南毗邓州市，西接内乡县，北连南召县。镇平县境内现有曲屯关帝庙、贾宋李民关帝庙、晁陂关帝庙、侯集山陕会馆和侯集关圣寺、先主山等。

镇平曲屯关帝庙碑林（关志杰供图）

● 镇平晁陂关帝庙

镇平县城西 15 千米的关帝庙，位于晁陂镇政府西南方 4 千米的严陵河西岸，是一座距今 1381 年的古庙。

晁陂关帝庙庙门（关志杰供图）

晁陂关帝庙塑像（关志杰供图）

关帝庙为纪念关羽所建。关羽，字云长，山西解州人，三国蜀汉大将，与刘备、张飞桃园三结义。他过五关斩六将，屡建功勋。公元 219 年在孙曹两面夹击下，失荆州而被杀。关羽被杀后，首级要限期奉献给曹操。于是部下派八百里快骑，日夜兼程。路经号称四十五里严陵镇时，暮色将至，人困马乏，在此夜宿。次日，四乡百姓闻之，纷纷赶来，就地跪拜。关羽被杀后，被追为壮缪侯；宋时追封为武安王；明代又加封协天大帝。

当地流传，唐贞观十年（636 年），道教兴盛，著名道人麻衣子在内乡修炼。一天东游，借宿此地，惊觉祥云笼罩，神灵闪光，顿生关羽大义参天之感。麻衣子见此，即同随人与地方邑绅商量，为关羽修庙纪念。兴定七年（1223 年）全真道龙门派创始人邱处机由西域返京，到北顶五朵山青牛宫修炼，特游此地祭祀增建。大德四年（1300 年），该庙毁于水患及战乱。

明洪武十五年（1382年）关帝庙重建（有碑考证）。重修后的关帝庙，古柏参天，石碑林立。关公大殿前增建的无脊卷棚，匠心独具，风格别致，给关帝庙增添了神秘色彩，以致誉满陕鄂周边大地。庙内另建有九座殿堂、数十间造房、行善房、楼阁山门错落有致，成为远近有名的景观之一。大殿供奉关羽，塑有高大威严的关羽神像。其他各殿为民间全神，神像众名，形态各异。庙院占地十余亩，香火地四十余亩。逢年过节，香火旺盛。各地不少香客到此朝拜，求签问卜者络绎不绝。每月初一、十五两天，周边各庙观道人前来聚会，诵经练乐，吹拉弹奏。多少商贾云集此地，为民行便。还有正月初九、三月十五、十月初十三次庙会，每会三天，十分兴盛，热闹非凡。平时香客祭拜关公、祈福求平安者也经年不断，到此定居者亦越来越多，关公的影响亦愈来愈大，关帝庙村由此而得名。庙内日常事务由周边的张寨、老张营、汤营、马营、赵楼、屈营、官李、杨洼、孙洼、安洼、柴庄、兴国寺、时庄十三个半村联合管理。每年由一村轮流主持。

清嘉庆十年（1781年），关帝庙再次修建。庙主持广龙，号道徒绪贵、绪经、徒孙本太、本德、本和及四方信士、香客，募捐重修。并为该庙增置车辆农具、耕牛良田，种地打粮，以供道人及远客食用。当朝进士居易轩在吏部侯张经世训导下题诗曰："金壁满光气象新，精忠贯耳悉尊亲。聪明正直参天地，赫耀生灵镇鬼神。赞化诲元序毒运，崧升岳降斗牛隐。晨飞钟鼓鸣聋瞪，万代千秋第一人。"（有碑记）

到中华民国时期有阎怀、李清连、马洪信、王明顺、梁德武、门敬三等道士先后住过该庙。民国十三年（1924年）是干旱大灾之年，该庙建立救济所，做赊饭，协助地方民众求雨解愁。民国十七年（1928年）政府下令，没收庙产，兴办学校。整个庙院除保留大殿关公像外，其他各殿均改为教室。数十棵古柏全被锯倒，做成桌凳。周边十三个半村成立联保处，驻扎该庙。每年的庙会时兴时断，香火随之衰败，众道人陆续离开，或返乡或还俗。

1948年农历四月十二日，李先念、陈赓率部队在豫西牵牛战晁陂战斗中，关帝庙成了救治前沿解放军伤员的医疗站。革命先辈的鲜血染红了庙院这块灵地，也因此使关帝庙留下了这一红色印记。1949年中华人民共和国成立后，该庙办起严陵完小，相继办过农业中学、普通中小学。由于历史原因，历代各时期的石碑全被毁于一旦。

1987年当地村民在村委的领导下新建校舍，学校由庙内迁出。后因管理不善，致使房倒屋塌，断垣残壁，殿宇卷棚风雨飘摇，所有围墙荡然无存。时隔十年的1997年，以时润亭、安国柱为首的九位离退休老人，自发酝酿组建成立了庙管会，

晁陂关帝庙壁画（关志杰供图）

晁陂关帝庙石碑（关志杰供图）

并请南召青山村的贾信勤为道长，陈信明、王信芳、王荣华、常景梅、袁芬勤等居士和四方信众历经十余年春秋，慷慨解囊，捐资、捐物、捐工重修。殿堂、卷棚、山门增其旧制，道房、厨房、神像焕然一新。又经十年后的2008年，重新修建了原土木结构、濒临倒闭的民房建筑形式的关公大殿。重建后的殿堂单檐复宇，雕梁画栋，斗拱飞翘，气势恢宏。殿前立有碑记，其中两块卧碑为当地书法名人的书作，其碑文为赞颂关公的诗文。其一："汉末才无敌，云长独出群，神威能奋武，儒雅更知文，天日心如镜，《春秋》义薄云，昭然垂万古，不止冠三分。"其二："协天护国忠义帝，神威远镇关圣君，古今第一。"进入2014年，关帝庙前的关公文化广场已成雏形。"关公手提青龙偃月刀，坐骑赤兔腾空马"雕塑矗立在广场中央，放眼望去，十分威武壮观。

时至今日，关帝庙二十年来，中断的古历正月初九、三月十五两道庙会得以恢复。会间三天大戏，使得中老年人过足戏瘾，尤其是正月初九上午剧团拜殿，关公扮演者英俊威武，在锣鼓音乐声中表演栩栩如生，让广大民众仿佛看到当年的关公英勇善战的光辉形象；另有祭拜关公的香烟袅袅；唢呐锣鼓鞭炮声此起彼伏，震耳欲聋；还有那少年儿童尽情玩耍的各种有趣活动；琳琅满目的交流物资；品种繁多的花卉苗木，应有尽有。十里八乡的赶会民众摩肩接踵，熙熙攘攘。除这两道庙会外，每逢年过节，农历初一、十五，四邻八方信众祭拜关公常态化。这些活动形式不仅弘扬传承了关公文化，也保护了这方文物古迹。

（供稿：镇平晁陂关帝庙）

●镇平山陕会馆

在河南省镇平县侯集镇古城西门外，保存着一处砖木结构的古建筑群，这就是始建于清朝乾隆二十二年（1758年）的山陕会馆。它起先曾是秦晋商贾的旅栖之所，后来曾是国民党军阀王凌云、王金声的屯兵之地，自1941年中共地下党员王仿文肇建"禹廷中学"（现为镇平县第二高中）以来的近七十年时间里，它又成为为中华民族培养栋梁之材的摇篮。郭树言、李冶……一批又一批叱咤风云、文韬武略的优秀儿女从这里步出校门，走上社会，扬鞭沧海，跃马昆仑。

镇平侯集山陕会馆，现为学校（关志杰供图）

镇平侯集山陕会馆大殿屋顶（关志杰供图）

秦晋两省富商大贾，为了叙乡谊，通商情，停放货物，接官迎仕，祭神求财，祈福禳祸，集资建造这座会馆。

会馆坐北朝南，沿中轴线对称排列。大殿是会馆的中心建筑，条石为基，建筑在较高级台基之上，由献殿和复殿前后组成复殿式结构，檐部有天沟相接。复殿又分为正殿和东西配殿，前后左右共6殿。殿与殿之间的山墙皆分立。正殿房面高于东西配殿，正殿与配殿间有拱形小门相通。配殿各成一院，形成东西两个跨院，均有角门与大院相通。献殿为七檩硬山卷棚建筑，单檐，面阔3间，进深3间。前有二尺高的月台一座。复殿为大屋脊七檩悬山建筑，单檐，面阔3间，进深3间。室内屋架为七桁大木作，施五架梁。东西配殿为单檐硬山建筑，面阔1间，进深1间。屋架为五檩小木桁，施五架梁。献殿和复殿殿内共10柱，配殿内各4柱，柱柱有础，础为鼓式。大殿顶覆灰色筒瓦，脊饰吻兽，雕梁画栋，画施油彩。檐下均饰五彩重昂斗拱，献殿檐下共10个，配殿檐下各8个。戗檐下砖雕内容丰富：大殿东为狮、羊，西为鹤、鹿；西配殿东为狮，西为马；东配殿砖雕缺失。各殿阳坡设计有明瓦，复殿山墙前端设计有亮窗。大殿内有碣石一块，记载该殿的重修时间为清乾隆三十二年（1767年）。西配殿为庙宇，有保存完好的《创建财神、马王、河神碑记》为我们提供重要的研究资料，石碑立于"乾隆四十三年五月初二日吉旦"，碑文竖排阴刻，由山西临汾县太学生赵文龙撰写，文笔流畅，脉络清晰。特录一段如下：

向尝极览简编而见夫则元，有功于当代，泽及于后世者，皆可以立庙而崇祀也，况财神职司金玉，赐人间之福祉；马王功及牲畜，供人间之需用；河神奠澜河海，安慰行旅之舟楫，不更当立庙而崇祀哉？第无人倡其事于前，斯无助成其功于后，故虽其事可为而终无成其功者。今有丁思芳等数人慨然奋起立社，积金不数年积就二百余金，庀工鸠材，创建配殿三间，于乾隆丁酉年九月伊始，勤盛事于戊戌年五月内。功成告竣，金塑财神、马王、河神正神三尊，站神六尊，将见庙貌辉煌，神威凛凛。而岁时伏腊，贸易于侯家集（侯集镇原名，笔者注）者，无不得以展其报答神恩之诚也。可见事不在难易，功不在巨细，坚谋者事必成，如丁思芳等。谨以此六人耳而遂成此庙功，岂非坚谋者事必成之一证？

（笔者为文字进行了繁简对照，并加注标点）

碑文显示当年在此社内捐银的六家秦晋商号的字号：聚盛号、丁思芳（人名或商号）、王成号、公义号、车和顺、公盛号。当年侯集镇外地商号之多广，商业贸易之繁荣可见一斑。碑刻表明，当年的塑神监工是王新周，铁笔匠是郭久安，住持僧人（根据石碑上的太极图案和供奉神仙判断，应该是道教）是果端，有他的徒弟湛恒和徒孙然梅同在。其他如各商号捐银数量及建庙用度亦有详载。

其他殿宇里还供奉着枣面绿袍、义薄云天、"上马金、下马银"的关公。

大殿前东西两侧各有廊房数间，等间对列，灰色板瓦屋面。

整个建筑布局紧凑，错落有致，连接得体，装饰简约，覆瓦朴素。

创建财神、马王、河神碑记（局部）（侯建摄影）

以大殿为轴线向南，原来还有戏楼、钟楼、鼓楼、大门等一系列建筑。可惜由于历史的原因，这些建筑今天已经荡然无存。

与其他地方的山陕会馆不同，这座山陕会馆既不在繁华的市井，也不在拥挤的坊间，它自成新寨，有独立的城池体系；又紧依母寨，只留北面一座寨门，老百姓戏谑地把它叫作"夜壶寨"——现在看来，在劫匪横行的年代，它的安保意识不可谓不强。

山陕会馆既是历史上中州大地小城镇商业发达、经济繁荣不容置疑的实体见证，也是我国清代资本主义活跃的活标本。

河南有福，古建有幸。日军侵华期间曾两度轰炸山陕会馆，其他建筑多被炸毁，唯有这群古建筑安然无恙。1997年3月至12月，有关方面斥资修缮山陕会馆，使它重新焕发生命光彩，向世人默默诉说它的沧桑与盛衰。

（供稿人：侯建）

●镇平关圣寺

河南省镇平县关圣寺位于侯集镇，交通便利，有着独特区位优势。明清重修碑文记载，寺院面积占地十几亩，"文革"期间遭到破坏，2004年交付镇平县宗教局，2006年塑伽蓝像、地藏王像、关平像、刘备像每年农历五月十三日，附近的百姓在伽蓝殿里举行一个仪式纪念关公，参加的人并不多。附近百姓一般初一和十五来上大供。

（供稿人：关立从）

关圣寺伽蓝殿　　　　　　　　　　　　伽蓝殿关帝像

●镇平李民关帝庙

李民关帝庙，位于贾宋镇李民村村南。

李民关帝庙山门　　　　　　　　　　　李民关帝庙武圣宝殿

●镇平曲屯关帝庙

曲屯关帝庙，位于镇平县曲屯镇村西的高岗上。

●镇平先主山

先主山又名南山、文峰山，位于镇平县枣园镇西南1千米处，海拔342米，占地面积2.56平方千米，属于秦岭山系的命脉。据当地人传说，刘备、关羽在投靠刘表之前曾在此屯兵、练兵，后人遂称之"先主山"。山上有刘备庙。

镇平先主山（图片来源于网络）

先主山刘备庙（图片来源于网络）

说它是南山，因为它在石宋李家正南面，所以叫南山。说它是文峰山，是当地官方的称谓。

先主山上原有一处先主庙，规模较大，约为清康熙年间建成，并于乾隆年间进行了一次大的翻修与扩建，此后历代也进行过规模较小的修缮，主要供奉三国时期的刘备、关羽、张飞和诸葛亮。20世纪六七十年代，先主庙被毁。后来人们又在山南面修建新庙，规模很小，只有三间房子和一个小院子。几十年后，由于先主庙墙体迸裂，无法修缮，人们在山东南面重修新庙，规模仍然只有三间房子和一个院子，此庙保存至今。先主山的清明庙会是当地的最大庙会。

🌀 传说故事部分 🌀

●方城县关公磨刀石

柳河街西，长龙山下，寺沟堰坝里一里处，有一块关公磨刀石。西汉末年，三国鼎立，诸葛亮火烧博望坡，五月十五日，关公从许都带兵至此，稍做歇息。他见此处路边有一处水坑，还有一块巨石立在路边。他起身沾水磨刀，关爷磨刀霍霍，这时天空突然乌云四合，雷电闪明，大雨将至，但不灭他豪气万丈之斗志，誓与曹将夏侯惇决一雌雄，为汉室江山，赤胆忠心，日月可鉴。"正月十五关爷磨刀——下雨好"这个民谣由此而得，相传至今！

●周仓坟

在关公磨刀石的西南方向，长龙三道洼像椅子一样的地方有个古墓遗址叫"周仓坟"。

周仓坟传说是关公马前校尉周仓葬身处，历代常有盗墓贼光顾，现墓地不见坟丘，随地可见残砖碎瓦，变成一马平川的林场，成为老人们的记忆。

（整理人：袁长青、崔明军，方城县柳河乡文化服务中心）

●城北关帝庙传说

抗日战争时期日本人路过焦庙村的时候，能跑的都跑了。剩下刘家六姑娘、福林奶奶、九山妈马青芳、金家姑娘金环、广德家张诚茹几人跑不动，福林奶奶领着几个人进了大庙（关帝庙），叩拜关老爷说道："关爷慈悲我们几个跑不及了，来到您老这躲藏一下，日本人过来时千万不要让他进大庙，保佑我们平安无事。到时候我们请赵福兰越调给您唱大戏一台！"

（赵福兰越调当时很驰名，原为方城县越调剧团，中华人民共和国成立后转给社旗县，后升级为南阳地区越调剧团。）果然，不多一时，日本鬼子过来了，想牵马进大庙，任凭怎么拉，马就是不进来，只朝外使劲。后来人马就撤走了，真的没有进来。原来她们躲藏在关爷座下石座里，里面正好可以坐四五个人！后不久，五月十三福林奶奶邀请赵福兰越调来到关帝庙唱了三天大戏，刘家、金家、陈家兑东西、管食宿、还了许愿。

●九柏关帝庙

在西峡县五里桥黄狮村有一座"关帝庙"。此庙坐北朝南，大殿内供奉着象征忠义化身的关二爷的塑像。一进两院，两侧是僧房。此庙虽说规模不大，但年代久远，据说有一千多年的历史。前院那九棵古老的大柏树就是明证。也就因这院内的九棵大柏树，此庙声名远播，在宛西内外、豫陕大地留下了"九柏关帝庙"的美名，成就了一段历史佳话。

相传，在很早的时候，陕西有一户姓杜的人家，父母早亡，弟兄两个相依为命。因地少家贫，又加之连年大旱，弟兄二人商量，留下一人守护祖房，一人外出逃命。按祖律的规矩，长子长孙是要顶家立户的，不能离了老宅，所以就让杜老二外出逃命。临走的时候，弟兄俩把一口铁锅分为两半，一人一半，日后若得活命，子孙后代对锅相认。对外就说陕西"打锅杜家"。

杜老二身背半乍锅，顺秦岭往东走来。这一天他走到西峡口的黄舞店，看到此处，有山有水，山不高但山上有柴，水不深但河水长流，山水之间高低不平，但有荒地可开。山下还有座关帝庙。他就在此落脚，开荒种地。真是树挪死，人挪活。不上几年，这杜老二就娶妻生子，成了小康之家。

说这杜老大在家守着几亩薄田，看护着祖坟，艰难度日。这一年因大面积灾荒，又加边境战争，皇帝没钱了，就传下圣旨，各地士绅大户可以掏钱买官，无钱献宝贝也行，钱越多官越大。说来也巧，这杜老大在祖坟上挖地挖出来了个宝贝。虽说是个宝物，可对穷人来说，它不当吃，不当喝。一家人商量后把宝贝献给皇上。龙颜大悦，传旨杜老大一家即刻进京，皇帝亲授御史之职，开衙建府。御史虽说不做实事，但他能找你事。皇帝又准许御史"风闻言事"。就是说不管真假，只要听风就可以上奏弹劾。一时之间，杜老大的故事在京城各府和各地督抚衙门广为传说。

说黄狮村有个刘老先儿，在省府参加乡试，闲无事，串府过衙，联络人脉，听说了陕西"打锅杜家"杜老大献宝得官的故事，回到黄狮就讲给杜老二听。还说，下个月二十八，是杜老大六十大寿，官员们都要去贺寿。杜老二听后是半信半疑，就派家人到老家去打听。家人回来说，真有此事。乡亲们听说了献宝的杜老大和黄狮的杜老二是亲弟兄，都嚷嚷着叫杜

老二去京城，给大哥祝寿。一来，祝寿是弟兄常情，二来朝中有官，总能沾点光不是。可杜老二心里犯嘀咕。这老大得官，享受了富贵，也不来找弟弟，不够仁义；自己现在是个穷百姓，不知道还能不能被看得起；真要去到那官场，自己不会说话，不会应酬，若遭人白眼还多花了路费，不合算。杜老二有点不想去。这刘老先儿说："你哥得官，出于偶然，那皇帝有多少事，他还不会办理，哪能顾得了你。即便他不仁，你当弟弟的既然知道了，也应该前去看望不是，咱不能不义啊。到时候我随你进京城，你是员外。我是你家私塾老师，应酬说话的事，你就交给我，保你没事。花钱的事啊，更不用操心。你想啊，你哥要认了你，还能让你空手回来，他要不认你，他得给你盘缠钱，你才能走。咱只当是到京城去跑着玩了。"杜老二心里合算好后当下收拾妥当，背着那半乍锅，与刘老先儿二人晚行夜宿，紧起快走，于杜老大六十大寿的当日来到了京城。二人来到御史府门前，门官看他们乡下人打扮，挡着不让进。刘老先儿就拿出半乍锅，讲明来历，门官进去禀报。少时也拿出半乍锅。两相一对，严丝合缝。门官说："原来是二老来了。"这才领进府，让在偏房坐下。不多时，管家进来，说老爷正在与各位官员叙话，不能来见，请二位稍待，少时庭前就席。按说呀，弟兄多年不见，千里之外前来看望，不说是抱头痛哭了，总该来打个照面，领到后堂，与家人们相互拜见才对。咋也不能不理不睬给晾这儿。这杜老二心里不是滋味。话说不久就到了开席时候了。首席就一桌，首位就一个。论身份该是杜老二坐，可看杜老大的态度，怕老二和朝中文武大臣坐一起遭人耻笑，没有让老二坐首位的意思。这管家真是老爷肚子里的蛔虫，就对杜老大耳语了一番。杜老大点头应允，就听管家说："各位，今天是家宴，不论官职大小、亲戚远近，入席前都要先讲一段家乡的风景或者是奇珍异宝。谁讲得好，谁就坐首位。"杜老二一听这话心里更凉了，这老大不让他上坐不说，还要出他的丑啊。刘老先儿听了心里明白，告诉杜老二别着急。

这京城老乡们夸家乡，无非是说些"屋后青山翠，房前绿水长。稼禾连阡陌，牧童笛声扬"之类的诗句。虽说合韵好听，但没有新意。轮到杜老二，刘老先儿说，我家员外家住在河南南阳西峡口的黄狮村。虽说山野之地，倒也奇景独特。在方圆七里之内，就有四大景观：一有"九柏关帝庙"，二有一步三孔桥，三有九步不见天，四有一百独和尚。众人当时就蒙了，哇，乖乖。这个说，黄狮村有九百关帝庙，那可是全国独有。那个讲，一步三孔桥，这桥得有多精致啊。还有"九步不见天""一百独和尚"，都是独特的好景致啊。大家就一致公推杜老二和刘老先儿坐了上席首位。大家都说"九百关帝庙"该有多壮观啊！从此，这黄狮的"九百关帝庙"是名声大振，争相传说。

宴会罢，杜老二知道他哥嫌贫爱富，就和刘老先儿不辞而别回了河南。走在路上，杜老二对刘老先儿说："今天不是你呀，可就丢大人了。你咋编恁美？"刘老先儿说："我一个字都没有编，我说的都是实话。"杜老二说："你哄谁啊。咱那里明明就一个关帝庙，庙里就一个和尚，你咋说'九百关帝庙'，'一百个和尚'？"刘老先儿说："咱那庙里是不是有九棵大柏树？"杜老二说："是有九棵大柏树。"刘老先儿说："对呀，我说的是有九柏关帝庙，没有说有九百个关帝庙。那一百独和尚，是说庙里独一个姓白的和尚。这叫音同字不同，不是我说错，只怨他们听差了。"杜老二又问："你说的'一步三无桥'，'九步不见天'又是指的啥？"刘老先儿说："咱村头那一步宽的小河沟里。放了两个路石儿，一河隔成三股水。过河不想走踏石儿，大跨一步就过去了，你说这是不是一步三孔桥？咱上西峡口赶集，路过那个圈洞门，有九步长。黑洞洞看不见天，你说是不是九步不见天。"他二人说罢是哈哈大笑。真是好汉出在嘴上，好马出在腿上，看景不如听景。就这样，黄狮村"九百关帝庙"的故事一直传到了今天。

●关爷泉和马刨泉的民间传说

淅川县驻马山关帝庙前约80米处，有一泉名叫关爷泉。说起关爷泉，就有一段神奇的故事。

据传说，三国时，汉献帝即位，软弱无能，不理朝政，各路诸侯互相残杀，刀客遍地，残害百姓，民不聊生。豫西山区的百姓，同样遭刀兵苦，大家只好背井离乡，到高山上以石垒寨，以寨结庵，防止刀客侵袭。远古时，没有枪炮子弹，全部是长矛、大刀、弓箭，所以以石垒寨可挡刀客。但是百姓居住石寨，仍未能摆脱厄运，刀客到处攻打山寨，烧、杀、抢、夺，驻马寨的百姓同样惨遭刀客的侵袭。

袁术盘踞南阳，为了抵抗曹操，到处抓兵拉夫，搜刮民财。他被曹打败后，刀客遍地。刘备屯居新野、诸葛亮火烧曹兵后，曹操要报仇，刘为了抵抗曹兵，派其弟云长前往豫西山区，招兵买马。关到双河镇后，听山顶喊杀连天、哭声大振，遂带领人马，拍马舞刀杀到山顶，不到半个时辰把刀客杀得片甲不留。贼首跪地求饶，永不残害百姓。众人得救，拜关公，盛情款待。关见庵内罐坛密集，问起缘由。由于刀客抢劫，白天不敢下山，夜间下山挑水，以解水困之危。关羽听后，双眉紧锁，到寨前观看，以手指某处，此石有水。众人不信，石板上哪有水。周仓抢起大刀一劈，长丈余、宽1米多皆无水。关平拿过大刀说在上不在下，一劈皆无水。二人面面相觑，甚不乐意，百姓畏难。关公见状，拿过青龙偃月刀轻微一点，潺潺流水出，众人喜笑颜开。从那时起，人们命名为关爷泉并流传至今。过去石碣上有诗一首：青龙偃刀，劈开月牙槽，清潺爽可口，留与千古晓。

平息贼寇后，关公把马拴在山坡上，因山高无路，又加上平息贼寇，马渴无水，用蹄子在坡上蹬，也蹬出水来，后来人们把此泉称为马刨泉。"文革"期间，淅川毛堂乡白树村王家凹小组社员居住在山下无水，用水困难，他们用炸药崩了马刨泉，结果水石全无，此迹一毁，

不能留于人间。

关爷泉，泉样两头尖，中间大，沟槽形，水质清澈、透明、甜香味美、爽凉可口，冬暖夏凉，含有丰富的矿物质，长期饮用，减少疾病，使人长寿，皆称为"圣泉神水"，留于民间。

（整理人：驻马山关帝庙道长许子华）

●五月十三祭刀会

在豫南古镇赊店，古代有一个举国仅有的独特庙会，称为关老爷（关羽）祭刀会。每年农历五月十三至五月十五日这三天，官、商、市民都会自发组织各种形式的拜祭关老爷的活动。山陕庙大殿，春秋楼前，长春街关帝庙，其他神庙的关爷殿，都是香客蜂拥，香烟冲天，鞭炮如雷。七十二道街上，重彩精绣的"关"字旗幡祭帐如彩潮滚涌，摩肩接踵，络绎不绝。更有九抬亮轿（无篷轿），在九个寨门前交替巡游。每台亮轿上都站着一个由戏剧名角装扮的绿袍长髯、赤面凤目、手提青龙偃月刀的关老爷，时而手持长髯，"嘿哼"发笑；时而凤目圆睁，舞刀抖威。自早至午，从不间断。

从下午申时起到夜间亥时止（15点—23点），三台大戏同时开场，全部唱的是关公戏：《过五关斩蔡阳》《白马坡》《单刀会》《温酒斩华雄》《水淹七军擒庞德》《夜读春秋》《三英战吕布》《挂印挑袍》《盘貂送貂》《赤兔归正主》《刮骨胜棋》等。庙会声势之大、隆盛之状，让人叹为观止。

这个独特的庙会，从清朝一直延续到1951年。"文化大革命"以后，虽然庙会不再举行，但那些笃信关老爷的老年人仍然在家中供上关老爷神牌，焚香膜拜，虔诚祈祷，至今还是这样。

一个地处河南南部的偏远镇店，既不是关羽的出生地，也不是关公建功立业的发迹地，更不是关公遇难的悲情地，为什么这里崇敬关公的仪式这么隆重，崇信这么虔诚，风俗沿袭这么悠久持续呢？这起源于一个传说故事。

相传早在清朝康熙年间，山西、陕西两省的盐茶商贾往来南北，沿途细心考察比较，一致认为豫南宛东的赊店镇地势绝佳。这里陆通陕甘冀鲁，潘赵河环城交汇，直达汉水长江，正是水陆两便、四面通达的商业集散地。于是，他们纷纷斥巨资购地，大兴土木。建仓廪，立店铺，继而集资建码头，圈货栈。那时的赊店，整天是陆路车马骆驼不绝于道，水路千帆竞渡，号子声声；码头货堆如山，镇中商号、密排、镖局、票号、商会应运而生；官家也设立了厘金局、巡检司。一时四海传诵"天下店，数赊店"的响亮名声。那些豪商大贾日进斗金是常事，中小商家月入过万不足为奇，说赊店"流金聚宝，富甲一方"实不为过。

俗话说："树大招风，财多招贼"。位于赊店东北四十五里地的霸王山里，有一伙打家劫舍的大竿子（土匪队伍），竿子头外号"捅破天"，他早就眼馋赊店街晋陕富商的满金足银，多次密谋袭赊店、劫财宝。无奈赊店街内有官府巡检司百十号兵勇，三家镖局几十个镖师，大商号几十个护院打手，日夜守门的守门，巡逻的巡逻，加上寨门坚固，戒备森严，无机可乘。但他始终贼心不死，坚持明察暗访。终于有一天，机会来了！

这年夏天，南北客商把大批的盐茶绸缎车船并臻，南北交汇，在赊店码头搬运囤积，准备大发一笔横财。到秋收大忙季节，恰巧两家镖局外出押镖未归，商号护院的打手和伙计们都是当地百姓子弟，大多告假回家，只剩下巡检司百十号兵勇分守九个寨门，人手少又分散，岂不正是破镇抢劫的大好时机？

但捅破天做事谨慎，担心万一，于是他联络了泌阳花山黑铁头、唐河源潭黑泥鳅、方城光店的天胆张三个竿子队伍，共计四个竿子六百余个匪众。他们商定五月十三日一大早，齐攻寨门，一举破镇，共发横财。计谋一定，分头预备，而镇内却丝毫没有察觉防备。

按照约定，四股土匪五月十二下午饱睡养神，二更用饭，三更起程，五更时分齐至赊店东西南北四个主寨门。为了统一行动，东寨门外的捅破天点燃一支轰天雷（那轰天雷其实就是一支照明弹或信号弹），另外三个寨门的竿匪一见，齐声发喊，云梯爬寨，木杠破门，攻势凶猛。寨门眨眼就要被攻破了。而毫无准备的守寨兵睡眼惺忪，见事不好，一面鸣锣，一面派人向寨内奔跑呼喊报信。镇内之人正酣睡不醒，一场浩劫眨眼之间就要发生了！

就在这万分危急的当口，四个寨门上空同时骤然响起动地闷雷，本已晨光微亮的天空，大团乌云涌向寨门，天昏地暗，细雨阵阵还夹着透骨寒风。攻寨匪众惊惧万分，一时目瞪口呆，不知所措！惊惧之间，又见寨门口闪起一片红光，云端之上，一位长髯天将目射神光，手舞大刀，飞快盘旋。刀光闪处，银蛇窜动，爬寨匪徒纷纷跌下云梯，头破血流；抬着木杠攻捣寨门的匪徒，木杠脱手，砸向自己的腿脚，挣扎难起。这种情形四个寨门完全一种模样。一些匪徒恍然大叫："不好，快跑，关老爷显灵啦！"一听这话，众匪徒即刻想道：镇内富商，多为山西人，关老爷思顾乡亲，谁敢招惹？于是抬伤扶残，仓皇奔逃。等镇内之人闻讯就近赶到四个寨门时，众匪已逃出半里之地。听守寨兵说起适才的神奇情景，他们一齐跪地高呼："关圣大德，信民没齿难忘，定为您建庙塑身，永世供奉！"此刻天光大亮，一切如常。

惊魂不定的民众涌进镇内，一听说四门情景如此相同，个个感叹："关老爷分身回门显圣，神威退匪，定当隆情敬奉啊！"就在当天上午，由山西人开的"晋升"号绸缎庄老板首先提议：

（1）即日起由山西人共同集资，起造关帝庙；（2）即日起请三台大戏，戏台上先焚香供关爷，三台戏全唱颂扬关公的正剧大戏；（3）邀请本地和邻近县份的画匠、雕塑匠、木雕、泥塑、刺绣、彩绘出各种各样的关公神像，以供在庙堂、商铺、家中焚香供奉。一时之间，请奉关公成了赊店镇人的百事首位。

因为关公显圣护镇，保佑的不仅是山西老乡，陕西富商同样深受庇护之恩。陕西商人不

上篇 南阳市关公文化田野调查

甘落后，商议捐集巨资修建关公祠堂，祈求关老爷长期庇护。而山西商人哪肯让陕西商人抢风头，占头彩！他们找到陕西商会首领言明：要建关公祠堂中须以山西人为主，你陕西人要出八千，我山西人一定出一万。争来抢去，一下子集出二十几万两银子，修起了一座半截插到天里头的春秋楼，金塑关老爷夜读《春秋》的巨型坐像，配置齐全。为显虔诚之心并分清主次，他们把关公祠堂起名为"山陕会馆"。

从那以后，五月十三就成了独具特色的庙会——祭刀会，以表感谢神恩、威慑劫匪、永保平安之意。这个风俗一直沿袭到今天。尽管时局变异，庙会不兴，但五月十三为关公"祭刀"的庙会习俗却铭刻在赊店人的心中。

附：采风札记：由于祭刀庙会中断时日太久，亲历庙会的人越来越少。所以对庙会的日期存有异议，有人说是每年的五月十三，还有人说是五月初三。至于关公磨刀还是信民为关公祭刀这两种说法倒不必争执，无非异曲同工，佐证这个民俗确实存在。为防以讹传讹，笔者整理这份传说前，又深入民间做了抢救性搜集。由一位一生从事雕塑神像的老艺人周华山肯定，庙会的正确时间是五月十三至五月十五3天。至于传说中的细枝末节大同小异，民间文学口耳相传的传播方式就是这样。谨此补记。

（整理人：孙喜增）

●磨刀雨与龙晒衣

宛东社旗县赊店镇内矗立着一座雄伟壮丽的山陕会馆，人们俗称"山陕庙"。庙内高耸着一座春秋楼，春秋楼内敬奉着关公。香客络绎不绝，香火十分旺盛。

这一带民间自古流传着一句与关公有关的气象谚语："你不借我磨刀雨，我不准你龙晒衣。"听老一辈讲，这话非常灵验。据说农历五月十三是关公磨大刀的日子，关公的青龙偃月刀需用天河的水来磨锋。这一天，龙王必须借给关公"磨刀雨"，也就是即使这一段时期天气干旱，到五月十三这一天，一定要下雨，好让关公磨大刀。如果五月十三日真的下雨了，六月六日那一天必定是阳光灿烂的大晴天，龙王好趁机晒龙袍，也就是"龙晒衣"。如果五月十三这天没有下雨的话，那么六月六日这一天必定下雨，不让龙王晒衣。久而久之，就形成了这句与关公相关的气象谚语。据人们的细心观察，这句民谚还挺准的。

说起"磨刀雨"与"龙晒衣"，还有一段历史故事呢。

传说，刘备借荆州后一直没有还，孙权只好让担保人鲁肃讨还荆州。鲁肃无奈，多次向镇守荆州的关公讨要。关公心想，这荆州是军师用智谋借取的，如今交给自己镇守，怎能白白就给东吴呢？于是，关公推说自己不知详情，让鲁肃到成都商议。鲁肃在荆州碰了软钉子后，气不打一处来，没几天就病倒在床。东吴大将吕蒙等人前来探视，众人便商议了一个计谋：以鲁肃之名发函一封，邀请关公于五月十三过江一叙。

五月初十那天，关公带了周仓和几名随从，乘快船顺江而下。天黑后，快船下锚停泊，关公看了一会儿书便和衣躺下，渐入梦乡。半夜时分，江上起了风，烛火摇曳，关公睁开眼见一老者站在面前。老者施礼道："我乃东海龙王，巡江到此，看见星君的船，特来拜见，不知星君有何吩咐？"关公略加思索，答道："近来天已久旱，禾苗枯黄，你把天河的水放些到人间，就算是关某向你借的磨刀水了，你意下如何？不然的话，你休想晒衣！"龙王知道关公是火龙星君转世，不敢得罪，连声说："小神即刻面见玉帝，五月十三日，借天河水供星君一用。"说完，化作一阵清风消失了。关公惊醒后，想来是一场梦，也并没有往心上放，继续前行。五月十三那天上午，快船如期到达东吴的陆口。鲁肃命人设宴，盛情款待。席间，鲁肃几次提及荆州之事，关公佯装没听见，不理不答。酒过三巡，几个东吴将军舞剑助兴，见周仓握刀站立，又不敢下手。大帐内闷热难当。这时天空中忽然乌云密布一声惊雷，鲁肃手中酒杯掉在地上，埋伏在外的刀斧手一起冲入。关公假装不知，挽住鲁肃的胳膊，半醒半醉地说："子敬兄，快陪俺到帐外凉快凉快。"说完，拉住鲁肃就走，周仓提刀随后。来到帐外，那些刀斧手也不敢轻举妄动，鲁肃怕把事情闹大，急忙叫刀斧手退下。关公从周仓手中接过青龙偃月刀抛向空中，顿时大雨倾盆而下，宝刀在空中飞舞，不时传来嚯嚯磨刀声，众人个个目瞪口呆。雨下了一阵就停了，青龙偃月刀落下来，把帐外的一块大石头劈成两半。鲁肃一见十分害怕，只好送关公登船返回荆州。

这场雨就是龙王向玉帝禀报后送来的天河水，供关公磨大刀使用。后来，几乎每年的五月十三日，就像约好一样，都会下一场"磨刀雨"。

在社旗，每年农历六月初六，天气大多晴好。这一天，人们纷纷把过冬的衣被拿到院子里，让太阳暴晒，并称之为"龙晒衣"。这种风俗又是怎样形成的呢？据说某年春暖花开桃红李白之际，刘备携孙夫人及阿斗外出踏青。在南河边的桃园里，二人赏花说话，阿斗在一旁玩耍，一家人自由自在好不惬意。转眼间，阿斗不见了，两人急忙寻找。突然，河边草丛里传来阿斗的声音，二人循声而去，只见阿斗躺在一件龙袍上，好像刚睡了一觉醒来，便向阿斗问个明白。原来，阿斗在桃园玩耍时，追一只彩蝶到了河边，不小心一只脚踏入水中，沉入水底。阿斗睁眼一看，这里金碧辉煌，各种各样的鱼游来游去，十分好玩。这时，一个头长双角的白胡子老人抱起阿斗说："我是龙王，这里是龙宫。你是人间真龙天子的儿子，我本想留你多住几日，无奈你父母寻不见你内心焦急，我必须马上送你回去。不过你要记住，我借给你的这件龙袍，需在六月初六卯时挂在高杆上晾晒，因为我与火龙星君有约：五月十三借给他磨刀雨，六月初六他让我晒龙衣。切记切记！"刘备听了阿斗的话半信半疑，只好等到时候再说。

转眼到了五月十三这天，果然下雨了。再有半个多月便是六月初六。这一天，红日从东方升起，天气格外晴朗。刘备安排把龙袍准备好，卯时一到，便命人将高杆立在院中，将龙袍高高晒上。一阵风吹来，过了片刻又停了，刘备命人查看，龙袍果然不见了。这时，刘备才完全相信，阿斗确实到过龙宫，关公也确与龙王有约定。晒龙袍的事很快传开了。后来每年人们趁六月六这天太阳毒、温度高时，纷纷把自己的衣被拿到户外晒，同龙王一起"龙晒衣"，以祈福纳祥，慢慢地就演变成了当地的一种民间习俗。

现在，社旗还口口相传着这句与关公相关的谚语："你不借我磨刀雨，我不准你龙晒衣！"据此，农民可以根据天气变化安排农事，进行耕种和收获。

（整理人：贺运海）

●州官虔诚选庙址（外一篇）

相传一千多年前，皇帝降旨要为关圣帝君在其显灵之地——赊店建造一座宏伟的庙宇，命州官张榜选址。有人说，庙应建在南刘庄，那里为其显灵地；有人说，庙应建在北刘庄，因为关羽曾在那里擒杀蚩尤，为百姓除恶造福……一时间众说纷纭，州官也没了主意。

一天，有一位白须老者来见州官，正色道："关帝庙只能建在赊店西关。"州官问缘故，老者说："你若心诚，便斋戒三日，然后在大乘山上朝王窑头观望，便知分晓。"说完飘然而去，不见了踪影。

州官只觉此人来历不凡，便依言斋戒三日。第四日黎明即起，州官率众人快步登山，待东方日出便跪拜禀告，申明来意，然后抬头朝王窑头一眼望去，但见一团紫气平地腾起，一会儿又变为青色，宛如龙头在左右摇摆，青色龙身向西南蜿蜒伸展，到赊店西关略事盘桓，再穿越赵河向桥头延伸，尾部直达珍珠河。到正午时分，这条青龙又伏地片刻，然后徐徐消散。此时州官大悟，连称：这条青龙头依在大乘，身傍二水，此处真乃神龙气脉也！于是，他当即决定在赊店西关建庙，并将此事奏禀朝廷。

后来，关帝庙大拜殿正好建在这条龙升起的地方。

（整理人：刘婷）

●关公显圣退匪兵

话说民国二十五年（1936年）初冬一个月黑风高的深夜，赊店石门街南头寨墙上守夜的几个民团士兵提着灯笼正在巡查，猛地发现寨外一大片黑影在向东北方向移动，离护城河越来越近。因为已在几天前听说桥头和源潭相继被鲁山下来的几百个土匪洗劫一空，所以他们夜晚增加了岗哨，加强防范。正准备派人火速去寨备局报告险情，突然看到东门方向灯火明亮，杀声震天，方知晓土匪已在那边攻城，与守城民团打起来了。就在这时，寨墙上从正东方向飞奔过来大队人马，旌旗招展，火把通明。待到近前，才看到他们个个身材魁梧，身穿古代战袍盔甲。为首的一员长胡须大将骑着枣红马，手提长柄大刀，威风凛凛，吓得这几人赶快让路，看着他们浩浩荡荡往西南门方向而去。等缓过神来，再仔细观察寨外的土匪，早已不见了踪影，这才飞快跑到寨备局去汇报刚刚发生的情况。

第二天才知道，土匪昨晚半夜确实来过。他们在东门攻城受挫，又发现寨上戒备森严、人马众多，便放弃了进寨的打算，在河南街和望东庄抢劫了几个大户，还杀了两个更夫，烧了一处宅院，掳走了十几个大姑娘小媳妇，天亮前流窜往东南乡去了。

蹊跷的是，昨晚寨备局接到的消息，都是说土匪被打退了，民团也没来得及在厮杀之时增派太多的人。综合几处守寨人报告的大队人马均身穿古代战服等异常现象，人们才恍然大悟：昨夜是"关公显灵，过阴兵了"！

关公显灵率阴兵击退土匪，保佑赊店民众免遭涂炭的消息一传十，十传百，很快家喻户晓，赊店七十二条街沸腾了。男女老少纷纷走出家门，涌向关帝庙和山陕庙，在关圣大帝塑像前焚香磕头，顶礼膜拜。这两座古庙的香火，自此越发的旺盛了。

（整理人：虎口余生）

下篇

赊店关公文化
研讨文萃

2014 年中国·赊店首届关公文化研讨会收录文章及发言

弘扬关公精神　促进社旗发展

——在2014年中国·赊店首届关公文化研讨会上的讲话

原社旗县委副书记　刘玉斌

尊敬的各位领导、各位专家、各位朋友、女士们、先生们：

大家好！

经过紧锣密鼓的筹备，今天，由河南赊店关公文化研究会、河南社旗民俗文化研究会等单位联合主办的中国赊店关公文化研讨会，终于隆重召开了。这是一次关公文化保护利用研究的盛会。这次会议的召开，对于继承民族优秀文化，弘扬关公精神，培育诚信思想；对于加强文化交流，增进友谊，促进社旗经济社会的跨越发展，必将起到不可估量的作用。值此，我首先代表社旗县委、人大、政府、政协对于研讨会的召开表示热烈的祝贺！对于各位领导、各位专家甘冒酷暑莅临社旗表示热烈的欢迎！对于大家一如既往地关心支持我县文化建设工作，表示崇高的敬意和衷心的感谢！

社旗位于豫西南、南阳盆地东缘，辖15个乡镇，248个行政村（街），总人口73万。社旗历史悠久，文化灿烂，县城所在地赊店镇古称赊旗店，民间俗称赊店。因东汉光武帝刘秀赊旗举兵反莽而得名。此镇依伏牛襟汉水，源于夏，兴于明，盛于清。据《南阳府志》记载：赊店"居荆襄上游，可北走汴洛，南航襄汉，西趋川陕，东进皖浙"，是全国著名的"水陆码头"和"万里茶路"中转站。明末清初，随着社会的逐步稳定，赊店的客商渐多，生意日益隆盛，逐渐发展为72条街36条胡同，南北16省商人来此经商，人口达13万之众，呈现出"四方陆路人车如流，潘赵两河船似游龙，商号林立，货堆如山，日进斗金，人欢马嘶"的繁华景象，素有"天下店，属赊店"之称。

文物古迹众多且保存完好，是社旗的一大特色。时下赊店镇内的许多古街、古巷、古民居，如当年的南北瓷器街、古城墙、古码头、华中第一镖局——广盛镖局，税务衙署——厘金局、中原第一银行——蔚盛长票号、福建会馆、镇衙等仍然保存较为完好。尤其是镇中心处那座雄伟壮观的古建筑群——山陕会馆，又名山陕庙、关公祠，保护得最为完整。这是当年山西、陕西两地的富商为"叙乡谊、通商情""敬关公""崇忠义"集巨资兴建起来的。为建好该庙，"运巨材于楚北，访名匠于天下"，历经清乾隆、嘉庆、道光、咸丰、同治、光绪六帝136年，400多家商户慷慨捐资，先后耗费白银173000多两。该建筑群除春秋楼于1857年被捻军焚毁之外，其余建筑如琉璃照壁、悬鉴楼、钟楼、鼓楼、东西廊坊、大拜殿、药王店、马王店、石牌坊等均保存完好。

对关公信奉虔诚，是社旗的另一特色。在清代，赊店镇曾有一座关帝庙，因战乱被焚毁后，

又建设了现在的山陕会馆。这座会馆的第一期建筑主体是春秋楼，楼内供奉有关羽夜读《春秋》的神像。此楼1857年被捻军焚毁，2008年，社旗的干部群众又主动捐资百余万元，在原址上铸造了一尊高大威武的关公夜读《春秋》铜像。在大拜殿内，还塑了关公像。该建筑群基本上是无石不刻、无木不雕，写满了对关公忠义、诚信的赞颂之词，如"义冠古今""仗义秉忠""至大至刚叁天两地，乃神乃圣震古烁今"等；在木、石雕刻和彩绘的建筑装饰图案中，更着意强化了对关公"忠义、诚信"精神的宣扬，如《赵匡胤输华山》《赵颜求寿》故事等。馆内现存的石碑上，如《同行商贾公议戥秤定规概》碑、《公议杂货行规》碑等，为商人制订的商业行为规则从头至尾都折射着关公"忠义""诚信"思想的光芒。

近年来，社旗县委、县政府牢牢把握"争先进位、跨越发展"的工作基调，在抓好其他工作的同时，高度重视文化旅游业的发展，以"打造中原明清第一古镇"为总体目标，依托古镇文化资源，大力发展文化旅游事业。坚持"修旧如旧"的原则，尽力恢复古镇的历史风貌，先后投资近亿元，对镖局、厘金局、票号、福建会馆、瓷器博物馆、火神庙、戴家大院、大升玉茶庄、古城墙等30多处景点和老院落、古民居、手工作坊进行了仿古改造。还把山陕会馆确定为诚信教育基地，供干部群众和广大师生参观学习。由于成绩显著，赊店镇先后荣获了"中国历史文化名镇、全国特色景观旅游名镇、影响世界的中国文化名镇"等称号，受到了国家和省、市领导的表彰。

随着古镇文化旅游事业的发展和改革开放后人们思想的大解放，社旗的优秀传统文化又得到了复兴，目前又形成了一股不可遏止的文化现象——关公文化热。许多商户和企业内都供奉有关公塑像，每月的阴历初一和十五，人们都潮水般地自觉涌入山陕会馆内祭祀关公，他们有许愿的、还愿的、乞求平安的，等等，纷纷敬香跪拜，显得十分虔诚。

在经商上，人们都能按照关公的"忠义诚信"思想，公平交易，合法经营，赢得了广大消费者的信赖和好评。

今天，各位领导和专家能在百忙中抽出时间莅临社旗，这是对社旗的厚爱，也是对社旗各项工作尤其是关公文化、民俗文化研究工作的高度重视和大力支持，更是对我们的激励和鞭策。我们坚信，经过各位专家学者这次的研究和探讨，必将为社旗历史文化资源的研究和开发利用，为社旗、为南阳乃至河南文化旅游事业的发展繁荣起到较大的推动作用。希望各位领导和专家学者，要在社旗多走走、多看看，给我们多多传经送宝，多提宝贵意见。我们要以此为契机，取精用宏，借关公文化壮志、提神、聚力，努力将文化资源优势转化为加快社旗发展的强大精神力量，为打造"产业社旗，都市社旗，文化社旗，生态社旗"做出较大贡献。

最后，预祝本次研讨会圆满成功！祝各位领导、各位专家身体健康，万事如意！

印象赊店

周同宾

说到赊店，一往情深。

20世纪40年代初，我出生在赊店西南30里（1里=500米）一个名叫周庄的村子。那时候，乡亲们去一回赊店，走一次瓷器街，仿佛今人逛了北京的王府井、上海的南京路，回来有说不完的见闻。外婆家住在赊店铜器街。我常住外婆家。铜器作坊里铜匠煅打、镟铣铜盆、铜壶、铜勺的响声，喧闹了我寂寞的童年，觉得那时疾徐有致、绵绵不绝。依稀记得寨墙外宽宽的河面上成队的木船，远去的帆影；穿长袍的异乡人用一条长绳牵十几头骆驼，驼峰间驮着鼓囊囊的货物，踏过潘河上的石桥逶迤北去，驼铃叮咚，声韵悠悠……那是古镇的繁华渐趋式微的一抹晚照。而今回想，恍如梦境。

我曾在火神庙上小学。放学后挤进街西路边的人堆中，听姓杜的艺人说《施公案》（当时叫说"黄天霸"），待他说到紧要处戛然停止，摘下宽边礼帽躬下身双手捧着向听众收钱时，我立马离开。也曾蹭进马神庙街的戏院，看当红名旦李二凤的梆子《五凤岭》，只见观众如痴如醉，几近疯狂。当时有个说法："看一场二凤戏，十天不生气。"我曾在长春街读过6年中学，1959年毕业。记得入学的第一年，管老师叫先生，伙房门口挂的牌子上，宋体字写的是"炊爨室"，图书馆藏书甚多仅商务印书馆出版、王云五主编的《万有文库》就插满几个书架。离校门不远处，街边一棵弯腰古槐，阅尽古镇春秋，却无一字表述。树下，一姓庞的山西人开店，卖旧货，也卖旧书，困窘中依然坚守斯文……经济虽已败落，但文化的一缕香烟未断。

正是在赊店古镇求学时期，开始了我的作家梦，迈开了文学习作的蹒跚脚步。

故乡啊，是我生命的根，文学的源，跋涉的出发地，灵魂的归宿地。

几十年来，我曾有多篇文章述说生我养我的那片土地，土地上的人和事，却无一篇写到赊店。我欠老家一笔债，那是感情债、良心债。

赊店是一部大书，厚重而深沉，丰富而隽永。这书的第一页，记述的应是两千年前刘秀向刘姓酒肆店主赊旗的掌故。此事，正史不载。相对史书，我宁信地名。朝廷养的史官，"太史简""董狐笔"极少，不会把汉光武帝落魄时的事著于竹帛。地名则是镌刻在大地上的事实，记忆于草民心中的心史。以赊为地名，普天下仅此一家，这是最为独特的，应当切切珍视的。段玉裁注《说文》："买物缓偿其价曰赊。"赊，不是讨要或施舍，而是一笔生意，是不立文字的契约，是赊者和被赊者都认可的事后践约付款的买卖。双方共同恪守的道德规范是诚信。这是祖宗留

作者简介：周同斌，男，河南社旗县人，中国著名作家，首届鲁迅文学奖获得者。

下的一份最可宝贵的精神遗产。

诚信乃商之魂。赊旗小店逐渐发展成为商贾云集、八方辐辏的贸易重镇，诚信为本、一诺千金、义中取利、人格重于价格，应是首要因素。店宇巍峨金碧辉煌的山陕会馆，是我儿时常去的地方。最难忘大拜殿前石阶两旁光光的石条，曾跑上滑下无数次（娃娃们叫"出溜滑滑"）。那时只会玩，对这座古建筑的历史、文化一无所知。直到前年重游，陪同的家乡朋友才引我看了多处碑刻。最让我震撼、感叹、景仰、倾倒的，是《同行商贾公议戥秤定规概》碑、《公议杂货行规》碑、《过载行差务》碑。有这些千古不磨的碑文在，诚信就不只停留在道德层面，而成了从业者必须遵守的铁律。不是官府公文告示，而是商家自我约束，足见诚信二字在经营者心中的分量。这三通古碑，在中国商业史上的价值再高估也不为过。直到今天，仍有现实意义。君子爱财，取之有道；道在赊店，汲取之，借鉴之，续之，弘扬之，自然财源茂盛达三江。

赊店的市场活跃、商贸昌隆，不只赖于水陆交通之便，更缘于赊店人开放包容的宽阔胸怀。那时没有招商的事，不会大张旗鼓地引入投资兴业，却竟招引十六省客商荟萃。他们是自动来的，是被赊店这方宝地、赊店人大度能容的气量吸纳来的。据记载，山陕会馆第一期工程，共花费白银七十余万两。另据《创建春秋楼碑记》《重建山陕会馆碑记》所载，捐银的商号各有四百余家（这是有门面的坐商，南来北往的行商多少，不好估量）。前次共捐银八千余两，后次共捐银三万余两，可见他们的富有、慷慨（当时，三两银子即可供八口之家一年的口粮）。山陕会馆的壮丽堂皇，足以证明当时的物质丰盈。不只是山陕会馆，还有福建会馆、广东会馆等十余座。同乡会馆既维系外省人的乡谊，又显示对客居地深深的信任和爱。赊店人不排外，不欺生。九座寨门敞开，一腔热忱迎宾，付出的是真情，收获的是繁荣，是天下一家各得起利的双赢。

往事并不如烟。由于种种原因，古老的赊店胜景不再，但一脉商魂犹存，凝聚千载的地气仍在，赊店人重商崇文的基因一直传承。

赊店这部大书，古人写的只是上部。今人写的下部已经开篇，而且开篇就显出不凡，是大手笔，具大气象。是历史，又一次提供了前所未有的机遇。我坚信，下部将更精彩……

涵养文化精神　打造文化名片

丁　全

在中华民族源远流长的文化长河中，有许多人物、故事，历经时光磨洗，仍然闪烁着人性和道德的光辉，成为后人追随和膜拜的精神偶像。三国时的关羽（后人称关公）就是典型的代表。关公文化作为中华传统精神忠、义、信、勇等方面的符号，一直在人们心中保持着神圣的地位。例如山西运城的解州关帝庙、湖北当阳的关陵、河南洛阳的关林等，不仅是当地重要的旅游资源，更是当地的文化名片。在我国香港、澳门、台湾等地，也有很多主祀关公的庙宇、宫榭，香火鼎盛，游客络绎不绝，成为重要的民间信仰中心。即使在泰国，有的法庭在开庭之前，全体法官须向关公表示忠心，由此可见关公文化的影响力。

一、紧扣时代主题，充分认识关公文化的现实意义

文化的价值可以从民族性和时代性两个方面加以讨论。从民族性来讲，各民族文化都有其特殊的表现形式；从时代性来讲，各民族文化都有其特定的时代价值。关公文化作为我国一种传统的文化现象，尽管有其历史的局限性，但是，它和其他优秀文化一样，包含着不为特定历史时期和社会政治形态所限定的普遍意义和恒常价值，特别是经过一千多年的不断传承和美化，人们心目中的关公，实际上早已从一位历史人物升华成了中华民族的一尊道德偶像，具有中国传统文化的凝聚力和向心力，是中华民族认同感的基础之一。弘扬关公文化，有利于增强全世界中华儿女的凝聚力，有利于祖国的统一大业。

二、立足地方资源，努力打造具有自身特色的文化品牌

"赊店有座春秋楼，半截儿插到天里头。"赊店春秋楼有时间的历史，有文化的历史，人们广泛认同。开展关公文化旅游，就有着得天独厚的条件。我们可以通过系统的文化打造活动，立足地方资源，涵养文化精神，彰显时代特色，打造具有我们社旗地方特色的文化品牌，并进一步形成文化产业。

一是文化打造。关公是三绝中的"义绝"。我们可以收集相关的民间传说、历史故事，如桃园三结义、温酒斩华雄、单刀会、关公挑袍、华容道、关公磨大刀等，在系统归纳整理的基础

作者简介：丁全，男，河南省社旗县人，南阳师范学院工会主席、教授。

113

下篇　赊店关公文化研讨文萃

上，形成统一的精神产品，避免碎片化、随意化，使其规范化、常态化。如编印书籍画册：关公在赊店；排演与关公相关的曲艺节目，参考开封的清明上河园的节目创意；定期举办关公文化活动，参考新郑祭拜仪式；举行关公文化典籍诵读活动、征文比赛等，使其成为鲜明的文化符号。我们还可以通过深刻的文化比较、学术争鸣活动，像南阳与襄樊多年来关于诸葛亮躬耕地的争论一样，开展"赊店春秋楼与许昌春秋楼有什么区别"之类的文化讨论争鸣，引起公众关注，进入人们视野；在此基础上，挖掘、培育具有我们深厚地方特色的文化精神，增强辐射力，提升影响力。

二是场馆打造。打造精致的文化实体，如关公磨刀石、磨刀处，我们可以在与民间故事、历史故事相印证的基础上，建设主题文化场馆、文化长廊，成为精致的文化景点，就像杭州的苏堤、断桥、雷峰塔，像西湖十景的柳浪闻莺、雷峰夕照、断桥残雪、三潭印月等，使关公文化进一步物质化、具象化，使其真正成为关公的赊店文化，赊店的关公文化。让一草一木、一砖一瓦都鲜活起来，以关公文化为载体，娓娓道出我们社旗故事，传递社旗精神，成为我们的文化品牌和名片。

三是产业打造。文化不仅是一种精神，更是一种产业。我们可以通过文化搭台，助推产业腾飞。我们的赊店老酒、社旗粮油在南阳甚至全国已经小有名气，相信关公文化研讨、宣传等活动能够进一步带动社旗特产、民间工艺品等产业走出社旗，走向全国。我们可以开辟专业的旅游购物场所，规划建设美食城、美食街、文化主题饭店、茶艺中心、演艺场等，培育旅游娱乐产业，形成集餐饮、住宿、游览、购物、娱乐于一体的产业链。此外，强化文化旅游人才培养，加强旅游智库建设，为社旗文化旅游产业可持续发展提供决策咨询和智力支持。

关公文化是中华文化长河中一朵璀璨的浪花，相信经过社旗关公文化研究会的宣传、文化研讨和传承活动，在新时代的舞台上，更能焕发出新的光彩，创造新的辉煌。

崇尚关公信义精神　恪守商业道德刍议

郭玉琨

当前，我国已成为全球第二大经济体和世界第一贸易大国，因此，在关公文化研究中，崇尚关公信义精神、恪守商业道德不能不作为我们研究的一个重要方面。

一、历史的回顾

中国商业历史悠久，形成了一整套公认的传统商业道德，对现代商业经商活动仍有重要的指导意义。中国传统商业道德是中国传统道德的重要组成部分，而融合了儒释道的"信、义"精神对传统商业道德的形成起到了至关重要的作用。

司马迁《货殖列传序》云："天下熙熙，皆为利来，天下攘攘，皆为利往。"追逐利益是古今中外商业活动的最终旨归，对于商业的这种天然本能，原本无可厚非，但中国一切有成就的商人对这种逐利绝对不是一味地盲目追求而漠视一切，而是把"义"作为商业活动的终极目标的极其重要的一种价值取向。无论是关公还是孔子、孟子、荀子，均对"义"推崇备至，分别作出了"见利思义"（《论语·宪问》）、"义，人之正路也"（《孟子·离娄上》）以及"先义而后利者荣，先利后义者辱"（《荀子·荣辱》）的阐述，这种传统的义利观也为中国传统商人打上了明显的历史烙印。中华民族五千年的悠久历史中，义商比比皆是。如我们南阳人引以为自豪的素有"商人鼻祖"之称的越大夫范蠡"富好行其德"，"十九年中，三致千金，再分散与贫交疏昆弟"（《史记·货殖列传》）。此乃先义后利之典范。历史上商人之"义"有时还升华为强烈的民族责任感及爱国主义精神。古代许多商人具有爱国爱民美德。春秋时那位矫称君命犒师、智退来袭秦军的郑国商人弦高，树立了爱国商人的历史形象，堪称后世经商者的楷模。而活跃于明清时代的晋商于此更有许多表现。不少商人致富以后，乐善好施，出资周济邻里、关心孤老、扶助贫病、施棺掩骸、买药治疫、修桥铺路、筑堤设渡、建立义仓、设立家塾、兴办学校、修复书院、资助刊印书文等，这些在地方志中记载甚多。顺治二年（1645 年），清兵南下，令军中所俘妇女，其家愿赎者，可放归。商人承统闻听故旧女子多俘在中，"乃遍访诸营，倾囊赎以归其家"。又如临猗人阎天杰，经营盐业五年，赢利数万，旋辞商回家，倡修庙宇，周济苦民，每于岁暮，舍施饭衣，终身不辍。

作者简介：郭玉琨，男，河南省社旗县人，中华诗词学会理事、河南省诗词学会副会长、南阳市诗词学会会长、《南阳诗词》主编。

〔下〕篇　赊店关公文化研讨文萃

二、历史的必然

先秦时期我国就出现了商业。到春秋战国时期"商人"已经成为"士农工商"四个主要社会阶层之一。商业产生之后，为了规范买卖行为，协调买卖双方利益关系，引导商人的经营活动，确保商业健康发展，用来约束商业行为的道德规范由此而生。周代已经设立了司市、质人、胥师、贾师、司虣、司稽、胥、肆长、泉府、司门、司关等一整套职掌专门管理市场和贸易。此后，历代无一不设此类官职。"司市"等此类官职代表官方介入商业活动中，担负起组织、监督、管理商业行为之责，维护了正常的商业秩序，有力地促进了商业规范的形成，对商业道德的形成起到了引导作用，为商业道德产生、发展并进一步完善提供了有力的外在保障，一定程度上强化了传统商业道德。但是，事物的发展终归有其内在的必然性。商业道德的构建也是这样，传统商业道德的形成固然离不开商业的发展以及社会道德大环境的影响，商业道德的主体——商人的作用亦不可不提，而崇尚关公"信义"的精神，被越来越多的商人所接受并最终形成传统商业道德的核心。秉承优秀商业道德，诚实守信、公平交易，义中求利，和气生财，使得中国的商业得以良性发展。如，明清时期各行业为增强商业竞争力，维护共同的利益，商会、行会自发组织起来，并制定了全面可行的行规、行约。这些规定多为道德层面的约定，对商人群体具有超强的约束力，要求商人谨遵不悖。违规者将受到来自行会乃至社会、家庭的道德舆论的强烈鄙视和谴责，从而难以容身。这些行规是传统商业道德的重要补充，同时也起到了促进传统商业道德完善的作用。"晋帮"商人曾占据全国商人之冠。他们也是重信义的一群，并把崇奉关公作为精神信仰，把取利守义作为商业道德，以增强商号内部的凝聚力和向心力。他们有金融之才，并把善于理财的基因传给了当代山西人。曾经执中国金融界牛耳——"山西票号"，简直就是清政府的"财政部"。作为中国民间商会文化的"祖脉之地"，天下第一会馆的赊店山陕会馆最早制定了"诚信为本"的商业规则，并刻之于石碑，立之于会馆，代代遵守，流传至今，成为中国现存最早的商业文物遗存。碑刻分为三块：《同行商贾公议戥秤定规概》碑、《公议杂货行规》碑和《过载行差务》碑。根据这些碑记，晋商必须遵守的商业道德规则包括三方面。

第一是统一度量衡，公买公卖。"合行商贾，会同集头等，齐集关帝庙，公议秤足十六两，戥依天平为则，庶乎较准均匀，公平无私，俱各遵依。同行有和气之雅，宾主无足束戾之情。公议之后，不得暗私戥秤之更换。犯此者罚戏三台，如不遵者，举秤禀官究治。"（《同行商贾公议戥秤定规概》）

第二是反不正当竞争。《公议杂货行规》碑记："卖货不得包用，必要实落三分，违者罚银五十两；如有旧店换人名者，先打出官银五十两会行友，违者不得开行；……结账不得私让分文，如让者罚银五十两；不得在人家店中勾引客买货，如违者罚银五十两……"这些规则都经过商家集体公议，并"禀明县主蔡老爷"批准，具有行业立法的权威性与强制性。

第三是抵制官府敲诈勒索和乱摊派。《过载行差务》就是为抵制官府"屡经加增"而定制的"合约"，"恐历久加增，后不复前，故立琐珉，以为千古流传云尔"。

三、现实的选择

目前，我国已是世界第二大经济体和第一大贸易国。改革开放以来，我国社会主义市场经济取到了巨大成就，作为支撑我国经贸高速发展的法制建设和以"信义"为核心的商业道德建设，这两只轮子的并行运转，其贡献绝对功不可没。试想当年，如果没有我们的信义，我们就不可能敲开世贸的大门；如果没有我们的信义，我们也不可能引进一批又一批巨额投资和先进的技术和管理方法；如果没有我们的信义，我们决不会成为今天的世界大国；如果没有我们的信义，一个曾经一穷二白的国家也不可能在短短的 30 年间，总体跨入小康社会而成为举世瞩目的大国。

当然，时代变了，尽管我们崇尚关公"信义"精神不能变，但正如刘勰在《文心雕龙》中提出的写好文章必须要宗经变骚一样，传统的优秀文化一定要继承，这就是宗，变者，即适应时代的发展而赋予新的内涵也。譬如"信"，这是做人经商之本，必须宗，必须继承；至于"义"，在当代恐怕就不能再简单地理解为义中取利了，为了国家和民族的利益，我们有时就不得不采取"义正辞严"地争取我们的合法利益。譬如，加入世贸组织后，当初，由于我们受传统礼义思想的影响，对世贸组织的规则不太熟悉，对于贸易中的争端，往往采取了息事宁人的礼让做法。而现在，对于世贸中的争端，凡调解不成而明显不公者，我们已学会了诉诸法律而"义正辞严"地争取我们的合法权益，这就是变。

总之，崇尚关公"信义"，恪守商业道德，对于我们这样一个发展中的贸易大国，对于在全球凡是有华人进行贸易的地方，对于每一个从事商贸活动的人士来讲，对于关公文化研究者而言，无论是现在或将来，都是十分有意义的大事。

下篇 赊店关公文化研讨文萃

关公文化与民俗文化的关系

王明军

关公文化就是民俗文化。关公文化不是一般的民俗文化，而是经典民俗文化、传奇民俗文化、特别的民俗文化。由于山陕会馆屹立在赊店，许许多多有关关公的故事、传说发生在赊店，故而，赊店的民俗、民风更加关公化。也许这个道理早已被社旗民俗文化研究会所认知，赊店关公文化研究会与社旗民俗文化研究会合署（一套班子两个牌子）办公就是证明。

一、关公文化的本质与民俗文化的本质一致

关公文化的实质是关公精神和对关公的祭典形式。我们说，这完全与民俗文化的内核相吻合，民俗文化可以和非物质文化这一词置换。故事、小说、电影、电视剧、戏剧、诗歌、举办关公庙会、关公文化论坛、研讨会，这是用非物质文化手段达到传承、提升非物质文化的目的，实现民众心愿共识（群体意识）。当然，有些意识是通过相应的物质力量来扶持的，但它不是事物的本质。雕塑关公神像、建造关公庙宇、都是为了纪念关公、祭拜关公，崇尚关公精神。这是用物质的手段达到传承、提升非物质文化的目的。

二、关公文化具备了民俗文化具有的主要特征

钟敬文先生在他的《民俗文化发展》一文中提出民俗文化有五个方面的基本特征：集体性，类型性，传承性与扩布性，相对稳定性与变异性，规范性与服务性。

1. 集体性

集体性是针对个体性而言的。（一是合作集体性，二是社会集体性）集体性知识是指集体信念而言，由个体信念上升为集体共识，就是集体性知识。关公文化早已被广大民众认知，关公已为中华民族乃至世界许多民族所敬仰。

2. 类型性

钟敬文《民俗学概论》分为四个部分：

一是经济民俗，指人民在创造和消费物质财富过程中所不断重复的、带有模式性的活动，

作者简介：王明军，男，河南省南阳市人，副研究员、河南省民俗学学会理事、南阳民俗文化研究会副会长、《南阳民俗》主编。

以及由这种活动所产生的带有类型性的产品形式。它主要包括生产民俗、商贸民俗、饮食民俗、服饰民俗、居住民俗、交通民俗等。

二是社会民俗，亦称社会组织及制度民俗，它所关涉的是从个人到家庭、家族、乡里、民族、国家乃至国际社会在结合、交往过程中使用并传承的集体行为方式。

三是精神民俗，是指在物质文化与制度文化基础上形成的有关意识形态方面的民俗。它是人类在认识和改造自然与社会过程中形成的心理经验。这种经验一旦成为集体的心理习惯，并表现为特定的行为方式并世代传承，就成为精神民俗。

四是语言民俗，指通过口语约定俗成、集体传承的信息交流系统。它包括两大部分：民俗语言与民间文学。民俗语言如反复出现的套语，民间俗语、谚语、谜语、歇后语、街头流行语、黑话、酒令，等等。民间文学是指由人民集体创作和流传的口头文学，主要有神话、民间传说、民间故事、民间歌谣、民间说唱等形式。

这四部分内容是对民俗文化的概括。具备其中之一者，就可以称为民俗文化。而关公文化在四部分之中均有体现，其秉性不言而喻。

3. 传承性与扩布性

社会民俗文化现象在时间上是传承的，在空间上是扩布的。民俗文化事象，无论是有形的，还是无形的、只能意会和理解的抽象形式，之所以能够古今贯通，因为它是每个个体在社会生活中长期积累。

关公忠贞神勇、义薄云天、一身正气，贫贱不移、富贵不淫，集忠君、善友、正义、威武、智慧、勇气、毅力、大志于一身；描述关公的文学、艺术作品源远流长、层出不穷、铺天盖地、深入人心，人们自觉或不自觉地以他的行为观念规范自己的言行，运用自己的能量进行传承与扩布。

4. 相对稳定性与变异性

历史实践证明，关公文化具备了这一特征。关羽去世后，一直是历朝历代朝廷和民间崇祀的对象，逐渐被神化。《三国演义》尊其为三国时期蜀汉著名将领、前将军、汉寿亭侯、军事家、五虎上将之首。"三绝"之"义绝"，历代多有褒封。在古代被统治者追封为"忠义神武灵佑仁勇威显关圣大帝"（关圣帝君）、"协天大帝"。儒教崇为"武圣"，道教奉为"护法四帅"之一，佛教称为伽蓝菩萨。

台湾信徒称为"恩主"，即救世主的意思。日本、新加坡、马来西亚以及菲律宾等国家，甚至美国、英国的华人区域，对关公的信仰也都相当盛行，将其誉为"东方美神"。

华侨从商者对于作为武财神的关公更加崇祀。

5. 规范性与服务性

民俗文化是人们在长期的生产实践和社会实践中创造的语言和行为模式，或者说是民族共同创造和遵守的行为规则。所以它具有潜在规范和服务力量。关公文化最有代表性。

山陕会馆内的两通石碑（《同行商贾公议戥秤定规概》《公议杂货行规》）就是关公"忠义、

诚信"精神规范性与服务性的直接展示。

《同行商贾公议戥秤定规概》申明：

……年来人烟稠多，开张卖载者二十余家，其间即有改换戥秤，大小不一，独往其利，内弊难除。是以，合行商贾，会同集头等，齐集关帝庙，公议秤足十六两，戥依天平为则，庶乎校准均匀，公平无私，俱各遵依。同行有合气之雅，宾主无棘戾之情。公议之后，不得暗私戥秤之更换，犯此者罚戏三台，如不遵者，举秤禀官究治……。

《公议杂货行规》碑文写道：

"买卖不得论堆，必要逐宗过秤，违者罚银五十两"；"不得在门口拦路会客，任客投主，如违者罚银五十两"；"不得假冒名姓留客，如违者罚银五十两"；"不得在人家店中引客买货，如违者罚银五十两"；"卖货破烂水湿必要以时价公除"；"每年正月十五日演戏敬神，各家具要齐备，如故违者不许开行"。

综上所述，"关公文化即民俗文化"其论不谬。作为民俗文化研究工作者，努力学习、精心研究关公文化，责无旁贷。

120

重振老赊店昔日雄风　放飞我们的美好梦想

——谈着力打造好关公这张名片

王志尧

　　作为社旗人，我感到非常幸运。我们的祖先富有仁德之美，极具扶危救困精神，突出的例证就是赊店名称的本身。张春岭先生在《赊店——一座商业重镇的兴衰传奇》(《百年潮》2009年创刊号）中写道："西汉末年，诸侯争霸，群雄并起，皇族后裔刘秀顺应民心，满怀光复汉室的雄心，率领强兵骁将在古宛城起兵，征战厮杀，以平天下。一场大战过后，寡不敌众，带领一队人马落魄而逃，人困马乏之际，逃至一古镇，见一酒馆，众将狂饮，精神倍增，共议再举大事，酒过三巡，大计商定，唯缺帅旗。刘秀走出酒店，抬头看见一个大书'刘'字的酒幌在风中飘荡，大呼：'天助我也'，遂赊酒幌为帅旗，一路征战，所向披靡，起兵南阳，大战昆阳，建都洛阳。称帝后念'刘'记小店赊旗有功，封此小店为赊旗店，酒为'赊店老酒'，此镇称'赊店镇'。"这是多么令人引以为豪的义举啊！是他们磊磊大方的慷慨义举为子孙万代挣下了闻名天下的宝贵名称！难道我们不值得为这等有远见卓识、纯朴无华的先人骄傲称快吗？

　　与此同时，愚以为，山陕会馆的兴建不仅与赊店当年九省交通要道的水旱码头之地气有关，更与厚重的优秀人文传统文化的人气有关。为何赊店的山陕会馆成为全国所有山陕会馆中最为壮观、最为高雅、最为气派、最为精美的天下第一馆？这当然与赊店先祖们的热情好客、诚信至上、包容仁爱的社风民俗有关！山陕会馆敬奉尊崇的圣贤就是关公。关羽成了山陕会馆的形象大使或曰名片。晋商陕商所极力标榜的正是"武王""武圣人"关公的显赫地位和以忠义为美德的性格特征。他不仅受到儒家的崇视，同时又受到道家、佛家的顶礼膜拜。从关羽的祠庙遍布神州大地更受老百姓的祭拜来看，这的确是十分难得的文化现象。古典名著《三国演义》诞生后，关羽的影响越来越大，成为"古今第一将"。明神宗加封他为"三界伏魔大帝神威远镇天尊关圣帝君"，清顺治帝敕封为"忠义神武关圣大帝"，乾隆时改谥"神勇"，不久又加谥"灵佑"，嘉庆时加封"仁勇"二字，道光时再加封"威显"二字；此后的历代皇帝都加封号，直至清末，关羽的封号长达26字，为"忠义神武灵佑仁勇威显护国保民精诚绥靖翊赞宣德关圣大帝"，完成了他"侯而王，王而帝，帝而圣，圣而天"由人而神的演进过程。关羽为什么如此受人尊崇呢？因为他适应了不同人的需要。关公是忠义的化身，在历代封建统治者眼中，他是忠臣义士；桃园三结义，同甘共苦是真朋友的楷模；他讲义气，危难之时忠贞不移，遇困难不退缩，敢承担风险。尤其是老百姓对关羽的崇拜，是基于他对国以忠、待人以义、处世以仁、作战以勇、

　　作者简介：王志尧，男，河南社旗县人，编审、中国红楼梦研究会副会长、《桔红一叶》执行主编。

下篇　赊店关公文化研讨文萃

富贵不淫、贫贱不移、威武不屈的人格力量影响并陶冶着民族的素质和情操。经过历朝历代的演化，关羽呈现出人世间全能神明的特质。他被说成是具有司命禄、佑科举、治病除灾、驱邪避恶、诛罚叛逆、巡游冥司、招财进宝、保佑商贾之战神、财神、文神、农神等全方位神明。在神州大地上，关帝庙很多就不足为奇了。仅以北京为例，专供关公和兼供关公的庙宇就有116座。在内城九个城门中，就有八个城门口建有关帝庙。老百姓把关帝庙叫作老爷庙儿。其中规格最高的当属正阳门城楼月城里的关帝庙。在古代每次皇帝去天坛或先农坛祭祀后，回来时必来此庙拈香。庙内原有一轴关帝像，传说是吴道子的手笔，堪称稀世珍宝。该画在1900年八国联军进北京时，被一德国兵拿去，而他又呈献给他的元帅瓦尔德西。后来，这位元帅听了名妓赛金花向他述说的关云长的事迹后，居然命令把该画放回原处。不知什么原因，该画流落到一个姓刘的寡妇手中。为此事，该庙曾与刘打起官司来。刘说其夫生前好佛，从赛金花处得到的这幅画，与庙无关。到了民国二十一年（1932年），赛金花来北平时，曾有人问过此事，但事情已隔三十多年，她也记不清了。此案遂不了了之。塑像雕像水平最高的当属崇文门外金鱼池的姚斌盗马庙。神像威严生动，呼之欲出。关羽戎服正座，怒色威严，逼视姚斌。姚斌袒臂赤足，头发系于柱上，但双目圆睁，威武不屈，侍将七人均虎视眈眈，赤兔马仰首长嘶。俨然一幅生动画面。据说，姚斌原是黄巾将领，相貌类似关公，其母病，想吃良马肉。姚斌知道关羽的赤兔堪称良马，于是投奔麾下，伺机盗马。后来得机会偷了赤兔，假作关羽出城，守门官吏听其口音不对，就拿住送往关羽处。姚斌慷慨请死，临刑时大哭其母。关公问明始末，很受感动，就释放了他。山陕会馆内还有一副《关帝诗竹画》的碑刻："不谢东君意，丹青独留名。莫嫌孤叶淡，终究不凋零"，表达了关羽的平生志向，深为世人称道。

较为著名的纪念性祠庙还有河南洛阳关林，湖北当阳关陵，荆州关帝庙，河南许昌灞陵桥关帝庙，山西解州常平家庙，等等。而规模最大、气势最宏伟的就是位于关羽的故里——山西省运城市解州城西的关帝庙了，它至今仍然完整地保留着一座全国最大关帝庙，庙内楼台殿阁共三百余间，为山西浏览圣地之一，堪称天下第一关庙。这些庙宇殿堂彰显了关羽文化中忠、信、义、勇的特质，始终散发并传递着包含传统的社会内容和传统的家庭伦理内容的正能量。

故此，我们赊旗也应借助"天下第一镇"之历史名镇和"天下第一馆"之天下名馆的得天独厚的历史文化优势，大力打造关羽这张人文名片。赊店镇历史上所举办的多种庙会活动，尤其是正月十三日关公生日山陕庙会，五月十三日关公的磨刀日山陕庙会和九月十三日关公的忌日山陕庙会，这些举措都属于非物质文化遗产的范畴，值得发扬光大和全力保护。

以关公文化为载体
推动社旗县域经济社会全面发展

时 坚

一、关公文化的重要价值

一千八百五十年以来，关公报国以精忠、待人以大义、处世以至仁、作战以神勇的传说故事盛传不衰，深刻地影响了中国，影响了世界。关公文化具有极大的广泛性，具有强大的亲和力和向心力，具有教育和陶冶人们思想、情操的教化功能，对各种文化艺术形式的繁衍和发展有着承载功能。同时，关公文化在历史中创造并随着历史发展，历久而不衰，有着非常强大的存续功能。

总之，经过一千多年的历史演绎而形成的关公文化，不是一个地域性文化，而是一个全国性文化。不是一般的名人崇拜、英雄崇拜，而是多少年来民间的信仰文化；不是只具有历史文化资源价值的单纯的文化，而是不断丰富和发展，正在融入当代社会，至今仍具有活力的文化。

二、"文化搭台，经济唱戏"的旧式理念已经过时

改革开放以来，"文化搭台，经济唱戏"曾经是全国各地竞相推行的招商引资手段，确实对各地经济社会发展起到了促进作用。但是，近几年，人们对"文化搭台，经济唱戏"的效果已不甚认同。而且，近年来，市场经济的模式也日渐成熟，人们的投资理念、经营理念也相继改变。单靠关公文化旅游这块金字招牌，恐怕对招商引资不会起到太大的作用。人们关注的还是社旗县域本地的经济宏观规划、投资环境、优惠政策、区域优势等。关公文化这块品牌，在招商引资中，最多能够起到"敲门砖""润滑剂"和"催化剂"等作用，不可能起到决定作用。

三、关公文化旅游的产业发展空间

要大力发展以关公文化、赊店文化为龙头的文化产业，将关公文化、赊店文化打造成最具知名度、最具震撼力的文化品牌，不断增强社旗区域发展的文化软实力和核心竞争力。打

作者简介：时坚，男，河南社旗县人，编辑、南阳文化艺术学校原副校长。

造关公文化和赊店文化品牌是一项系统工程，要认真梳理本土文化脉络，将丰富的文化禀赋资源体系化，深入挖掘关公文化、赊店文化的丰富内涵，打造最具特色魅力的文化产业。要明确社旗文化旅游、文化经济共赢的总体思路，要加强关公文化、赊店文化的整体规划，要明确管理主体、市场主体，要邀请历史、文物、旅游、经济、社会等方面的专家学者，参与总体规划，参与顶层设计，要在规划建设中注入思想与生命，运用综合手段展示关公文化底蕴、赊店文化底蕴；成立关公文化研究团体，举办高规格高层次高水准的各种交流活动，并坚持常态化、机制化，不断提升关公文化、赊店商业文化的核心影响力，将社旗打造成世界级的关公文化中心、赊店文化中心，将关公文化、赊店文化打造成最具知名度、最具震撼力的国家级文化品牌。在规划整合、创意思路、品牌影响力上要站得高、看得远、想得深，推动社旗从文化大县向文化强县转变，推动社旗文化经济结构转型和产业升级，推动社旗经济社会转型跨越和全面发展。

关公文化、赊店文化要年年举办，步步升级，社旗的"攀亲结贵"，招大商，引大资，引大智，更要善于借助关公文化、赊店文化这两股大力量，通过给予关公文化支持，进一步弘扬关公文化，架起与关公信众沟通的桥梁，通过进一步弘扬关公文化，更好吸引海内外关公信众，促进社旗的招商引资，加快社旗的发展。

要以关公文化、赊店文化为核心，在更高层次上整合社旗的文化旅游产品，提升外在吸引力，使社旗由旅游过境地逐步发展为国家级旅游节点城市和目的地城市。

关公文化是指关公的思想、道德、精神及其物质载体和社会影响的总和。开展关公文化旅游对提高人们的道德精神水平和文化品位，对弘扬优秀的民族传统文化具有重要的精神意义；对联络民族情感，增强中华民族凝聚力，推动民族团结和国家统一具有重要的政治意义；对提高关帝庙所在地的知名度，建设诚信经济，推动旅游业发展，具有重要的经济意义。在新的历史时期，随着精神文明和社会文明程度的提高，尤其是市场经济的发展，社会各阶层的人们都越来越清楚地认识到，关帝庙等关公文物，关公的忠、义、仁、勇精神，民众的关公信仰等是十分宝贵的文化资源和民族遗产。人们在实际工作中越来越重视对关公文化资源的保护、发掘和利用。伴随旅游业，特别是文化旅游业的勃兴，关公文化旅游成为旅游经济发展的重要内容，可将其纳入地方经济社会发展的战略规划。

四、"关公精神"与和谐社会建设

关公精神的核心是忠义仁勇，这种精神其实就是中华民族的传统优秀美德，是一种君子之风。换句话说，关公精神是中华民族传统美德的最佳表现。在经济领域，"诚信经营"是非常重要的一个理念，这种理念和关公精神是一致的。但诚信属于道德范畴，依赖于人们自觉。而人们的思想认识，又来源于自己的学习、阅历和感悟。采用各种生动形象、群众喜闻乐见的文学乃至影视等艺术形式，弘扬关公精神，教育群众，提高群众的思想认识，相信对和谐社会的建设会有一定的积极意义。

五、把关公文化做大做强做精的目标指向

发展文化，繁荣文化，不能就文物说文物，就文化说文化，而要把文化放到经济社会发展的整体格局中去考虑。开发关公文化，要创新开发关公文化的思路、手段、办法和措施，广泛向外联络宣传，争取全世界华人的支持。要加大投入力度，如动员社会力量投入也是一个重要的方面。要把规划中的各项开发工程进行科学分解，设计好"卖点"，用关公的强大号召力动员全社会，各大企业的关注和支持，共同参与关公文化的开发和弘扬。关公是跨越时空、跨越阶层、跨越地域的"三跨"伟人，关公的影响力已远远超出了中国，在一切有华人居住的地方，崇拜关公的香火都十分兴旺。关公文化精神财富不仅属中国独有，它是属于世界的，属于全人类的。我们尽快统筹制定出一个如何把关公文化做大做强做精的战略规划——要有目标、内容、时间、方法、措施、效果。这是个整体战略规划，它以关公文化为载体，涵盖社旗本地的经济宏观规划、投资环境、优惠政策、区域优势等。有了这样的整体战略规划并科学实施，关公文化就接了地气，有了根，海内外关公信众就会趋之若鹜，以此来招商引资、发展县域经济就会顺理成章。关公文化研究会要面向全社会、面向海内外统筹研究、实施、推广关公文化精神，要组织以民间投资为主、政府投资为辅的各种各类关公文化精神创作团队，通过小说、曲艺、书画、工艺、武术、戏曲、电影、电视、网站网页等各种各类多种形式，来创作宣传弘扬关公文化精神，并由此推动社旗县域经济社会全面发展。

关公文化与赊店商业文化之浅见

赵敬高

很荣幸能够参加这个盛会，这里对关公文化和赊店商业文化谈一点粗浅看法，请各位专家学者指正。

一、关公文化与君子文化高度统一

关公文化是一种很奇特的文化现象。从目前来看，关公形象至少有三个层次：一是义圣形象，忠义节烈的化身；二是武圣形象，勇武的化身，老百姓心目中的武财神；三是神灵大帝形象，关公不只是超凡入圣，更进一步超武入文，成为与文昌帝君并列的文衡帝君，同时又是朱衣神君的化身，是协管文学的文昌武曲星。

关公形象如此多彩，关公文化如此灿烂，其核心和实质就是一个"义"字。而在"义"这个层次上，关公文化与君子文化高度统一，因为"义"也是君子人格的核心和实质。关公的众多形象都是义君子形象的自然延伸。

二、君子文化是关公文化的核心

中国是君子之国，君子与小人之间人格对立的思想观念深入人心，崇君子鄙小人、做君子远小人是老百姓的普通价值观念，是一种突破各种人际边界的超世俗观念。

君子与小人之间人格对立的典型表现就是君子仗义，小人不义。这方面，古圣先贤有很多精辟的论述。比如：

君子喻以义，小人喻以利。

君子尚义，小人尚利。

义动君子，利动小人。

君子见利思义，见危授命。

君子义之所在，不倾于权，不顾其利。

君子义以为质，得义为重，失义为轻，合义为荣，背义为辱。

君子义以为上。君子有勇而无义为乱，小人有勇而无义为盗。

作者简介：赵敬高，男，南阳民俗文化研究会理事、南阳诗词学会理事、南阳市委统战部原副部长。

君子处事，于义合者为利，于义背者为害；小人处事，于利合者为利，于利背者为害。

孟子还提出："生，亦我所欲也；义，亦我所欲也。二者不可得兼，舍生而取义者也。"

仅从上面这几条来看，关公不但是君子，而且是君子的楷模和表率。而这几条名言几乎句句都说到"义"与"利"的关系，君子与小人的人格对立在一定意义上就是"义"与"利"的对立，这正是问题的要害所在。世上谁不求利？司马迁说："天下熙熙，皆为利来，天下攘攘，皆为利往。"这句话一针见血，是至理名言。因为个人要生存，商人要赚钱，企业要盈利，国家要运转要发展，利之所求，天经地义。而"义"的实质其实还是"利"，"义"与"利"的关系实质上就是"利"与"利"的关系。概括地讲，就是自利与他利、个人利益与群体利益、局部利益与全局利益的关系。中国传统文化乃至当今的社会主义核心价值观都不排斥个人的正当利益，都主张个人的正当利益应该受到保护，但都明确反对把个人利益放在不适当的位置，更反对谋取不正当利益，而孟子"舍生取义"的思想更主张在必要时要敢于牺牲个人的某些利益乃至生命。在这里，把他人、群体、集体和国家的利益放在第一位就是"义"，反之就是"不义"，就是见利忘义。汉代董仲舒说："仁治人，义治我。"就是说，"义"的功能就是自制、自律，就是用来自我约束的。繁体"义"字的下面就是"我"字，如果把"我"放在他人、群体和国家利益之上，"义"就荡然无存。

也正是在这个问题上，关公为我们树立了万古不朽的典范。他是"义"精神最执着的追求者和最忠实的践行者，"义"是他人生的唯一指南，合义必行，非义必拒。在那个群雄争霸、兵连祸结、人们随时都面临各种威胁的年代，有多少人选择了贪生怕死，见利忘义，甚至背信弃义，而关公，在每一个节骨眼上都毫不犹豫地选择了"义"，都是"义"字当头，义无反顾，大义凛然，义薄云天。

三、赊店商业文化是关公文化与君子文化的融会

关公文化和君子文化就是"义"文化，而关公文化和君子文化的融会与统一正是赊店商业文化的实质、灵魂和魅力所在。

为什么在赊店古镇商潮涌动，商贾云集，商业贸易历久不衰，商业文化独树一帜，各地客商宁愿舍近求远，必至赊店而后快？就是因为这里义旗高举，义风温馨，商人在交易和交往时都是谦谦君子，都有一种君子风度，正是因为有这样的环境、风气和氛围，各地客商来这里经商才会非常放心、开心、舒心、期望值高，盈利能兑现，发财有靠山，内心充满安全感、自豪感和满足感。

有学者认为，在中国传统文化中，有一套基于血缘、家族的规范体系，以亲情为纽带，要求父严、母慈、兄友、弟恭、子孝，但当人们的活动超出家族系统时，"义"的作用就凸显出来。"义"是超越血缘关系、调节更大范围社会群体行为的规范，是处理诸如干群关系、医患关系、债务关系、商务关系等各种人际关系的精神法宝，是建立和谐友好、诚信稳定社会的基础。所以，在今天经济大发展、人员大流动、社会大变迁的时代，关公"义"文化具有特别重要的现实意义，而赊店商业文化则是一个非常独特的"义"文化模式。

愿关公文化、君子文化和赊店商业文化在新时代更放异彩，再造辉煌！

下篇 赊店关公文化研讨文萃

义薄云天关云长

李修对

南阳社旗县古朴典雅的山陕会馆闻名遐迩，知者甚众。但要说山陕会馆也叫关公祠，敬奉的主神就是三国时期威震华夏的关羽，恐怕知道其中详情者就不会太多了。其实，建于明清时期的山陕会馆，经历数百年挺立至今除了其本身用料考究、构筑坚固，还与当地士农工商各界长期以来对它的庄严肃穆由衷敬畏和悉心保护密不可分。

一、关羽出世多传奇

关羽（160—220），字云长，河东解州（即今山西运城）人。东汉末期逢乱世，他跟随刘备打天下，足迹遍布大半个中国。随先主投荆州牧刘表后曾屯军新野八年，后来火烧博望、火烧新野，来来往往路过社旗、桐柏、唐河等地，留下许多英雄故事，传诵至今。

陈寿撰《三国志·关羽传》大致脉络清晰，但所记简略，特别是关羽的出身及成长经历几乎不曾提及，留下许多谜让人摸不着头脑。他的出身究竟如何？明末编的《神仙鉴》九卷八节中有关公为老龙所变的情节。老龙抗天帝之命，帝令斩之，掷龙头于地。蒲东解县之普静和尚拣龙头置于缸内为之诵经念咒。九日后忽闻缸中有声，但缸中无物。"后来一条黑龙现于村里，旋绕在道远（关公之父）之庭，一会儿便不见了。道远夫人生了孩子。普静和尚抱与视之说：'忠义性成，神圣之质。'"这个传说是最早的记录。清康熙年间编的《关帝圣迹图志全集》也有类似的记载。大致是说：玉皇派火德星君下凡烧百万之家，火德星君心疼百姓，只烧了百家万家，犯了欺君之罪，要被斩首，火神托梦和尚（或道士），在他被斩之时，用盆接住从天上滴下来的鲜血，经过念经诵咒，若干天之后，掀开盆盖，里面就会出来一个娃娃，和尚把娃儿送给磨豆腐的孤老抚养，孩子很快长大，武艺出众，因打死人（或杀死恶霸）外逃，得观音之助，变成红脸长须的大汉，取名关羽。

上述说法与至今还在南阳东部地区流传的《关羽出世传说》大同小异。在山西南部的一个村庄里，住着一家姓关的老孤母俩，膝前无儿无女，盼子心切。白胡子老汉给她托梦：天将送子，于午时当院铺上羽绒被子，响雷过后，发现被子上滴了几滴血，包裹百日后出现一个胖娃娃，给他起名叫关羽。一天，关羽上山打柴，看到古松下有两位老头儿下棋，就凑近旁观，棋阵不断变幻，关羽看得入神，只见满山松林"呼"一阵发黄，"呼"一阵泛绿，但这盘棋却始终

作者简介：李修对，男，河南省桐柏县人，中国民间文艺家协会副会长、河南省作家协会会员、河南省炎黄文化研究会理事。

不见输赢。再往下看，只听插在地上的扦担"噗嗒"一声倒在地上，原来是扦担牙子锈糟了。二位老人发现有人偷看，眨眼不见了。关羽感到奇怪，心想是不是神仙点化，教他兵策战法哩？他赶紧拾柴下山，回村却不见村子旧模样，二老也不在人世了。原来是天上一日，人间百年。关羽独自过活儿，因看不惯仗势欺人的恶霸，便挺身而出，一拳打死恶霸后，逃亡外乡。

人们对关羽的出生赋予了神秘莫测的神话色彩，这是民间文学固有的文体特质，不过是便于表现人物性格以此吸引观众罢了。其实，关羽的出生也如我们俗人一样，不过是父母所生，没什么特别离奇的地方，但他后来达到的至高精神境界却是一般人难以企及的。

二、忠义神勇世无双

关羽由一个亡命江湖的普通人因为追随皇叔刘备走上争夺天下、戎马倥偬的人生之路。桃园三结义、土山约降、斩颜良、诛文丑解白马之围、挂印封金、护嫂寻兄、过五关斩六将、义释曹操、单刀赴会、水淹七军等这些人们耳熟能详的历史故事使关羽赢得无人能及的忠义英雄的美名。最让人热血沸腾的是发生在东汉末年的战事。这一年，"先主为汉中王，拜羽为前将军，假节钺。是岁，羽率众攻曹仁于樊。曹公遣于禁助仁。秋，大霖雨，汉水泛溢，禁所督七军皆没。禁降羽，羽又斩将军庞德。梁、郏、陆浑群盗或遥受羽印号，为之支党，羽威震华夏。曹公议徙许都以避其锐。"（《三国志·关羽传》）这个时期，关羽正如文中所说那真是"威震华夏"，势不可挡，连善施"挟天子以令诸侯"的曹操都在"议徙许都以避其锐"了。若不是司马懿、蒋济善断废迁，此事几成史实。

正当关羽达到人生事业顶峰时，横遭突变，由盛转败，竟遭屠戮。当时，曹操遣徐晃救曹仁、攻关羽，孙权又趁势遣吕蒙偷袭荆州，关羽部下糜芳、傅士仁叛变投吴，关羽"败走麦城"的噩梦就此开始。刘封、孟达在近而不相救，结果关羽及其子关平于临沮被擒遭斩。英雄末路，不免令人扼腕长叹！至为可悲的是，关公逝世 44 年后，司马昭遣将钟会、邓艾攻蜀，逼降蜀主刘禅，而庞德之子庞会竟然"尽灭关氏家"（《蜀记》），绝了关羽的血食之祭。关羽支脉虽绝，举世之人都来供奉关帝，聊可弥补缺祀之憾了。

纵览关羽一生，"义不负心，忠不顾死""财贿不以动其心，爵禄不以移其志"（《三国演义》），其精神实质彰显了"忠义"之魂，这非常符合中国儒家推崇的"仁、义、礼、智、信"的传统文化观，因此后世对关羽忠勇节义的高尚品德赞扬备至，把他奉为忠义的化身，道德的楷模。放在今天，这种体现传统文化精髓的品格也是值得传承与发扬的。

关羽虽被吴将杀戮，但并没有影响他被一步步推上神坛、欣享供奉的神格定位。古人给予其很高评价，西晋史家陈寿说："关羽、张飞皆称万人之敌，为世虎臣。羽报效曹公，飞义释严颜，并有国士之风。然羽刚而自矜，飞暴而无恩，以短取败，理数之常也。"史家比较公允地评价了关羽的一生。蜀汉杨戏在《季汉辅臣赞》中赞关云长、张益德："关、张赳赳，出身匡世，扶翼携上，雄壮虎烈。藩屏左右，翻飞电发，济于艰难，赞主洪业，侔迹韩、耿，齐声双德。交待无礼，并致奸慝，悼惟轻虑，陨身匡国。"寥寥数语，句句中的。陈元靓评说："剑气凌云，实曰虎臣。勇如一国，敌万人。蜀展其翼，吴折其鳞。惜乎中勇，前后绝伦。"犹杨戏之意，几

称切论。就连敌方文臣武将也称赞关羽"万人敌""勇冠三军""熊虎之将"。以此而论，关羽为将武艺超群、勇武绝伦是人们都认可的。当然，也有少数人给关羽以负面指摘，但多是言辞偏激、矫枉过正之妄议。金无足赤，世无完人。怎能求全责备，苛求古人呢？

二、备受崇荣昭古今

关羽生前义薄云天、功高德劭，让世人从心底生发出无限敬仰。人而将，将而神，神而圣，圣而帝，关羽于生前后世备享尊荣绝不是偶然的，而是他那可昭日月的忠义神武精神实实在在地感动了世人，以至被完全接受、融入和世代敬奉。

清雍正皇帝曾有一段话，把孔子为圣、关公为神的显赫身份，以及海内外上至皇族、下至村夫百姓对关公的敬仰之情，表述得十分贴切：

"自古圣贤名臣，各以功德食于其土。其载在祀典，由京师达于天下，郡邑有司岁时以礼致祭者，社稷山川而外唯先师孔子及关圣大帝为然。孔子祀天下学官，而关帝庙食遍薄海内外，其地自通都大邑下至山陬海隅、村墟穷僻之壤，其人自贞臣贤士仰德崇义之徒，下至愚夫愚妇儿童走卒之微贱，所在崇饰庙貌，奔走祈禳，敬畏瞻依，凛然若有所见。盖孔子以圣，关帝以神。"

可见关羽在庙堂、村野之中的崇高地位，以至被后世尊称为关公、关爷、关帝、关圣人、武财神，成为东方古老国度官民士庶家喻户晓、人所共知的历史人物。自古及今，天下到处建庙建祠建寺纪念关羽，虔诚膜拜。社旗山陕会馆（关公祠）挺立至今，古今奉祀，香火旺盛，就是一个典型代表。

明清之际，发迹赊店镇的山西、陕西巨商大贾捐资修建古色古香的关公祠，是对原乡历史名人的由衷钦敬，并借以张扬关羽忠信立身、以德聚诚、以诚兴业的精神。

让关公文化成为宣传社旗及南阳的一张名片

李　远

首先非常感谢主办方的邀请。今天，我和诸位一样，因感念一代圣人关羽功德和品行，齐聚中国历史文化名城南阳社旗，隆重纪念关公诞辰 1854 周年。作为一名地方文化及民俗爱好者，能够参加这样一个盛大而有意义的活动，心中感到十分高兴！

关羽是中国历史人物中最为各阶层人士熟知和仰慕的英雄豪杰。宋以来，历代统治者屡加褒封，奉祀庙宇遍布神州与世界各地。关羽一生践行的"忠义仁勇"已在广大民众生活中衍化为一种具有民族精神特质的文化形态。"一部春秋，文武二圣"，关羽与孔子齐名成为中国的圣人，千百年来一直被后人奉为精神楷模和做人之本，诚如旧联所云："浩然之气塞天地，忠义之行澈古今。"中国人对关羽的崇敬和信奉，形成了一种超越时空的民族认同形式，实际上关羽已从一位历史人物，升华成为中华民族的道德偶像，乃至维系海内外炎黄子孙的感情纽带。

南阳文化底蕴丰厚，关公文化资源众多。南阳卧龙岗作为一代贤相诸葛亮十年躬耕之地，关羽因跟随刘备三顾茅庐而与南阳及卧龙岗结下不解之缘。卧龙岗上现存建筑关张殿，是当年刘备和诸葛亮会晤三分天下时，关羽和张飞在此等候的地方，殿内塑像生动再现了一代名将关羽"目无魏吴"的冲天霸气。社旗位于伏牛山南麓，"依伏牛而襟汉水，望金盆而掬琼浆；仰天时而居地利，富物产而畅人和"。县城所在地赊店镇的山陕会馆因敬奉关公，又名关公祠，因崇尚关公"信义"精神而驰名中外。社旗民间敬奉关羽氛围浓厚，"赊店有个春秋楼，半截插到天里头"的民谣，至今仍在南阳广为流传。河南赊店关公文化研究会及河南社旗民俗文化研究会自成立以来，以全国重点文物保护单位山陕会馆和《赊店春秋》杂志为平台和桥梁，成果显著，有目共睹，对弘扬关公文化起到了推波助澜的巨大作用。新野三国资源丰富，至今仍有"汉桑城""关羽提闸放水处""关羽水军演武场""拦马桥"等旧址遗迹。南阳诸县有关关公的民间传说很多，加之南阳人对关公的深厚感情和敬仰之心，都为进一步研究关公文化打下坚实的基础。

民俗文化是中国艺术百花园中历史悠久、独具魅力、来源民众、最接地气、深受百姓喜爱的艺术奇葩，具有顽强的生命力和感召力。民俗文化多与名人文化紧密相连，是名人文化的扩大外延和有益补充。关公文化也不例外，诸如关公庙会及"关公磨刀节"等文化艺术表现形式，就是属于关公民俗文化的艺术范畴。关公文化资源是社旗乃至南阳得天独厚的资源优势，在未来的关公研究领域中有着广阔前景和探索空间，如何实现资源共享共同发展，成为宣传社旗和南阳的一张名片，如何挖掘、继承、创新及丰富关公传统文化，更好地服务于当地经济社会，

作者简介：李远，男，河南省南阳市人，南阳市博物馆文博馆员、中国散文学会会员、河南省作家协会会员。

是一个值得关注和思考的课题。

　　民众敬仰关公，多因其仁义之心，即为今天诚信之意。"诚信"对于构建和谐社会，打造信义文化，提升道德操守，有着不可估量的现实意义。社旗古镇历来文风昌盛，传承精神薪火相传，时至今日，有这样一个政府重视的良好文化氛围，有这样一大批热衷于关公研究的有志之士，相信此次社旗关公文化研讨会的顺利召开，必将引发南阳研究关公文化热潮，为繁荣当地文化经济起到较好的促进作用。

关公文化繁荣于赊店的选择

鲁 钊

天时地利的选择。明清时期，社会基本稳定，商业兴盛，为晋商走出太行铺就了社会环境基础。南方经济繁盛，晋商南下必向洛宛。赊店是水陆要冲、三鸦国道、沁水河谷的必经之点。古代重要的水陆交通要道，谓南船北马之地。赊店地处南阳盆地东缘，是南阳盆地水运能达到的最北距离，是水陆要冲。赊店还是夏道必经之处。据《史记·五帝本纪》记载："唯禹之功最大，披九山，通九泽，决九河，定九州。"早在舜禹时就已经开始修筑中原通向四方的道路，赊店正逢其间，南达唐、襄，北连方城，交通汝、洛，联系三鸦道。"三鸦道"因南召到鲁山段三处要冲谓一至三鸦，故称"三鸦道"，是宛洛及宛郑之间进出伏牛的交通要道。沁水河谷把王屋、太行分开，是当年晋商出入洛宛的唯一通道。赊店是古代太行、伏牛山向长江中下游交通的最重要节点之一，尤其是明清万里茶路的中转站，这条线路是众多茶商探索出的最直线、最短途、最节省、最经济的线路。天时地利的选择，作为晋商文化标志的关公必然在赊店落地开花，兴盛传播。

黄河文化与长江文化交融的选择。包含大河上下诸省地域的黄河文化是中华的根文化，具有决定性影响的文化，而文化中的包含关公在内的名人文化发散着灿烂夺目的光辉。长江文化异常辉煌，南阳属于长江水系，是江河淮分界线，处于黄河长江两个文化的接壤处，有哑铃的握柄作用，两种文化在这里交汇碰撞。关公文化即是其一。商家所追求的是经营崇尚信义、在外保障安全，关公忠肝义胆，是中华民族传统美德"仁义礼智信"的代表，关公武艺超群，有降妖除魔的本领，是最好的保镖，这正为南北商家所青睐。关公忠诚于人（刘备），仁爱于民（人民），勇武于国（蜀国），商业老板也需要手下忠诚于主（老板），信义于民（顾客），勇武于商（赤诚保卫商业集团），故推崇关公顶礼膜拜。沟通南北通揽百货的赊店万商云集，具有这种义化的合适土壤，故关公文化在赊店迅速扎根，深入人心，传播天下。

南阳人民对诚信商业文化的选择。南阳人自古崇尚诚信，一诺千金，讲究信用，报主志坚。范蠡忠于勾践苦心相助复国，百里奚报五羊皮之恩使秦强盛，诸葛亮为三顾之情鞠躬尽瘁，光武帝刘秀当年举义兵造反王莽时，因无帅旗，情急之下赊下一家刘姓酒店的招牌旗，答允事成后感谢。刘秀登基没有食言，秉信践诺，御封这店为赊旗店，酒为赊酒，后成地名。赊是纯朴简单的信任，是割舍不断的缘分，是相互忠诚的表现，是善意好心的帮扶，言者必信，受之必践，诚信第一。赊店人弘扬教化以关公忠贞诚信为核心的人文精神，建筑春秋楼，雕刻商业诚

作者简介：鲁钊，男，河南省南阳市宛城区人，青年作家，卧龙区作协副主席、南阳民俗文化研究会副会长、冰心散文奖获得者。

信守则碑，反复渲染，约束警醒，教化鞭策树立诚信的商业道德。赊店人极为珍惜自身信誉，经营一丝不苟，受一事诺一言，以做"善贾""良商"为荣，严守诚义，终生不渝，世代相传，因此能够巍然立足社会。倡义举、讲公平、守诚信，今天的赊店人吸收前人经商经验，凝聚智慧和力量，弘扬诚信为本、义中取利的经营理念，使关公精神进一步得到了弘扬和发展。

开发关公文化新思维

刘　正

关公是跨越时空、跨越阶层、跨越地域的"三跨"伟人，影响力已远远超出中国，只要是有华人居住的地方，崇拜关公的香火都十分兴旺。关公文化精神财富不仅属中国独有，也是属于世界的，属于全人类的。关公文化已不是一个地域性文化，而是一个全国性、全世界性的文化，开发关公文化也需要创新思维，解放思想，顶层设计。为此提出以下几点建议：

一是建立董事会领导的企业经营管理体制。关帝庙的经营管理体制应顺应市场经济发展规律建立现代企业制度。

二是打造高品质的关公文化旅游节品牌。随着小康社会的到来，休闲文化、旅游已作为新兴战略大产业走进经济社会生活，这是大势所趋，要抓住历史机遇，紧密结合社旗中国第一会馆、中国传统建筑文化旅游目的地、河南省唯一的古镇博物馆、中国历史文化名镇、全国特色景观旅游名镇、影响世界的中国文化旅游名镇、中华御酒故乡、刘秀赊旗之地、丝绸之路码头、万里茶路中枢等底蕴深厚无比珍贵的人文资源，系统集成，以创新思维、科学理念、务实举措、做大做强做精，打造知名品牌，作为地方发展的名片，走向全中国，走向世界。

三是组建关公文化旅游联合体。开展旅游联合、合作，整合资源，实现共赢，是旅游业发展的大势所趋。发展关公文化旅游业，必须具有全球视野、全局思维、世界眼光，以改革的心态、开放的胸怀，使我国大陆、台湾、香港地区，东南亚地区和美国等国家和地区的关庙及组织开展旅游联合与合作，着眼于行业整体发展，整合关公文化资源，实现区域联动、资源共享。并加强世界范围内的关帝庙联系，形成"天下关庙是一家"的态势，组建全球关帝庙联谊会，有组织、有章程、有步骤地不断开展活动，做深做细做实关公文化旅游事业。

四是进一步挖掘关公文化内涵，筹建社旗关公文化产业园，将关公文化、旅游观光、文化展示、产业开发、商贸洽谈、经济合作、海内外华人亲情沟通等多个方面融为一体，全面发展。

作者简介：刘正，男，南阳理工学院创造力研究中心研究员。

社旗山陕会馆与关公文化

徐 东

在中国历史文化名镇赊店镇中心，矗立着一座巍峨壮观的古建筑群——山陕会馆，会馆内敬奉关公，为此又名"关公祠""山陕庙"。这是一座商业会馆建筑与关帝庙建筑的完美结合体。据有关资料统计，全国各地现有会馆类建筑遗存（县级以上文物保护单位）80 余处，其中以山陕会馆或山陕甘会馆居多，除河南除社旗山陕会馆外，还有周口山陕会馆（又称关帝庙）、开封山陕甘会馆、洛阳山陕会馆、潞泽会馆、辉县山西会馆、舞阳北舞渡山陕会馆、淅川荆紫关山陕会馆、唐河源潭山陕会馆等。而在赊店镇周围原来还有桥头镇山陕会馆、饶良镇山陕会馆、青台山陕会馆等。各地的山陕会馆或山陕甘会馆均敬奉关公。为此，研究关公文化就不能不研究山陕会馆这一建筑及其装饰内容和组织形式。社旗山陕会馆作为全国现存会馆类建筑中的最杰出的代表，被众多专家誉称为"天下第一会馆"，更成为研究关公文化现象的重要例证。

关公作为三国蜀汉的一员大将，以恪守忠义、至诚至刚而倍受历代尊崇，经过一千多年的不断神化和美化，人们心目中的关公早已从一位历史人物升华成了一尊道德偶像，乃至维系海内外中华儿女的感情纽带。

我国的关公崇拜最盛时期当推清代康乾年间。康熙皇帝在历代统治者褒封之上，又累累褒封迭至 24 字之多："忠义神武灵佑勇威护国保民精诚绥靖诩赞宣德关圣帝君"。社旗山陕会馆正是这种背景下的产物，为此，无论是会馆的建筑、装饰，还是遍布馆内的众多的匾额、楹联，关公崇拜的文化现象在这里得到了最充分的展示。

一、建筑、装饰与礼器

在中国历史上，关公与孔子并称"二圣"。孔子为文圣，为此敬奉孔子的庙宇为文庙；关公为武圣，供奉关公的庙宇为武庙。社旗山陕会馆就是典型的武庙式建筑。位于会馆最南面的是琉璃照壁，壁面以彩色琉璃砖镶嵌而成，面北立面正上方为四个金色大字："义冠古今"，为会馆敬奉关公开宗明义。前庭院东西两侧分立东、西辕门，是为武庙的典型建筑。辕门外侧门额上方分别石雕额题："东辕门""西辕门"，内侧分别额题"升自阶""阅其履"。辕门北侧各建三间马厩，分塑关公之"赤兔马"与刘备之"的卢马"。庭院内分立一对木旗杆和一对铁旗杆，铁旗杆重 5 万余斤，下为铁狮和石雕须弥座，上铸盘龙与云斗，直插霄汉，煞是壮观，亦为武庙

作者简介：徐东，男，河南省社旗县人，中国民间文艺家协会会员、赊店关公文化研究会副会长、研究馆员。

的典型标志。铁旗杆北侧面对琉璃照壁为三重檐歇山建筑之山门，山门两侧分塑关平、周仓二战神塑像。山门后侧面北为戏楼，上方高悬"悬鉴楼"巨匾，两侧分立钟、鼓二楼。

会馆中庭院非常阔大，号称万人庭院，青石铺面，两侧分立各二层13间之廊房。面对悬鉴楼为会馆的主体建筑大拜殿和大座殿，亦为供奉关公神位之神殿。拜殿前为高达2.63米之石雕月台，月台前立雕饰精美之石牌坊，一中二配，中枋为三间四柱式，正中下部为"九龙口"，亦称神道，因关公封帝而设。牌坊立柱南、北立面皆镌刻赞颂关公忠义精神之楹联及相关图案雕饰，是为关圣帝君之功德枋。

石牌坊北为山陕会馆之主巽，拜殿与座殿为前卷棚后主殿之连体建筑，因系供奉关公神位之主殿，殿内显得非常阔大高深，其额枋、雀替雕饰亦皆为神话人物及龙凤图案，特别是座殿前之木雕彩画多为垂金，可称是金碧辉煌。座殿内为二层楼，自地面至二层楼板高达10余米，形成极高深之空间，后墙内置木楼梯，升达二楼。殿内正中二金柱前原置一巨型精雕龛阁，亦称"暖阁"。下置1.3米高之砖砌须弥座，宽4米，深3.3米，座上为全木结构龛阁，高5米，仿重檐歇山顶结构，飞檐高挑，花脊、廊柱，额枋、雀替皆透雕彩画，脊、围分饰龙、凤、仙人等，俨然是一座装饰精美的阁楼，形成楼中楼之奇观。阁之前檐门楣上方悬一匾额，金底黑字，阳刻楷书"妙语鳞经"四字。阁内正中立1.8米高、1米宽之红底金字牌位："供奉忠义神武关圣大帝君之神位"，牌位后立屏风，上绘流云坐龙图案。龛阁前置雕花神案，上置锡铸香炉一尊，香筒一对，蜡台一对，右角尚有一铁铸钵钟，两侧置金瓜、钺斧、朝天镫等全副帝王仪仗，后置黄罗伞。惜龛阁于"文革"中被毁，黄罗伞等礼器尚存。现立之大型关公座像为近年所塑。

大座殿后之后庭院原建有春秋楼及配殿、廊房等附属建筑，春秋楼高38米，原为会馆的中心建筑，楼内塑关公夜读《春秋》之神像，楼亦因此而得名。咸丰七年（1857年）为捻军所焚后在遗址上复建三间阁楼，内塑关公神像，"文革"中被毁。

二、匾额与楹联

匾额与楹联是会馆装饰艺术的重要组成部分，也是关公文化最直接、最充分的展示形式。大拜殿作为公众祭拜关公的主要场所，是会馆牌匾最集中的悬挂之地。据资料记载，拜殿内原悬匾达30余块，上下左右层叠排列，几乎将屋顶全遮，可谓是琳琅满目，目不暇接。这些匾额皆为各商社敬献，其匾书内容俱为赞美关公忠义精神之颂词，如："正大光明""浩然正气""与天地参""英文雄武"（略）。

以如此众多之颂词集美于一身，既展示了关公崇拜的鼎盛之状，亦可见中国传统文化的博大精深。以上牌匾有的是金底黑字，有的是黑底金字，字体多为行楷，书法各有风采，绚丽多姿，造诣均深。其书家上自明代万历年间进士、兵部司马杨继盛，下至清代进士、举人、拔贡及远近民间书界名人，可说是精英荟萃、书坛奇观。遗憾的是如此众多的牌匾大多毁于战乱及"文革"，现仅存"浩然正气""英灵显著"与"正气常临"三匾及悬鉴楼所悬之"悬鉴楼"和"既和且平"二匾。

下篇 赊店关公文化研讨文萃

会馆内有关赞颂关公忠义精神之楹联内容丰富、特色独具，既有琉璃烧制而成者，亦有铁铸而成者，大多则为石雕及木刻而成者。如：

琉璃照壁内联、外联：

经壁辉光媲美富，羹墙瞻仰对英灵。

浩气已吞吴并魏，麻光常荫晋与秦。

额题：

义冠古今

石牌坊南立面中坊内联：

护国佑民万代群黎蒙福祉，

集义配道千秋浩气满寰宇。

额题：

孟氏难言这浩然

外联：

西方圣人犹是东山名士，

后日棣萼何如前代桃园。

额题：

仗义、秉忠（略）

三、祭祀及庙会活动

山陕会馆为道教庙宇，会馆后侧建有道坊院，为主持道长（又称当家道长）居住和接待官府人等的场所。会馆每年举行三次大型祭祀及庙会活动，一月十三相传为关公生日，五月十三为关公磨刀日，九月十三为关公祭日，前两次称为小祭，九月十三为大祭，每次祭祀活动均起庙会三天。祭祀及庙会活动由当家道长和会馆主持人等同力承办。祭祀活动之前，当家道长从湖北武当山、嵩山中岳庙、南阳玄妙观等四方名山庙观请来高功道长和道姑，来协助举办盛大祭典。这些远来参祭的道士和道姑们，自己组成了笙、竽、箫、笛、占筝、琵琶、唢呐、五声编磬、小型锣鼓、碰铃、木鱼、拍板等各种管弦打击乐器班。每天早、午、晚，全体道士、道姑齐穿道服，在齐敲的木鱼声和各种丝竹乐器悠扬的伴奏声中，肃立合十，齐唱经文，然后排列有序一个个相继独拜，再齐拜三跪九叩首和二十四叩。整个祭祀仪式庄严肃穆，围观人等精神为之震慑和陶冶，个个肃立默祷。

大祭的三天时间，也是四方各神社朝祭和进贡之时。各神社首事人提前做好一切准备，组织好朝祭仪仗队，队形排列大致为：排头高举四面带有各神社名称的彩色绣旗前导开路，紧接通过化妆的神兵神将，分为两行纵队，分别举着八对不同色彩的长方形缎绣龙旗和八对长条形龙旗，后跟着大鼓大钹锣鼓队，后有四人高举四块"肃静""回避"牌，再后跟高举金瓜、钺斧仪仗和枪、刀、剑、戟各类兵器的队列，另有骑竹马和步行的神兵神将，中间跟随小型鼓乐队、唢呐队，后跟狮子、龙灯、武术等舞蹈表演队，边走边表演，表演队后分别有抬架香表桌、炮桌、供馐桌的数班人，接着是二"神童"高举贡罗伞、二"神女"高举掌扇，簇拥着架抬本神社的神龛，后边尾随百余人的善男信女肩背香包、胸佩黄绒绳的香客，人人心虔意诚地前来进香朝拜。各街道两厢拥满了观看的人群，前拥后挤，熙熙攘攘，热闹非常。一个大的神社进贡队伍就排列数条街道长，每天均有十多个神社相继前来朝祭。

当每个神社进入山陕庙之时，东西钟、鼓楼各有道士撞击钟、鼓，以示迎接朝祭。来朝祭的神社鞭炮齐鸣，锣鼓喧天，唢呐高奏，狮舞龙跃，香客们则依次来至关帝神位前焚香祭拜。香蜡纸炮的不断燃放，使整个庙院烟雾缭绕，香气浓郁，整日不散。各神社的响器，一直吹奏到香客们祭毕归队。

在祭祀和庙会活动的三天期间，山陕会馆内外装点一新，各商社、神社敬献的彩灯、彩旗、帐幔、锦幛各处悬挂、五彩缤纷、璀璨夺目，悬鉴楼上，上午、下午、晚上皆演出大戏。早、中、晚饭之时加演神戏，以表对关帝的虔诚敬意，人们随意出入观看。庙会期间，大拜殿内，上香上供、顶礼膜拜、祈求发财的善男信女整日络绎不绝，万人庭院内更是人山人海。特别到了晚上，满院烛火万点，灯火辉煌，加上夜戏闹景，真可称是人间仙境，富丽堂皇。

除每年三次祭祀及庙会活动外，每月的初一、十五日为上香祈愿日，四乡的善男信女齐聚于此上香祈愿，此俗一直延续至今，特别是每年的正月初一，更是香火缭绕，人声鼎沸。

四、会馆碑刻与"义商"精神

社旗山陕会馆现存碑刻9块，其中4块记载了山陕会馆的建筑及集资情况，即立于乾隆四十七年（1782年）之《创建春秋楼碑记》、立于民国十二年（1923年）的《重兴山陕会馆碑记》《重建山陕会馆碑记》及立于清嘉庆二十二年（1817年）的《南阳赊旗镇山陕会馆铁旗杆记》。在《创建春秋楼碑记》中，记录了捐资商号424家，捐资白银8千余两（不包括已被焚毁的数块碑中所载捐银额金）；在《重兴山陕会馆碑记》《重建山陕会馆碑记》中，记录了捐资商号506家，捐资白银8万余两，足见其时该镇商业鼎盛之状。而在《创建春秋楼碑记》中，开宗明义阐述了会馆敬奉关公的宗旨："窃闻五经之有《春秋》，犹律有断例，百王法度，万事准绳，皆在此经而实与诗为表里。自雅诗既亡，大道不著，圣人乎有深忧焉！于是托二百四十年南面之权以作《春秋》。《春秋》既成，去圣百世，以心印心能究其旨者，惟亚圣。迨至汉末，能以圣人之志为志，而明其好者，惟我关圣帝君。是以凡名胜之区，悉建庙以崇祀典，而楼阁以《春秋》名，所在多有。先儒云：《春秋》化工也，《春秋》山岳也，既切崇奉之隆，尤宜位置之焉，所以尊经，所以延圣至肃也……"

会馆内还存有3通订立商业规矩的碑刻，立于清雍正二年（1724年），重刻于同治六年（1867年）的《同行商贾公议戥秤定规概》碑、立于清乾隆五十年（1785年）的《公议杂货行规》碑和立于清道光二十三年（1843年）的《过载行差务》碑。《同行商贾公议戥秤定规概》碑严格规定秤足十六两，不得按私戥秤交换。《公议杂货行规》碑，其详细规定更多达18条，如："卖货不得包用，必得实落三分，违者罚银五十两；卖货不得论堆，必要逐宗过秤，违者罚银五十两……，这些制定于200余年前的商业规则，其内容之详，涉及商业服务范围之广，规范之严，

实在令人赞叹。而《过载行差务》碑则对支应官府分派之芦席数量进行公示。

由以上碑文可知,山陕会馆为什么都要建成同乡商业会馆建筑与关帝庙建筑的特殊结合体。对关公的崇拜思想是有其深远的社会背景和商人明确的目的和用意的。首先是迎合了封建统治者的正统思想。商业的发展离不了各地官府的保护与支持。康熙和乾隆皇帝出于巩固清王朝统治地位的政治目的而推崇关公,各地官府自是趋之若鹜。而把山陕会馆建成敬奉关公的庙宇,自然得到各地官府的大力支持,并成为接待官府人员的重要场所,商业活动自此融入了主流社会。同时,因关公的老家在山西解州,与陕西相邻,两省商人当然为自己的家乡出了这位千古之圣人而自豪和炫耀,更希望仰仗家乡的这尊千古之神,保佑秦晋商贾招财进宝。镌刻于琉璃照壁上的对联。经壁辉光媲美富,羹墙瞻仰对英灵""浩气已吞吴并魏,麻光常荫晋与秦",就是这种思想的直接表达。因遍布全国各地的晋陕二省的商人大多精于经商而财源滚滚,因此,关公也就由"武圣"而成了人们心目中保佑发财的"财神"。至今我国南方、香港、澳门、台湾以及东南亚各地的华商大多敬奉关公这尊财神。

应该说,以上二因是晋陕二省商人推动关公崇拜文化现象的直接和直观成因。但是,山陕会馆敬奉关公有更深层次的文化含义,"关公文化"现象在当时得以风行全国的更根本的原因则是:倡导中国儒学的核心、中华民族的传统美德——"义"。关公一生身体力行一个"义"字,"义冠古今""峻德参天""信义昭著""义不苟取"……最好的赞誉之词刻写在山陕会馆、关帝庙的碑文牌匾之中,关公成为民众心目中诚信忠义的化身。他在民众虔诚的祭祀中被神化,赋予他惩邪镇恶、降福消灾、"神鉴洞明"的神威。同时他又被民众作为活的楷模,赋予他道德、伦理、人格、价值观念等方面最优秀的品格。民众在集体性的定期祭祀及娱神活动的同时,可以说也是在接受关公优秀品格的潜移默化的教育。

五、关公崇拜文化现象的历史价值和现代启示

商人从几千年传统文化中得到的最有价值的传家宝是"信义为上,利从义来"。儒家倡言义,把义作为人们从事各种社会活动,包括经济活动在内的行为规范。《孟子·离娄上》说:"义,人之正路也。"《荀子·强国》中则说:"夫义者,所以禁限人之为恶为奸也"。既然义是人们在社会活动中应当共同遵循的行为准则,那么义就不能局限在空洞的理性认识上。商人在贱买贵卖的活动中获取财利,这种行为本身必然涉及不同层次、不同集团、不同内容的利益冲突与协调。禁限人们为奸为恶的义就成为协调解决这一矛盾冲突的准则。这就构成以义制利,义为利本,利从义生,以义为利的义利辩证关系。《国语·晋语》中说:"义所以生利也……不义则利不阜"。又说"夫义者利之足也,贪者怨之本也,废义则利不立,厚贪则怨生,……贪则民怨,反义则富不为赖";"义,利之本也。蕴利生孽"。《左传》中说:"德义,利之本也","利,义之和也"。这些都是在揭示先义后利、见利思义的道理。传统文化中的义利关系说,是社会伦理规范的重要内容,也是判断商人伦理的准则。

商人会馆组织为了维护同业商人的共同利益,一方面通过公议某些行规,对同行商人的经营活动给以具体约束。如社旗山陕会馆现存之《公议杂货行规》《同行商贾公议戥秤定规概》碑

文，前者对同行商人买卖活动中降价、让利、招徕客商、树立招牌等具体方法做了统一规定，违者罚银五十两；后者规定公议秤足十六两，戥依天平为则，不得以私戥秤更换，违者罚戏三台，如不遵从就需举秤禀官究治。另一方面则借助于神祇的精神威慑力量，关公作为民众之神的一身正气，足使众商心悦诚服。因此被商人奉为正义化身的关公就成为商人会馆中至高无上的"武圣""帝君"了。商人在对关公奉祀、崇拜过程中，其取利行为便被纳入社会伦理道德的规范中，受到以义制利、义为利本伦理规范的制约。

中国商人伦理的历史固然不是从大批修建关帝庙为起始。但山西商人借助于关公文化之风，使明清时代成为中国商业伦理文化最为兴盛、最有号召力的时代。时在距明清一千多年前的先秦自由商人身上就已体现出商人伦理精神，司马迁（前145—前87年）是总结商人伦理道德行为的首倡者。他在《货殖列传》中深刻而系统地总结了商人在市场竞争中发生"能者辐辏，不肖者瓦解"的分化原因，一个是能否在竞争中观天时，善权变，把握住贱买贵卖的有利时机，出奇制胜；而更主要的原因是能否恪守诚信重义、利从义出的商人伦理与价值观念，坚持薄利多销、农末俱利、勤慎俭约、先予后取的正道，从而肯定了传统伦理文化对商业活动、商人行为发生的重大影响。明清时代，各大地方商帮兴起，市场竞争激烈。商人伦理文化在商品经济发展的大潮中，不仅没有被抛弃，相反，各商帮竞相打出继承传统商德的旗号，以做信义取利的诚贾廉商为荣。明清晋商王文显提出"利以义制，名以清修"，"凡事以道德信义为依据"。清代晋商乔致庸提出"首重信，次讲义，第三才是利"。不论是晋商还是徽商，有关行仁义之术以致胜的记载不胜枚举，在全国商界产生过不同凡响的影响。特别是晋商把伦理价值观与关公文化融会在一起，把人们对诚信仁义的理性认识通过具体而生动的形象表现出来，更使商人伦理文化得到空前的振兴与发展。这对于我国当前推行的"以德治国"、倡导"诚信经商"、建立诚信社会的活动，亦具有十分积极的借鉴意义。

下篇 赊店关公文化研讨文萃

2015 年中国·赊店关公文化研讨会收录文章

论社旗山陕会馆关公信仰的现实意义

秦　臻

　　赊店自明清以来，商业兴盛，由关公故里的晋商巨贾兴建会馆，商业会馆延续关公崇拜的传统，对关公的尊崇促进了商业的蓬勃发展，也播布了关公崇拜的信仰习俗，两者互动，相互促进，以关公崇拜"显圣化"规范了赊店的商业习俗。

　　关公信仰在中原大地形成久远，蔚为大观。在云南关公崇拜一般表现为"关公财神崇拜"，商家进财神庙供奉或居家或店面供奉，还未形成普遍的"商业会馆关公信仰"的局面。

　　此次对赊店"山陕会馆"关公信仰文化的观察和体验，引起了对西南边疆民间信仰多样化的对比思考，这种跨区域民间信仰的比较研究很有意义，可以思考当代社会商业良俗的建构。

　　本文着重分析赊店"商业会馆关公信仰"的历史，探讨从中原山陕会馆辐射开来的财神民间信仰形式，研究商业宗教文化的特点，提倡商业民俗"忠义、诚信、福报、利德"的商业操守，构成当下商业良俗建立的现实意义。

一、赊店"山陕会馆"关公信仰习俗

　　赊店的"关公崇拜"是与其商业发展紧密联系的。在明清之际，由于赵河、潘河环城而过，河道水运便利，赊店开商埠较早，在明代万历年间商业就开始逐渐兴盛起来，形成豫西南有名的"水旱码头"。

　　赊店的商业发展到清乾嘉时期达到鼎盛，一时间汇聚全国十六个省的商家，赊店街头商铺林立，茶楼、酒肆、客栈、镖局、银号、厘金局分布，被称为"九省通衢"，成为中原商业四大重镇之一。这一时期赊店有三人特点：商贾聚居，庙宇遍布，建盖会馆。商人们为求"生意通四海，财源达三江"，祈求神灵保佑，寺院香火旺盛，民间庙会不断，构成商业、商会、信仰交织兴荣的局面。

　　赊店商业文化的建立主要又与"山陕会馆"的发展有关。随着商业发展的需要，外地来赊店经商的商人们"敬乡神、安旅故、叙乡谊、通商情、立商规、兴义举"，开始建设同乡会馆，在明清的商业习俗中，敬奉乡神与民间财神崇拜已经开始相互渗透。关公故里在山西运城，关公信仰历史上一直影响着晋商，关公既是晋商"乡神"又是商业习俗中"忠义护佑"的神祇。

　　学术界认为历史人物关羽的"神化"始于宋，盛于清。综合史料来看，对关公的"神化"

作者简介：秦臻，男，云南大学文学院民俗学专家。

还可以向前推到南北朝时期，而到宋代关公已经成为民间普遍崇拜的对象。关公崇拜在明代的赊店因为晋陕商人的"乡神"敬奉而逐渐推崇开来。我们先来看赊店关公信仰习俗的历史。

据赊店地方文史资料显示，[①]明万历四十三年（1615年）晋陕商人在赊店始建"关帝庙"。此庙规模不大，有正殿五间及左右厢房，位于赵河北岸，老街西端路北磁器街南口路东。此庙直到清同治年间朽毁，这是山陕会馆的前身。关帝庙规模虽小，但直接呈现关公信仰，表现为与商业活动的联系。晋陕商人们在赊店的义举，于中原一带也属较早的一例。

赊店二建"关帝庙"是在清顺治末康熙初年，晋陕同乡会实力增强，在赵河北岸码头又建一座关帝庙。此庙规模大，有卷棚大殿、东西廊楼、戏楼、牌坊、道房等建筑。这是晋陕商贾经济实力的体现。这一座"关帝庙"毁于20世纪"文革"中。以上两座"关帝庙"虽然现已无存，却是赊店商业发展和晋陕商人信仰习俗的历史见证。

赊店三建山陕会馆仍然是在"关公崇拜"最鼎盛的清代。乾隆二十一年（1756年），赊店晋陕商人集资开建，决定会馆的主祀神为"武圣关公"，以馆为庙，后人也称"山陕庙"。从明至清，一百多年来，对关公的信仰和尊崇一直延续着。

山陕会馆建造规模宏大，经历不同阶段的持续营造，到道光年间时，主体建筑有春秋楼、刀楼、印楼、大座殿、悬鉴楼、廊房、东西辕门、琉璃照壁、临街群房、铁旗杆。山陕会馆是清代赊店商业快速发展的标志。山陕会馆屡次历经劫难、兵患火焚，春秋楼等建筑被毁，也经历了几代晋陕商人的团结发奋，多次复建重修，见证了赊店商业的发展和兴旺。山陕会馆自乾隆时期开建至光绪十八年（1892年），前后历经136年，现仁立在社旗县中心城区的"山陕会馆"成为"天下第一会馆"，是这座千年古城的标志性建筑。

山陕会馆的影响力来自商业的实力和成功，同时也与商业会馆与财神庙的"合一"形式有关。明清以来，赊店街道布局就以商业店面与庙宇形成城市建筑的主体，构成"俗—圣"与"圣—俗"之间的转化，即商业俗务和神圣信仰的紧密关联。

关公崇拜历史悠久，赊店是关公崇拜表现独特的地方，赊店"关帝庙"和"山陕会馆"的建立和发展，是明清以来"关公财神化"的一个重要环节。

二、财神敬奉与关公信仰

中国人对财富的追求和渴望，在农耕的社会环境里，最初表现为自然宗教中"人丁兴旺、风调雨顺、五谷丰登、财源广进"的祈愿。财神一般是泛指的无名氏财神，信众禳祷祈福，期盼着广泛的财富。

民间信仰中早期有祭祀钱神、送穷鬼的习俗，也画有甲马财神的纸符，对财神的崇拜主要是无名姓财神，比如：招宝财神，如意财神，增福财神，财神菩萨等。

学术界认为民间财神系统的出现大约在南宋时期，与城市工商业的大规模发展有关。宋元以来经历了从抽象财神到具体人名财神合一的过程，历史人物"圣人神化"丰富了财神神格系

---

① 赊店历史文化研究会编：《赊店》，大象出版社2005年版。

统。下面我们来看民间财神系统，分析历史人物的"财神化"。

民间财神崇拜在中国老百姓中有自己的一套理解方法，大约在南宋时期形成一个民间财神系统，财神群体中融入了历史人物和传说人物，这些财神管理着人间的财产福禄。民间财神一般认为有如下系统。

财神分为正财神和偏财神，正财神中又分文财神和武财神。正财神中的文财神是：比干、范蠡；武财神是：赵公明、关羽。

偏财神是：五路神、五显神、五通神、五圣神。

幼财神：利市仙官、招财童子、和合财神。

准财神：金元总管。①

民间财神信仰中包含了上古祭祀观念，也包含道教思想和对历史人物的神化。本文因为主要分析关公崇拜，所以集中分析历史人物的"神人崇拜"和"圣人崇拜"过程，"偏、幼、准"财神不再详细分析。

正文财神比干是商纣王时的贤臣，主张发展农牧业，富国强兵，安定民生。然而比干辅佐的商纣王荒淫暴虐，横征暴敛，滥用重刑，比干不计后果力谏，引起纣王暴怒，杀比干剖视其心。如此忠贤之臣，受历代民众敬仰和传颂。到明代的《封神演义》中，姜子牙视比干忠贤，无心偏袒，封为财神，无心比干成为公正财神的化身。

另一位正文财神范蠡是河南南阳人，春秋时期越王勾践的良臣。范蠡辅佐勾践卧薪尝胆，兴越灭吴，本可以享受荣华富贵，然而功成名就后退隐乡间。范蠡才智过人，屡次经商致富，又屡次散财乡邻，仗义疏财，被人敬仰。范蠡致富有术又不为财富所累，世人誉为"忠以为国，智以保身，商以致富"，被民间尊奉为财神，是智慧财神的代表。

正武财神赵公明，又称赵玄坛，赵公元帅。其名最早见于晋代干宝《搜神记》中，为收瘟布疫的瘟神。晋陶潜《搜神后记》记载："赵玄坛，秦代人，得道于终南山。"赵公明神格的变化主要是在元明之际，经历道教加封和民间信仰的强化，演变为财神，被民间奉为主管财源的神明。

元代的《三教源流搜神大全》书中描述："玄坛元帅能驱雷役电，呼风唤雨，除瘟剪疟，祛病禳灾。如遇讼冤申抑，能解释公平，买卖求财，宜利和合，无不如意。"

民间传说赵公明出身寒门，但为人忠厚，后贩卖木材，有胆识，善经营，守诚信，富甲一方，仍待人宽厚，扶弱济困，辅助国家。赵公明以勤劳聚财，以信用为本，理财得当，学道修行，用财有义，深得民心。明代《封神演义》中，姜子牙封赵公明为"玄坛真君"，掌管招宝、纳珍、招财、利市四小神，合为五路财神。这一过程把民间历史传说和道教观念混合为一，在民间产生了广泛影响，赵公明成为道教和民间信仰共同尊崇的财神。

民间财神崇拜中正、偏财神的分类，已经具有了道德评价的意味。正财神的"正"是财路正，守公德，取利有道；偏财神的"偏"有偏护、偏袒之意，偏财神执掌意外横财，得顺利之财。这里面已经蕴含了中国人的财富伦理观。正财神中四位财神代表着具体的财富伦理观念，

① 《民间俗神信仰》，载吕威《近代中国民间的财神信仰》，学林出版社1994年版。

关公体现忠义，范蠡体现智慧，比干和赵公明体现公正公平。

下面我们重点分析关公信仰的演变过程。结合前面对赊店山陕会馆建盖历史的分析，从关公崇拜到关公财神崇拜在赊店的具体表现，可以看出中国商业习俗和财神信仰的关系。

关公"圣人神化"始于南北朝，隋唐时传说被刻于碑记，宋代得帝王敕封，在民间逐渐成为财神，明清是关公财神崇拜的鼎盛时期。关公崇拜经历民间传说、佛道共奉、文学戏剧的渲染，帝王敕封、关公财神崇拜的社会化表现等过程。①

具体而言，"关公显圣"经历了显圣传说、伽蓝护法、帝王敕封、忠义财神这几个阶段。

关公显圣的传说与湖北当阳玉泉寺有关。玉泉寺相传建于东汉建安年间，为普净法师结庐开山。玉泉山有关公败走麦城遇害后皈依普净法师的民间传说。

南北朝天嘉三年，即562年，陈文帝敕修显圣祠，这是首座关公显圣宗祠，也是关公被"圣人崇拜"在南北朝时期的重要证据。

隋朝天台宗祖师智顗大师修建玉泉寺，传说关公显灵，帮助智者大师建寺护院，关公成为佛教护法。唐代禅宗北派神秀法师玉泉寺修建道场，授道传法，关公再度显灵，被神秀奉为"伽蓝护法神"。关公信仰的佛教化成为关公"显圣化"的第二阶段。

关公在北宋成为军队护佑之神、民间守护神。在徽宗崇宁元年（1102年），关公被追封"忠惠公"，从此历朝皇帝敕封屡升，关公信仰完成了"侯而王，王而帝，帝而圣，圣而天"的"神圣化"过程。

宋元时期道教也把关公敬奉为"关帝圣君"尊神。在民间关公形象出现在唐宋诗联、元代杂剧、明朝小说中。明代初期罗贯中《三国演义》第七十七回中有关公玉泉山显灵的内容。文学艺术的渲染，关公形象家喻户晓。小说虽不是信史，但《三国演义》俗称七分实三分虚，关公崇拜在民间老百姓口传中的影响力剧增。

中国财神崇拜出现较早，是社会生产力发展有大量财富积累后的信仰产物。明清之际的城市工商业发展，也促进了人们对财神的信仰崇拜。关公信仰到关公财神崇拜至清代形成高峰，随着明清城市商业的急速发展，社会商业价值观开始更加重视公平财富的积累，关公成为财神也是在这一时期。

中国近代商业的商品交换领域扩大了，城市工商业的价值需求更加丰富，已经不同于乡野小商品形式的交换，因此，商业诚信成为商业价值的核心。明清以来晋陕商人是中国工商业发展的主体力量，关公财神崇拜的价值理念推崇"忠义勇武"，一方面把关公奉为行业保护神，一方面强调行业内部的凝聚与"忠诚"，强调外部商业的"信义"环境。关公财神崇拜迅速从内地向全国扩散辐射，直至海外华商。关公财神信仰形成以财神庙、商业会馆和个体商家"神龛"崇拜相交融的形式。赊店山陕会馆"商业会馆关公财神崇拜"的文化亦然一脉，也是河南清代康乾时期所建三十多座"山陕会馆"的代表，以商业会馆关公财神崇拜的普遍习俗在中原一带产生影响辐射开来，直至今日。

下面我们以地处边疆的云南商业发展与财神崇拜为对比，也可以看出赊店商业会馆对商业

① 乌丙安著：《中国民间信仰》，上海人民出版社1995年版

良俗规范的重要性。

云南工商业的发展比内地较晚，财神崇拜现象具有多样性和移植性的状态。多样性指从自然宗教到民间信仰的多种并存形式；移植性指元明清以来多次大规模汉族移民迁入对民间信仰的影响，带来了城市商业的兴盛与财神的供奉，但云南没有形成大规模"商会庙宇合一"的财神崇拜模式。财神崇拜集中表现在城市商业活动之中，商贾们敬奉财神的普遍方式以前往"财神庙"祭祀为主，以财神"灵验"和寺院香火旺为祀奉标准，大部分商家还形成以家神和店铺财神"神龛"供奉的方式，祈愿获得商业利润。这是受商业发展的水平以及外地商人的信仰影响而成，呈现商业发展阶段性和差异性特点，在云南民间财神崇拜没有"商会庙宇合一"的特有方式。

在当下的商品经济浪潮之中，我们既要看到不同地区商业发展的阶段性，也要在寻求商业利润的同时追寻商业公序良俗的平衡性。因此，维护赊店山陕会馆关公信仰的良好商业文化习俗就显现出积极的现代意义。

三、赊店关公信仰的价值意义

当下商品经济迅猛发展，赊店山陕会馆"仁义、诚信、公平"的商业历史传统更具有现实意义，山陕会馆关公崇拜为核心的商业文化传统是当代社旗商业民俗的基石。

山陕会馆几百年的商业发展历史，蕴含着中华优秀的商业文化传统，山陕会馆是历史遗迹、旅游资源。山陕会馆曾经是商业活动的空间，而现在主要成为地区民间信仰的活动空间，主要就是关公崇拜；其精神实质是"忠义信勇"；其核心是"仁义、诚信、公平"，这构成了社旗商业民俗的价值基础。

赊店"仁义诚信公平"的优秀商业传统习俗的弘扬。商业活动以往在"重农抑商"的传统中是俗事，而置于商业道义之中就有了神圣意味。社旗山陕会馆的历史就是在"俗与圣""圣与俗"之间转换。其商业标准是买卖的公平与诚信，这从山陕会馆记述商业道德规范的碑刻中就可以看出。这几块碑分别是《同行商贾公议戥秤定规概》碑、《公议杂货行规》碑、《过载行差务》碑等，是赊店早期商业活动的规章制度，有公平商贸的历史意义，今天的商业活动也离不开这种优秀商业传统的弘扬。

山陕会馆也被社旗县老百姓称为"山陕庙"，关公崇拜显现出民间信仰的功能，这一点我们不能忽视。对民间商业习俗的重视而可以成为治理社会商业活动的一种文化活力，形成与商业法制互补的力量。这就是民众对关公信仰的尊崇，构成对商业活动公平性的倡导和新的社会商业价值观，使民间信仰产生对信众心理的调试和约束。

当前一些商业活动出现了欺行霸市、弄虚作假、以次充好的行为，人们对食品安全、食品卫生较为担忧，对社会公平缺乏信任度，甚至影响到了政府"公信力"。由此我们一方面要依靠工商管理、市场法治的介入，另一方面在商业文化的建设中要通过商业公平价值的确认、诚信传统的彰显，对"社会心灵"产生积极影响。

赊店山陕会馆的关公信仰是对商业公平、社会秩序、民众尊严的尊重，正如山陕会馆楹联所书："护国佑民万代群黎蒙福祉，集义配道千秋浩气满寰宇。"

浅析社旗关帝信仰

李 斌

无论是在偏僻乡壤，还是在繁华都市，抑或是在华人聚集的唐人街，甚至受中国文化影响的东南亚，都能寻得关公崇拜的踪迹。关公信仰也成为百姓心中集忠诚、信义、智仁、勇武等众多社会功能为一体的综合信仰体系。

河南省社旗县（古称"赊店镇"）即传统关公信仰保存较为良好的一处。

一、赊店镇关公信仰的由来

赊店镇位于河南省南阳市东偏北方向，南阳古称"宛"，历史上是汉光武帝刘秀的发迹地。而赊店镇因传说是刘秀赊旗起义之地，又称"赊旗镇"。这段传说虽然未见于史料记载，但对赊店镇的百姓来说，上至耄耋老人，下至蓬头稚子，个个耳熟能详。故而在百姓心中，汉朝的复兴，汉文化的确立、传播，赊店镇贡献了不可磨灭的一笔。因此，三国时期，作为"匡扶汉室"的刘备（蜀汉的建立者）的重要追随者之一——关羽，在成为百姓民间信仰崇拜的对象之前，就已经有了不可动摇的深厚的群众基础。

进入明清之后，随着社会结构的进一步变化，商人地位进一步得到提升，商业的发展速度越来越快。山西和陕西的商人足迹开始遍布全国，到处寻找新的商机。而此时一个被赵、潘两条河流包裹位于中原地区南端的古镇赊店，出现在他们的面前。敏锐的行商者们发现，赊店镇具有绝佳地理位置，向北有发达的陆路交通、向南可走水路，南方的货物自长江进入汉江，由汉江逆流，可达赊店镇，由此再转陆运，而北方的货物由此转水运入南方。作为水陆要道，赊店镇的商业氛围，在晋陕两地商人的带动下，达到了前所未有的高度。据清光绪三十年（1904年）《南阳县志》载："淯水以东唐泌之间赊店亦豫南巨镇也，在城东北九十里。"清乾隆、嘉庆年间商业兴隆，繁荣异常。水运发达，南通荆楚，北达幽蓟，东连闽浙，西接雍凉，为中原、江南数省货物集散之商埠。乾隆二十年（1755年）建赊店巡检司、设营讯、把总署。鼎盛时期，镇内流动人口达13万之众。21家骡马店朝夕客商不断，48家过载行日夜装卸不停。白日千帆过，夜间万盏灯。临暮，船上楚湘歌舞达旦，岸上交易灯火如昼。500多家商号总集百货，72道街分行划市，相聚经营，生意兴隆，如瓷器街、山货街等名称仍保留至今。

对晋商来说，商业贸易所到之处，晋商会馆随之建立。自明清以来，晋商会馆几乎遍布全

作者简介：李斌，女，河南省社旗县人，云南大学民俗学硕士研究生。

国各行省、商埠。在全国范围内具体有多少晋商会馆,至今无法得知确切数据,但仅明清时候的京畿地区,就有晋商建立会馆 40 余处。在河南地域内,仅在开封、渑池、赊店、泌阳、唐县、淅川、光州、舞阳、禹州、郏县、商水、归德等地分别建有山陕会馆、山陕庙或者关帝庙。

而赊店镇,因行政区划较小,少见于古籍、文献之中。而关公信仰之前的民间信仰,现已不可考。晋陕会馆建立之前,本地有关帝庙一座,后随着晋商数量的增多,又另择址修建山陕会馆[始名鼎元社、民国十二年(1923年)改名山陕会馆]。会馆自清乾隆二十年(1755年)由晋陕商人开始捐资兴建,经嘉庆、道光、咸丰、同治、至光绪十八年(1892年)竣工,共历六帝 136 年。会馆内供奉关公,推崇其信、义精神,另由于关公有武财神的说法,更为行商者所推崇。

董立清提到"晋商漂泊在外的孤独意识融合着虔诚神圣的信仰情感。民间宗教物象的神圣性已赋予警示的功能、作为接受被动性'指令'的个体沐浴在特定的氛围经过长期熏陶,这种他律性的'指令'就转化为道德自律性的观念。关公具有之上的真善美的象征,人们沉浸在神启的示像、意像意识流之中,无形中具有了神圣的荣耀、责任、义务感,而心灵的感受又辐射为现实意义的道德榜样的源泉。"[1]晋商在赊店镇的扎根,也意味着关公信仰在赊店镇站住了脚跟。

二、赊店镇关公信仰的主要功能及发展演化

(一)商业行会的守护者

作为清代商业重镇,赊店镇的辉煌在山陕会馆中的碑文中可见一斑。乾隆十七年(1752年)《创建春秋楼碑记》记载了晋商们在赊店镇行商的各类商铺及名号;嘉庆二十二年(1817年)《南阳赊店镇山陕会馆铁旗杆记》中则记载了当年繁华的商业盛况;至民国十二年(1923年),《重兴山陕会馆碑记》《重建山陕会馆碑记》等碑文中,则可见晋陕商人在当地的兴盛和威望。

山陕会馆不仅仅是晋商们聚集场所,更是他们的精神家园。精神家园不是别的,正是一个群体特有的一种对生活的一种表达方式,它具有两个方面的指向:一是使人们获得一种对生活的寄托之情,增强他们对生活的信念;二是表达人们对现实的一种超越之心,把人引向未来世界。正如怀特说的:"自从人类诞生以来,人类种族的每一个成员从他降临人世的那一刻起,便生存于一定的气候、地形、动植物群地带的自然环境之中,同时也进入一个由一定的信仰、习俗、工具、艺术表达形式等所组成的文化环境。这种文化环境是一种连续体、一种传统;它一代代地沿袭下去,并可能横向地从一个民族扩散到另一个民族。文化作为一种复杂的机制,其作用是保障人类群体的生命安全和延续不断"[2]。回到属于自己的精神家园之中,也就是回到了由共同信仰和习俗组成的生存世界。

有了繁荣的商业文化,会馆就成为晋陕商人"叙乡谊,通商情、安旅故"的精神家园。会

---

① 董立清、卫东海:《关公信仰与明清晋商精神的发展》,载中共山西省委党校学报,2010年8月第4期。
② 怀特:《文化科学》,浙江人民出版社1988年版,第157页。

馆内供奉的关公，则成为所有在外经商的晋商们精神的守护者。董立清、卫东海的《关公信仰与明清晋商精神的发展》一文中提到关公精神的最终铸成是基于明清社会变迁引发的"士农工商"到"商士农工"的转变，这个转型经历了一个漫长的渐进过程，其中山西晋中商人创业时的颠沛流离、商海沉浮的无助无奈，自然助生了像关公这样保境立命的宗教信仰。可以说关公信仰的形成与明清中国十大商帮之首的晋商崛起密切相关。

在中国，民间信仰有其功利性，表现为通过祭祀、祈求某一神灵，来获取该信仰对象的特质。例如蛇多子，很多地方祭祀蛇神，以求繁衍子嗣。关羽在历史上是个忠义、诚信之人，在神化之后，这一特点如数保留。对行商者来说，"商人重利轻义"的说法流传甚久，而祭拜关公，一方面希望自己能够在商场上重利又重义；另一方面，对广大百姓是一种宣扬 —— "举头三尺有神明"，有关公守护着当地的商业行会，商人们不可能不按规矩行事。

（二）民间司法公平的审判者

中国古代推崇君权神授，古代帝王称为"天子"。而关羽，作为由历史人物成为信仰体系里的"关帝圣君"，自明代以来就承担了大量司法审判的功能。这一点，从明代穆氏编纂的《关帝历代显圣志传》中有所体现。全书共 4 卷 32 则，其中 11 则记述了 11 个"关公显圣"的司法审判案例。而其他一些明清小说、笔记里也均有"关公显圣"进行司法裁判的内容。由此可见，明清之后，关公崇拜里成功地加入了司法公平审判者的功能。

因此，商业行会里祭拜关公，在某种程度上，是寄望关公作为公平和正义的审判者，寄望于关公能够惩恶扬善、维持正义。在山陕会馆里现存碑刻共计 9 块，其中有关记述商业道德规则的碑刻有 3 块，分别为：初刻于清雍正二年（1725 年）、重刻于同治元年（1862 年）的《同行商贾公议戥秤定规概》碑；立于清乾隆五十年（1785 年）的《公议杂货行规》碑；立于清道光二十三年（1843 年）的《过载行差务》碑。这 3 块碑石对于研究清代赊店商业发展的概况及商业行为的规范提供了弥足珍贵的佐证。其中《同行商贾公议戥秤定规概》对规范度量衡作出了严格的规定；《公议杂货行规》则以倡导诚信精神为核心，对各种商业行为做出多达 18 项的严格规定；《过载行差务》则对支应官府的席片数量作出分解公示。这 3 块碑石也是我国现存会馆类建筑中所存最早也最为全面的商业道德规则碑记，堪称全国之最。

在崇拜关公的会馆里立规范商业道德的碑刻，意义显而易见，无论是对行商者来说，还是普通民众，关公在这里俨然成为商业公平、正义的审判者。

（三）普通民众心中的"万能神"

山陕会馆设立初期，作为山西和陕西商人的行会功能，效果和作用达到了最大的体现，后随着潘、赵两河水量的变小，直至失去水运的功能，赊店镇的商业要道的作用已日趋减弱，一代商业名镇逐渐消失在大众视野。

此时，山陕会馆成了当地老百姓心中的庙宇，因此，当地百姓多称呼该处为"山陕庙"。每逢初一、十五，纷纷进庙祭拜关公，祈求平安、求财获利、治病驱邪。在群众的意识里，"关公

152

信仰的心理慰藉功能主要就是为社会成员提供心理上的慰藉，以使人们获得心理上的安全感。同时关公信仰是中国传统社会中人神信仰的典型代表，人们除了对其自身人格魅力的崇拜之外，最主要的就是对作为神灵符号的关公的祈求。……关公这个符号成了有求必应、无所不包的'万能神'。"①当地民间流传的故事中不乏各种关公保护弱小、保佑地方太平、农事风调雨顺等内容。

三、新时代下的关公信仰

而现今，随着市场经济的发展，文化的多元化使得越来越多的人去了解传统、认识传统、学习传统。而关公留在民间的不只是其多元复杂的神格，更多的是为人们口耳相传的历史故事里所反映出来的英雄的人格——英勇善战、忠义神武、智勇双全……著名的神话学家马昌仪也认为："正是关公的人情味和世俗性，使得关公的各种传说能够代代相传，永不衰竭。"

社旗县的关公信仰，也随着社会文化的变迁变得越来越丰富，越来越多的民众会在各种宗教节日里前来祭拜关公。近年来，政府开始介入，不断整合原有的民间信仰资源，自去年开始，恢复公祭大典，提高本地关公信仰的知名度和影响力，这也给传统的关公信仰赋予了新的活力。

参考文献：

[1] 马昌仪.“义种”关公——民众心目中的关羽[J].民间文化，2001（1）.

[2] 刘志军.对于关公信仰的人类学分析[J].民族研究，2003（4）.

[3] 闫爱萍.在“传统”与“发明”之间：关公信仰的社会文化功能演变[J].青海社会科学，2013（2）.

[4] 闫爱萍.关公信仰问题研究的回顾与展望[J].民俗研究，2013（4）.

[5] 董立清，卫东海.关公信仰与明清晋商精神的发展[J].中共山西省委党校学报，2010（4）.

[6] 王兴亚.明清时期的河南山陕商人[J].郑州大学学报（哲学社会科学版），1996（2）.

[7] 王祎茗，赵晓耕.明清之际关公信仰的法文化解读——以关公显圣司法故事为中心[J].河南财政政法大学学报，2012（5）.

[8] 张文勋，施惟达，等.民族文化学[M].北京：中国社会科学出版社，1998.

---

① 闫爱萍：《在“传统”与“发明”之间：关公信仰的社会文化功能演变》，青海社会科学，2013 年第 2 期。

从史学角度简谈关公信仰的社会价值

明新胜

笔者来自县级一个民俗文化研究的普通工作者，参加贵会的目的有二，一是认认真真地向专家、学者们学习，二是对此次研讨会的举办表示祝贺。借此我在这里主要谈两层意思，第一层为历史上的关羽崇拜表象，第二层为关羽崇拜的社会价值。有错误之处，敬请方家指正。

一、历史上的关羽崇拜表象

有资料显示，民国时期淅川县的主要庙宇有 386 座，其中关帝（圣、爷）庙、会馆 78 座，占庙宇总数的 20.2%。由此可窥之全国，关公庙宇就不计其数了。分析原因，关公崇拜是在不断发展的，应该说关公信仰的产生：由南北朝至唐代；关公信仰的发展：宋元时期；关公信仰的高潮：明清时期；关公信仰的低沉期：20 世纪 50 年代至 70 年代。

明清时期，关羽敬奉已经与当时的经济活动挂钩了。表现一，民间把关羽敬奉为始祖与保护神。许多工商业、服务行业都把关羽作为"行业神"。所谓"行业神"，即"百工技艺各祠一神为祖"。行业神的出现有两个方面的因素。第一，出于传统的尊祖观念和佛教的祖师崇拜。行业无祖师，似无本之木、无源之水，总要寻一个祖师来祭祀，所以把与行业略有些联系的人物供奉起来，作为行业的尊神。第二，出于功利目的而奉神，这正是中国民间信仰的重要特征，具有"务实"的特点。一般民众奉神的功利性就更强。因此，各行各业奉"行业神"，也是中国民间信仰传统功利态度的表现。

明清时期是行业神崇拜的鼎盛时期。关羽由于他所具有的神性，有的行业把关羽奉为保护神，有的行业把关羽奉为祖师神。据专门研究中国行业神崇拜的学者李乔统计，共有 22 个行业崇奉关羽。它们是：① 皮箱业和皮箱行，② 皮革业，③ 烟业，④ 香烛业，⑤ 丝缎商，⑥ 成衣业，⑦ 厨业，⑧ 池盐业，⑨ 酱园业，⑩ 豆腐业，⑪ 屠宰业，⑫ 糕点业，⑬ 干果业，⑭ 理发业，⑮ 粪业，⑯ 银钱业，⑰ 典当业，⑱ 与马骡有关的行业，⑲ 军政官衙类，⑳ 武师，㉑ 教育业，㉒ 命相家。

表现二，行业组织供奉关羽。明清时期，各工商业的行业组织会馆和公所等。

表现三，关庙会与庙会经济。庙会，又称"庙市"，是在寺庙或寺庙附近举行的定期集市。大概在南北朝时期，崇佛活动鼎盛，各地大兴庙宇，活佛升天、菩萨诞辰之类盛会应运而生，

作者简介：明新胜，男，河南省淅川县人，淅川县移民民俗实物证集办主任、原县史志研究室主任。

游人到此观礼拜愿，商人见有利可图，便蜂拥而至，遂成"庙市"。所谓"庙会"，必须具备两个条件：第一，有庙。"市"依附于"庙"。在庙内或庙的四周开"市"，开市的时间缘于庙内所祭神灵的重大祭日，成"市"的原因也是由于祭期香客汇集的缘故。第二，有"市"。即有商人和香客之间的商品交流活动，"市"不是固定每天进行，而是约定俗成的，在每年（每月）的某天定期举行。关帝庙会，就是关帝庙在关羽的有关祭祀日内进行的祭神交易会。

关帝庙会主要包括的内容有：① 庙会的时间。依各地关庙的情况，确定不同的庙会日期，我们社旗的关庙会就确定在今天（夏历五月十三日）。② 庙会的构成要素，主要包括迎祭神祇、艺能表演、商品交易。这三大要素构成了关帝庙会的有机整体。迎祭神祇是庙会的基础，民间艺能表演和商品交流则是庙会的内容，三者相辅相成，缺一不可。这三大要素同时衍生了三大功能。其一，信仰功能。对关公的祭拜活动使人们获得了一种精神安慰，从而达到心理平衡。其二，娱乐功能。庙会丰富多彩的民间艺能表演，使平时很少有文化娱乐的人们得到了一次艺术的享受。其三，经济功能。庙会作为一种大规模的集市贸易活动，吸引了众多的客商，商品交易踊跃，交易额巨大，促进了城乡的物资交流，繁荣了城乡经济。

关羽不是一个传说人物，而是一个实实在在的历史人物。唐宋以后人们能够儒化他、神化他、仙化他，都与历史上的关羽有着千丝万缕的联系。因而，"关羽崇拜"的研究应该从历史上的真实的关羽开始。

关羽作为三国时代第一流上将，古往今来都有学者注重对他的研究，尤其是宋元以来有关他的文字记述可谓汗牛充栋。举其要者，元朝胡琦编著《武安王事迹》、万之蘅《关侯事迹汇编》、卢湛《关圣帝君圣迹图志》、张镇《关帝志》、徐观海《圣迹纂要》，然而这些著作在很大程度上是关羽崇拜的一种体现，千篇一律地叙述关羽的应祈显灵，众口一词地称颂关羽的忠义神勇，因而无助于研究关羽的生平事迹和评价关羽的功过是非。所以，研究关羽的基本历史依据仍然是陈寿的《三国志》。陈寿作史以简明著称，其《关羽传》虽然只有960余字，但关羽生平大节皆有翔实可信的记载，其中亦不乏精彩之处，把关羽"忠义""武勇""自负"的原始形象印刻在读者心里。

二、关公信仰的社会价值

"姓氏+公"，表敬称谓，古人常用。大都用于第三人称；有时用于第二人称，接近于"您"。够格称为"×公"者，为数不多，并非固定指称某个人。然而，有个独特的实例，就是在中国，只要提到"关公"，大家一般都会知道是指关云长，即关羽。在罗贯中的《三国演义》里，"关公"共出现521次。更多的是凸显关公的"忠义"和"信义"，核心是"义"。

从关公信仰的演进史来看，关羽从一位历史人物最终成为一种神灵符号，在中国封建社会改朝换代的进程中，在中国古代文化思想的荡涤中，他逐渐地蜕去了特定历史氛围的表征，注入了传统的文化精神，再披上一些宗教的华衮，从而成为中国社会的一种文化象征。

从隋唐至明清，官方与民间通过各自的行为塑造关公的形象和推动关公信仰的演进。在唐代，关公信仰的官方崇拜与民间崇拜几乎没有任何接触和关系，走的是"自下而上"的路线，

官方对这个崇拜尚未给予较大的关注，在官方祀典中无足轻重，更无明显作用。关公信仰更主要的是民间对其的信仰和推动，故其社会地位还不甚高，作为"神"的关公的一些典型特征与情节还没有最终形成，关公信仰的主题与重心在于对其勇武的诉求。

从北宋中后期到元代官方崇拜受到了佛教和道教的影响，关公信仰逐渐引起了官方的广泛重视，尤其是社会动荡不安，政治统治的需求加速了关公信仰在官方信仰体系中地位的提升。当时社会经济的发展，促使各种文艺形式、表演形式和文艺作品充分发展，推动了关公信仰向更大范围地拓展，且这一阶段民间的关公信仰也有进一步深入，官方与民间共同建构着关公信仰的发展，关公信仰的主题在于对其勇武和忠义的诉求。

明清时期关公不仅为统治王朝所推崇，同时深入民间。这一阶段官方对关公信仰的不断崇祀，进一步带动民间社会的关公信仰，信仰主题从"武勇""忠义"扩大到祈求风调雨顺、年年丰收，宣扬君主威德等方面。

关公的神话传说以及大量类似的"灵验"故事在史书中俯拾皆是，而且广泛存在于民众口头传承与集体记忆中，使得关公得到了各种各样的供奉。神话传说和定期的仪式活动，激励着民众对关公保持虔诚的信仰，使关公信仰得以不断延续，历经千年始终保持着其在民间的广泛影响力。这一切归根结底与关公信仰所具有的多种多样的社会功能是密切联系的。

在传统社会时期，官方与民众对关公信仰功能诉求各不相同。不管是国家政治统治，还是民众的日常生活，关公信仰功能无所不包。官方推崇关公，不断加封，以期达到维护统治、实施伦理教会的目的。关公讲义气守诚信，故而商人崇拜关公将之奉为财神，普通百姓把关公当作治愈百病的万能神，士兵奉关公为战神，许多地方社会把关公当作保护地方抵御灾难的地方保护神。在这些功能中最突出的是关公信仰在政治统治方面所具有的作用，主要是因为关公象征着忠、义等忠于正统王权的臣民价值。

任何一个社会都在发展变化，体现其特征的文化特点也在随之变化。当下全国各地依托各自地方传统文化资源所开展的民俗文化旅游就是最好的例证。在关公故里和全国乃至海外，传统关公信仰民俗事象被重新再发明、再解释，作为开展关公文化旅游的重要文化旅游资源。

针对全国各地开展的民俗旅游，有些现象必须引起我们高度的重视和思考。一次旅游活动，对旅游经营者和旅游者有着完全不同的意义。旅游经营者侧重于对经济利益的追求，而旅游者则是为了完成一次"文化的旅行"，实现心灵的回归，尤其是在民俗文化旅游之中。目前民俗旅游开发现状中存在着旅游项目品位低、粗制滥造、特色不足等现象。我们知道，民俗旅游产品开发中最关键的是以民俗文化为依托，没有文化依托的旅游项目是不能长久的。旅游项目开发中必须突出当地特色，寻找地方标志性的文化符号，配合一系列的开发策略，使之形成高品位、特色足的旅游产品，才能使旅游者达到最大满意度。

当代任何形式的关公信仰的传承都必须依托当地的民俗文化传统，这样才能体现地方特色，而且实现真正意义上我们所倡导的民俗文化"深层次保护"的理念。在如何发挥关公文化旅游上，为了实现地区经济的发展，各地政府积极利用"关公文化"来开发旅游资源，修复和新建各类旅游景点，取得了一定显著的效果。但在关公文化旅游具体操作过程中，也存在着当地"关公文化"特点开发不足的问题。当地政府必须意识到，只有依托文化所开展的关公旅游才能长久。

弘扬关公精神

蔡志刚

一、关公文化的精神实质

一是赤胆忠心。东汉末年诸侯割据，董卓专权，忠于朝廷已不现实，名臣武将大都是各找门庭。关羽追随刘备，是因为刘备是汉室宗亲，是忠于汉室的。那时，忠于朝廷的大臣被称为忠臣，关羽熟读经书，特别是对《春秋》一书几乎是手不释卷，有些重要章节可以背诵。在他的眼里，汉室江山是正统，做一个忠于汉室的忠臣，当是他的价值取向。建安五年（200年）正月，关羽被困土山，与张辽约了三件事，其中一条就是降汉不降曹。在曹营，曹操对关羽的恩赐可称史无前例，不管是上马金，下马银，大宴小宴，最终他还是"封金挂印"，保护二位嫂嫂踏上了千里寻兄之路。按理说，曹操对他的优厚远远超过刘备，可是，关羽对曹操的诱惑和拉拢始终不屑一顾。在他的眼中，曹操就是一个想要篡权夺位的汉贼，绝对不能忠于他！曹操给了关羽史无前例的礼遇，关羽却毫不动心，一定要去追随寄人篱下的刘备，不光是为了当初的承诺，更说明关羽对忠于谁是有明确选择标准的。他的标准很简单，谁忠于汉室江山，我就忠于谁。这就是关羽的赤胆忠心。

二是义薄云天。"生，我所欲也，义，亦我所欲也。二则不可得兼，舍生取义者也。"孟子在两千多年前说的这番话，激励和教育无数仁人志士为了维护真理和正义不惜以命相搏，甚至抛头颅、洒热血也在所不辞。关羽就是这样的英雄人物之一。关羽被称为《三国演义》中的"义绝"。关羽一生充满忠义与侠义，为官在任他体贴下属，关心百姓。这一点我们可以用吕蒙的话来证明。吕蒙对孙权说："羽治荆州，恩信大行，兼治有功……不可图也。"意思就是说，关羽在荆州将近十年，对百姓有恩有信，治理十分成功，靠打是打不下来的。一个历史名将，能得到他的对手这样高的评价，实属不易。

二、关公精神的现实意义

关公文化的核心内涵是以忠义仁勇为主要内容的伦理精神和道德品质。它孕育于源远流长、博大精深的中华传统文化基础之上，经历代不断充实发展，传承延续。甚至在当代，其合理的内涵仍然具有积极意义。

作者简介：蔡志刚，男，平顶山工业职业技术学院党委书记。

157

下篇 赊店关公文化研讨文萃

关公文化的忠、义精神，可以引申、转化、发展为市场经济生活中的信誉原则、守信原则。恪守信誉，这是社会主义市场经济伦理的基本原则。市场经济本身是一种信用经济。市场经济的商品、货币、买卖、支付、借贷、合同、契约、证券、期货、期权等市场机制、市场工具，无不体现着信用关系。由这种信用关系所决定的道德原则和道德要求，必然是讲信誉和守信用。市场经济发展的历史说明，越是趋于完善、越是竞争激烈的市场机制，越要求人们在道德上恪守信誉，越排斥无信义、欺诈等有损于市场经济秩序的败德行为。"信誉就是金钱""信誉第一"是市场经济所必须恪守的信条，应该作为人们进行市场经营活动的座右铭。

关公文化的崇义精神、关公重义的品格，对社会主义义利观的形成有借鉴意义。义与利是一对古老的矛盾，如何处理它，是一个永恒的话题。社会主义市场经济所要求的社会主义义利观，坚持把国家和人民利益放在首位而又充分尊重公民个人合法利益，坚持个人利益和集体利益的统一，坚持把国家利益和人民利益放在首位，这就是义。在我国社会主义市场经济建设过程中，一部分人出现商品崇拜、货币崇拜倾向，不择手段地获取物质利益，见利忘义，损人利己，损公肥私。继承和发扬关公文化中的崇义精神，有助于克服这些不良倾向，有利于形成正确的社会主义义利观。

当前市场经济，不论生产者还是经营者，其直接的出发点和目的就是追求利润最大化。对于企业而言，如果不能产生利润，那么企业本身也就失去在社会中存在的价值。我们知道，对个人利益的关心和追求，对个人欲望的向往，能产生一种强烈的意志和巨大的热情，形成一种全神贯注的力量，去推动社会生产力的发展。但是如果对利过分崇尚，也会助长一些人唯利是图、见利忘义、损人利己、为富不仁的思想和行为，这样不仅会败坏社会风气，也将破坏现代市场经济以至整个社会运行的正常秩序。所以，在现代市场经济中，必须加强对这种趋向的规范和引导。关公义炳乾坤的品质，对于引导人们在市场经济中正确求利有重要意义。正确对待社会和他人的利益，以合理的方式谋求自身的利益，即所谓谋利而不失义，以保证市场经济健康而有序地发展。

诚实守信是人类生活中最基本的要求，在各个时代和各个民族都受到重视。在现代市场经济条件下，诚实守信具有更为特殊的地位。它不仅是现代市场经济的道德基石，也是市场经济健康发展的道德保证，讲究诚信依然是经商之本，从商之道。因为市场经济不仅是一种契约型经济，也是信用经济。它是在遵照双方等价交换的基础上，依靠契约双方均自觉履行权利、义务，才能实现商品和服务的交换。这一交换过程能否完成和持续下去，取决于双方是不是真诚而守信地履行了各自承担的责任和义务。只要任何一方违约，交易双方就都可能遭受损失，所以，交换双方彼此守约，努力按契约来调整自己的经济行为，承担起对他人的责任就成为利益实现的基本前提。可以说，诚实守信不但是社会主义精神文明的重要表现，而且是市场经济健康发展的要求。因为，在市场经济条件下，特别是企业，要想获得更大的利益和更长远的利益，靠欺诈牟利显然是不行的。只有像关公那样一诺千金、言而有信，讲求诚实守信的伦理规范、言行一致的行动、客观公正的态度，才能树立良好的企业信誉和产品信誉，从而为企业带来长期而稳定的利润。

三、大力弘扬关公文化的时代意义

千百年来，人们崇拜关公，不仅仅是崇拜关公的勇武，更是崇拜关公的道德品质，本质上是崇拜关公高尚的道德人格，崇拜关公威武不能屈、富贵不能淫、贫贱不能移的英雄气节和高尚情操。关公崇拜实质上是一种道德崇拜，体现着中华民族崇尚道德的精神。这种对道德的推崇，不仅在历史发展中有其价值，在今天也有其现实意义。要建设与社会主义物质文明相适应的精神文明，核心就是道德建设问题。继承和发扬中华民族的传统美德，是道德建设的重要内容。关公文化中的忠、义、信等精神，是中华民族传统美德中的有机组成部分，体现和反映了中华民族的优秀道德文化。因此，继承和发扬关公文化的道德精神，有利于促进社会主义精神文明建设，有利于培养良好的社会道德风尚，有利于振奋民族精神。

下篇 赊店关公文化研讨文萃

弘扬关公文化 发展地方经济

徐 东

中国历史上，关公与孔子并称"文武二圣"。"武圣"关公以"忠义仁勇"著称于世。经过一千多年的不断神化和美化，蜀汉一员武将升华成为中华民族的道德偶像、信义化身。儒称圣，释称佛，道称天尊，三教皆皈依；汉封侯，宋封王，明封大帝，历代加尊号。崇祀关公的祠堂、庙宇遍及四海城乡。而被众多专家称为"天下第一会馆"的社旗山陕会馆是关公文化呈现最为全面、最为典型的代表。关公文化对赊店古镇商业发展、鼎盛所发挥的精神之源作用，对于当今弘扬关公文化、发展地方经济仍具有重要的借鉴意义。本文欲就此作以探讨，以求教大家。

一、关公文化的典型呈现地——社旗山陕会馆

在中国历史文化名镇赊店镇中心，矗立着一座巍峨壮观的古建筑群——山陕会馆，因会馆内敬奉关公，又名"关公祠""山陕庙"，是一座商业会馆建筑与关帝庙建筑的完美结合体。据有关资料统计，全国各地现有会馆类建筑遗存 80 余处（县级以上文物保护单位），其中以山陕会馆或山陕甘会馆居多，仅河南除社旗山陕会馆外，还有周口山陕会馆（又称关帝庙）、开封山陕甘会馆、洛阳山陕会馆、潞泽会馆、辉县山西会馆、禹州山陕会馆、舞阳北舞渡山陕会馆、淅川荆紫关山陕会馆、唐河源潭山陕会馆等。而在赊店镇周围原来还有桥头镇山陕会馆、饶良镇山陕会馆、青台山陕会馆等。各地的山陕会馆或山陕甘会馆均敬奉关公，为此，研究关公文化就不能不研究山陕会馆这一建筑及其装饰内容和组织形式。

社旗山陕会馆始建于清乾隆二十一年（1756 年），至光绪十八年（1892 年）竣工，共历六帝 136 年。会馆总占地面积 12885.29 平方米，历史遗存建筑面积 6235.196 平方米。整体建筑分前、中、后三进院落。其建筑之时正处于中国古建筑发展史上最后一个高潮期。加之会馆这一建筑类型本身就是资本萌芽商业繁盛之产物，客居各地的富商大贾聚敛的大量钱财，为会馆建筑艺术之创造提供了强大的财力支持。据有关碑文记载，社旗山陕会馆三期工程共花费白银 80 余万两。如此庞大的资金来源，使社旗山陕会馆建筑之时得以"运巨材于楚北，访名匠于天下"。其选材范围之广、材质之优，延聘工匠之多，为斯时斯地建筑工程之冠。各地的能工巧匠齐集于此，各展绝技，从而使社旗山陕会馆的建筑艺术达到了其时的巅峰状态。其建筑集宫殿、庙宇、商馆、民居、园林建筑之大成，既雄伟壮观、雍容华贵，又玲珑秀丽、典雅有致，给人以

作者简介：徐东，男，河南省社旗县人，中国民间文艺家协会会员、赊店关公文化研究会副会长、研究馆员。

艺术整体美的强大震撼力。特别是其装饰艺术，如木雕、石雕、砖雕、琉璃、彩画等，其镂雕之精巧、内容之丰富、色彩之华丽，堪称绝品。多位全国著名古建筑权威专家对社旗山陕会馆精湛的建筑装饰艺术及丰富的商业文化内涵均给予高度评价。原国家文物局局长吕济民题词赞为"艺术辉煌，绝无仅有"，已故原故宫博物院副院长单士元题词赞为"辉煌壮丽，天下第一"，正是由于以上所述之绝对优势，社旗山陕会馆在全国现存 80 余座同类建筑中，首家于 1988 年元月与山西解州关庙同时被国务院公布为全国第三批重点文物保护单位，被业内专家公认为"天下第一会馆"。

山陕会馆是关公祠与商业同乡会馆的结合体，它既与各地的关庙在关公文化呈现上有诸多相同之处，但也有其独具的特色，那就是关公文化与商业文化的完美结合。社旗山陕会馆作为全国会馆类建筑最杰出的代表，其建筑装饰艺术之精绝，商业文化内涵之丰富，关公文化呈现之典型，在会馆的建筑、装饰、礼器、祭祀活动、以及遍布会馆的匾额、楹联中都得到了最充分的展示。而关公文化与商业文化完美结合的特色性，更使社旗山陕会馆被人们称为关公商界化身地、民营企业家寻祖之地。

二、以信义为核心的关公文化是赊店古镇商业兴盛之源

山陕会馆为什么都要建成同乡商业会馆建筑与关帝庙建筑的特殊结合体，对关公的崇拜情感是有其深远的社会背景和商人明确的目的和用意的。首先是迎合了封建统治者的正统思想。商业的发展离不了各地官府的保护与支持。康熙和乾隆皇帝出于巩固清王朝统治地位的政治目的而推崇关公，各地官府自是趋之若鹜。而把山陕会馆建成敬奉关公的庙宇，得到各地官府的大力支持，并成为接待官府人等的重要场所，商业活动自此融入了主流社会。同时，因关公的老家在山西解州，与陕西相邻，两省商人当然为自己的家乡出了这位千古圣人而自豪和炫耀，更要仰仗家乡的这尊千古之神，保佑秦晋商贾招财进宝。镌刻于琉璃照壁上的对联："浩气已吞吴并魏，麻光常荫晋与秦"，就是这种思想的直接表达。因遍布全国各地的晋陕二省的商人大多精于经商而财源滚滚，因此，关公也就由"武圣"而成了人们心目中保佑发财的"武财神"。

应该说，以上二因是晋陕二省商人推动关公崇拜文化现象的直接和直观成因。但这都不是最关键的原因。晋秦商贾敬祀关公，最关键的原因是关公具有忠义、诚信的传统美德，仁义、诚信、公平这些在商业交往中必备的品德，在关公身上都能找到。因此，晋商、秦商把关公作为道德偶像，以关公的"义"来团结同仁，摒弃"见利忘义"的不良动机；以关公的"信"来取信于社会，取信于顾客，摒弃欺诈、伪劣行为。据史料记载，晋商的商号行规中大都规定了"重信义，除虚伪""贵忠诚，鄙利己，奉博爱，薄嫉恨"，反对以卑劣的手段骗取钱财，主张"君子爱财，取之有道"。

正因为关公身上寄托了商人"诚信为本""义中取利"的商德追求，所以晋秦商人每到一地经营，都要先修关帝庙，对关公百倍信崇。在社旗山陕会馆的匾额、楹联中，就写满了对关公忠义、诚信的颂赞之词："义冠古今""信义昭著""义不苟取"等，可谓琳琅满目。关公成为民众心目中诚信忠义的化身，具有了强大的道德约束力和感召力。在山陕会馆的东、西辕门内刻

有"升自阶，阅其履"的额题，教化人们只要像关公那样忠义、诚信，就会步步高升。可见，商人对关公信义精神的崇拜，不是强行规定的，而是"见贤思齐"式的，它已转化成了商人内心自觉的道德追求和商业活动中自觉的道德实践。

社旗山陕会馆这种与商业文化完美融合的关公文化现象，为山陕会馆镀上了一层耀眼的光芒，使这座商业会馆超越了"义"与"利"的争辩，打出了"诚信为本""义中取利"的商业道德宣言——这才是山陕会馆商业文化中最核心的内容，是山陕会馆的魂之所在。这种商德宣言依附在关公身上、雕刻在石碑上、隐喻在装饰图案里，反复渲染，集中展现，约束、警醒、教化和鞭策商人要诚信经商。如果说赊旗镇当年商业兴盛的客观因素在于其所处的南北水陆交通要道的优越地位，那么其主观因素则在于以山、陕商人为代表的寓居于此的各地商贾"诚信为本"的经营思想所形成的良好的商业信誉。由此可知，以信义为核心的关公文化是赊店古镇商业兴盛的精神之源。

三、弘扬关公文化的现代意义

原全国政协副主席、经济学泰斗胡绳在1995年考察了社旗山陕会馆之后，语重心长地题词："吸收前人经商经验，发展社会主义市场经济。"山陕会馆作为关公文化与商业文化完美结合的遗存，有许多宝贵的价值，其依托于关公信仰中所大力宣扬的"诚信为本"的商业道德，正是当前完善社会主义市场经济体制、发展社会主义市场经济的基石。从山陕会馆中，我们还可得到关于"商德"或者说是商业精神的诸多启示。

商人从几千年传统文化中得到的最有价值的传家宝是"信义为上，利从义来"。儒家倡言义，把义作为人们从事各种社会活动，包括经济活动在内的行为规范。《孟子·离娄上》说："义，人之正路也。"《荀子·强国》中则说："夫义者，所以禁限人之为恶为奸也"。既然义是人们在社会活动中应当共同遵循的行为准则，那么义就不能局限在空洞的理性认识上。商人在贱买贵卖的活动中获取财利，这种行为本身必然涉及不同层次、不同集团、不同内容的利益冲突与协调。这就构成以义制利、义为利本、利从义生、以义为利的义利辩证关系。《国语·晋语》中说"义所以生利也……不义则利不阜"，又说"夫义者利之足也，贪者怨之本也，废义则利不立，厚贪则怨生，……贪则民怨，反义则富不为赖"，"义，利之本也。蕴利生孽"；《左传》中说"德义，利之本也"，"利，义之和也"，都是在揭示先义后利、见利思义的道理。传统文化中的义利关系说，是社会伦理规范的重要内容，也是判断商人伦理的准则。

商人会馆组织为了维护同业商人的共同利益，一方面通过公议某些行规，对同行商人的经营活动给以具体约束。如社旗山陕会馆现存之《公议杂货行规》碑记，《同行商贾公议戥秤定规概》碑文，前者对同行商人买卖活动中降价、让利、招徕客商、树立招牌等具体方法做了统一规定，违者罚银五十两；后者规定公议秤足十六两，戥依天平为则，不得以私戥秤更换，违者罚戏三台，如不遵从就需举秤禀官究治。这些树立起诚商廉贾的商家正气。另一方面则借助于关公的精神威慑力量。商人在对关公奉祀、崇拜过程中，受到以义制利、义为利本伦理规范的制约。

如何弘扬关公文化，发展地方经济，社旗县进行了成功的实践。近十多年来，社旗县充分发挥商业历史文化资源优势，投入巨资开展古镇文物保护与资源开发，大力发展文化旅游产业。同时着力打造"信义赊店、诚信社旗"文化品牌，大力弘扬信义为本的关公文化精神，集资在山陕会馆春秋楼遗址重塑关公读《春秋》铜像，举办纪念活动，成立关公文化研究会，出版《赊店春秋》专刊，连续两届举办关公文化节和研讨会，承继信义赊店优秀传统，持续开展诚信社旗活动，将山陕会馆确定为诚信教育基地，举办诚信教育展览，开展评选诚信商户、诚信企业、诚信公民、广场文化等活动，诚信已成为社旗源头久远一脉相承的精神气质和魂魄，"诚招天下客，义聚八方财"，更使诚信社旗成为对外开放的璀璨明珠。

2016 年中国·赊店关公文化论坛收录文章及发言

在"2016 年中国·赊店关公文化论坛"上的发言

刘世军

今天，让我代表河南豫宛商会来这里发言，是临时受命。我觉得文化论坛是非常好的一种形式。我也有一点感受，或说是体会，就是感到咱们举办这个关公文化节、关公文化论坛，邀请了国内外大家都来参加，真真是一个好形式。它主要好在五个方面。

一是体现了文化自信。我们举办文化节也好，文化论坛也好，都体现了文化自信，这说明我们内涵丰富，方向正确，内容博大精深，这是第一个好。

二是传承中华优秀传统文化的好形式。中华传统文化博大精深，内容丰富，到底哪些是优秀的传统文化？我有一个朋友，正在把四书五经，把我们中国几千年来的名著，包括诗歌，方方面面的都辑录起来出版。这里也只是传统文化的一小部分。到底哪些是中国优秀传统文化，要全面地系统地看，要下功夫。到底应该怎样传承中国优秀传统文化？我觉得举办关公文化节，组织关公文化论坛，就是一种好形式。

三是落实中央"五位一体"战略部署的好形式。"五位一体"，就是经济建设、政治建设、文化建设、社会建设和生态文明建设。这次活动就属于文化建设。这个论坛这个节，是落实中央"五位一体"战略的有效举措。

四是推动经济、社会发展的一种好形式。我们邀请海内外专家学者开展的这个论坛是比较高端的，文化搭台，经济唱戏，通过举办文化节也好，论坛也好，既有利于弘扬文化，也利于招商引资，推动当地的经济发展。

五是我们倡导诚实守信，带动提高群众素养的好形式。刚才郭县长专门讲，办关公文化节要提倡诚实守信。在当前市场经济深入发展的条件下，讲诚实守信，对于提高人们的道德素养很有意义。不管你从事啥工作，办企业也好，经商也好，从政也好，必须诚实守信。在这里举办关公文化节论坛，倡导诚实守信的精神，是很有必要的。我们要把这种精神落实到全社会，倡导人们团结向善、诚实守信。我再次代表豫宛商会对此次论坛的召开和文化节的举办，表示衷心祝贺！

作者简介：刘世军，男，河南省委统战部原副部长。

167

在中国赊店关公文化论坛上的发言

郑土有

我们赊店举办这个关公文化节，组织文化论坛，恰逢其时，是个值得庆贺的事。新时期给关公文化的研究者提出了新要求，怎样来更好地发掘关公文化的精神内涵，让关公文化更好地服务于我们的文化建设，服务于社会发展，是一个很大也很有意义的课题。

就此，我谈一下个人的想法。

其一，谈谈我们如何来认识关公文化。我觉得关公文化的一个本质应该是中国古人一种理想人格的文化符号。关公是忠义的化身，对忠义二字的理解，我认为应该从一个更广角度去考虑。这两个字包含的内容非常丰富，简单来说，"忠"可以看成上下关系的处理准则，"义"则平行关系的处理依据，如果把这两个方面的关系处理好了，家庭就和睦了，社会就和谐了。一个人若有了忠义的这个品质，就能处理好各种各样的关系。关公身上就具备这个理想品质，而且关公身上的这个理想品质还是一个逐渐建筑的过程。现在我们说的关公和三国的关羽有联系，但不等同。三国的关羽身上有很多缺点，三国演义所描写的关羽的一些故事也并不是发生在关羽身上的，是后人赋予的，再加上历朝历代逐步附会和追加，形成了今天的关公形象。因此说其本质是最理想人格的一种文化符号，这个是我们对关公的基本认识。有了这个认识，我们才能正确、客观地看待关公文化。

其二，今天我们提倡和弘扬关公文化，具体往哪个方向，又突出哪些，需要认真讨论、认真对待、认真研究。我个人觉得目前来说提倡关公文化，有两个方面最应突出。一是要有意识地凝练和选用传统文化中的一些精华，来为我们的道德建设服务，强调传统文化软实力的作用，关公形象中对人格的完美描写就能在当下发挥应有的作用。二是可以为共建"一带一路"倡议做出人文交流贡献。"一带一路"沿线国家文化差异大，会形成人与人之间沟通的阻碍，而对关公的信仰在17世纪就开始走向世界各地，这种文化符号已经在各地形成一定共识。

其三，应该倡导世界各地的关帝庙，关公文化研究者、研究机构联合起来，通过各种形式特别是要通过一种跨界的研究，跨地域的、跨行业的研究，来共同弘扬关公文化，挖掘关公文化的内涵。如今，国内许多关帝庙都已经恢复，国外的关公信仰也逐渐被我们了解，越来越多的国家和地区的研究者都来参会交流，这是个好的发展趋势，大家集中力量做研究的条件基本成熟了，我们要推动形成相关工作机制，使关公文化的魅力继续发扬光大。

（根据录音整理）

作者简介：郑土有，男，复旦大学教授、博士生导师。

刍议关公精神的当代价值

王彩琴　赵壮道

在中国五千年历史文化的长廊里，关公是非常特殊的一位。他作为三国时期的一员武将，虽然没有留下流芳千古的皇皇巨著和封疆列土的显赫功绩，但却凭借着他的忠不顾死、义贯千古，杀身成仁，勇者无惧的人格力量，在数千年风风雨雨的文化迁徙和浮沉中，逐渐神圣化。到中国封建社会末期，关公已经逐渐走入中国文化圣人的崇高行列，作为"武圣人"接受人们的顶礼膜拜。神州上下形成了"关公庙貌遍天下，五洲无处不焚香"的壮观局面。在关公神圣化的历史过程中，上至中国封建时代的最高统治者皇帝，下至普通平民百姓，旁至三教九流及其他宗教神社等社会各种力量，均起到了推波助澜的积极作用，并合力促成了独具中国特色的关公文化的诞生。

关公文化是中华民族传统文化的重要组成部分，它几乎涵盖了中国儒家文化的"温良恭俭让""仁义礼智信"全部内涵，也融合着道家文化的"清、净、谦、弱、柔""术、法、博、静、顺"，更兼有佛家文化的"净、悟、禅、修、能"。

可以说，关公身上蕴含着一种可以融通时代的精神内涵。可以说关公精神是中华民族传统文化精神的浓缩。

一、关公精神解读

（一）忠君理念下的爱国主义

封建时代的"忠"，是指对皇帝的绝对忠诚，即忠君。忠君，是封建社会最高的政治原则和道德原则，也是封建社会最重要的价值观念和思想准则。封建社会是封建帝王的"家天下"，"普天之下，莫非王土。率土之滨，莫非王臣"。皇帝就是国家的代表。在这种社会基础上产生的忠君观念，在本质上是把君作为国家的代表。因此要求国家的百姓要忠于国家，报效国家，因为是国家给他们一个安定的生活环境。老百姓忠于国家就是忠于朝廷，忠于朝廷就是要忠于君王，爱国就要忠君，忠君就是爱国。关公精神里的"忠"，不仅是说关公具备"忠君"的高尚品质，更主要是说关公具有热爱国家、保护国家、报效国家的责任心，这就是关公精神里的"忠"所包含的一种国家层面的价值诉求。

作者简介：王彩琴（1964—），女，河南省内乡县人，洛阳理工学院教授，博士，主要研究方向：上古中古汉语、河洛文化。

下篇　赊店关公文化研讨文萃

（二）君臣大义下的社会责任

"义"，按照许慎《说文解字》的解释，"义，己之威仪也。"段玉裁《说文解字注》云："义之本训，为礼容各得其宜。"朱骏声《说文通训定声》云："经传多以仪为之。"杨树达进一步说明了"义为仪之本字，其义为'礼容'"。据此可知，"义"就是指符合某种规范要求的形容举止。符合某种标准的行为就称为义，可以引申为正义。它是处理一切人际关系时的道德观念和标准的总概括。关公精神里的"义"，它不仅包含有"正义""仗义""义气"等这些个人层面的价值内涵，同时也包含有"天下兴亡匹夫有责"的国家责任，"先天下忧而忧"的社会责任，"威武不能屈"的民族大义。具体到关公来说，他们的"桃园三结义"不仅仅是为了哥们义气，更是基于刘备的政治资本、张飞的经济实力、关张二人的军事才能而产生的政治信念，这个信念就是匡扶汉室，拯救黎民于水火之中，建立一个统一富强的封建国家。关公的"义"就是以一种主动的、积极的行为方式去承担社会责任和民族大义。

170

（三）大智大勇下的奉献精神

"勇"，是关公精神的显著特点。勇即勇敢、勇武、无所畏惧、一往无前的精神。关公之所以被社会各阶层广泛敬仰和传颂，勇武神威是一个基本原因。经过历代文人雅士的极力宣扬，特别是《三国演义》的精心描绘，关公作为"武圣人""古今名将第一奇人"勇冠三军的形象，栩栩如生地呈现在人们面前。需要指出的是，从国家与个人的关系来看，关公的勇武并非武夫之勇，也不是吕布那种匹夫之勇，而是一种心怀天下，抱有强烈政治信念的"智勇"。论勇冠三军，关公不及吕布，因为刘关张"三雄战吕布"也打不过他，最后只不过打了个平手，但吕布没有理想和信念，不知道为什么而战，今天认个干爹，明天认个干爹，但认一个杀一个，最后还想认曹操做干爹，吓得曹操赶紧拒绝，为绝后患把他杀了。但关公就不一样，他的"勇"是建立在明"智"之上的，他的"智"就是明辨是非，认清民意大势，义无反顾地进行了"桃园结义"，而"桃园结义"也为他树立了坚定的政治信念：匡扶汉室，统一国家，建立大业。为了这个信念，他不惜放弃曹操的荣华富贵；为了这个信念，他出五关、斩六将，千里走单骑，历尽艰险；为了这个信念，他"单刀赴会"，临危不惧，大义凛然；为了这个信念，他追随刘备，颠沛半生；为了这个信念，他恪守"礼"法，夜读春秋，守护兄嫂，秉烛达旦；为了这个信念，他最后献出了自己的生命。这种牺牲个人，成就社会和国家的奉献精神，就是儒家思想提倡的群体主义或整体主义精神，用今天的话说，就是为了国家利益而牺牲奉献个人利益的集体主义精神。

（四）人与人之间交往的诚信理念

人而无信不知其可也。关公精神中的"仁"，充分体现了其"爱人"的诚信理念。儒家思想中"仁"的内涵很丰富，至少包含了以下三层意思：一是"克己"，即通过慎独克制自己的私欲；二是"爱人"，即心怀天下，让所有的人信赖你，其前提条件就是诚信；三是"为政以德"，其中诚信也是其主要内容。儒家治国理念强调的"格物、致知、诚意、正心、修身、齐家、治国、平天下"八个目标中，诚意处在一个非常重要的环节上，诚意就是使自己的意念真诚，诚意要求天天去做，尤其是在与人的交往上。关公的真诚使他身处曹营时，既不危害曹操集团利益，也不伤害刘备集团利益。他在敌人心中是可敬可亲的，在自己人心中更是可敬可亲的。在刘备身边工作，刘备信他；在曹操身边工作，曹操（多疑的人）也信他。

二、研究关公文化及关公精神的意义

（一）有利于进一步发扬中华民族优秀传统文化

研究关公有利于进一步发扬中华民族优秀传统文化。中华民族的优秀品质之一是心胸开阔，意志坚强。《论语·泰伯》曾子曰："士不可不弘毅，任重而道远。""弘毅"即心胸开阔，意志坚强。古今凡成大事者，没有一个不是意志坚强的人。周文王被囚禁在羑里，因而在牢房里推演出《周易》；孔子在周游列国时遭遇了种种困境，因而在晚年作了《春秋》；屈原被放逐，因而创作了《离骚》；左丘明双目失明，不但写作《左传》，还整理了《国语》；孙子被削去膝盖骨，然后有了《孙子兵法》；吕不韦被贬黜四川，世人流传他的《吕氏春秋》；韩非子被囚禁在秦国，他的名著《说难》《孤愤》名扬于世；司马迁身受宫刑，完成了有"史家之绝唱，无韵之离骚"之誉的我国第一部纪传体通史《史记》；文天祥在监狱中三年，受尽各种威逼利诱，但始终坚贞不屈，在暑气、腐气、湿气、秽气等七气的熏蒸中，留下了掷地有声的铿锵之作《正气歌》。中华民族除了意志坚强的优秀品质，浩然之气也是其所倡导的。正如文天祥《正气歌》里所写到的：在齐太史简，在晋董狐笔。在秦张良椎，在汉苏武节。为严将军头，为嵇侍中血。为张睢阳齿，为颜常山舌。或为辽东帽，清操厉冰雪。或为出师表，鬼神泣壮烈。或为渡江楫，慷慨吞胡羯。或为击贼笏，逆竖头破裂……一口气列出了从春秋到唐朝的 12 个有浩然之气的中华民族好儿女，这些都是优秀的中华儿女身上都体现出的优秀的传统文化。

（二）研究关公文化有利于促进社会主义道德建设

关公文化中富含的忠义仁勇精神是中华文化的传统美德，它倡导为父母尽孝，为家人尽爱，为朋友尽义，为事业尽职，为社会尽责，为国家尽忠的社会和谐理念。弘扬关公文化及精神，唤起全民对中华传统文化的热情，推进社会主义道德建设，培养和塑造德才兼备的新型人才；维护和继承中华民族优秀道德传统，促进和增强对民族文化的认同；依靠道德力量来凝聚人心，统一意志，鼓舞精神，培养和建立良好的社会生活秩序。

（三）研究关公文化有利于提升海内外华人的凝聚力、向心力

关公文化盛行于海内外。在异国他乡，关公文化是汉文化的象征，是民族文化的代表之一，是海外赤子的精神寄托，是中华儿女的精神纽带。于是，关公精神就成了一种民族文化认同，

"忠、义、仁、勇、礼、智、信"，是中华民族几千年文明的结晶，体现了中华民族的传统美德，日益成为人们的精神支柱和信念支撑。

（四）研究关公文化可助力 "一带一路" 建设

我国 "一带一路" 倡议将 "丝绸之路" 延续千年的友好交流传统继承下来，并赋予新的时代含义，为各国间交流提供广阔舞台。丝绸之路沿线分布着大量的关庙，这些关庙蕴涵和沉淀的历史文化极其厚重，不仅是先民开拓异域、沟通中西的力证，更是传统民俗信仰沿丝绸之路走向世界的标志。梳理丝绸之路上众多关帝庙遗址的关系，深入探讨关公文化的传播路径与传播方式，总结与概括关公文化与人口大迁移的关系，剖析关公信仰与各地文化的融合规律，鉴古知今，必能拓宽新时期 "一带一路" 建设的新思路、新格局。

总之，关公文化博大精深，关公精神的核心价值，就是教人如何成为人，如何行使自己的社会使命，从而拓展人的胸宇，进而使得内在世界通体圆融、器宇博大，融入社会发展的滔滔洪流之中。

倡导关公精神，有利于社会的和谐，有利于倡导社会正义，引导全社会共同努力去构建暖烘烘的集体，达到真善美的境界。

参考文献：

[1] [晋]陈寿，裴松之注. 三国志[M]. 北京：中华书局，1959.

[2] [宋]司马光. 资治通鉴[M]. 北京：中华书局，2012.

[3] [明]罗贯中. 三国演义[M]. 北京：人民文学出版社，1973.

[4] 孟繁仁. 女娲文化三晋文化中华民族精神[J]. 晋阳学刊，1999（4）.

[5] 赵波. 关公 "忠、义、仁、勇" 精神与中华 "大一统" 思想[J]. 运城学院学报，2007（6）.

[6] 焦磊. 关羽神圣化过程的历史考察[J]. 山东大学学报，2008（6）.

关公文化旅游节与赊店城市经营

梅 红

在第三产业迅速发展，文化产业日益成为城市重要的经济支柱的今天，塑造城市形象，打造地方文化品牌，已经成为城市营销的重要内容，越来越被各级政府重视。随着改革开放的深入，2001 年，昆明市政府提出"营销昆明"，标志着城市营销进入一个自觉主动的阶段。如今，从沿海到内地，从一线城市到各个乡镇，各级党政领导在城市未来经济发展的愿景下，以政府为统帅，以发展为目标开展各种方式的城市营销。

本文以赊店关公文化旅游节为例，阐述关公文化节与赊店城市经营的关系，以抛砖引玉，求教于方家。

一、举办关公文化节，有利于我国文化软实力的提升

1990 年，美国哈佛大学教授小约瑟夫·奈提出"软实力"的概念，约瑟夫·奈指出，一个国家的综合国力既包括由经济、科技、军事实力等表现出来的"硬实力"，也包括以文化和意识形态吸引力体现出来的"软实力"；并指出，"……硬实力和软实力依然重要，但是在信息时代，软实力正变得比以往更为突出"。我国学者对文化软实力也有着深入的讨论。喻国民教授指出"一个国家是存在两种实力的，一种是硬实力，一种是软实力。硬实力通常是指国家的 GDP、硬件设施等，而文化、制度、传媒等被称为软实力。"

关公文化，属于文化软实力；是中华文明的一个重要的文化现象。关公文化节是传播关公文化的载体。关公文化的精髓"忠义仁勇"包含着为中华民族所认同的价值理念，并且深刻地体现着社会主义核心价值观的内容，成为诚信文化的代表。在社会主义市场经济发展中，维护社会的公平公正，传递正能量，关公文化为社会正向发展做出了贡献。近年来，关公文化节呈现出欣欣向荣的景象，不仅全国多地举办，而且跨出国门，与其他国家和地区交流。据不完全统计，目前国内每年举办关公文化节 60 多次，如果加上佛教、道教的相关祭祀活动，数量更为可观。赊店 2016 年关公文化节，是国际国内关公文化节的一分子，是弘扬关公文化的一个站点。

关公文化很早就已经走出国门。第一，外国殖民者来到中国时，就注意到我国关公信仰的盛况。他们的研究论文、游记当中记录了珍贵的史料。第二，无论是陆上丝绸之路还是海上丝绸之路的沿线国家，都有关帝信仰的记载和传说等，很多地方至今还有关帝庙。第三，随着明

作者简介：梅红，四川成都市人，西南交通大学教授。

清时期华人的海外移民，关公信仰又传播到世界各地，这一文化传统得到了较为良好的保存，并从华人传播到了其他族群。如泰国的民众中有很多关帝信徒。如今，美国、英国、法国、日本、韩国等发达资本主义国家都有关帝庙。

二、举办关公文化节，有利于赊店经济升级换代

城市营销是从经济学的角度来谈城市的管理。这个概念出自菲利普·科特勒的《国家营销》。他认为，一个国家，也可以像一个企业那样用心经营。他谈到场所营销，其核心就是，地区如同国家一样，可以看成是企业，按照市场规律，设计产品，满足消费者需求，吸引现在和潜在消费者的关注、投资。城市营销无疑是场所营销的重要内容。

城市产品的设计依托城市资源，城市未来产业的发展，决定城市营销的产品定位和目标消费群体的确定。中华人民共和国成立后，赊店经济的支柱性产业是以第一产业农业和以酿酒业为代表的第二产业为主。产业结构老化，经济发展缺乏后继力量，为国家级贫困县。近年来受国内国际环境的影响，这两大支柱性产业都处于亏损状态。

赊店镇历史文化旅游资源丰富，具有发展旅游业的有利条件。历史上赊旗镇地域周属申伯国，春秋时属楚，战国属韩，汉代必宛县，隋属南阳县，明、清为南阳府辖，民国属南阳县。1989 年被河南省政府定为历史文化名镇；2004 年经河南省人民政府批准复名为赊店镇，2007 年被国家文物局评选为中国历史文化名镇。赊店镇历史上为"四大名镇"之一，是历史上著名的"万里茶道"的中转站，"中原瓷都"，清代时云集北方的定窑、钧窑、耀州窑、磁州窑和南方的龙泉青瓷窑、景德镇青白瓷窑等华夏六大窑系及众多名窑的瓷器。山陕会馆为国家重点文物保护单位，集建筑文化、商业文化、宗教信仰文化等为一体。山陕会馆与厘金局、广盛镖局、古码头等景观，再现了赊店曾经繁荣的往昔。

社旗县委县政府已经把旅游业定为社旗今后产业发展的方向。这一城市产品的设计和定位非常精准，对发展绿色、环保产业，加快赊店产业升级有着长远的重要意义。

三、举办关公文化节，有利于赊店城市品牌的塑造

在经济学上，关公文化旅游节属于事件营销。事件营销，即通过制造一个事件引起社会的关注，可以建构城市形象，树立城市品牌，达到营销城市，从而促进该区域产业更新换代，达到经济发展的目的。

关公文化节提升了赊店的知名度、美誉度。据统计，2016 年关公文化节，海外 6 个国家地区的代表参会，全国十几个省市的代表参会，吸引了河南省周边市县的群众观光旅游。凤凰网、陕西省文化产业网、大河网以及关公网、世界关公网等网站报道了文化节的盛况，《大河报》、新浪河南等本省、市、县的媒体都报道了这个消息。"赊店古镇"的媒体曝光率超过了历史上任何时期，成功地塑造了"赊店古镇"的历史文化名城的形象，营销了赊店古镇、山陕会馆等著名的旅游产品，扩大了潜在目标消费者对这一古镇的认知，提高了老顾客的品牌忠诚度。

需要指出的是，在赊店产业转型之际，需要做好赊店品牌差异化定位。品牌差异化定位是在设计产品的时候，从产品的特殊功能、文化取向及个性差异上与竞争对手的产品区别开来。品牌差异化竞争是品牌竞争的关键。品牌差异化实现于消费者的消费体验，品牌认知和品牌好感度、忠诚度等因素。赊店关公文化，在省内要与三大关庙之一的洛阳关林关公文化节做好差异化旅游产品设计，在省外要与其他的关公文化节相区别。不盲从不跟风，明确赊店城市经济的定位和长远的发展目标，在深度挖掘赊店本地特色资源的基础上，全面整合各方面资源，实施整合营销传播，使赊店关公文化节成为众多关公文化节中独具特色的一个！

2018 年中国·赊店国际关公文化论坛收录文章

浅议关公忠义精神与商业道德构建

王彩琴

在中国五千年历史文化的长廊里，关公是非常特殊的一位。他作为三国时期的一员武将，虽然没有留下流芳千古的皇皇巨著和封疆列土的显赫功绩，但却凭借着忠、义、仁、信、勇的人格力量，在数千年风风雨雨的文化迁徙和浮沉中，逐渐神圣化。到中国封建社会末期，关公已经逐渐走入中国文化圣人的崇高行列，作为"武圣人"接受百世万民的顶礼膜拜。这其中蕴涵着中国传统文化的伦理、道德、理想，渗透着儒家文化的要义。

商业从它诞生开始就成为人类文明的重要组成部分。在当今的社会背景之下，商业发展的重要性也在全球化的衬托下越发体现出来，但是随之而来的就是商业发展和从商人员本身素质的冲突，以及在利益和道德的冲突之中从商者的抉择问题。2018年国务院政府工作报告首次提出了"我国经济已由高速增长阶段转向高质量发展阶段"，这就要求与经济活动密切相关的商业活动必须高质量，高质量的内涵关键在于经营者的商德。明清晋商之所以极度辉煌，被誉为当时中国"十大商帮之首"，一个重要的原因就是：晋商有自己的精神领袖——关公。关公被晋商和其他中华商人尊称为"财神"，就是因为它具有"忠""义""仁""信"精神。因此，关公的"忠""义""仁""信"精神与商业道德构建有着十分紧密的联系，研究关公忠义精神与商德的关系，也成为解读商业与关公精神的重要组成部分。

一、关公"忠""义""仁""信"精神

（一）关公的"忠"

忠者，许慎《说文》云："忠，敬也。从心中声。"段玉裁《注》补作："忠，敬也。尽心曰忠。""敬者，肃也。未有尽心而不敬者。"一般而言，忠是指对别人尽心竭力，如"为人谋而不忠乎"；特定的含义是指对君王尽心竭力，如《论语·八佾》"臣事君以忠"，《论语·学而》"事君，能致其身"。忠者即忠心耿耿。君敬臣忠，臣子当忠君爱国、忠于事业、忠于团队、忠于朋友、忠于家庭，才能成就功德。《春秋》之道，在一字寓褒贬而乱臣贼子惧，标榜一"忠"字。观其与曹操约法三章，知其忠于皇叔；陪侍二嫂而夜读《春秋》，知其忠于兄长。关公的"忠"，就是忠于汉室江山、忠于刘备。关公的"忠"，坚持的是"惟正是忠"，不仅是说关公具备诚信的高尚品质，更主要是说关公具有热爱国家、保护国家、报效国家的责任心。

作者简介：王彩琴，女，洛阳理工学院社会科学处处长、教授。

（二）关公的"义"

义者，许慎《说文》云："义，己之威仪也。从我羊。""羊为吉祥，部落标志，族徽图腾。我即兵器，戈戟之类。古时部落族人，皆为战士。凡执戟武装而捍卫国家、氏族、部落、集团之利益者，皆为道义、正义与大义。"①义就是"宜""适宜"。凡是合理的、适宜的事，应该做的事都叫"义"。《论语·里仁》："君子喻于义，小人喻于利。"《论语·公冶长》："（子产）其养民也惠，其使民也义。"关公精神中的"义"有两方面含义，一是指"正义""仗义""义气""侠义"，是我们在传统文化中所包含的、对于人品格的最高道德标准之一，同时也是一些特定的人际关系的总括。二是他的兄弟情义。"桃园三结义"是最被人们所熟知并且广为传颂的。散文大师伊本·穆加发说过："讲义气的人，他们彼此建立友谊，是非常容易的；要他破坏已有的友谊，却是一件难事。正如黄金的器皿一样，是不容易破碎的。"也许，情比金坚就是关公对于义气的态度。

无论是心怀正义还是坚守义气，对于我们普通人来说，都是难能可贵的，尤其在当下注重追求私利的时代，人与人的关系变得愈发的淡漠，而关公精神中的"义"，对于我们这个时代来说就显得难能可贵了。学习领悟关公精神，有助于我们打破当下已经存在的人情淡漠的隔膜，同时还有利于扬正气、树新风活动的展开和发展。所以这很值得我们去细细地研究体味。

（三）关公的"仁"

仁者，《说文》云："仁，亲也。从人从二。"《中文大辞典》曰："仁，亲也，爱之也。""仁"字是由"人""二"两个字组成的，也就是说二人相亲相爱为"仁"。"仁"是关公精神的核心内容之一，也是儒家伦理思想的核心内容。在儒家伦理思想代表人孔子的言行著作中，记载了许多关于"仁"的论述。诸如《论语·颜渊》："樊迟问仁。子曰：'爱人'。"《论语·雍也》："夫仁者，己欲立而立人，己欲达而达人。能近取譬，可谓仁之方也已。"这里的"仁"，其含义是"爱人"。《论语·里仁》："苟志于仁矣，无恶也。"这里的"仁"指仁德。孔子对"仁"的本义、引申义做了广泛的阐述。仅在《论语》一书中，讲"仁"就多达109次。可见孔子对"仁"的极端重视。通过孔子的阐发和提倡，最终使"仁"成为中国传统文化的核心内容之一。关公精神里的"仁"，充分体现了其爱人的诚信理念。关公不但克制自己的私欲，关键是心怀天下，让和他打交道的人都信赖他，时时处处按照儒家文化中的诚意、正心来要求自己。关公精神中的"仁"的内容，恰好为我们提供了一个有力的帮助，通过深入研究关公精神，可以为我们和谐社会的建设起到一个良好的促进作用。

（四）关公的"信"

信者，《说文》云："信，诚也。""诚，信也。""诚"与"信"是同义词。"信"，即诚信。"诚信"一词，最早见于《礼记·祭统》："是故贤者之祭也，致其诚信，与其忠敬。""诚信"，是儒家为人之道的中心思想，立身处世，当以诚信为本。朱熹云："诚者，真实无妄之谓。"程

---

① 李安纲，李方舟：《关公忠义仁勇是中华文化的重要载体》，载《运城学院学报》，2014年第1期，第26页。

颐云："以实之谓信"。可见，"信"不仅要求人们说话诚实可靠，而且要求做事也要诚实可靠。而"信"的基本内涵也是信守诺言，言行一致，诚实无欺，表里如一，这是做人的基本要求。在关公身上，"诚信"二字可谓是伴随其一生。关公夜读《春秋》故事，充分体现了关公重然诺的传统美德。

二、关公忠义精神与商德

（一）商业道德现状

商业道德是一个历史范畴，作为一种意识形态，不仅为一定的社会经济和文化所决定，也反作用于一定的社会经济，对商业活动具有重要的指导意义。改革开放四十多年来，社会主义经济体制经历了重大的历史性转型时期，完成了从计划经济到市场经济模式的转变，在这个漫长的转型期，虽然我国的经济建设取得了巨大成就，社会生产力逐渐提高，商品经济日益发达，但是，经济领域的道德缺失现象日益凸显，这些问题不但严重影响着人们的经济活动，而且影响社会风气，制约着人的全面发展，并且造成了巨大的环境压力。这就需要从事商业活动的商业主体讲究商业道德，具备良好的商业信誉，树立正确的商业道德价值观，才能使他们在商业经济大潮中健康、长远地发展下去。所以说，只有加强商业道德建设，提高商业主体的道德水准，树立正确的商业道德价值取向，找寻现代商业道德建设的新思路才是解决商业领域种种问题的出路所在。

企业要存活于市场，追求利润是其目标。正如马克思所说："当利润达到百分之五十的时候，资本家就不择手段；当利润达到百分之一百的时候，，资本家就铤而走险；当利润达到百分之两百的时候，资本家就敢践踏人间一切法律、尊严和道德舍身取财。"苏丹红鸭蛋、三聚氰胺奶粉及牛奶、甲醛奶糖、带花黄瓜、染色花椒、瘦肉精、染色馒头、毒豆芽、疫苗事件等，近年发生的一些让人触目惊心的商业道德问题，已经给我们敲响了警钟，关于商业道德的问题也越发引起我们的思考。

（二）关公文化精神与商德

关公，被著名学者胡小伟先生称为"天下第一神明"，称他是"佛家神""道家神""儒家神""皇家神""国防神""财富神""乡里神""江湖神""全民神""移民神"[①]。他之所以被称为"财富神"，和关公的"忠""仁""义""信"是分不开的。他能克制自己的私欲，不贪财，既诚意又讲信义。当年曹操礼遇关公，上马金下马银。关公把曹操赏给他的所有东西都分门别类地登记并存放。辞别曹营时，把赏赐的东西全部还了回去。关公之所以如此受崇拜，就是因为他的道德精神，尽管兵败被杀、事业未成，但无损其道德精神之常存千古。关公文化作为一种精神现象，它对社会最直接的意义就是在伦理道德方面。他对国以忠，待人以义，处事以仁，作战以勇，体现了中华民族的传统美德。千百年来，人们崇拜关公，本质上是在崇拜这位英雄的高

---

① 胡小伟：《第一神明》，中国社会出版社，2010 年 7 月版。

尚人格。

关公作为财富的道德神，其道德形象用儒家文化来解释，即以义取利，以义制利。明代中叶，蒲州商人王文显就曾说过："夫商与士，异术而同心。故善商者，处财货之场，而修高明之行，是故虽利面不污。善士者引先王之经，而绝货利之途，是故必名而有成。故利以义制，名以清修，各守其业，天之鉴也。"①清代北京仙城（潮州）会馆的碑文上记载："然而利与义尝相反，而义与利尝相倚者也。人知利之为利，而不知义之为利；人知利其为利，而不知利自有义，而义未尝不利。……是以是为利而利得也，以是为义而义得也。夫是之谓以义为利，而更无不利也。"②

这表明，明清商人已经将"义"作为获取财富的主要手段。"义"，是儒商商业道德、商业伦理、商业规范中很重要的一个字，恰好是通过关公这个榜样来体现的。经商要以义取利，要有很好的人际关系，无论是合伙人之间、商家客户之间，彼此绝对信任，一诺千金，不仅要诚信，关键要讲信义。而关公能够如此被商人所敬仰，也正是因为他的"义神"形象符合明清商人"以义为利"的商业价值观。

信义，是中华民族优秀传统文化。《孟子·离娄上》："义，人之正路也。"《荀子·荣辱》："先义而后利者荣，先利而后义者辱。""仁义德行，常安之书也。"上述传统的义利论述，揭示着先义后利、见利思义的关系。关公一生行"义"，后人称他是"义冠古今""信义昭著""义不苟取"，关公成为民众心目中诚信忠义的化身。晋商崇祀关公为精神偶像，以关公的"义"来规范商业行为，摒弃"见利忘义""不仁不义"等不良观念与动机，以关公的信义取信于民，从而有效地规范商业行为，使商业活动立于不败之地，并且做成世代相传的产业，在今天还作为传说甚至神话，得到学者的关注，其中的道德意义值得研究。

我们现如今经常会听到文化一词，尤其是在近些年以来，从国家到社会到个人，对于文化的重视程度都已经达到了一个前所未有的高度。仓廪实而知礼节，衣食足而知荣辱，文化对于每个人来说的重要性已经不需要任何人再强调。商业虽然是建立在物质基础之上的，但是它本身的文化也至关重要。我们所希望的商业社会，应该是一个崇尚公平公正、讲究信用的正能量的社会。那么，建立良好的商业道德体系就是我们必须要做的。商业道德，虽然看不见摸不着，但是它确实是一个商业体系之中最为核心的内容。关公文化精神中的"忠""仁""义""信"，恰恰可以给商业道德的形成和良好的延续提供一种精神上的指导和思考。

参考文献：

[1] [晋]陈寿. 三国志[M]. 裴松之，注. 北京：中华书局，1959.

[2] 胡小伟. 第一神明[M]. 北京：中国社会出版社，2010.

[3] 王志远，康宇. 关公文化学[M]. 北京：中国社会科学出版社，2015.

[4] 孟繁仁. 女娲文化 三晋文化 中华民族精神[J]. 晋阳学刊，1999（4）：38-47.

[5] 赵波. 关公"忠、义、仁、勇"精神与中华"大一统"思想[J]. 运城学院学报，2007

① 李梦阳：《明故王文显墓志铭》，《空同集》卷四，钦定四库全书荟要（集部76）。
② 李华：《明清以来北京工商会馆碑刻选编》，文物出版社1980年版，第16页。

（6）：57-69.

[6] 王孝哲. 论加强社会商德建设之必要性及措施[J]. 东南大学学报（哲学社会科学版），2013（2）：22-25.

[7] 李安纲, 李方舟. 关公忠义仁勇是中华文化的重要载体[J]. 运城学院学报，2014（1）：22-28.

[8] 王彩琴. 敬业诚信、有所为有所不为——关公精神时代内涵摭议[J]. 洛阳理工学院学报（社会科学版），2017（1）：1-4.

"刘关张集团"驻守新野期间的战略价值考证分析与判断

田福生

以刘备、关羽、张飞为核心的"蜀汉集团"在崛起过程中，受到的磨难、坎坷比曹魏、孙吴要艰辛得多，也复杂得多。从汉灵帝光和六年（183年），刘关张在涿郡（今河北涿州）结盟起步，历经风雨，跌而不挠，在汝南上蔡被曹军击败后，不得已投奔了荆州刘表。"曹公既破绍，自南击先主，先主遣糜竺、孙乾与刘表相闻。表自郊迎。以上宾礼待之。益之兵，使屯新野。"又据《后汉纪》（卷29）："（建安六年，201年）冬十一月，曹操征刘备，备奔刘表，屯新野。"到建安十三年（208年）九月，剿灭了袁绍残余势力，废三公而自封丞相的曹操率大军进攻荆州，逼迫刘备又一次战略大转移，联合孙权，与曹操进行赤壁决战，最终形成三国鼎立局面。算起来，刘关张在新野屯驻大体七年时间。这七年，既是相对赋闲的七年，又是等待机遇、蓄力备战的七年，也是蜀汉政权的奠基孕育期。清乾隆新野知县徐金位将其表述为"帝纂承汉统，虽在西蜀，而得诸葛于新野，则帝业肇于此矣"。可见新野期间对于"蜀汉集团"的意义特殊而不应忽视。

一、战略转移，确定三足鼎立的战略目标

新野是块风水宝地，人杰地灵。东汉光武帝起步在新野，刘备的事业亦起步在新野几位英雄驻守新野，身居南阳，活动在荆州，放眼的是天下。建安十二年（207年）年底至次年年初，刘备、关羽、张飞三赴隆中，寻访旷世奇才诸葛亮，这才有了千古传诵的《草庐对》，也称《隆中对》。有的学者认为是刘备个人三顾茅庐。非也！刘、关、张虽说是三人，却"譬犹一体"。当刘备提出"欲信大义于天下"时，诸葛亮早已成竹在胸。他分析大势，提出六大主张：一是曹操已有百万之众，不可与之争锋；二是孙权已居江东三世，国险民附，可为援而不可图；三是荆州系用武之国，其主不能守，是上天赐给将军的礼物；四是益州沃野千里，天府之国，刘璋暗弱，智能之士都希望得到圣明的君主；五是跨有荆、益后，西和诸戎，南抚夷越，内修政理，外结孙权，以待天下有变；六是时机成熟时，荆州之军出宛、洛，益州之军出秦川。这样"霸业可成，汉室可兴"。邀请诸葛亮加盟，明确未来方向与战略，是"刘关张集团"在新野期

作者简介：田福生，男，中国关公文化遗产保护基金会原学术委员，保定市刘关张三义文化研究会常务副会长、秘书长。

间最大的收获，《隆中对》也成为蜀汉开国的政治纲领。

二、壮大军力，水陆并举

寄寓荆州的几年里，他们大部分时间是在新野度过的。即便建安十年（205 年）曾驻屯樊城，新野仍是前沿阵地，这里距离许都仅三百余里。曹操主力的北征和荆襄南之地的人才荟萃，为"刘关张集团"在一定时期内加快军事准备提供了相对宽松的环境和条件。蜀汉军队的实质性壮大得益于关羽创建水军和诸葛亮献策。这在此后的一系列重大军事活动中都彰显了出来。新野一带的水资源非常丰富，有"八水合一"之盛，这是创建水军得天独厚的优势。关羽的水军既成一定规模，又装备精良，有良好的作战素质，被诸葛亮誉为"精甲"。"别遣关羽乘船数百艘，使会江陵。""豫州军虽败于长坂，今战士还者及关羽水军精甲万人。"关羽不但是绝顶的骑步兵将领，也是"精甲"水军的主帅。这里做个大胆推测，如依诸葛亮言，当阳战役失散归来的士卒及赤壁大战前关羽水军精甲一万人，骑步兵约二千人，精甲水军则八千人，这是赤壁大战前他们仅存的家当。关于战船数量，当时刘表的荆州水军共八万人，战船七千艘。依比例大胆推测，关羽水军战船应约七百艘。这样的规模绝不是一年之功。据新野当地传说，关羽水军演武场在新野县城北汉风苑的三里河。民国期间《新野县志》载："关壮缪演水军处，城北三里河。"这里曾是淯水的主河道，河面广阔，水流湍急，旁有雁语山，遥想关羽曾站在雁语山上指挥水军操练。建造战船也是一个大工程。从记载看，当时战船主要包括三类：小型艨艟船，船头有撞角，以冲击敌船为主；中型斗舰，装有金鼓、旌旗，既可射箭，又可指挥作战；大型楼船，统帅居之。楼船的龙骨、肋骨、船体、甲板、旗杆、尾舵，均需上等木材。木料之间由铁条隼铆相连，通体坚固异常，不怕风浪。一艘楼船需百余工匠，半年才能完成。关羽为建造七百艘各种类型的战船肯定付出了很多智慧和汗水。除水军外，蜀汉骑步兵也得到了较大发展，这归功于诸葛亮的"游户发调策"。《魏略》载："刘备屯于樊城。是时曹公方定河北，亮知荆州次当受敌，而刘表性缓，不晓军事。亮乃北行见备。……"亮曰："今荆州非少人也，而著籍者寡，平居发调，则人心不悦；可语镇南，令国中凡有游户，皆使自实，因录以益众可也。"备从其计，故众遂强。备由此知亮有英略，乃以上客礼之。《九州·春秋》所言亦如之。上边谈到的曹公方定河北，即市杀袁谭于南皮（今河北南皮县，沧州市西南）。南皮为东汉渤海郡治地。"十年春正月，攻谭，破之，斩谭，诛其妻子，冀州平。"诸葛亮在这年北行见刘备，献"游户发调策"后，不明原因，又返回隆中，才有两年后的三顾茅庐。新野鼎盛时期，推测他们骑步兵大体构成：① 汝南之战败退来的涿郡、豫州、徐州、汝南等地残部三千人；② 荆州刘表拨付五千人；③ 新野发展一万余人。以当阳之战的状况推测，刘备的骑步兵应为二万人左右。因为护卫十万民众步行南撤，兵力分散，在曹操虎豹骑冲击蹂躏下，形成伤亡、流失，最后会于夏口的约二千人。《江表传》载，"备虽深愧异瑜，而心未许之能必破北军也。故差池在后，将二千人与羽、飞俱，未肯系瑜，盖为进退之计也。"这二千骑步兵部队，应是当阳战后保存的蜀汉精华，里面包括赵云、陈到等名将。

三、广纳群贤武将，形成蜀汉事业骨干队伍

刘备方有三面旗帜：一是刘备汉室之胄、左将军、豫州牧的身份；二是刘备雅量信义的社会号召力；三是讨逆除奸大旗。建安四年（199 年）正月，曹刘联军剿除吕布，到许昌面帝，曹操与刘备"出则同舆，座则同席"，"曹操与刘备秘言，备泄之于袁绍，绍知操有图国之意，操自昨其舌流血，以失言戒后世。"诸侯对曹操的包藏祸心多有了解。刘关张则在重大原则问题上旗帜鲜明，才有了刘备与曹操的分道扬镳。他们于五月反出许都，在徐州斩杀车胄，举起讨曹大旗，之后被刘表安排在新野站在抗曹最前沿。博望坡之战见于三则史料：①"刘表使刘备北侵，至叶，太祖遣典从夏侯惇拒之。备一旦烧屯去，惇率诸军追之。典曰：'贼无故退，疑必有伏。南道窄狭，草木深，不可追也。'惇不听，与于禁追之，典留守。惇等果入贼伏里，战不利，典往救，备望见救至，乃散退。"②"使拒夏侯惇、于禁等于博望。久之，先主设伏兵，一旦自烧屯伪遁，惇等追之，为伏兵所破。"③"先是，与夏侯战于博望，生获夏侯兰。兰是云乡里人，少小相知，云白先主活之，荐兰明于法律，以为军正。"这场战役，刘备设伏击败夏侯惇、于禁，赵云生擒夏侯兰，并推荐他做了军正。时间发生在建安七年（202 年）十月，因为《李典传》行文述此战发生在曹操与袁谭、袁尚黎阳（今河南浚县）大战。事实上，抓住曹操主力被牵制的机会，向许昌方向逼近，才有战略意义。诸葛亮当时尚未出山，应该是徐庶协助刘备谋划的。有的学者把"北侵至叶"与博望坡之战视为两次战役，笔者认为不恰当。两则史料分别有"烧屯去""烧屯伪遁"，可以判定为同一战役无疑。

淯水之战。历史上的淯水，又称白河。建安二年（197 年）正月，曹操曾带兵征张绣，在宛城淯水段大战。张绣本来投降了曹操，因曹操霸占张绣之婶邹夫人而引起战争。曹操损失了儿子曹昂、侄子曹安民、勇将典韦。据新野民间传说，刘关张集团与夏侯惇等曹魏将领在新野淯水段发生过激烈战斗。关羽在淯水上游的石门厅，即今新野沙堰镇鹊尾坡西南水淹曹军。民国《新野县志》载：石门厅，在沙堰望夫石后，本汉召信臣所筑以蓄水灌田者，后昭烈（刘备）奇曹军对垒，关壮缪（关羽）于此囊沙闸水以淹曹军，今遗址宛然。从文物遗存看，当年关羽用沙袋闸水，然后在鹊尾坡与曹军大战，应是历史真实的一幕。刘关张屡屡挫败曹操兵马，鼓舞了匡扶汉室、维护大汉一统的主流民意，体现了忠正为主体的传统价值观。南阳乃至荆州一大批文臣武将先后投到刘备麾下。《三国志》有载：南阳籍有黄忠、魏延、陈震、宗预、刘邕、黄柱、郝普、傅肜、张存等，荆州其他地域有徐庶、诸葛亮、马良、马谡、庞 统、刘封、廖立、杨仪、霍峻、向朗、向宠、蒋琬、廖化、冯习、张南、辅匡、董厥、赖恭、殷观、习祯、杨禺页、邓方、潘浚等。这些人除潘浚变节外，后来均成为蜀汉集团执政的主要力量，为蜀汉定鼎西川做出了贡献。

蜀汉紧密核心层增丁添口。蜀汉核心层有三层：一层冀州核心层，涿郡起事的刘关张及赵云、陈到；二层冀荆核心层：一层人员加诸葛亮、庞统；三层冀荆益核心层：一、二层人员加法正、李严等。东汉末年的战争生涯中，"刘关张集团"与亲眷聚少离多，他们成婚、后嗣都受到了影响。在荆州期间，刘备集团主要在新野、樊城两地活动，刘备得子较晚。到达荆州前，数丧嫡室，先有两个女儿。任徐州牧期间，驻小沛娶甘夫人。陶谦夫人也姓甘，分析两位甘夫

人为同宗。建安七年（202年）收刘封为义子。"刘封者，本罗侯寇氏之子，长沙刘氏之甥也。先主至荆州，以未有继嗣，养封为子。"刘备到达荆州，先居于宜城，收养刘封应在宜城时。刘禅，先主长子。"后主袭位于成都，时年十七。"刘备于章武三年（223年）病逝于白帝城，以此推断，刘禅应于建安十二年（207年）生于新野，保证了蜀汉政权的延续性。关羽得子也较晚，晋常璩《华阳国志》载："关羽随先主从曹公围布于濮阳，时秦宜禄为布求救于张杨，关羽启公，妻无子，下城乞娶宜禄妻，公许之。及至城门，复白。公疑其有色，自纳之。后先主与公猎，关羽欲于猎中杀公，先主为天下惜，不听，故关羽常怀惧。"吕布被刘曹联军剿灭于建安三年（199年）十二月癸酉日。可知，时关羽妻在身边，无子。因此，《关帝圣迹图志》所载关平生于汉光和元年（178年）五月十三日，纯属以讹传讹。清关公文化学者周广业引《陵庙纪略世系图》说，关平字定国，有子樾。并推定："《华阳国志》载建安三年，帝尚无子，则平生已晚，临沮被难，年当在二十内外。"因此关平生于建安六年（201年）左右。次子关兴。"关兴字安国，弱冠为侍中，中监军。"古代二十岁为弱冠。按"汉将相大臣年表载：章武三年癸卯，四月，帝（刘备）崩，太子禅继位，改是年为建兴元年（223年），关兴任中监军。"又何时任侍中呢？也是同一年。"建安二十四年，廖立徙长水校尉。"幼侍中一职由关兴担任。是年关兴二十岁，建安九年（204年）出生，时关羽在新野。关索，关羽第三子。世俗多认为关索为《三国演义》虚拟人物。本人曾疑关索为关羽长子，但随着翻阅资料的进一步发现，不断校正认识。我国三国志演义古版汇集编辑委员会主编陈翔华在《日本藏夏振宇刊本三国志传通俗演义纪略》中有述，从版本学角度进行考证，此书卷十一《诸葛亮六出祁山》有注云：《补注》按《逸史》前载，关索随孔明平定南方，回成都，卧病不起，后遂不入本传。恐难取信于人。当时皆指关兴是关索，非也。往往传说云、川等处，皆有关索之庙。细考之，索乃蜀将也。小说中直以为关羽之子，其传必有所本矣。今略附于此，以俟后之知者。迨陈翔华考证出，《新唐书》卷五十九艺文志丙部小说家类，有晚唐卢肇《逸史》三卷，按此注观点：① 关索确实为蜀将；② 他参加了诸葛亮的南征战争；③ 他是关羽的儿子。陈翔华论之，既然夏振宇刊本的撰注者已经看到了小说中的关索故事，并且断定"其传必有所本"，那么关索其人其事必早于此刊本以前久已存在，绝非夏振宇刊本、周曰校刊本等自我作古而擅以增入，这应该是毋庸置疑的史实。近日重读《诸葛亮传》，其中清张澍引《杂记》亦载："后帝赴洛，洮阳王恂不忍北去，与关索定策南奔，卫王灌发铁骑追至，得霍弋、吕凯合攻，方退，诸葛质为使，入蛮邦结好。时孟虬为王，祝融夫人曰：'却之不仁。'虬从母命，回报洮阳王，住永昌。《杂记》所云诸葛质，瞻子也。然云霍弋、吕凯合攻，误矣。吕凯于雍之役被杀，此时安得与霍弋合攻。"虽然个别细节有误或变故，但可以肯定，关索确有其人，蜀汉败亡刘禅赴洛阳时仍在人世间。不但没有被庞德之子庞会报复杀害，还因其对南中熟悉，与诸葛瞻另一不见历史记载的儿子诸葛质策划南逃。似此关索应于建安十年（205年）出生于新野。在蜀汉灭亡的265年，年60岁，是可信的。关银屏，关羽之虎女。推测建安十一年（206年）生于新野。关羽有女史料明载，但生于何时，名字是什么，仅有民间传说。据云南省澄江县有关记载，关银屏后嫁于汉兴亭侯、安汉将军李恢之子李遗（蔚），安居澄江，教人们内地的生产生活方式，死亡后与李遗合葬于澄江县金莲山上，现为澄江县文物保护单位。

注：本文所用文献：①《三国志·蜀书·先主传》；②《谢钟英三国大事补正》载《袁纪》；③ 乾隆《新野县志》；④《三国志·蜀书·费诗传》；⑤《三国志·蜀书·先主传》；⑥《三国志·蜀书·诸葛亮传》；⑦《三国志·蜀书·诸葛亮传》；⑧《三国志·魏书·武帝纪》；⑨《三国志·蜀书·先主传》注引《江表传》；⑩《华阳国志》卷六刘先主志；⑪《太平御览》卷第三百六十七《舌部》；⑫《三国志·魏书·李典传》；⑬《三国志·蜀书·先主传》；⑭《三国志·蜀书·赵云传》注引《赵云别传》；⑮《三国志·蜀书·刘封传》；⑯《三国志·蜀书·后主传》；⑰《三国志·蜀书·关羽传》；⑱《后汉书三国志补表三十种》；⑲《三国志·蜀书·廖立传》；⑳《日本藏夏振宇刊本三国志传通俗演义》国图影印本；㉑《诸葛亮集》。

从《三国演义》看关公的诚信美德

王治涛

大大小小的关帝庙至今仍然遍布城乡。国人之所以敬关公、拜关公、学关公，既与关公的忠义、仁勇分不开，也与关公的诚信分不开。诚信是人类最古老的道德标准，是中华民族的优良传统，是立人之道、立政之本。诚信如同空气、阳光一样，是任何一个社会在任何时候都需要的。孔子曾说："言忠信，行笃敬，虽蛮貊之邦，行矣。言不忠信，行不笃敬，虽州里，行乎哉？"[1]孟子也说："诚者，天之道也。思诚者，人之道也。至诚而不动者，未之有也。不诚，未有能动者也。"[2]。诚信也是社会主义核心价值观的重要内容之一。关于关公的研究很多，但是关于关公诚信理念和美德的研究，学者还未曾涉及。笔者以《三国演义》（也称《三国志演义》《三国志通俗演义》）为视域，来研究关公的诚信理念和美德，以期抛砖引玉。

一、《三国演义》极大地助推了关公正面形象的形成和传播

有关三国和关公的故事、传说，早在魏晋时期就已经出现了。西晋时期，著名史学家陈寿就撰写了《魏书》《蜀书》和《吴书》（这三书在北宋时期被合称为《三国志》）。在《蜀书》中，陈寿专门撰写了《关张马黄赵传》，为关羽、张飞等人专门立传。《关羽传》约有1200字，主要记述了关羽追随刘备、寄居曹营、斩颜良、封赐追兄、书问马超、刮骨疗毒、水淹七军、失荆州（今湖北荆州市）等事。陈寿称赞关羽是"虎臣"，有"国士之风"，但同时认为关羽"刚而自矜"："关羽、张飞皆称万人之敌，为世虎臣。羽报效曹公，飞义释严颜，并有国士之风。然羽刚而自矜，飞暴而无恩，以短取败，理数之常也。"[3]陈寿对关羽的记述和评价，应该是最真实的关羽。从陈寿的记述和评价中，我们可以看出，关羽虽然是"虎臣"，有"国士之风"，但并不是什么神人，更不是什么无所不能的伏魔大帝。但随着中国社会的发展和演变，有关关公的故事、传说也逐渐多了起来，关公的形象也逐渐丰满起来，形象也发生了很大的变化。元末明初小说家罗贯中的《三国演义》，极大地助推了关公形象的形成和传播。清末无名氏在《老甫丛谈》中就明确指出："古来名将如关羽者甚多，而关羽独为妇孺所称，则小说标榜之力。自《三国演义》风行，世俗几不知有陈寿《三国志》。"[4]

在清代毛宗岗整理后的（也就是如今最通行的）120回的《三国演义》中，有姓氏的人物有980多人。在这些众多的人物中，蜀汉方面的关公、张飞、刘备、诸葛亮，曹魏方面的曹操、

作者简介：王治涛（1965—），男，河南偃师人，历史学硕士，教授，主要从事河洛文化研究。

张辽、司马懿，东吴方面的孙权、周瑜、鲁肃等，都成了重要人物。在元代虞氏本《三国志平话》中，写得最生动可爱的人物是张飞，并且也以张飞为中心。但在《三国演义》中，张飞不再是中心人物，关公、刘备、诸葛亮和曹操则成为中心人物。日本学者大塚秀高就认为，"《三国志演义》前半部的重点人物是关羽，后半部是孔明……《三国志平话》最活跃的人物是张飞"[5]。

在《三国演义》有姓氏的980名人中，罗贯中倾入了自己的立场，倾入了自己的感情。罗贯中以蜀汉为正统，在书中融入了强烈的"拥刘反曹"感情。在罗贯中的笔下，董卓是大恶之人，吕布是见利忘义之徒，曹操是国贼、奸雄，孙权是汉贼，诸葛亮是忠贞、大智之人，刘备是汉室忠臣、蜀汉先主，张飞是忠勇、可爱之人，关公是忠义、仁勇、智信之人。毛宗岗在评论《三国演义》的关公时说："如关公者，忠可干霄，义以贯日，真千古一人。"[6]关公成为《三国演义》的正面中心人物之一。有位学者就明确认为："《三国演义》一问世，曹操等人就此被后人定为'奸雄'，被牢牢钉在历史的耻辱柱上；而关羽作为'忠义'的代表，道德的楷模，《春秋》大义的化身，成为历史评价的价值标准。"[7]

在元杂剧中，在以张飞为主角的元杂剧《虎牢关三战吕布》《张翼德独战吕布》等中，关羽是胆小怕事、逆来顺受的庸人。而在以关羽为主角的元杂剧《关云长千里独行》《关云长大破蚩尤》《关大王独赴单刀会》等中，关羽是义薄云天的英雄。关于这一点，中国传媒大学教授、博士生导师刘丽文说得明明白白："翻开元杂剧，会发现呈现在我们面前的是两个矛盾的关羽：一个是胆小怕事、屈从权威的懦夫；一个是有胆有识、义薄云天的大丈夫。"[8]元末明初著名小说家、戏曲家罗贯中创作的《三国演义》，极大地助推了关公正面形象的形成和传播。在《三国演义》中，关公再不是胆小怕事、逆来顺受的庸人，成了义薄云天的英雄，成了忠义、仁勇、智信之士，成了道德的楷模。由于《三国演义》的广泛流传，关公忠义、仁勇、智信和道德楷模的形象也得到社会各个阶层的高度认可、称颂，关公忠义、仁勇、智信和道德楷模的形象也随之在社会各个阶层中广泛传播开来。也正是在《三国演义》成书之后，民间对关公的崇拜才走向高潮，封建帝王对关公的褒封才走向高潮，关公庙貌才遍布天下。

二、《三国演义》中关公诚信美德的表现

《三国演义》中有很多地方都描述了关公的诚信美德。关公不虚言，说老实话；关公不玩虚，办实在事；关公不轻诺，言出必行；关公不做作，表里如一；关公不凌弱，诚实不欺；关公不阿谀，尊崇高人；关公不自大，诚心待人；关公不投机，照章办事。

（一）不虚言，说老实话

关公对自己的兄弟、战友不虚言，说老实话。在《三国演义》一开篇，和刘备、张飞初次在幽州涿县（今河北涿州市）见面时，关公就好不藏掖地说出了自己的身世、杀人逃难经历和打算："吾姓关，名羽，字长生，后改云长，河东解良（今山西运城市盐湖区解县镇）人也。因本处势豪倚势凌人，被吾杀了；逃难江湖，五六年矣。今闻此处招军破贼，特来应募。"[9]5刘、

关、张三结义时所说的"高大上"誓词，也都是三人实实在在真心话、老实话："念刘备、关羽、张飞，虽然异姓，既结为兄弟，则同心协力，救困扶危；上报国家，下安黎庶；不求同年同月同日生，只愿同年同月同日死。皇天后土，实鉴此心。背义忘恩，神人共戮！"[9]5 在《三国演义》第六十五回，在建安十九年（214 年），当马超归顺刘备后，远在荆州的关公给大哥刘备和军师诸葛亮写信，"知马超武艺过人，要入川来与之比试高低"[10]750。虽然关公后来被诸葛亮劝住，没有入川和马超比试，但仍然可以看出关公和自己的兄弟、战友不虚言，说老实话。

关公对自己的敌人不虚言，说老实话。在《三国演义》第二十五回中，在建安五年（200 年），当曹操在徐州（今江苏邳州市）、小沛（今江苏沛县）、下邳（今江苏睢宁县）打败刘备、张飞，将关公围在土山时，关公从容与曹操谈条件，与曹操所约三事——"一者，吾与皇叔设誓，共扶汉室，吾今只降汉帝，不降曹操；二者，二嫂处请给皇叔俸禄养赡……三者，但知刘皇叔去向，不管千里万里，便当辞去：三者缺一，断不肯降"[9]285，也是关公的真心话、老实话，丝毫没有向敌人曹操隐藏自己的要求和打算。

关公对平民不虚言，说老实话。关公去河北袁绍那里寻找大哥刘备的时候，在界首，到关定庄上投宿的时候，对老翁关定也以实相告："庄内一老翁携杖而出，与关公施礼。公具以实告。"[10]正是因为关公"具以实告"，所以关公才得以收关定之子关平为义子，关平也才能在日后成为关羽的得力助手。关公对平民不虚言，说老实话，是非常难得和可贵的。

（二）不玩虚，办实在事

关公主动请缨，不玩虚，办实在事。在《三国演义》第五回，十七路诸侯讨伐董卓。但一开始，就被董卓手下的都督华雄在汜水关打得大败，以至于"众皆失色"，盟主袁绍也后悔没有把自己的上将颜良、文丑带来。在此严峻情形之下，身为平原令刘备手下的马弓手，关公主动请缨，"酒尚温时斩华雄"[9]，在讨伐董卓中立下了第一功。

关羽受命，不玩虚，办实在事。在《三国演义》第七十三回，在建安二十四年（219 年），刘备就汉中王位后，封诸葛亮位军师，封关公、张飞等为五虎大将。曹操大怒，联合孙权，准备进攻荆州。刘备、诸葛亮认为，只要镇守荆州的关公能够占领曹军曹仁把守的樊城（今湖北襄阳市樊城区），敌军就会胆寒，就会瓦解曹操、孙权联军的攻势。"即差前部司马费诗为使，赍捧诰命投荆州而来。""云长领命"[10]837，立即出兵，一举夺取了曹军控制的襄阳郡（今湖北襄阳市），直逼樊城。在《三国演义》第七十四回，关公更是水淹七军，擒于禁，杀庞德，"威震天下"[10]852。说实在话，罗贯中在《三国演义》中说关公"威震天下"，和史实是相符的，并没有夸大，因为陈寿在《三国志》里也说得很清楚："禁降羽，羽又斩将军庞德。梁（今河南汝州市）、郏（今河南郏县）、陆浑（今河南嵩县）群盗或遥受羽印号，为之支党，羽威震华夏。曹公议徙许都（今河南许昌市）以避其锐。"[3]941

（三）不轻诺，言出必行

孔子的得意弟子曾子云："吾日三省吾身——为人谋而不忠乎？与朋友交而不信乎？传不习

乎？"[11]3 不管是对兄弟，还是对友人，对常人，抑或是对敌人，关公都一诺千金，言出必行。

有学者曾对刘备、关羽、张飞三人结义之事进行过考证，认为"刘关张三人很可能是兄弟结义关系"[11]。在《三国演义》第一回，刘备、关羽、张飞三人就在桃园结为异姓兄弟，誓言"同心协力，救困扶危；上报国家，下安黎庶；不求同年同月同日生，只愿同年同月同日死"[9]5。桃园结义之后，关公用一生的行动来践行这个诺言，直到生命的最后一息。过关斩将，矢志追随大哥刘备；在古城（今河南汝南县）刀斩蔡阳，和三弟张飞释疑。在《三国演义》第七十七回，在建安二十四年（219年），关公不幸被东吴擒拿。当孙权劝说关公归降时，关公仍然铭记着桃园结义的誓言，誓死不降："'吾与刘皇叔桃园结义，誓扶汉室，岂与汝叛汉之贼为伍耶！我今误中奸计，有死而已，何必多言！'"[9]874 遂大义归天。

在《三国演义》第二十五回，关公"降汉帝不降曹操"后，曹操极力笼络关公，"待之甚厚"[9]288，还把"日行千里，登山渡水，如履平地"[9]34 的赤兔马送给了关公。曹操对关公的高规格礼遇，关公心里也非常清楚，但关公仍心怀去意，时刻准备着追寻大哥刘备。关公曾经对张辽说："'吾固知曹公待吾甚厚。奈吾受刘皇叔厚恩，誓以共死，不可背之。吾终不留此。要必立效以报曹公，然后去耳。'"[9]290 关公言"必立效以报曹公，然后去"，可以说是关公对暂时的友人曹操的承诺。在曹操和袁绍的大战中，关公斩颜良、诛文丑，为曹军战胜袁军立下了辉煌业绩。在兑现"立效以报曹公"的诺言后，关公才辞谢曹操，挂印封金，前去追寻大哥刘备。

在《三国演义》第二十七回，关公在许都城外一村庄借宿时，庄主胡华托关羽给在荥阳（今河南荥阳市）的儿子胡班送一封家书，"关公应诺"[9]308。到达荥阳、见到胡班后，"公唤从者于行李中取书付班"[9]312，兑现了对村民胡华的承诺，兑现了对常人的诺言。

在《三国演义》第六十六回，在建安十九年（214年），孙权得知刘备攻取益州（今四川成都市），派诸葛瑾向关公索要荆州无果后，和鲁肃商议，准备邀请关公到陆口（今湖北嘉鱼县陆溪镇）赴宴，好言相劝关公归还荆州。鲁肃（字子敬）到陆口后，和吕蒙、甘宁商议妥当，修下请书，派人过江，送给在荆州的关公。"云长看书毕，谓来人曰：'既子敬相请，我明日便来赴宴。'"[10]754 东吴使者走后，关平、马良都认为东吴不安好心，劝说关公不要赴会。关公认为虽有千难万险，但言出必行，"'既已许诺，不可失信'"[10]754。次日，关公毅然前往陆口赴会。

（四）不做作，表里如一

在兴复汉室，维护道义方面，关公不做作，表里如一。在《三国演义》第二十回，许田围猎时，曹操用汉献帝的宝雕弓、金鈚箭射中鹿背。"群臣将校，见了金鈚箭，只道天子射中，都踊跃向帝呼'万岁'。曹操纵马直出，遮于天子之前以迎受之。众皆失色。玄德背后云长大怒，剔起卧蚕眉，睁开丹凤眼，提刀拍马便出，要斩曹操"[9]231-232。正如日后刘备与董承所说的那样："'舍弟见操僭越，故不觉发怒耳。'"[9]239 关公"见操僭越，故不觉发怒"，要斩丞相曹操，正是关公不做作、表里如一的表现。

在对待女色上，关公始终表里如一，对二嫂尊崇有加。在《三国演义》第二十五回，关公"降汉帝不降曹操"后，在去许都的路上，曹操"欲乱其君臣之礼，使关公与二嫂共处一室"，但"关公乃秉烛立于户外，自夜达旦，毫无倦色"，致使"操见公如此，愈加敬服"[9]288。在去往许都的路上，关公并不是故意做样子给曹操看的。到达许都后，关公始终表里如一，对二嫂尊崇有加。"关公分一宅为两院，内门拨老军十人把守，关公自居外宅。"关公还将曹操送给自己的"美女十人"，"尽送入内门，令伏侍二嫂"。关公自己还"三日一次，于内门外躬身施礼，动问'二嫂安否'"[9]288。常言说："英雄难过美人关。"但在对待女色上，在对待二嫂时，关公始终表里如一。

在对待名誉问题上，关公不做作，表里如一。在《三国演义》第七十三回，在建安二十四年（219 年），刘备就汉中王位后，封关公、张飞、赵云、马超、黄忠为"五虎大将"，关公排在"五虎大将"之首，黄忠排在"五虎大将"之末。关公珍惜名誉，认为"老卒"黄忠和自己并列，是对自己的侮辱，不肯接受印绶。"云长怒曰：'翼德吾弟也；孟起世代名家；子龙久随吾兄，即吾弟也：位与吾相并，可也。黄忠何等人，敢与吾同列？大丈夫终不与老卒为伍！'遂不肯受印"[10]837。但经过费诗的开导，关公很快就认识到自己的错误，接受了印绶。虽然关公在和"老卒"黄忠同列这件事上的确说了不应该说的话，做得有些过分，但是关公能够在公开场合大声说出来，真实表达自己的想法，至少说明关公不做作，表里如一。

（五）不凌弱，诚实不欺

蜀汉丞相诸葛亮曾经在《出师》一文中说过一句话："勿以身贵而贱人，勿以独见而违众，勿恃功能而失忠信。"[12]82 告诫人们不要因为有身份而看不起人，有独见而不尊重人，有能力而不讲忠信。不管是认识的人，还是不认识的人，关公都不会凭借自己的地位和高强的本领恃强凌弱，待人诚实不欺。

在《三国演义》第五十回，当曹操在赤壁（今湖北赤壁市）大战中失败，并接连遭到东吴大兵和赵云、张飞的截杀，逃到华容道（今湖北监利县）时，只剩下"三百余骑随后，并无衣甲袍铠整齐者"，而且人困马乏。就连曹操自己也说，如果周瑜、诸葛亮"'若使在此处伏一旅之师，吾等皆束手就缚矣'"。曹操"言未毕，一声炮响，两边五百校刀手摆开，为首大将关云长，提青龙刀，骑赤兔马，截住去路。操军见了，亡魂丧胆，面面相觑"[9]567。这时的曹操，只有三百余骑，而且人马极度困乏，对关公来说，可谓瓮中之鳖，完全可以轻松擒来。曹操的谋士程昱深知"云长傲上而不忍下，欺强而不凌弱；恩怨分明，信义素著"，因此建议曹操亲自向关公求告。关公是个义重如山之人，"又见曹军惶惶，皆欲垂泪，一发心中不忍"，后来"众军皆下马，哭拜于地。云长愈加不忍"[9]568。遂不顾和军师诸葛亮立下的事关生死的军令状，放走了曾待自己不错的曹操。

在常年的征战中，关公从来不会仰仗自己的高超本领滥杀人，尽量不伤及普通士兵，更不会伤及无辜百姓。斩华雄、车胄、颜良、文丑、秦琪、蔡阳等敌将时，都是只杀敌将，不杀普通士兵。在《三国演义》第二十五回，关公斩颜良时，"河北军如波开浪裂，关公径奔颜良……颜良措手不及，被云长手起一刀，刺于马下。忽地下马，割了颜良首级，栓于马项之下，飞身上马，提刀出阵，如入无人之境"[9]292。在《三国演义》第二十八回，在古城斩蔡阳时，"张飞

亲自擂鼓。只见一通鼓未尽，关公刀起处，蔡阳头已落地。众军士俱走"[9]322。

（六）不阿谀，尊崇高人

荀子云："君子崇人之德，扬人之美，非谄谀也。"[13]41关公文武双全，世所罕有，不会轻易"崇人之德，扬人之美"。但对于真正的高人，关公还是打心眼里尊崇的，也不吝赞美之词。

关公曾经极力称赞过自己的三弟张飞。在《三国演义》第二十五回，关羽一举斩杀颜良后，"献首级于操前。操曰：'将军真神人也！'"面对曹操的高度称赞，关公却谦虚起来，并夸奖起自己的三弟张飞："关公曰：'某何足道哉！'吾弟张翼德于百万军中取上将之头，如探囊取物耳。"关公的话，让曹操极其震撼："操大惊，回顾左右曰：'今后若遇张翼德，不可轻敌。'令写于衣袍襟底以记之。"[9]294在《三国演义》第四十二回，张飞在长坂桥竟然能喝退曹操和曹操大军，与关公对三弟张飞的尊崇和极力称赞有莫大关联。

关公曾经称赞诸葛亮是"英杰"。在《三国演义》第三十九回，看着初出茅庐的诸葛亮，"众将皆未知孔明韬略，今虽听令，却都疑惑不定"。关公、张飞也要看看诸葛亮的"计应也不应"[9]448。如果不应，再来向诸葛亮问罪。诸葛亮运筹帷幄，火烧博望坡，以少胜多，大败夏侯惇十万大军。面对这一巨大胜利，关公、张飞心服口服："关、张二人相谓曰：'孔明真英杰也！'"[9]451此后，关公、张飞对年轻的才华横溢的诸葛亮尊崇有加，言听计从。

关公还曾称赞华佗为"神医"。在《三国演义》第七十五回，在建安二十四年（219年），关公水淹七军，擒于禁、斩庞德之后，在指挥攻打樊城时，被曹仁的毒箭射中右臂。"毒已入骨，右臂青肿，不能运动"[10]852。华佗慕关公之名，主动上门为关公治病。"公饮数杯酒毕，一面仍与马良弈棋，伸臂令佗割之……佗乃下刀，割开皮肉，直至于骨，骨上已青；佗用刀刮骨，悉悉有声。帐上帐下见者，皆掩面失色。公饮酒食肉，谈笑弈棋，全无痛苦之色。须臾，血流盈盆。佗刮尽其毒，敷上药，以线缝之。公大笑而起，谓众将曰：'此臂伸舒如故，并无痛矣。先生真神医也！'"[10]853-854在真正见识、体验了杏林高手华佗的手段后，关公由衷发出了"先生真神医"的赞叹。

（七）不自大，诚心待人

关公有仁人之心，向来以诚心善待普通人。《三国演义》中，看不到关公斥责、鞭打、杀害自己手下的将领、士兵的描述。只在《三国演义》第七十三回，关公斥责过傅士仁、糜芳，还"叱令斩之"。建安二十四年（219年），刘备就汉中王位后，面对曹操和孙权的联合进攻，命令关公起兵攻打樊城。不料关公还未曾出兵，先锋傅士仁、糜芳因为饮酒，"帐后遗火，烧着火炮，满营撼动，把军器粮草，尽皆烧毁"，火炮还打死本部士兵。在此情形下，关公才斥责了傅士仁、糜芳，并"各杖四十，摘取先锋印绶"[10]838。但在费诗的劝解下，关公并没有将二人斩首，只是罚糜芳守南郡（今湖北江陵县）、傅士仁守公安（今湖北公安县）。在《三国演义》第七十六回，在荆州被东吴袭取后，在走麦城（今湖北当阳市两河镇）时，在形势最为严峻的时候，面对大量逃往的士兵，关公也没有想着什么杀一儆百，更没有斩杀自己手下一名士兵。

对待自己的老乡，关公毫无架子，诚心相待。在《三国演义》第二十七回，关公过五关时，在汜水关的镇国寺偶然遇到了僧人普净。普净和关公是"同乡人"，普净家与关公家只隔一条河。汜水关守将卞喜见普净叙说乡里之情，恐怕谋杀关公的阴谋走漏，就斥责普净休要多言。此时的关公，斩颜良、诛文丑，被汉献帝称为"美髯公"，还被汉献帝封为"汉寿亭侯"，已经是名满天下的大英雄。但关公这个大英雄却丝毫没有什么架子，针对卞喜的斥责，却说："'不然。乡人相遇，安得不叙旧情耶？'"[9]310关公诚心相待老乡普净，也从普净那里得到了卞喜要杀害自己的暗示。

对曾经帮助过自己的人，关公铭记在心，知恩图报。在《三国演义》第二十七回，关公过五关时，在荥阳得到了从事胡班的帮助（胡班告诉关公荥阳太守王植准备夜里放火烧死关公，并打开城门放走关公），关公才得以顺利过关。"关公催车仗速行，于路感胡班不已"[9]312。将近 20 年后，在《三国演义》第七十三回，在建安二十四年（219 年），当胡班到荆州投降关公时，"公念其旧日相救之情，甚爱之；令随费诗入川，见汉中王受爵"[10]838。将近 20 年后还念着胡班的旧情，足见关公的诚心待人和知恩图报。

（八）不投机，照章办事

在《三国演义》第五回，在十七路诸侯讨伐董卓时，面对强悍的华雄，关公主动请缨，在经过曹操和盟主袁绍的同意后，关公立马斩杀了华雄。在《三国演义》第二十六回，关公在得知大哥刘备的下落后，按照当初和曹操的约定，一连数次去相府想当面辞别曹操，曹操却故意回避，"皆不得见"；关公又"往张辽家相探，欲言其事。辽亦托疾不出"。关公知道这是曹操不想让自己离开。无奈之下，关公只好写书辞别，"写毕，封固，差人去相府投递"[9]303。辞别程序走完之后，关公才封金挂印，踏上了追兄之路。在过五关时，关公并没有凭借曹丞相对自己的厚爱，说假话，更没有伪造通关文凭。不投机，不造假，照章办事，说话做事光明磊落，这就是关公。

当然，在《三国演义》第二十一回，关公、张飞也曾用计，乘夜假扮曹军，杀死徐州刺史车胄，夺取了徐州。但是，这是对敌人，并且是曹操、车胄阴谋要杀死刘备、关公等人，可谓之权变和智谋。

三、《三国演义》中关公讲诚信的缘由

在《三国演义》中，关公是一个讲诚信的人，有着讲诚信的理念和美德。关公的诚信理念和美德，从《三国演义》来看，主要受到个人文化素养、结义兄弟和社会的影响。

（一）深受《春秋》的影响

从《三国演义》看，关公的诚信理念首先来自自身的学习和感悟，来自《春秋》一书的影响。民间所说的"关公夜读《春秋》"，在《三国演义》里根本找不到踪影。书中只有以下两处

与"灯"有关的描写，与关公可能读书有关。一处在第二十五回。关公"降汉帝不降曹操"后，随同曹操往许都。在往许都的路上，曹操"欲乱其君臣之礼"，故意使坏，"使关公与二嫂公处一室"。让曹操想不到的是，"关公乃秉烛立于户外，自夜达旦，毫无倦色"[9]288。至于关公秉烛时干什么，读没读书，罗贯中在《三国演义》里没有说明，我们也不得而知。另一处在《三国演义》第二十七回。在关公千里走单骑，走到荥阳时，荥阳太守王植的手下从事胡班在夜里潜行到关公住处，"见关公左手绰髯，于灯下凭几看书。班见了，失声叹曰：'真天人也！'"[9]312但关公读什么书，罗贯中同样没有说明，我们仍然不得而知。

在《三国演义》中，只有一处清楚写到关公读《春秋》，并"深明《春秋》"。在第五十回中，在华容道曹操向关公求情时说："'五关斩将之时，还能记否？大丈夫以信义为重。将军深明《春秋》，岂不知庾公之斯追子濯孺子之事乎？'"[9]568 子濯孺子，春秋时郑国的大夫，著名射手，曾教卫国人尹公之他学习射箭。庾公之斯，春秋时卫国人，著名射手，曾跟随尹公之他学习射箭。春秋时期，郑国派子濯孺子侵入卫国，卫国派庾公之斯追击子濯孺子。当时子濯孺子疾病发作，拉不开弓，以为自己必死无疑。但当知道追赶自己的是庾公子斯时，就说自己今日不会死了。因为子濯孺子认为尹公之他是个正直的人，尹公之他的徒弟也一定是个正直的人。果然，庾公之斯追上子濯孺子后，抽出箭，把箭头敲掉，朝子濯孺子的车射了4箭后就回去了。曹操向关公提起卫国庾公之斯追郑国子濯孺子的事情，就是希望关公能够顾念旧情，注重信义。关公也果然放走了曹操。

孔子在晚年，曾对鲁国史官编写的编年史《春秋》加以整理修订，使之成为儒家经典之一。孟子曾云："世衰道微，邪说暴行有作，臣弑其君者有之，子弑其父者有之。孔子惧，作《春秋》。""孔子成《春秋》而乱臣贼子惧。"[2]138 由此可见，《春秋》是一部关乎天下大事、教人明礼守信的经典。关公"深明《春秋》"，汲取了其中的优秀文化，并笃行之，形成了诚信的理念。

（二）深受结义兄弟刘备、张飞的影响

关公和刘备、张飞桃园结义之后，长期一起生活，一起战斗。因此，关公的诚信理念和美德也深受结义兄弟刘备、张飞的影响。

在《三国演义》第五回，"吕布复引兵搦战。八路诸侯齐出。公孙瓒挥槊亲战吕布。战不数合，瓒败走。吕布纵赤兔马赶来……旁边一将，圆睁环眼，倒竖虎须，挺丈八蛇矛，飞马大叫：'三姓家奴休走！燕人张飞在此！'"[9]59-60。张飞蔑称吕布为"三姓家奴"，说明张飞极其鄙视吕布的为人，极其鄙视见利忘义、不讲诚信之人。张飞也是重诺言、守信用的人，误认为二哥关公"背信弃义"，并对此极度愤怒，差点就刺死关公。在《三国演义》第二十八回，在古城，张飞听孙乾说关羽奉二嫂至此，"便不回言，随即披挂持矛上马，引一千余人，径出北门……关公望见张飞到来，喜不自胜，付刀与周仓接了，拍马来迎。只见张飞圆眼环睁，倒竖虎须，吼声如雷，挥矛向关公便搠"[9]320。张飞之所以如此愤怒，就是因为张飞认为关公抛弃了诚信，忘记了桃园结义的誓言，背弃了大哥，投降了曹操。三弟张飞对见利忘义、不讲诚信之人的极度鄙视，不能不深刻地影响着关公。

在《三国演义》第十一回，时任平原相的刘备和关公、张飞在北海郡（今山东昌乐县）会见北海太守孔融，共同商议如何相救徐州太守陶谦。当刘备说让孔融先行，自己去公孙瓒处借三五千人马、随后便来时，"融曰：'公切勿失信。'玄德曰：'公以备为何如人也？圣人云："自古皆有死，人无信不立。"刘备借得军或借不得军，必然亲至。'"当刘备到公孙瓒处借兵时，"瓒曰：'曹操与君无仇，何苦替人出力？'玄德曰：'备已许人，不敢失信。'"[9]120 随后，刘备果然借来兵马，赶往徐州，去救陶谦。刘备和三弟张飞一样，也是重承诺、守信用的人，时刻不忘桃园结义时的誓言。当关公在华容道放走曹操，依照先前关公所立的军令状，"孔明欲斩云长，玄德曰：'昔吾三人结义时，誓同生死。今云长虽犯法，不忍违却前盟。望权记过，容将功赎罪。'孔明方才饶了"[9]571。大哥刘备的诚信理念和美德，自然也深刻地影响着关公。

（三）深受当时社会的影响

在《三国演义》中，关公见识了一些诚实守信之人，也见识了一些不讲诚信和背信弃义之人。正反两方面的人，也给了关公深刻的影响。

在《三国演义》第六回，刘关张兄弟打败"三姓家奴"吕布、董卓焚烧洛阳、挟持汉献帝迁都长安（今陕西西安市）后，长沙（今湖南长沙市）太守孙坚进入洛阳（今河南洛阳市），在建章殿井中得到了传国玉玺。在托疾向盟主袁绍辞行时，面对袁绍的质问，孙坚竟然发出重誓："指天为誓曰：'吾若果得此宝，私自藏匿，异日不得善终，死于刀箭之下！'"孙坚的重誓竟然也让大家相信了："众诸侯曰：'文台如此说誓，想必无之。'"[9]68 孙坚背约，导致了荆州刺史刘表的半路截杀，也导致了孙坚最终遭刀枪之伤、创口迸裂而一命呜呼。在《三国演义》第十九回，在下邳白门楼，当见利忘义、不讲诚信的吕布被曹操擒拿以后，吕布虽然向曹操乞命，但当曹操征询刘备的看法时，刘备却说出了吕布的不讲诚信的"三姓家奴"丑事。三国时期的第一猛将吕布，也是不讲诚信的吕布，最终被曹操缢死。曹操虽是汉相，但由于欺上瞒下，专权弄威，被正直官员和人士看作"国贼"，车骑将军董承、工部侍郎王子服、西凉（今甘肃武威市）太守马腾和左将军刘备等人，共谋杀之。虽然杀曹之事失败，但曹操的"奸贼""国贼"形象，却让关公铭记在心。不管曹操后来多么厚待关公，关公都坚决不愿留在曹操身边，不能说与曹操的奸诈没有关系。孙坚、吕布、曹操等人的不诚信，让关公从反面认识到不讲诚信的危害。

在《三国演义》第十一回和十二回，徐州刺史陶谦认为"天下扰乱，王纲不振"，自己"年高无能"[9]121，而刘备乃"帝室之胄，德广才高"[9]123，因此三次相让徐州，心甘情愿将徐州刺史之位让给刘备。陶谦之诚信，关公也深深感受到了："云长曰：'既然陶公相让，兄且权领州事。'"[9]123 陶谦之高风，陶谦之诚信，由此可见。赵云、诸葛亮等都是诚信之人。赵云自从跟随了刘备，一直忠心耿耿。在《三国演义》第四十一回，在当阳县（今湖北当阳市）长坂坡，当刘备的大舅子糜芳说赵云（字子龙）叛变、投向曹操时，刘备根本就不相信："玄德叱曰：'子龙是我故交，安肯反乎？'"[9]470 刘备的判断是完全正确的。赵云杀进杀出曹营，不仅救出了甘

197

夫人、糜竺，还救出了小主人阿斗。诸葛亮对自己人讲诚信，毫不含糊，从《三国演义》第一百一回的"会兵交换"可以看出。建兴九年（231年），诸葛亮再次出师北伐，驻扎在卤城（今甘肃礼县）。诸葛亮曾规定大兵百日一换。当时正当换班之际，4万老兵要走，4万新兵却未到，而曹魏20万人马杀来。蜀兵无不惊骇。长史"杨仪入告孔明曰：'魏兵来得甚急，丞相可将换班军且留下退敌，待新来兵到，然后换之。'孔明曰：'不可。吾用兵命将，以信为本；既有令在先，岂可失信？且蜀兵应去者，皆准备归计，其父母妻子倚扉而望；吾今便有大难，决不留他。'即传令教应去之兵，当日便行。众军闻之，皆大呼曰：'丞相如此施恩于众，我等愿且不回，各舍一命，大杀魏兵，以报丞相。'"诸葛亮"以信为本"，收到奇效，留下的军士"人人奋勇，将锐兵骁……杀得那雍、凉兵尸横遍野，血流成渠"[10]1166。"会兵交换"虽然发生在关公去世之后，但充分说明诸葛亮做人、办事向来是讲诚信的。陶谦、赵云、诸葛亮等人的诚信理念和美德，都会给关公深刻的影响。

关公作为三国时期一名长期追随刘备刘皇叔的武将，其故事、形象经过千余年的演变，在元末明初成书的《三国演义》中得以定型。《三国演义》极大地助推了关羽正面形象的形成和传播。在《三国演义》中，关公成了义薄云天的英雄，成了忠义、仁勇、智信之士，成了道德的楷模。从《三国演义》看关公的诚信理念和美德，表现在关公不虚言，说老实话；不玩虚，办实在事；不轻诺，言出必行；不做作，表里如一；不凌弱，诚实不欺；不阿谀，尊崇高人；不自大，诚心待人；不投机，照章办事。关公的诚信理念和美德，从《三国演义》来看，主要受到个人文化素养、结义兄弟和社会的影响。

参考文献：

[1] 杨伯峻. 论语译注[M]. 2版. 北京：中华书局，1980：162.

[2] 孟子. 孟子[M]. 万丽华，蓝旭，译注. 北京：中华书局，2006：157.

[3] 陈寿. 三国志[M]. 2版. 裴松之，注. 陈乃乾，点校. 北京：中华书局，1982：951.

[4] 朱一玄，刘毓忱. 三国演义资料汇编[Z]. 天津：百花文艺出版社，1983：743.

[5] 大塚秀高. 关羽和刘渊——关羽形象的形成过程[J]. 保定师专学报，2001（1）：24-30.

[6] 罗贯中. 全绣像三国演义（毛评本）[M]. 呼和浩特：内蒙古人民出版社，1981：241.

[7] 雷会生.《春秋》大义与关羽形象的儒雅化、道德化——《三国志》《三国志平话》与《三国志演义》中关羽形象比较[J]. 辽东学院学报（社会科学版），2010（5）：112-117.

[8] 刘丽文. 论元杂剧中关羽形象的矛盾及其成因[J]. 艺术百家，2014（3）：145-149，转126.

[9] 罗贯中. 通注通解三国演义：上[M]. 北京：高等教育出版社，2011：5.

[10] 罗贯中. 通注通解三国演义：下[M]. 北京：高等教育出版社，2011：750.

[11] 李全生. 刘关张三结义辩考[J]. 衡水学院学报，2013（5）：118-120，转128.

[12] 诸葛亮. 诸葛亮集[M]. 段熙仲，闻旭初，编校. 北京：中华书局，2012.

[13] 王先谦. 荀子集解[M]. 沈啸寰，王星贤，整理. 北京：中华书局，2012.

南阳关公文化

关公道德精神与商业会馆文化浅谈

刘小龙

为了弘扬中华民族优秀传统文化，我们追寻着中华武圣关公当年征战留下的足迹，来到自古素有"万里茶路重要枢纽"之称的南阳，来到香播四海的赊店老酒的故乡，来到被誉为"辉煌壮丽，天下第一"的社旗山陕会馆，参加 2018 中国·赊店关公文化论坛。到赊店之前，就听社旗的朋友说过，关公曾经在南阳生活、战斗了七年，在新野、桐柏、淅川、镇平、赊店等地留下许多遗迹。我想，当年刘、关、张桃园结义，为了"上扶社稷，下安黎庶"，实现天下"大一统"的美好愿景，入南阳三顾茅庐拜请诸葛亮。关公英雄豪饮，一定在此畅饮过名闻遐迩的赊店老酒。酒香情更豪，酒醇志尤壮，青龙大刀一挥，赤兔宝马一跃，俺来也！叱咤漫天风云雷电，斩杀凶顽奸邪去了……关公离开了南阳，告别了赊店，他老人家回到荆州，那日走到麦城，大义升天了；可是岁月沧桑于弹指之间，人们又在南阳，在社旗、唐河、邓州、淅川、镇平等地看到了关公，关公就在这些地方的山陕会馆里面，丹凤眼卧蚕眉，手捧《春秋》，展现千古雄威，守护着一方平安，保佑着万家富贵……这就是我对南阳赊店的感知和随想。

今天，我与大家欢聚在赊店山陕会馆（关帝庙），作为一个关公文化热心者，粗浅地谈一谈关公道德精神与商业会馆文化。赊店这座建于清乾隆年间的山陕会馆（关帝庙）原是商业会馆，与海内外各地方众多的华人商业会馆一样，供奉武圣关公。我们知道，商界人士多尊关公为武财神。有关此一民间信仰文化现象的缘起，我认同山西学者的考证观点：首先，关公是山西解州人，是从山西走出来的，商业会馆的关公信仰文化也是从山西走出来的。创建于隋开皇九年（589 年）的解州关帝庙，应该是最早的关公信仰文化发祥地。古时候山西商人出外行商，便于营商驻地建立会馆，香火奉祀关公祈求保佑，故先有山西会馆供奉关公。尔后山西的晋商又仿效关公结义，与外省商家联谊，合作抱团，互通共赢，便又有了山西人与陕西人合建的山陕会馆，再而又有了山西人与陕西人、甘肃人合建的山陕甘会馆，这些商业会馆，一样供奉着关公。尔后各省各地商人会馆亦多仿效供祀关公的香火。随着各地华商梯山航海到国外发展，沿西部丝路向西，从海上丝路向东向南，在海外各地建立了许多商业会馆，这些海外的华商会馆绝大多数也都供奉关公。

关公是中华民族优秀传统文化的忠义典范、道德楷模，其"忠、勇、仁、义、礼、智、信"的伟大道德精神，千百年来为世人所敬仰和崇拜。关公的道德精神代表了我们民族优秀传统文化的道德精神，也是海内外华商及其企业文化不可或缺的道德精神。都说商场如战场，我们的

作者简介：刘小龙，男，海峡两岸关帝文化研究交流促进会会长、福建省东山县政协副主席。

下篇 赊店关公文化研讨文萃

商家企业家只要在茫茫商海里、漫漫商途中，弘扬并践行关公的道德精神，让人间正气充盈自己的生命和企业，我相信他们的事业就会获得辉煌成功，就会流芳百世。这"忠、勇、仁、义、礼、智、信"的道德精神，站在商界的立场，按新时代的要求来理解，应该是这样：忠于祖国，热爱祖国，忠于人民，热爱人民，忠于并热爱自己追求的(正义或正当)的事业 ——这就是"忠"；勇于拼搏，开拓进取，发奋图强，敢于担当，不怕任何艰难险阻 ——这就是"勇"；怀仁爱之心，讲社会责任，懂得回报社会，济贫救困，扶助他人——这就是"仁"；维护民族大义，维护社会公义、肩挑道义，极尽亲人孝悌和朋友情义 ——这就是"义"；遵法守礼，讲规纪、讲规则，言行文明，以礼待人，谦虚谨慎——这就是"礼"；虚心学习，不断提升智商，发挥才智，开发智力，做事情干事业要有智有谋 ——这就是"智"；讲信用，立诚信，信义并重，要有契约精神，严格遵守合同协议 ——这就是"信"。

社旗山陕会馆关公文化传承

刘迅霞

社旗山陕会馆以同乡会的形式建于清乾年间，由当时寓居于赊店的商人为了同乡相互之间的生活依靠和精神寄托，"运巨材于楚北，访名匠于天下"集资兴建而成。会馆有雄伟壮观的宫殿、典雅有致的庙宇、静穆华贵的商馆及玲珑秀丽的园林，被称为"天下第一会馆"。

一、社旗山陕会馆的关公文化

社旗山陕会馆是商业会馆建筑与关帝庙建筑的特殊结合体。其建立的宗旨为"叙乡情，通商情，崇忠义，敬关公，安旅故，商义举"，由此可知关公是山陕会馆中商人的精神寄托。关公的忠义、诚信就是经商的道德规范，因此，在山陕会馆中关公精神随处可感知。

会馆具有"祀神、合乐、义举、公约"的基本功能，社旗山陕会馆也不例外。社旗山陕会馆祀奉关公，并为在信守公德与合约的基础上商议对遇到困难的同行提供需要的帮助。会馆内的匾额、楹联多为赞颂关公忠义精神的尊崇之词，如在会馆的琉璃照壁上镌刻有"经壁辉光媲美富，羹墙瞻仰对英灵""浩气已吞吴并魏，麻光常荫晋与秦"。

会馆中还留有民间商业行会制订的商业道德规则行规，如《同行商贾公议戥秤定规概》《公议杂货行规》《过载行差务》等。这些行规要求所有人必须诚信、自律，财务公开，相互监督。立于清雍正二年（1724年）、重刻于清同治元年（1862年）的《同行商贾公议戥秤定规概》碑中记述，对于一些"改换戥秤大小""独网其利"者，同行商贾会齐聚关帝庙"公议：秤足十六两，戥依天平为则，庶乎较准均匀，公平无私，俱各遵依。同行有和气之雅，宾主无足束戾之情。公议之后，不得暗私戥秤之更换"。否则，"罚戏三台"，再甚者即举称禀官究治。

《公议杂货行规》记述了当时的商业行规，"卖货不得包用，必要时落三分，违者罚银五十两；如有旧店换人名者，先打出官银五十两会行友，违者不得开行；卖货不得论堆，必要逐宗过秤，违者罚银五十两；不得合外分伙计，如违者罚银五十两；卖表不得抄红码，必须过秤，违者罚银五十两；不得沿路会客，如违者罚银五十两；落下货本月内不得跌价，违者罚银五十两；不得在门口拦路会客，任客投主，如违者罚银五十两；银期不得过期，如过期者按生意多寡出月利；不得假冒姓名留客，如违者罚银五十两；结账不得私让分文，如让者罚银五十两；不得在人家店中勾引客买货，如违者罚银五十两；卖货水湿破烂必要依时价公除；不得在栈房

作者简介：刘迅霞，女，洛阳理工学院人文与社会科学学院。

门口树立招牌，只写某店房，如违者罚银五十两；平色有公议码一副，足纹银九、八、七、六为则；每年正月十五演戏敬神，各家俱要齐备，如故违者不许开行；有新开行者，必先打出官银五十两；客到店中吃饭俱要饭钱。"这些行规要求经商者诚信待客，不得有坑骗之行为，如有违者罚银五十两。这些商业行规内容详细、涉及商业服务规范广泛，实在令人赞叹。

除了商户，商人之间也需要诚信。因此，《创建春秋楼碑记》《南阳赊旗镇山陕会馆铁旗杆碑记》《重兴山陕会馆碑记》《重建山陕会馆碑记》等石碑记述了会馆兴建的所有开支情况，便于相互之间的监督。"买石头费用使银一万零六百三十五两六钱六分；买树木料费用使银一万六千八百七十三两四钱；买琉璃脊兽砖瓦使银一万七千三百三十七两九钱八……"这些细至每笔开支的公示，更是诚信的体现。

社旗山陕会馆有约束商户的功能，同时也是同乡之商人聚集之地。会馆内《南阳赊旗镇山陕会馆铁旗杆记》记载："商贾辐集，而山陕之人为多，因醵金构会馆，中祀关圣帝君，以君亦蒲东产，故专庙貌而祀加虔，其余金则缮廊芜，岁时伏腊，同人展廊，评讲公事咸在乎。"由此可知，社旗山陕会馆不仅为商户落脚之地，还承托着他们寄托乡情、祭祀神灵、进行商业活动等多重使命，为那些在信守公德与合约的基础上商议对遇到困难的同行提供需要与帮助。

社旗山陕会馆以关公的诚信精神约束商户，超越了"义""利"之争，成为重信守义之典范。诚信规范在社会经济管理中有助于规范市场的秩序，维护市场的公平竞争，推动社会的和谐发展。社旗山陕会馆为在异乡经商的商人提供了商业活动的便利，关公诚信伦理精神与和谐人文精神也因此得到传承。

二、忠义诚信伦理精神的传承

忠义诚信思想是人们立身处世的基本准则之一，也是中华传统文化的重要组成部分。

忠、信为立身处世的基础。孔子在《论语·学而篇》中曾说："吾日三省吾身：为人谋而不忠乎？与朋友交而不信乎?传不习乎?"他把是否忠于别人作为为人处世的第一件大事，以诚信为立身处世的原则。他在治国、人际关系、教育等方面都强调了"信"的重要性。孔子强调"道千乘之国，敬事而信，节用而爱人，使民以时"[①]，"老者安之，朋友信之，少者怀之"[②]，"子以四教：文，行，忠，信"[③]，"人而无信,不知其可也"。孟子也认为诚信是为人处事之根本，是人的一种自然美德，"仁义忠信，乐善不倦"。荀子认为礼制永恒的原则为彰明真诚、去掉虚伪。"著诚去伪，礼之经也[④]"。诚信是人们生活中必不可少的立身处世的终极目标和价值取向。

而诚信是关公重要品质之一，也是关公最受赞誉和推崇的精神之一。社旗山陕会馆通过关公的道德精神来规范商人的行为，处理商务纠纷，防止不正当竞争，使忠义诚信得到有效的传承。

---

① 《论语·学而》。
② 《论语·公冶长》。
③ 《论语·述而》。
④ 《荀子·乐论》。

在新的时代背景下，诚实守信也是人们生活中最基本的要求，是社会的一种规范。只有像关公一样一诺千金、言而有信,讲求诚实守信的伦理规范、树立良好的信誉,继承发扬关公的诚信精神,遵守诚实守信的规范, 社会市场经济秩序才能健康有序地发展。

三、和谐人文精神的传承

和谐思想从中国古代开始随着中华文明的演进而绵延发展、一脉传承。中国古代先人基于对有序、稳定的社会的期待，希望形成"正心、修身、齐家、治国、平天下"的和谐的氛围。西周末年的史伯提出了和谐的本质为"和实生物，同者不断"①。后来，思想家又从人与社会、人与自然的关系等方面来讨论了和谐。孔子主张德化，希望通过德化使人们之间形成一种互相尊重，友好互爱的良好的社会氛围，因此，他提出了"君君，臣臣，父父，子子"②的思想，希望从上至下都能各司其职，形成一种"父慈，子孝，兄良，弟悌，夫义，妇听，长惠，幼顺，君仁，臣忠③"的团结、和谐的氛围。

董仲舒在前人的基础上，分析了人与自然的关系，提出了"天人合一"观。《灵枢·邪客》曰："天圆地方，人头圆足方以应之……地有四时不生草，人有无子。此人与天地相应者也。"后来他又提出了"天人感应"，认为天、地、人之间的关系是"天生万物，以地养之，圣人成之，功德参合而道术生焉",通过这种思想提醒君主在利益之上还有正义，在权力之上还有天的临鉴，因此必须倡导民为国基，富民为本，关心爱护人民，形成和谐统一的局面。这种以德治天下的思想，强调社会平衡、协调、有序地发展，形成"循三纲五纪，通八端之理，忠信而博爱，敦厚而好礼"的社会状况，人人都能以仁义为最高的伦理道德来严格要求自己，严于律己，宽以待人，使父子有亲、君臣有义、夫妇有别、长幼有序、朋友有信。董仲舒的这种和谐的思想观念，对于巩固封建生产关系和中央集权的封建统治秩序起到了积极的作用,并在一定程度上适应了社会的发展。

而社旗会馆文化中的"合乐、义举、公约"对前人和谐观念进行了有效的继承，它在本质上是中国古代的和谐思想在商业领域的发展。在剔除其糟粕、吸取其精华的基础上，社旗会馆以关公文化中的诚信内容为核心构建了相互制约、扶危济困的道德规范体系，为了使这个群体与社会之间能够和谐发展，同乡商人在追求利益的同时制定出一系列的自制条约，使此团队团结一致发展壮大。并通过树立公约，取之社会，用之社会，回馈社会，使整个社会形成和谐统一的局面。

纵观古今，我们从未停止过对和谐精神的追求与探索。可以说"和谐"是古代先哲们孜孜不倦追求的理想，也是中华民族精神的重要组成部分。为了社会和谐健康地发展，我们需要共同遵守与践行伦理道德规范，诚实守信，提高自身的道德修养和素质，处理好相互之间的关系。

---

① 《国语·郑语》。
② 《论语·颜渊》。
③ 《礼记·礼运》。

参考文献：

［1］ 杨伯峻. 论语译注[M]. 北京：中华书局，2006.

［2］ [汉]董仲舒. 春秋繁露[M]. 长沙：岳麓书社，1997.

［3］ 王日根. 中国会馆史[M]. 上海：上海东方出版中心，2007.

［4］ 周均美，王熹. 中国会馆志[M]. 北京：方志出版社，2002.

［5］ 李天窄. 社旗山陕会馆建筑空间与形式研究[D]. 昆明理工大学，2014.

204

新野县关公信仰的在地化研究

刘保亮　刘 宁

关羽作为历史上三国时期蜀汉名将，虽然没有留下流芳千古的皇皇巨著和封疆列土的显赫功绩，但却凭借着"忠""义""勇"的人格力量，在千年风雨的文化迁徙和浮沉中，从关公、关王、关帝、关圣而逐渐神圣化。南阳市新野县与关羽有着不解之缘。据史书记载，东汉建安六年（201年）到建安十三年（208年），刘备、关羽、张飞雄踞新野，筑城练兵，运筹帷幄，三请诸葛亮，决策《草庐对》，为蜀汉政权的建立和魏、蜀、吴三分天下奠定了基础。此段历史经《三国演义》小说中"火烧新野"以及关羽引白河"水淹曹仁"的情节铺张，不仅使新野县在不计其数的广大读者中留下深刻印象，而且牢固构建了关羽与新野的渊源关系。

新野作为蜀汉政权的发源地之一，留下了许多与关公有关的文化遗迹，而其中"汉桑城"最具盛名、颇有影响力。"汉桑城"位于城区汉城西路南侧原汉桑城小学内，学校内种植有一棵两人合抱粗的古桑，今主干已枯，虽然只剩下枯枝虬柯、霜皮沧桑的枝干，但龙首凤尾之状犹存。这棵古桑相传为三国时关羽所植，至今已有1800多年的历史。据说刘备屯兵新野时，让关羽在城西门扎寨，寨旁有一个靠门前桑树养蚕为生的张姓老汉。一天关羽操练归来，顺手将赤兔马拴在老汉的桑树上。不料树皮被赤兔马啃了，桑树因此枯死。关羽重植一棵作为赔偿，以示爱树爱民的诚心。明代为追忆关公律己爱民的良风崇德，围绕桑树仿筑小城一座，在其四周动以砖垣，垣上部为古城垛状，故名汉桑城。"汉桑城"屡经损毁，民国时期曾简略重建，但经数十年风雨后墙体倾斜严重，出现多处裂缝。21世纪以来县委、县政府予以重修，墙体镶嵌有《重修汉桑城记》及颂扬关公的石碣题咏、绘画。汉桑城被誉为世界上最小的城（内中只有一棵树），汉桑树被誉为世界上最大的树（一棵树占据一座城）。特别值得欣喜的是，1978年，古桑逢春，根生幼芽，历经30余年，腰围已达0.94米，枝繁叶茂，蔚然而为参天"新桑"。中外游客莅临至此，举目望去，枯桑一如苍龙，新桑恰似雏凤，两者并肩而立，云蒸霞蔚，龙飞凤舞，俨然成为"三国名城"新野的一大景观。

新野关公文化胜迹既有关羽亲手种下的桑树而蜚声中外的汉桑城，还有刘、关、张商量军机大事之地的"议事台"，也有为纪念关公"忠义仁勇智信"的"关宿桑"。"议事台"在今县城政府街南侧，相传为刘、关、张兄弟和诸葛亮商榷军务处，时名议事堂。县志记载原来的议事台台基高三丈六尺，象征一年有365天；其楼修建有八角，以示八卦之意。这说明除议事之外，诸葛亮当时还在此外观天象、内望气脉，为刘备运筹帷幄。至明万历二十一年（1593年）知县

作者简介：刘保亮，男，洛阳理工学院人文与社会科学学院副处长。
刘宁，陕西省社科院文学艺术研究所。

王瑜令以重建，移至子城城墙上。议事台为砖砌长方体高台，正中建八卦亭一座，双层八棱，飞檐挑角，南北对开门户，东西两壁窗外四廊朱柱，木栏曲环，上有宝葫芦顶，陶制八龙伏脊，内绘太极八卦图，其门额横书"汉议事台"。如今台高 5 米，宽 4 米，长 70 米，台下傍路有门，进门有阶，可登台进亭。"关宿桑"，位于沙堰镇政府院内，因 208 年初夏关羽在鹊尾坡提闸放水淹曹军时夜宿该树下而得名。当地政府围树建一砖石仿城围墙，与县城内汉桑城外形相仿，构成新野"两汉桑"景观。古桑围长 3.2 米，树高 16 米，冠幅 36 米。树外围城为八角形，砖石结构、高 3.2 米，内径 3.95 米，外径 4.25 米，墙东壁上嵌有清乾隆五十年（1785 年）《汉壮穆侯关公行祠》石碑一通，该碑高 1.2 米，宽 0.9 米。下置有一个长 1.3 米、宽 0.6 米、厚 0.3 米的青石质赑屃碑座。碑上记载了关羽三宿桑下鏖战鹊尾坡、水淹曹军的故事。墙体镶嵌有关羽提闸放水、夜宿桑下、回马荐贤等石刻绘画。"议事台"内可容 4 人对坐闲谈的石凳石桌，"关宿桑"院内斑驳脱落的碑文，不随王朝政治兴衰也无畏地域战争动乱，几经焚毁又屡次重建，其沧桑历程，不仅昭示了关公文化的历史记忆与生命活力，也显示了中华民族的文化认同与精神力量。

如果说"汉桑城""议事台""关宿桑"等穿越历史风雨的地方性存在，是新野地域关公信仰的真实写照，那么那些正史没有记载却又分布散落的关公遗迹，虽是民间版本的"故乡相处流传"，实则十分生动、有力地证明了关公信仰深深扎根于这方土地，成为人们精神的支柱、心灵的寄托。"拦马桥"，是青石结构，位于新野城区北门外护城河上。据说，曹操大举南征之时，刘备决定弃新野、奔樊城，实行战略转移，召回在新野城北三里河操练水军的关羽议事。当关羽回至城北小石桥时，新野百姓扶老携幼，箪食壶浆，在小石桥上哭拜，拦着马头不让关羽离去。关羽上前挽起众父老，讲明时局。百姓听后，愿随刘、关、张兄弟转移。关羽的赤兔宝马见此情也感动而怆然踏步，结果在石桥上留下了深深马蹄印儿。与此相关的是"水军演武场"，民国九年（1920 年）《新野县志》载："关壮缪（关羽）演水军处，在城北三里河。"白河在明隆庆四年（1570 年）改道前，这里是淯水（白河）的主河道，河面广阔，水流湍急，所以三国时关羽选择在此处操练水军，为后赤壁大战水军作战奠定了坚实基础。"关公跑马堤"，传为关羽在新野时跑马之处。民国九年（1920 年）《新野县志》中载："关公跑马堤，在城东里许，北起打鼓庄，南至方庄，高二尺，宽一丈，约五里许，传为关壮缪跑马故址。""石门厅"，位于新野县沙堰镇西鹊尾坡西南端。民国九年（1920 年）《新野县志》载："石门厅，在沙堰望夫石后，本汉召信臣所筑以蓄水灌田者，后昭烈（刘备）与曹军对垒，关壮缪于此囊沙闸水以淹曹军。"沙堰镇南门原有石匾曰"囊沙遗踪"，就是纪念关羽在此处聚水水淹曹军的。"箭道坑巷"，位于县城西路南侧，因巷西侧有箭道坑，坑为汉代修城取土所致。传为关羽扎营汉桑城内时早晚在此练箭之道（即靶场）而得名。"关公磨刀石"，据说是汉代文物。传说关羽在新野时用此石磨刀杀恶霸、救民女。磨刀石原一直供奉在城郊乡八里堂关公庙内，后又被镶嵌在八里堂石桥上，边有石刻铭文：关公磨刀石。这些城乡各处的"桥""场""堤""闸""巷""石"，其历史的真实性已无法考证，而且很可能只是新野老百姓的有意杜撰，但它以罗伯特·雷德菲尔德的所谓"小传统"，具体生动地诠释和展现关公信仰的地方传播及文化景观。

"庙宇盈寰中，姓名走妇孺"。关公信俗已经成为一种延续时间漫长、涵盖地域广泛的文化现象，新野城乡为数众多的关帝庙是其较为集中的体现与反映。清乾隆《新野县志》在"坛祠"中载新野县城关帝庙有 3 处，民国《新野县志》在"列祠寺观"中载新野县城乡关帝庙有 9 处。"关庙"，位于县城北关拦马桥前，是新野县旧时最大的敬奉关羽的庙宇。祭拜关公时，前殿牺牲用牛一、羊一、豕一、豆笾各十，后殿牺牲用豕各一、羊各一、笾豆各八、帛各一，照文庙之例。关帝庙前有一棵大楸树，传为晋代所植，因此称为关庙晋楸。乾隆十九年（1754 年）《新野县志古迹》中载："晋楸，城北，关壮缪祠前，相传晋时所植，老干已枯，旁枝犹茂，望之如怪石耸立，真千年物也。"关庙晋楸是新野一大景观，历代名人多有题示。1955 年庙扒树伐，今景观不存。"关岳庙"，位于城内试院街，初为关帝、文昌二庙，民国四年（1915 年）奉令并为关岳庙，正殿置木主二，一关壮缪，一岳武穆，改旧有官厅为东西序，东序为张飞、王浚、韩擒虎、李靖、苏定方、郭子仪、曹彬、韩世忠、旭烈兀、徐达、冯胜、戚继光，西序为赵云、谢玄、贺若弼、尉迟敬德、李光弼、王彦章、狄青、刘铸、郭侃、常遇春，蓝玉。古城关帝庙，始建于明代，有正殿、拜殿、廊房等，清康熙和嘉庆年间重修，有清代御史邑人焦荣在康熙年间撰写的《重修关帝庙记》石碑；老徐庄关帝庙，地址在今新野县沙堰镇丁庄村老徐庄自然村东，始建于明成化年间，清乾隆十七年（1752 年）和嘉庆十一年（1806 年）重修，现存有清乾隆和嘉庆年间《重修关帝庙记》石碑两通；板桥铺关帝庙，位于城郊乡板桥铺村，明万历年间重修，庙内有明铁铸关公像一尊，邑人进士马之骐撰有《重修关帝庙碑记》，文载在民国《新野县志》中；兴隆观关帝庙，址在今施庵镇兴隆观村，始建于明代，清乾隆五十六年（1791 年）和咸丰元年（1851 年）重修，有《重修关帝庙香亭乐楼记》碑；梅堂关帝庙，位于王集镇梅堂村西，始建于清康熙五十四年（1715 年）占地 30 余亩，有房舍 30 余间，大殿 3 间，大殿塑关公神像，东堂供土地、财神、玉皇大帝，西堂供观音、娘娘神像等，今存 3 间大殿和《重修关帝庙记》石碑一通；焦店关帝庙，始建于清代中期，留存有清咸丰七年（1857 年）的《重修关帝庙记》石碑。此外新野县境内还有古城关帝庙、陈营关帝庙、夏官营关帝庙、东高营关爷庙、东园关帝庙、岗南关帝庙、大程营关帝庙、屯头村关帝庙、张刘营关帝庙等。新野城乡关帝庙的星罗棋布，表明了关羽信仰根深蒂固、广泛普遍。新野关帝庙历经毁坏与重建，特别是明清两代较为集中的兴修，呈现了关公信仰的发展演变历程，且以"地方性知识"和从民间角度有力佐证了明、清两代，关羽地位大幅度上升，关公信仰达到了鼎盛时期。

新野县的关公信仰历史悠久，源远流长。境内的"汉桑城""议事台""关宿桑"，散布城乡的关帝庙，以及难以考证的关公遗迹与传说，以地方性、微观化和以农村农民为主体的民间"小传统"，充分说明人们都信关公、敬关公、拜关公。

（本文资料参考了《南阳关公文化调研汇总资料》，尤其对同乡葛磊先生深表敬意与感谢）

关公精神的时代特点

褚 红

文化是一个民族的灵魂，价值观是文化的核心。对一个国家而言，有什么样的价值观就会建设什么样的社会；对一个人而言，有什么样的价值观就会有什么样的人生。关公文化作为一种文化形式，本身就是中国传统文化的一个有机组成部分，也是中国传统文化的一种体现。它同样具有中国传统文化的凝聚力和向心力，是中华民族认同感的基础之一，有着整合、融洽全世界华人的作用。

党的十八大报告提出，倡导富强、民主、文明、和谐，倡导自由、平等、公正、法治，倡导爱国、敬业、诚信、友善，积极培育和践行社会主义核心价值观。我们知道，关公文化博大精深，其核心"诚信"与社会主义核心价值观及其公民个人层面的价值准则"爱国、敬业、诚信、友善"有着高度的契合点。

一、关公精神的特点集中体现了诚信精神

于右任先生曾撰联道："'忠义'二字团结了中华儿女，《春秋》一书代表着民族精神"，表明了两岸中国人有着共同的信仰关公的文化心理，这种共同信仰正是连接两岸乃至全世界华人感情的桥梁和文化纽带。

关公精神之所以影响深远，久盛不衰，主要在于其具有顺应性、典范性、全面性、内在性、持久性等五个方面的特点，这些特点集中体现为在当今社会仍具有重要现实意义的"诚信"精神。

1. 顺应性

关公精神顺应了大多数人的精神需求和价值取向，多为顺民心得民意的内容。关公的忠义仁勇诚信等品质集中体现了民众的社会愿望和理想人格，充分寄托着人们正战胜邪、善战胜恶的道德理想。

关公崇拜的社会力量在很大程度上维持了正常社会的某种良性秩序，因此，他得到了历朝统治阶级的推崇，被历代加封，宋代封为"显灵王"，宋徽宗时封为"义勇武安王"，明神宗时将其神位晋级为"协天护国忠义帝""三界伏魔大帝神威远镇天尊关圣帝君"，清代顺治皇帝加

作者简介：褚红，女，洛阳理工学院人文与社会科学学院。

本文是笔者主持的河南省哲学社会科学规划项目"河南出土碑刻墓券辑注与语言文字研究"（立项号：2018BYY016）、河南省教育厅人文社科项目"河南省出土买地券辑注及数据库建设"（立项号：2019ZZJH-645）的阶段性成果。

封为"忠义神武灵佑仁勇威显护国保民精诚绥靖佑赞"。

2. 典范性

千百年来，历朝历代的帝王，无不极力推崇关公，封谥不断，虔诚祭拜，归根到底，就是看中了关公作为忠义化身的典范性。同时，世世代代的社会底层群众虔诚地敬仰关公，是把关公看成行侠仗义、打官救贫、扶危解困的典型英雄豪杰。关公实现了诸多历史人物未能达到的忠与义、诚与信的完美结合：辞曹归刘，忠得彻底；华容释曹，又义得潇洒!他为人们树起了一面忠义的旗帜，成为历史上无与伦比的信义典范。

3. 全面性

关公精神涵盖宽广，既有武圣之著称又有夜读春秋之勤文，既有对官之忠诚又有对民之真实，既有经商之信用又有农耕之怜悯，既有道德之规范又有义勇之壮举。他的诚信无论上下、无论左右、无论地域，几乎应对和顺应于所有人群。

关公精神传播得到了方方面面的互动共振，并随着时代的发展愈益弘扬光大。美国圣地亚哥加州大学人类学系教授 David Jordan 曾说："我尊敬你们的这一位大神，他应该得到所有人的尊敬。他的仁、义、智、勇直到现在仍有意义，仁就是爱心，义就是信誉，智就是文化，勇就是不怕困难。

4. 内在性

人们对关公精神是从内心真正认同进而化作自觉的行动，如最尊奉关公的中国商人，尤其是晋商，不仅在店铺和家中供奉关公，而且在各地的同业会馆中为关公修殿供奉。

关公生前十分善于理财，长于会计业务，曾设笔记法，发明日清簿等；关公信义俱全，言出必践；关公勇武绝伦，屡立奇功……所有这些均被晋商视为经商精要，他们从关公身上获取了无穷的正气力量，敢闯敢为、信守承诺、智德两全，自立自强。

5. 持久性

关公精神馨香万里，子孙传承，久盛不衰，成为中华民族宝贵的精神财富，激励着一代又一代人坚定诚信的理念。

关公精神中最具有时代意义的闪光点就是他的诚信思想，守信用、讲信义是中国人公认的价值准则，是中华民族重要的传统美德，经过千百年来的传播和发扬，已深深地积淀在人们心底，受到世人的普遍赞誉和推崇，有着永恒的生命力。

纵观以上关公精神的五个特点，可以看出，诚信始终是关公生平思想行为的重要准则，同时也是关公精神之所以能够顺应民心、成为典范、持久再生的核心原因。

二、诚信是五大传统美德的集中体现

与其说诚信是"仁义礼智信"五大传统美德之一，不如说诚信体现在五大传统美德的各个方面、融入五大传统美德的具体内涵之中。

诚信本身的含义就包括"仁"。试想，如果不以仁慈之心待人，见人困苦危难而袖手旁观，能算是诚信之人吗?有诚心才可能有爱心，诚信之人，人皆爱之，仁则得道，德则多邻。

诚信的内涵包括"义勇"。义是人的道德本性之一，是区别正与邪，区分善与恶，分清是与非，预示人生事业成功与失败的标准，走邪道者短暂，走正道者长久，邪恶的事业必然失败，正义的事业终将成功，这正是对"诚则成"定律的最好诠释。

诚信之人有忠诚、坚贞、守信、报恩等优秀品格，必会以良好的规范约束自身行为，表现出风清气正、浩然正气之态势。"礼"所要求的"谦让、礼貌、诚实、耿直、公正、光明磊落、勇敢"等高贵品质均是诚信的具体展现，都建立在诚信基础之上。

人的智慧只有在以诚信为主体的道德统领下，才能造福社会；只有在诚信支持下，智者才能通晓宇宙万物，凡事秉理而行；只有在诚信的支撑下，智者才可知人、知理、知命、知运。知人故善任，知运故自强不息，而无诚之智则只能沦为危害社会的工具。

关公的时代虽然已经离我们远去，但其精神闪耀着"仁义礼智信"这些中华民族传统美德的光辉，发人深省、使人深思。现实生活中，不管是诚信体系支撑的企业成功经验还是德才兼备、以德为先的识人标准，不管是强国之策，还是成功之略，都把"诚信"作为至高道德的境界和准则，为公、为民、法治、科学等现代精神均是"诚信"的具体体现。

三、崇尚诚信具有很强的现实意义

"诚信"二字不仅在传统文化中占有极其重要的位置，而且在现实生活中发挥着无可替代的积极作用。人无诚信不立，业无诚信不兴，国无诚信不强，社会无诚信不稳。可见，诚信不仅是立身处世之本，也是发家致富之道，还是构建和谐之宝，更是科学发展之基。

1. 崇尚诚信是构建和谐社会的迫切需要

和谐社会是人与自然、人与社会之间关系协调、人与人之间关系融洽的社会。一个社会能否和谐，一个国家能否长治久安，很大程度上取决于全体社会成员的思想道德素质。

在社会交往中，只有诚实守信，无欺无诈，人们才能相互信任，和谐共存，也才能建立起正常的生活秩序和发展秩序。缺少诚信，人们之间就会失去信任，彼此猜疑，人际关系就会处于紧张和摩擦之中，自然也就谈不上和谐。"人和"无从谈起，更遑论建立在"人和"之上的和谐社会了。

试想，在少诚失信、尔虞我诈的环境中，如何能建立起和谐社会?失去诚信，将会在社会大家庭中与他人离心离德而成为孤家寡人；失去诚信，将会在与人交往中产生隔阂甚至形成对抗状态；失去诚信，将会在与自然共处中实施掠夺式生产经营并最终破坏生态，祸殃子孙。

2. 崇尚诚信是实现科学发展的迫切需要

科学发展是以人为本全面协调可持续的发展，科学发展观内涵中最重要的一方面就是和谐——人与人的和谐、经济发展和社会进步的和谐及人与自然的和谐。

科学发展必须重点处理好公平与效率、质量与速度、目前与长远三个关系，优化配置资源以谋求最佳效果。要特别注意在日新月异大发展的形势下，用诚信行为换得分配的平稳性，警惕并抑制出现的收入分配悬殊现象。要特别关注社会群体间的利益冲突问题，以诚信友爱之心关注弱势群体。

要实现经济社会又好又快发展，就要靠信用提高发展质量，加快转变经济发展方式，防止见利忘义、杀鸡取卵的不诚不义行为。只顾眼前利益忽视长远发展，只为蝇头小利忽视发展的持续性，是对后代的不诚之举。诚心为子孙后代负责就要以诚信换得持续发展。

3. 崇尚诚信是应对现实形势的迫切需要

当今社会正处于急剧转型期，各项建设都取得了巨大成就，人们的道德观念和行为方式也发生了深刻变化。在各种思想文化互相激荡的环境中，社会上一些领域和个人不讲信用，官本位、金钱万能、关系至上等错误思想以及见利忘义、急功近利、损公肥私、徇私枉法等失信现象使诚信愈发成为一种稀缺的精神资源。

普通百姓把关公作为诚信偶像，就是一种对自身和别人以及对整个社会的品格向往。所以，认识并实践"诚则成"已经成为一种时代召唤、一种社会需求。要特别关注现实社会中存在的有悖诚信的现象，特别关注思想观念的多样性，特别关注并减少政治上的机遇不平等性。要诚信不要迷信，要诚实不要虚伪，要义勇不要邪恶，以正义公道义勇之举来弘扬正气。

四、结　语

总之，关羽的一生为"诚"则"成"作了最好的诠释。他"忠""义""诚""信"之壮举得到了社会和历史的认可，无论是民间还是特定行业或是统治阶层，关羽均受到敬重和崇拜。

如果我们把"忠""义""诚""信""仁爱""感恩"的客体转换为祖国，转换为人民，转换为集体，忠于祖国，忠于人民，忠于为人民服务的宗旨，爱岗敬业，诚信为先，那么就是对关公的最好纪念。

参考文献：

[1] 柴继光，柴虹. 武圣关羽[M]. 太原：山西古籍出版社，1996.

[2] 方诗铭. 三国人物散论[M]. 上海：上海古籍出版社，2000.

[3] 卢晓卫. 关羽，关公和关圣[M]. 北京：社会科学文献出版社，2002

[4] 杨子荣，杨卫东. 关庙与关公文化[M]. 太原：三晋出版社，2010.

[5] 沈泓. 关公文化[M]. 北京：中国物资出版社，2012.

[6] 王志远，康宇. 关公文化学[M]. 北京：中国社会科学出版社，2015.

[7] 吴晓峰. 试论关公文化演进中的政府行为及现实意义[J]. 华东师范大学学报（哲学社会科学版），2013（2）.

[8] 郑先兴. 略论关公与关公文化[J]. 中原文化研究[J]. 2016（2）.

[9] 李智. 关圣崇拜与关公文化[J]. 世界遗产，2016（3）.

[10] 李雪芬，邓小辉. 关公文化与社会主义核心价值观的关系探究[J]. 传承，2015（1）.

[11] 王彬，王娟. 用好"关公文化"资源服务"一带一路"建设[J]. 文化月刊（下旬刊），2016（1）.

[12] 刘茜，孙丽婕. 从关公崇拜与佛教信仰关系看关公文化开发[J]. 语文教学与研究（综合天地），2016（2）.

[13] 焦磊. 关羽神圣化过程的历史考察：以关帝庙为核心[D]. 山东大学，2008.

[14] 师振坤. 论关公文化的伦理精神及其意义[D]. 山西大学，2009.

[15] 任义. 国关公故里的关公信仰研究[D]. 山西师范大学.

论关公信仰的儒学化

扈耕田

关公被儒释道三家所供奉信仰，这在传统文化中是一种极其特殊的现象。尤其是其被纳入儒家崇祀的对象，为宋以后历代官方所认可，对于儒学精神的弘扬及其本身影响力的扩大均具有重要意义。本文拟对关公信仰的儒学化问题进行初步的探讨。

一、关公信仰儒学化的原因

（一）关公信仰儒学化的内在机缘

关公儒学化，首先是因为关公形象本身的儒家色彩。这主要表现在两个方面。

一是关公形象中本源的具有了义与忠这两个儒家核心思想。关公形象最早的正史记载为《三国志》。其中有云：

关羽字云长……先主与二人（指关关羽、张飞）寝则同床，恩若兄弟。而稠人广坐，侍立终日，随先主周旋，不避艰险。……建安五年，曹公东征，先主奔袁绍。曹公擒羽以归，拜为偏将军，礼之甚厚。……曹公即表封羽为汉寿亭侯。初，曹公壮羽为人，而察其心神无久留之意，谓张辽曰："卿试以情问之。"既而辽以问羽，羽叹曰："吾极知曹公待我厚，然吾受刘将军厚恩，誓以共死，不可背之。吾终不留，吾要当立效以报曹公乃去。"辽以羽言报曹公，曹公义之。

裴松之《三国志注》又引西晋傅子（傅玄）之论曰：

（张）辽欲白太祖，恐太祖杀羽，不白，非事君之道。乃叹曰："公，君父也；羽，兄弟耳。"遂白之。太祖叹曰："事君不忘本，天下义士也。度何时能去？"辽曰："羽受公恩，必立效报公而后去也。"

可见在当时，关羽就以义、忠而闻名。在三国结束之后的西晋时代，他的义、忠更受到傅玄、范晔两位史学家的赞誉。

二是关公形象伴随着《春秋》这一儒家经典。《春秋》作为儒家经典，一定意义上成为儒家的象征。关公喜读《春秋》之记载，最早可溯源于《三国志·关羽传》裴松之注引《江表传》："羽好《左氏传》，讽诵略皆上口。"《左氏传》即《春秋左氏传》，为"春秋三传"之一。关公作为武将，却于戎马之际夜读《春秋》，不仅使其具有了读书人的形象，而且表现出其对儒家经典

作者简介：扈耕田（1968—），男，河南宜阳人，教授，主要从事元明清文学及河洛文化研究。

的执着理念。特别是在一些传统的雕塑中，关公往往是一手握战刀，一手捧《春秋》，更显示出他对《春秋》一书的挚爱。《春秋》经儒家圣人孔子修订，有微言大义之称。《孟子·滕文公下》："昔者禹抑洪水而天下平，周公兼夷狄，驱猛兽而百姓宁，孔子成《春秋》而乱臣贼子惧。"因此，《春秋》中尊王的正统意识、崇礼的等级意识，均成为后世儒家的重要思想。这与关羽身上的忠义思想正相吻合，进一步增强了关公的儒家色彩，以至于后人称《春秋》为"帝之家学"（葛仑《秉烛达旦解》）[1]，赞之曰："忠孝有人犹是汉，混茫立体只尊王"（明凌世韶《显汉寿亭像》）[2]。更有人以《春秋》联想到孔子所处的春秋乱世，以此将关羽所处的汉末、三国时代比于春秋，而将关公比拟为孔子。明代理学家辛全《关圣集序》云：

> 神之英武世知之，谋略世知之。英武谋略悉一腔忠义之勃发，世亦知而道之。独其心事一一符合圣贤之绳尺，世或不得而知也。当春秋纷扰时，吾夫子不忍三纲纽解，四海陆沉，作春秋明一王之大法。孟子曰，孔子成春秋，而乱臣贼子惧，是为一治。汉季鼎沸，干戈扰攘，与春秋何殊。帝乃取素王笔削，素臣笺释者，潜神玩索焉，不事口耳，一一见之躬修。素王借鲁以维周，帝借先主以扶汉，不可不谓尼父之心也。[3]

辛全直接将关公比作孔子，后世遂有以关夫子、山西夫子对应于孔夫子者。关羽以一名武将，竟然得到与儒圣孔子同样之称呼，足以看出关公读《春秋》一事，在其儒学化中作用之巨大。

（二）关公作为道教神源起的传说与儒家理念密切相关

一般以为，关公作为道家之神，始于关公战蚩尤的传说。《大宋宣和遗事》载：

> 崇宁五年夏，解州有蛟在盐池作祟，布乱十余里，人畜在乱中者，辄皆嚼啮，伤人甚众。诏命嗣汉三十代天师张继先治之。不旬日间，蛟祟已平。继先入见，帝抚劳再三，且问曰："卿此翦除，是何妖魅？"继先答曰："昔轩辕斩蚩尤，后人立祠于池侧以祀焉。今其祠宇顿弊，故变为蛟，以妖是境，欲求祀典。臣赖圣威，幸已除灭。"帝曰："卿用何神，愿获一见，少劳神麻。"继先曰："神即当起居圣驾。"忽有二神现于殿庭：一神绛衣金甲，青巾美须髯；一神乃介胄之士。继先指示金甲曰："此即蜀将关羽也。"又指介胄者曰："此乃信上自鸣山神石氏也。"言讫不见。帝遂褒加封赠，仍赐张继先为视秩大夫虚靖真人。

宋时"惟是海盐与解池之盐，最资国用"[4]，盐池事关国家财政和天下百姓之所需，故蚩尤作害盐池，深为皇帝所忧。在这一传说中，"关公代表的不再是一家一户，甚至是个人、地方的利益，他代表的是中央财政的利益"[5]。明代著名文学家王世贞《题关帝庙四画·平蚩尤》云："宁惟晋人脂其口，度支岁岁饶金钱。"[6]治国、平天下，正是儒家的追求。因此作为关公道教神起源的这一传说，更使关公具备了浓厚的儒家色彩。这一传说在后来被不断改编，关

① 世界关氏宗亲总会第九届恳亲大会筹委会：《关公文化资料丛书》，内部资料，第四册，第273页。
② 世界关氏宗亲总会第九届恳亲大会筹委会：《关公文化资料丛书》，内部资料，第四册，第345页。
③ 世界关氏宗亲总会第九届恳亲大会筹委会：《关公文化资料丛书》，内部资料，第四册，第19页。
④〔宋〕吕祖谦：《历代制度详说》，《影印文渊阁四库全书》，上海古籍出版社1990年版，卷五。
⑤ 胡小伟：《第一神明》，中国社会出版社2000年版，第48页。
⑥ 世界关氏宗亲总会第九届恳亲大会筹委会：《关公文化资料丛书》，第四册（下），第344页。

公的儒家色彩也随之广为流传。

（三）信奉道教的皇帝往往借助关公以扩大道教的影响

道家借助关公战蚩尤的传说，使关羽崇拜与皇帝产生了联系。特别是胡琦《关王事迹》，更添加了皇帝无策治蚩尤，而王钦若向其推荐关公之事①。皇帝是儒所尊的对象，忠君是儒家重要的理念。而在这一传说中，其时的皇帝为宋徽宗。徽宗在宋代皇帝中以信奉道教而著称，自然也不会放过这一光大自己道教信仰的机会。于是在关公斩蚩尤之后，"上大悦，遣使致祭，仍命有司修葺祠宇，岁时奉祀"（胡琦《关王事迹》）②，并"降诏褒封，以旌其绩"（沈长卿《纪事》）③至明代万历皇帝，作为道教的信奉者，对关公的封赠更是空前，从他开始，关公被封为帝，且多次诏封：万历十年（1532 年）封关公为协天大帝，万历十八年（1590 年）封关公为协天护国忠义大帝，万历四十二年（1614 年）封关公为三界伏魔大帝神威远镇天尊关圣帝君。《解梁关帝志》记建醮词曰："凡有护国之灵，悉证尊崇之礼。恭惟关圣帝君，生前忠义，振万古之纲常，身后威灵，保历朝之泰运，除邪辅正，圣德神功，保劫康民，福幽利显。既赞乾元之化，宜宣帝号之封。"④这充分说明了万历皇帝借关公等以扩大道教影响之目的。更为典型的是，万历皇帝还依照世间皇帝，为关公配了皇后、王、丞相等。"夫人为九灵懿德武肃英皇后，子平为竭忠王、兴为显忠王，周仓为威灵惠勇公。赐以左丞相一员，为宋陆秀夫。右丞相一员，为张世杰。其道坛之三界懿魔元帅，则以宋岳飞代。"⑤关羽被奉为帝之后，受儒家忠君思想的影响，进一步儒家化，影响力也得以扩大。

（四）作为道教的文衡帝君与文人的科举仕途密切相关

关羽又被奉为文衡帝君，为道教五文昌之一，"这是关公作为儒家神的又一体现"⑥。民间流传的《桃园明圣经》云："吾（关帝君）乃紫微宫里朱衣神，协管文昌武曲星。"关于关公佑人科举仕途的传说甚多。如《关帝全书》载沈坤事：

淮安沈坤，虔奉关帝，年大比，坤祈帝示闱题。一友诣其家，窃闻之，掩口去。即拟七题，潜置香炉下。次日，坤焚香见之，喜曰，帝赐也。依题拟之。及入场，题果合，放榜中式，其友被落。后坤状元及第。⑦

这一故事堪称神奇。而明代万历年间崔景荣更以亲身经历，记下了自己在考场之上向关公祈祷而出现的奇异之事：

壬午科，荣进初场，文字既稿，方录二篇，眩晕恶心，几不复生，欲弃卷出，乃默祷于王，

① 世界关氏宗亲总会第九届恳亲大会筹委会：《关公文化资料丛书》，第五册，第 14 页。
② 世界关氏宗亲总会第九届恳亲大会筹委会：《关公文化资料丛书》，第五册，第 14 页。
③ 世界关氏宗亲总会第九届恳亲大会筹委会：《关公文化资料丛书》，第五册，第 15 页。
④ 世界关氏宗亲总会第九届恳亲大会筹委会：《关公文化资料丛书》，第二册，第 184 页。
⑤ 世界关氏宗亲总会第九届恳亲大会筹委会：《关公文化资料丛书》，第二册，第 185 页。
⑥ 胡小伟：《第一神明》，中国社会出版社 2000 年版，第 55 页。
⑦ 世界关氏宗亲总会第九届恳亲大会筹委会：《关公文化资料丛书》，第五册，第 110 页。

顷刻间精神倍加，遂得中式。①

类似的传说甚多，从中可以看出儒生对于关公的虔诚与崇拜，这也是关公为儒家崇拜的重要原因。

（五）市民及商人对关公"义"的推崇

如前所述，忠与义是关公重要的品质。而宋代以来，中国社会发生了急剧的变化，其重要标志便是城市发达，市民阶层壮大、商品经济繁荣发展。到了明代甚至出现了资本主义的萌芽。在这种社会背景下，商业诚信、维护异姓之间的信任显得极其重要。因此"义"在当时有着特别的意义。在这种背景下，关公义的品质被不断地彰显。特别是《三国演义》之开篇即以桃园结义开篇，谱写出了一曲可歌可泣的义的赞歌。而关羽的故乡山西，明清时期晋商流布天下，创造了辉煌的业绩。晋商为了保持彼此间的信任，更时时处处将关公奉养。义是儒家的重要伦理规范，关公的儒家色彩，也由此为更多的人所接受。

以上简略分析了关公信仰儒学化的原因。但是关公信仰儒学化还需要一个大的文化背景，那就是儒释道的三教融通与合一。这是中国古代社会的基本状态，此处不多作论述。

二、关公信仰儒学化的表现

（一）历代皇帝的封赠多、级别高

中国传统文化的主流是儒家，特别是宋明以来，随着理学的兴起，儒家的统治地位更强。儒家文化是统治文化，而皇帝则是国家至高无上的象征。因此考察历代皇帝对关公的封赠情况，即可看出关公信仰儒学化的基本情况。

关羽生前，爵位甚低，被曹操封为汉寿亭侯。亭侯的级别乃在县侯、乡侯之下。此后蜀汉景耀三年（260年），后主刘禅追谥关羽为壮缪侯。此后几百年间，关羽可称是默默无闻。但到宋徽宗崇宁元年（1102年），关羽被封为忠惠公。崇宁三年（1104年），又被封为崇宁真君。大观二年（1108年），加封武安王。宣和五年（1123年），再封为义勇武安王。可见，宋徽宗时期是关羽崇拜的第一个高峰。其时关公的封号，不仅超越了侯，而且由侯而公，由公而君，由君而王。此后对关公的封赠基本上保持一种稳定势头。至明神宗万历十年（1582），关羽被封协天大帝。万历十八年（1590年），被封协天护国忠义帝。万历二十二年（1596年），应道士张通元的请求，进爵位为帝。这时的关羽已经取得了最高的封号"帝""大帝"。此后关公的封号已不能再高，于是帝王们又开始在其封号的名称上增加褒美之词。清咸丰四年（1854 年），关公被加封为"忠义神武灵佑仁勇显威护国保民精诚绥靖关圣大帝"，封号达22字。同治九年（1870年），关公被加封为"忠义神武灵佑仁勇显威护国保民精诚绥靖翊赞关圣大帝"，封号达24字。光绪五年（1879 年），又被加封为"忠义神武灵佑仁勇显威护国保民精诚绥靖翊赞宣德关圣大

---

① 世界关氏宗亲总会第九届恳亲大会筹委会：《关公文化资料丛书》，第五册，第112页。

帝"，封号长达 26 字，是迄今为止最长的封号。

从对关公的封赠情况来看，除了皇帝本身的道教信仰，一个很重要的因素就是国家的运势。宋徽宗、咸丰、同治、光绪，皆为内忧外患交加、国势风雨飘摇之时，万历时期，亦是明代各种矛盾爆发、国家转向衰落之时。愈是在这样的时候，皇帝愈是渴望有一全能之神，帮助自己平定局势。而对封赠字数的增加，除了表达赞美，更重要的是寄寓了更多的渴望。

值得关注的是，关羽的众多封号中，大都寓有儒家的政治与道德理想。如光绪五年（1879年）这一最长的封号中，就有忠义、仁勇、护国保民、精诚、翊赞宣德等浓厚的儒家色彩。

（二）宋代以来历代多借关公名义来宣扬忠义等儒家伦理

宋以来历代多借关公名义来宣扬忠义等儒家伦理，在许多现存碑记中均有所体现。如解州关帝庙《隆庆元年重修乐楼记》载，重修乐楼的原因是担心当时"乱雅害德之音迭相唱和，俳优侏儒杂戏于前"，将修乐楼视为"反正之机""重新之日"。[1]洛阳一带的关帝庙，大都有类似的碑刻。如洛阳关林清康熙六十年（1721 年）《郡守刘公祖重修关夫子庙记》云："夫自古忠臣孝子，历代俎豆不废者，所以正人心、厚风俗也。壮穆公之血食天下，自通邑名都以及遐陬僻壤，无不金碧而尸祝，盖其生为万人敌，死能祸福警戒小民以闲邪而卫正，其有切于人心、风俗者大也。"[2]（关于此，可参看笔者《从现存碑刻看明清时期洛阳道教世俗化的表现》[3]。）

（三）关帝庙成为调解纠纷及商人议事的所在

关公的诚义品质，被广泛用于调解民间纠纷、决断公共事务、商人议事签约。许多以此相关的事情，均被安置于关帝庙。如洛阳孟津县南麻屯镇庙后村活杨宫清嘉庆二十二年（1817 年）《正西路四乡中保地亩差务碑记》明确指出："彼议于此，此论于彼，觊觎者背地推委，矫强者当面搞阴，以致差务偏累，浸沿久之，嫌隙日生，其遗害曷胜言乎？"[4]笔者曾走访洛阳市宜阳县盐镇关帝庙，发现此类碑刻多达 6 方。值得关注的是，许多关公文献的搜集与整理者对此类涉及公共事务、民间纠纷、商业活动的碑刻，往往忽略不顾，以为其与关公关系不大。其实存放于关帝庙中的这类碑刻，恰恰反映出关公信仰在民间的意义，也反映出其儒学诚义品质所具有的特殊价值。

三、关公信仰儒学化的意义

以上对关公信仰儒学化的原因及具体表现进行了初步的探讨，从中可以看出，关公信仰的儒学化，使其成为国家意志，从而增强了其影响力，成为作为国家统治思想的儒家礼乐、忠义、诚信等观念的体现。特别是其封赠时往往具有一定的仪式，从而展现了国家的礼仪制度。如万

---

① 世界关氏宗亲总会第九届恳亲大会筹委会：《关公文化资料丛书》，第四册（下），第 17-18 页。
② 据笔者收藏拓片。
③ 扈耕田：《从现存碑刻看明清时期洛阳道教世俗化的表现》，载《洛阳理工学院学报》，2018 年第 3 期。
④ 据笔者收藏拓片。

历四十二年（1614 年），加封关公为三界伏魔大帝神威远震天尊关圣帝君之时，即"遣官奉九旒珍珠冠一、玉带一、四蟠龙袍一，黄牌一面，上书封号一十六字。至京都正阳门庙供讫"。而在加封的同时，又赐陆秀夫为左丞相，张世杰为右丞相，并以宋岳飞代馘魔元帅，也起到了国家褒扬忠臣的作用。作为释、道共奉之神，关公信仰有着广泛的民间基础，借助于此，儒家核心价值也得以更好地传扬，这对凝聚国家、民族的向心力有着重要作用。同时，在民间纠纷、公共事务、商业活动中，关公的诚义品质对于维护良好的民风行风，也有着重要意义。借助于儒学化，关公信仰摆脱了道教神高高在上的姿态，进一步民俗化，深深植根于民间，从而扩大了其接受人群，成为遍及华人世界的重要信仰。

近十年关公文化专著出版状况述评

李建松

新时期以来，关公文化研究颇为兴盛，尤其是最近十年，成果蔚为大观。据笔者目力所及，近十年来，以"关公"为题的专书有 48 部之多，博士论文 1 篇。内容也涉及关公形象演变、关公文化传播、关公民间信仰等诸多方面。现将研究的具体状况评述如下。

一、以"关公"为题专著情况

随着"关公"文化研究的深入，以"关公"为题目的专著，近十年来如雨后春笋，笔者撮其要者概述介绍于此。

马书田、马书侠著《全像关公》，2008 年由江西美术出版社出版。该书正文十五章，包括关于关羽的生平家世的考论、作为文人的关羽、关羽从人到神的演变、关公崇拜与关庙介绍、当代关公热等内容。《全像关公》建立在坚实的史料基础之上，有较高的学术含量，比如"关羽考释"中对于关公性格的考论，材料可靠，因此得出的结论也较为客观、公允。此为本书特点之一。特点之二，该书视野较为开阔，论述很全面。比如对关庙的论述，既有对四大关庙的介绍，又有国内各地包括港澳台地区关庙的详细介绍，还有对海外关庙的介绍，体现了作者广阔的学术视野。

张志江著《关公》，中国社会出版社于 2008 年出版。该书为刘魁立、张旭主编"中国民俗文化丛书"其中一部，内容主要包括历史人物关羽、千古英雄关公、千古正神关帝，以及关公信仰的宗教形态及形成原因等内容。除此之外，该书尚有附录两种，一是对主要关庙的介绍，二是关庙楹联的搜集，这二者都有较高的文献价值，尤其是后者，楹联的搜集颇为全面，对研究关公文化、关公信仰的官方及民间演进，均有较为重要的意义。该书一个重要特点，就是考证较为细致。如对关公父祖的考证，作者用明代的文献《常平重修关王庙记》、清代文献《汉前将军壮缪侯关圣帝君祖墓碑记》，均加以辨析，对"井砖"及"易麟"的考论，条分缕析，细致入微。得出的结论也相对客观公正。如作者说："综上所述，有关关羽祖父、父亲名字及其行迹的传闻，视为民间传说则可矣；当作信史，则显然失于审慎，不免有以讹传讹之嫌。"[①]建立在坚实的文献基础之上，又有客观公正的分析，结论也就相对客观。

马昌仪编选《关公传说》，中国社会文献出版社于 2008 年出版。该书同为刘魁立、张旭主

作者简介：李建松，男，洛阳理工学院。

① 张志江：《关公》，中国社会出版社，2008 年版，第 13 页。

219

（下）篇 赊店关公文化研讨文萃

编"中国民俗文化丛书"其中一部，本册主编史静娴。既然题为"传说"，该书的主要内容就是关于关公的种种传说相关的记载。包括关公的神奇降生、桃园结义、关公磨刀等传说故事，故事性很强。该书一个重要的特点，是少数民族方面的记载，比如红脸关公是以满族传说为基础进行的加工，而火德星君的传说是在苗族同胞中流传的关于关公的故事。

《跨越海峡的忠义之神 —— 关公信仰在台湾》，李新元编著，福建教育出版社于 2008 年出版，属于丛书"图文台湾"的其中之一。本书分五部分，内容包括：关公及其庙宇、关公信仰传入台湾、台湾关帝庙面面观、关公文化在台湾的传播及影响、两岸关公文化交流等。这是一部专门介绍我国台湾地区关公信仰状况的专书，对大陆了解我国台湾相关情况有较为重要的意义。

《关公崇拜溯源》，胡小伟先生著，北岳文艺出版社于 2009 年出版，分上下两册，共 16 章内容。该书是关公文化研究的专著里面颇有代表性的学术专著，从学理上详细论述了关于关公文化的方方面面，包括产生、发展、演变等。比如"《三国志》及裴注辩析"一章，论述了"裴松之注中的关羽神迹""荆州城隍神""关公后裔疑云"等重要问题，从源头上阐述了关公崇拜产生的历史文献材料；在"社会转型与价值重建"一章，作者详细论述了"唐宋转型""江湖社会""'义'之为道""异姓结义"等问题，把关公文化放到大的社会背景下、结合特定时期的文化进行论述。该书学术视野广阔，能将关公文化放到一个大的文化背景下考察，既有点的论述，又有面的分析，论证详实，学术分量重，为关公文化研究做出了卓越的贡献，并提供了研究方法上的典范。

《永远的关公》，王西兰著，三晋出版社于 2009 年出版。本书主要包括"真实的关公""历史的关公""文化的关公""神话的关公""永远的关公"等内容，介绍了作为历史存在的关公，关公信仰的形成，关公信仰的现代意义。

《说关公》，谭运长著，上海文化出版社于 2010 年出版。历史上的关羽是如何由人演变为神的？这里有从民间、文人到皇室旷日持久的"造神"，也有从佛家、道家到儒家之间，精彩激烈、刺刀见红的"抢神"。该书详解了其中的种种关节，既讲述了许多引人入胜的故事，又是发人深省的文化研究。

《关庙与关公文化》，杨子荣、杨卫东著，三晋出版社于 2010 年出版，属于山西历史文化丛书 第 35 辑。该书概述了现存关庙的情况，并简论关公崇拜和关公文化，内容包括：关公封帝考、中国现存最早的关庙 —— 阳泉和定襄关王庙、中国最大的关庙 —— 解州关帝庙等。

《关公文化》，中国物资出版社 2012 年出版，为中国民间年画诸神文化丛书的一种。本书阐述了关公文化，资料翔实、内容全面。书中配有年画插图，图文并茂、形象生动，对弘扬关公文化，宣传中国传统民俗文化，具有重要的文化价值。

《关公信仰与地方社会生活 —— 以山西解州为中心的个案研究》，闫爱萍著，山西人民出版社于 2012 年出版，为山西大学建设 110 周年学术文库的一种。该书对关帝故里的解州镇及常平村进行了详尽的个案考察。作者利用历史文献考证与田野调查访谈相结合的研究方法来考察关帝信仰传统的历史与现状、关帝故里人的生活方式和他们所拥有的其他信仰文化。该书以微见著，内容系统，逻辑严谨，资料丰富，多有创新，值得一读。

《关公在河东》，关新刚编著，三晋出版社于 2013 年出版。该书主要记述关公在其家乡河东运城的故事、遗迹、后裔和信俗等方面的相关史料和现状，包括关公家世，关公传奇，常平关帝家庙遗迹，运城各地关帝庙楹联，关姓渊源、繁衍与分布，关姓祖居西古村，教化民众敬关公，河东名城数关公等。

《信义炳世——关公文化概略》，秦建华主编，山西人民出版社于 2014 年出版，为运城学院大学文化建设系列丛书之一。该书讲千百年来，集忠孝节义于一身的关羽在人们的心目中的地位越来越高，这不仅是统治阶级对关公褒扬喝彩的产物，更是百姓精神生活的需要。本书作为高校文化研究的系列丛书之一，重点讲述了关公文化的内涵，涵盖了史料记载中的关羽其人，文学作品中的关公形象，民间传说中的关公形象，走向神坛的关圣大帝。

《关公文化学》，王志远、康宇著，中国社会科学出版社于 2015 年出版，为关公文化研究丛书的一种。作为历史的真实人物关羽早已去世，但作为一种文化现象，关公崇拜延续了近两千年，并从中国发展到海外。历朝历代的文人、政客、普通民众对关公做出了种种不同的解释，崇拜者的心态各异，崇拜形态也是五花八门，色彩纷呈。该书运用文化学理论，系统梳理了历史上真实的关公的记载，以及形形色色的关公崇拜，分析不同历史时期、不同社会阶层的关公形象，以及关公崇拜所产生的社会影响。本书既有理论深度，也很有可读性，可供大众欣赏。

《元明清时期关公戏文本研究》，杜鹃著，三晋出版社于 2015 年出版。该书是在作者的博士论文的基础上，经过重新增删修订而成。全书共分十个章节，调查了元明清时期关公戏的总况到元代以前关公戏的剧目，再到杂剧、传奇、花雅时期的关公戏，并研究了关羽角色的发展演变和其戏曲形象的嬗变。该书内容十分丰富，是目前较为全面的研究关公戏的著作。

《关公故里》，古熙著，山西人民出版社于 2016 年出版，为山西八大文化品牌丛书之一，主要介绍了关公信仰与关公文化。山西作为关公的故乡，是关公文化的发源地与集中分布区域，书中指出了关公文化的精神内涵及其传承与分布，对关公这一文化品牌的内涵和意义进行了深度的发掘和展示。

《关公形象演变研究》，宋洁著，中国戏剧出版社于 2017 年出版。该书是山西运城学院宋洁的一部学术研究结项书稿。千百年来，关公经过历代小说家、戏剧家、民间艺人的不断美化、神化、圣化，早已由一位历史人物晋升为中华民族的一尊道德偶像，不过，百姓心目中的关公，却并非历史上真正的关羽其人，而是经由民间传说、话本、戏曲、小说与民俗、宗教、政治等诸人文因素相互作用，共同造就的一个形象。该书围绕着关公形象的演变从小说、戏曲和人们的信仰入手进行研究解读。

二、以"关羽"为题的专著出版情况

据笔者所见，以"关羽"为题者，改编、演绎的通俗读物较多，而学术专著以"关公"为题目者，要少很多。

《关羽：名将 武圣 大帝》，柴继光著，三晋出版社于 2011 年出版，为河东文化研究丛书之一。中国有个武圣人，就是山西的关夫子。关羽，生前为将、为侯；死后封王、封帝；成圣、

成神。对关羽的崇拜以及由关羽生发的文化现象，不是偶然的，而是有其历史的、社会的、心理的、道德的原因。关羽文化现象可以说是超阶级、超历史、超国界、超信仰的泛文化现象。

《经典的传播：关羽形象传播研究》，荆学义著，中央编译出版社年2014年出版，该书归入"比较文学研究学术丛书"系列，为天津外国语大学"比较文学研究学术丛书"（第一辑）其中之一，由天津外国语大学比较文学研究所编写。该书旨在探讨史传、戏曲、小说以及民间传说中关羽形象的传播与接受。同时解读传播群体在塑造关羽形象时的若干传播理念。

《关羽传》，王西兰著，北岳文艺出版社于2014年出版，为三晋百位历史文化名人传记丛书之一。该书主要内容包括：真实的关公：解州，涿州，荆州；历史的关公：战将，统帅，国土；文化的关公：赤面，长须，大刀；神化的关公：称神，称佛，称圣；永远的关公：人格，精神，信仰五章。

《品关羽》，东方诚明著，哈尔滨出版社于2015年出版。本书从艰难转战、寄身曹营、如搓如磨、镇守荆州、浴血涅槃五个阶段讲述了关羽的一生，旨在让读者认识一个真实的关公，并试图探寻关公如此受人崇拜的文化基因。

《忠义神勇关羽》，姜正成主编，中国财富出版社于2016年出版，为中华圣贤传奇系列之一。本系列图书详细介绍了中国历史上的圣贤人物，展现了他们的丰功伟绩和伟大人格，从侧面烘托出光辉灿烂的中华文明。该书参考了大量的相关文献资料，引用了主流专家学者的著作及观点，有较强的可读性。

《关羽：神化的〈三国志〉英雄》，日本渡边义浩著，北京联合出版公司于2017年出版。该书从史实到故事，再到信仰的对象，试图分析关羽形象的这一变迁过程，作为研究中国思想史的一个新尝试。

《关羽导读》，柳江南、张隼著，南京大学出版社于2017年出版。该书以简单明了的检索方式对关羽一生的作战、训练、家庭生活和治理民生等其他活动情况进行了学术性的考证与梳理，对关羽一生积极进行道德实践并成为万世楷模的思想行为进行历史文化性的思考与揭示，并把关羽身上集聚的优秀文化传统同今天的时代精神进行了深度链接。该书既是一本学术性的年谱，也是一本推广普及中国传统文化的读物。

《关羽图传》，马宝记、许盘清著，北方文艺出版社于2017年出版。关羽是三国时期蜀国的名将，唐宋以后逐渐被帝王和民众神化，由历史上一个忠勇的将领，变成一个万人景仰、古今同拜的神灵。该书兼取历史上的关羽和被神化了的关公，以其一生的经历为线索，在考证历史事实的基础上，以军事路线图和人生轨迹图解读关羽，揭秘关羽走上神坛之路。

三、小　结

近十年的关公文化研究，可谓百花齐放、百家争鸣，成果较多，水平较之以往有了更大提高，且作为地域文化的关公研究，有些地区取得巨大成就，如山西省，尤其是山西省的运城市。具体说来，笔者有如下诸端感受：

第一，近十年的关公文化研究，学理性更强，水平更高。如胡小伟先生的专著《关公崇拜溯源》，将关公文化放到一个大的文化背景下考察，既有点的论述，又有面的分析，论证详实，学术分量重，为关公文化研究做出了卓越的贡献，并提供了研究方法上的典范。马书田等《全像关公》，建立在坚实的史料基础之上，有较高的学术含量。张志江著《关公》，建立在坚实的文献基础之上，又有客观公正的分析，结论也就相对客观。闫爱萍《关公信仰与地方社会生活——以山西解州为中心的个案研究》，王西兰《永远的关公》，谭运长《说关公》，杨子荣等《关庙与关公文化》，关新刚《关公在河东》，秦建华《信义炳世——关公文化概略》，王志远、康宇《关公文化学》，杜鹃《元明清时期关公戏文本研究》，古熙《关公故里》，宋洁《关公形象演变研究》等专著，也分别从不同侧面对关公文化进行研究，为关公研究领域做出了较大的贡献。

第二，作为地域文化的品牌，山西作为关公故里，近十年起到了关公文化的带头作用。上述出版物里面，论数量，山西的学者贡献最大，有80%以上要么是山西境内的出版社出的，要么是山西或运城的系列文化丛书之一，要么就是运城学院的学者撰写的，上文已见，此不赘述。可以说，在关公文化研究领域，山西全省以及运城市，已形成一支强劲的关公文化研究队伍，不仅在学界产生了影响，同时对地方经济文化都做出了较大贡献。与此相比，同样作为三大关庙所在地的河南洛阳也做了大量的工作，如洛阳理工学院，已经成立"关公文化研究院"，聚集了一批地域文化研究的专家学者，发挥洛阳关林优势，蓄势待发，未来可期。

参考文献：

[1] 胡小伟. 关公崇拜溯源（上、下）[M]. 太原：北岳文艺出版社，2009.

[2] 马书田，马书侠. 全像关公[M]. 南昌：江西美术出版社，2008.

[3] 杨子荣，杨卫东. 关庙与关公文化[M]. 太原：三晋出版社，2010.

[4] 王西兰. 永远的关公[M]. 太原：三晋出版社，2009.

[5] 关新刚. 关公在河东[M]. 太原：三晋出版社，2013.

[6] 闫爱萍. 关公信仰与地方社会生活 以山西解州为中心的个案研究[M]. 太原：山西人民出版社，2012.

关公文化本体研究刍议

杨　筝

关公文化的结构有物质层面与非物质层面，与此相对应，关公文化的内容也分为物质文化与精神文化两个大的方面。其中精神文化是主要的、内在的，是关公文化的灵魂；物质内容是形象直观的、外在的，是关公精神的物质体现。二者虽有区别，但都是关公文化整体内容的有机组成部分，去掉任何一部分，都会造成关公文化的残缺不全。对于关公文化的本体研究来说，不应忽视关公文化的物质层面，但更要注重对关公文化精神层面的认识和把握。否则就不可能深刻地体会和理解关公文化的精神实质，不可能真正体味关公文化的神韵及其对中国社会与人心的长时期的深刻影响。

一、关公文化的物质内容

关公物质文化遗产，即关公文化的物化形态，亦即关公文化的物质内容。

关公文化的物质内容，主要包括关公生前生活、作战活动的遗物、遗址，如常平故居、许昌市灞陵桥、荆州市得胜街、监利县的华容古道、襄阳市关羽水淹七军之地——罩口川、远安县关羽回马处等。后人祭拜关公的各种文物古迹，遍布全国及海外的难以计数的关庙、碑刻、塑像。历史上的关羽早已逝去，但遍布中华大地的一处处关公遗迹、一座座庄严的关庙，世世代代都在向人们诉说着关公的故事，传扬着关公的精神，使关公文化历久不衰。

二、关公文化的非物质内容

关公非物质文化即关公文化的精神内容，包括制度文化、民俗文化和伦理道德。

关公非物质文化中的制度内容主要包括庙制和祀典两部分。关公宗庙制度、祀典制度是中国古代宗庙祭祀制度延续和发展的体现。关公文化中的庙制，即关于关庙建筑的各种规定和制度。《清史稿》记载："清初都盛京，建庙地载门外，赐额'义高千古'。世祖入关，复建庙地安门外。"关公是人们心目中的神灵和圣人，为其建庙是庄严而神圣的大事，封建统治者十分重视，制定了各种严格的规定。

祀典即国家的祭祀典礼，是统治王朝关于祭祀的礼仪规定和典章制度。关公从宋代开始就

作者简介：杨筝，女，1975 年生，河南洛阳人，洛阳理工学院讲师。主要研究方向：民俗文化与河洛文化。

被官方纳入了祭祀的范围，而且愈演愈烈，直到清朝政府，几乎达到登峰造极的地步。

清朝是关公崇拜发展的顶峰时期，对关公的祭祀也达到了顶峰。清高宗弘历在乾隆十二年（1747 年）敕撰《满洲祭神祭天典礼》，对清朝的祭祀礼制进行了系统规定。清朝统治者集历代祀典之大成，对关公祭祀的等级、祭器、祭品、祭期、斋戒、祝版、习仪、祭文、乐章等都作了细致严格的规定。这些规定，充分说明了清王朝统治者对祭祀关公这位护国之神的极度重视。

清朝正式把祭祀关公列为国家祀典，不仅每年遣官致祭，而且帝王在深宫秘祭，可谓至信至诚。康熙时，诏以太牢祀。雍正时，通行直省所属府州县，择一关帝庙之大者，在供奉关帝主神的后殿致祭。清代在建朝之初就定制，祭祀分为三等：圆丘、方泽、祈谷、太庙、社稷为大祀。天神、地祇、太岁、朝日、夕月、历代帝王、先师、先农为中祀。先医等庙，贤良、昭忠等祠为群祀。关公先为群祀，文宗咸丰三年（1853 年），升格为中祀。遇大庆典，都要遣官致祭。

关公民俗文化即体现在人们日常生活行为中的文化现象，主要包括各种纪念关公的传统习俗和活动。每逢全国各地的关公庙会、关公节，国内及海外华人中普遍存在供奉关公神像，祭拜关公的习俗；到关庙抽签、问卜活动等行为，都是关公民俗文化的体现。庙会是中国传统的文化经济活动。关庙遍天下，关公庙会也就遍及全国各地。从东山海岛到丝绸古道，从大澳渔村到乌苏里江，大凡所建关庙之处，都要举行关公庙会。在洛阳关林镇，每年正月和农历五月十三日，都要举行大型庙会。届时，演关公戏的、舞狮的、划旱船的、骑马射箭的、吹喇叭抬轿子的，在关帝庙内外闹得热火朝天。商贾小贩汇聚，人山人海，熙熙攘攘，热闹非凡。至今，关公庙会发生了质的变化。由过去的民间自发行为发展为由政府出面，并且由庙会发展为关公文化节。其时海内外关公崇拜者和商贾汇集，关公文化大展现：关公锣鼓、关公戏剧、关公文物展览、关公电视剧、关公古迹游览，好戏连台。尤其是每年规模盛大、隆重热烈的"关公朝拜大典"，海内外关公信徒虔诚地祭拜关老爷。祭祀的程序是：鸣鼓、迎神、行初献礼、奠玉帛、上香、进俎、行亚献礼、读祝文、行终献礼、饮福酒、送神、望燎、献艺、礼毕、上布施。每年农历五月十三日，在关公的诞生地——常平村进行大型祭拜活动。全国的许多关庙，都举行关公诞辰、关平生日、关公殉难日的祭祀活动。这种风俗习惯经过漫长的岁月，已深深地印在人们的心里，成为一种自发行为。

关公非物质文化内容中体现的伦理道德，尤其是观念形态的内容，是关公文化中最深层次、最本质、最重要的内容，集中体现了关公的思想、道德和精神，它包括：忠、义、仁、智、信、礼、勇。

关公文化的忠、义、仁、智、信、礼、勇诸内容，是相互联系的统一整体。但这并非说，关公文化的诸观念形态内容是无区别的同等重要。就重要性而言，勇是较为重要的一个层次，而忠、义则是更为重要的层次，是关公文化整体内容的核心。

关公文化的核心内容是忠义。关公"彻底一忠"，"义贯千古"，他就是忠义的化身，其一生就是一曲忠义的歌。忠义是关公文化的核心，关公文化的研究者对此已形成共识。究其原因，有三个方面：其一，从忠义的内涵与重要性看，忠与义是中国传统伦理道德乃至整个传统文化中最重要最普遍的两个范畴，是规范人们行为的最高准则，它涵盖了人们最重要的社会关系和

人际关系。忠调整着封建社会中君臣之间、上下级之间、父子之间纵向的人际关系，要求后者无条件地服从前者，从而形成等级森严、以皇帝为至尊的社会秩序；义则调整着朋友、同级、同辈一类横向的人际关系。忠义的内容都是覆盖全社会的，但忠更为统治阶层和正统社会所推崇，而义则更受市民社会、江湖社会的拥护，忠义结合，可谓上下沟通，左右逢源。崇祀关公，宣扬关公文化"欲使君臣劝忠，朋友效义"。这对封建社会正常秩序的维护是绝对重要的。

其二，从忠义与关公文化中仁、智、信、礼、勇等内容的关系看，忠义是最能反映关公文化精神实质的部分，是规定、联结关公文化各方面内容的核心。忠体现着封建意识形态的性质和方向，是义、仁、智、信、礼、勇的基础和前提。义必须是忠义，即忠君前提下的义，才是封建社会所认可和提倡的。信也必须是忠信，信用要服从对皇帝的忠诚。勇也必须是忠勇，造反者的勇是绝对不允许的。所以，忠是贯彻关公文化所有内容的，如此才"彻底一忠"。义则是更明显地渗透于关公文化其他诸内容之中的，仁、智、信、礼、勇都贯穿着义的内容，是仁义、义智、信义、礼义、义勇。可见，忠义是统帅仁智信礼勇的，是关公文化的本质与灵魂。

其三，从人们对关公文化的评论和赞誉看，对关公文化称颂最多的集中在忠义方面。"精忠贯日月，大义薄云天。""彻底一忠，耿耿乎生死不相背负；横绝千古，洋洋哉云天常著英灵""英贯金石，壮节植纲常。平生一片心，皎如赤日光。当其忠义直欲凌太行。"……自古至今，歌颂关公忠义精神的文字不计其数，仅从关庙楹联这种最能揭示关公文化精髓的形式看，赞关公忠义的所占比重很大。又如："英雄有几称夫子，忠义惟公号帝君。""秉烛岂避嫌，昼夜思汉室；华容非报恩，始终藐奸雄？""志在春秋，自昔尊王伸大义；身骑箕尾，于今配帝答孤忠？""天地一完人，文武才情忠义胆；古今几夫子，英雄面目圣贤心。""师卧龙，友子龙，龙师龙友；兄玄德，弟翼德，德兄德弟。""大义秉春秋，辅汉精忠悬日月；威灵存宇宙，干霄正气壮山河。"

三、关公文化的表现形式类型

关公文化结构的复杂性和内容的丰富性，决定了关公文化表现形式的多样性。概括起来主要有9种形式。

第一种，关公生前活动及其身后种种传说中的遗迹、遗址、遗物等文物古迹。如山西解州常平关公的诞生地、许都故宅、江陵城、灞陵桥、罩口川、古麦城、华容古道、掇刀石、卓刀泉、故关州、关公洞、磨刀石、洗马口、樊城、饮马泉、青泥池、汉城、关王岭、刷马岭、马跑泉、关公濑、铜柱、关山，以及关公的刀、印，记述关公生平事迹和歌颂关公圣德的碑刻等。

第二种，纪念关公的各种建筑。包括遍布全国城乡及海外的无数关帝庙宇、宫观、殿堂。

第三种，有关关公的各种著作、作品。包括四个方面：一是关公本人的少量著述。关公一生征战，少有著述，遗留下来关公作品主要是书信，如《三与桓侯书》《与张辽书》《官渡与操书》《拜汉寿亭侯复操书》《归先主谢曹书》《又致曹书》等。二是记述关羽生平事迹的著作。如陈寿《三国志》，以及《华阳国志》《关帝志》等史书及《关氏家谱》。三是关于关公的传说、故事、神话。这方面的内容十分丰富。《关圣帝君圣迹图志·灵感考》就记载了53则，如"解池""金氏化狗""李忠愍公受书""沔阳庙存像""于保还乡""救张妪获生""广平府御水患""救沈民部""顾孝廉起疾""疫鬼避神"等。四是研究、宣扬关公及其精神的著作、典籍、各种文学艺术作品：文章、诗、词、歌、赋、楹联、戏曲、书法、绘画、雕塑，等等，如《三国演义》《关圣帝君圣迹图志》《关帝全书》等。特别是1995年8月国际文化出版公司出版的《关帝文献汇编》，堪称关帝文献大成。全书分10册，120万字，内容包括图志、汇考、征集事迹、家谱、祠志、陵庙纪略、经训、传说、故事，等等，涵盖了关公研究的所有方面。

第四种，各种祭拜关公的礼仪规定、祀典制度；关帝庙建筑的规格、用料颜色等严格的规范制度等。

第五种，古今中外各种纪念、崇拜关公的民间风俗、传统习惯，如悬挂关帝圣像；关帝诞辰、忌日的祭祀活动，包括举办庙会、演出关公戏剧等；以及许多具有巫术色彩的活动：扶乩、占卜、抽"关帝签"等。

第六种，关公的思想道德观念及精神气质，如忠、义、仁、信、礼、勇等。

第七种，全国许多地方由民间或官方举办的各种纪念、宣扬关公文化的活动，如关公文化节、关公庙会，各种研究、开发利用关公文化的座谈会、研讨会，等等。

第八种，现代尤其是近年来建立的各种研究、弘扬关公文化的社会组织和媒体，如学会、协会、关公或关公文化研究会、宗亲会、研究所、关庙联谊会、网站、知名自媒体等。

第九种，以关公命名的街道、公园、商店、宾馆、企业、产品等。仅关公故里山西运城市就有关酒集团、关公大酒店、春秋楼酒店以及关公酒、关酒、武圣矿泉水、武圣西服等相关的各类商业实体。

关公文化存在形式的多样性中存在着统一性，各种具体的关公文化表现形式无论呈现出何种形态，但本质上都是关公文化本体研究的重要组成部分。

参考文献：

[1] 蔡东洲，文廷海. 关羽崇拜研究[M]. 成都：巴蜀书社，2001.

[2] 陈长安. 关林[M]. 郑州：中州古籍出版社，1994.

[3] 钟敬文. 民俗学概论[M]. 上海：上海文艺出版社，1998.

[4] 沈泓. 关公文化[M]. 北京：中国财富出版社，2012.

[5] 金耀基. 从传统到现代[M]. 北京：中国人民大学出版社，1999.

论关公文化的特征和价值

张丽娜

关公文化是中华民族最具特色的民间文化之一，渗透着传统的伦理道德精神，是中华传统的宝贵财富。关公文化中的"忠""义""仁""勇""礼""智""信"精神是中华民族传统美德中的有机组成部分，体现和反映了中华民族的优秀传统道德文化，学习、继承和发扬关公文化的精神，有利于培养良好的社会道德风尚，有利于振奋民族精神。作为一种千年不衰的传统文化，关公文化有自己显著的特征。

一、关公文化具有"全民性""广泛性"特征

关公文化的创造主体具有"全民性"的特点，既有广大群众，又有封建统治者，更有文人雅士，是一种"全民文化"。它是由中华民族共同创造的，除了汉族，满、蒙、藏等少数民族也参与了创造。关公文化既包括伦理道德思想，又包括政治思想；既有宗教思想，如佛家、道家思想，又有儒家思想；既有文学艺术，如小说、诗、词、赋、电视等，又有建筑艺术，如各种关庙、宫殿、雕刻等；既有典章制度，又有民风民俗等。关公文化还具有"广泛性"的特点。关公文化的社会影响十分广泛，关公文化的崇拜超过了对任何一种宗教或民族文化的崇拜，对关公的崇拜超过了对任何一位历史人物的崇拜，关公崇拜是名副其实的"全民崇拜"。

表面上，关公是在统治者、儒释道三教及民间的共同推崇下而逐渐被神化而形成一种关公崇拜现象，但构成关公崇拜最本质、最重要的部分是关公的道德和精神，这体现在他的忠、义、仁、智、信、礼等美德上，这些美德深植民心，奠定了人们对关公的追崇。关公并非以灵著显赫来博取人们的尊奉，而是以他固有的道德和精神来赢得人们对他历久不衰的崇拜。关公所体现的的忠、义、仁、智、信、礼、勇是相互联系的统一整体，也是关公民俗文化形成的部分要素。关公对国以忠，待人以义，处世以仁，行事守信、守礼，以勇武行仁德，鼓舞了一代代社会下层民众向善、扬善的精神。

二、关公文化具有"伦理性""道德性"特征

千百年来，人们崇拜关公，不仅是崇拜关公的勇武，更是崇拜关公的道德品质，核心是崇

作者简介：张丽娜，洛阳理工学院，人文与社会科学学院教师。

228

拜关公高尚的道德人格，崇拜关公威武不能屈、富贵不能淫、贫贱不能移的英雄气节和高尚情操。因此，关公崇拜实质上是一种道德崇拜，体现着中华民族崇尚道德的精神。这种对道德人物的推崇，不仅在历史发展的当时有其价值，在今天也有其现实意义。与关公文化的特点相关，关公文化发挥了它特有的功能。关公文化的思想、道德精神引导、影响着人们思想和行为，把人们的思想和行为导向崇礼。经过千百年来统治阶层的大力宣扬和民间的传播，关公形象已成为中华民族伦理道德的典范，成为封建社会各阶层人士效法学习的榜样，并且在不同程度上影响着不同历史时代不同社会各种人的价值取向。关公文化的崇礼尚德精神，已在中国社会和人民群众中深深扎根。

关公文化是崇尚忠勇民族精神的产物，凝结着"忠""义""仁""勇""礼""智""信"。比如，在《三国志通俗演义》中，关羽和刘备的相处，不仅是君臣，同时也体现了一种质朴的关系，即朋友之义。刘、关、张"桃园结义"后，他们"寝则同床，恩若兄弟"。关羽为了刘备，不但做到"降汉不降曹""身在曹营心在汉"，而且过五关、斩六将，千里走单骑，历经艰险回到刘备身边，继续兄弟相处。最后他兵败麦城，在生命攸关之际，慷慨陈词，终为刘备尽义而死，而刘备为给关羽报仇，兵败夷陵、魂亡白帝，践诺了他们不求同时生但求同日死的盟言。这里的义，已从维系尊卑上下关系的原则，降到了一般人际关系中间，成为民间患难与共的精神纽带。关公多次面对曹操高官厚禄的诱惑都没有动摇，都没有背叛与兄长刘备、三弟张飞的桃园盟誓。关公这种在诱惑与威逼中坚持的诚信，使得后世人们加以敬仰和崇拜。

在中华民族几千年的文明史中，虽然某些阶段可能是出于生存压力而产生了过度的竞争，但我们对谋略的热情总也不能遮掩我们对社会和谐的追求、大同社会的向往。仁政、民本思想的提出，天人合一理念和兼容并蓄方法的运用，都有和谐理念的闪光。作为人类文明的共同精神财富和普遍价值，"忠勇仁义"要求全社会互帮互助，诚实守信，全体人民平等友爱，融洽相处；另一方面"忠勇仁义"又是和谐社会的道德准绳，是公民的一种道德品行，在公民个人道德品行的养成及其人生历程中起着基础的作用。

三、关公文化遗产的价值亟待挖掘

关公文化在发展与演变过程中，缔造了种类多样、丰富多彩的文化财富。如官方和民间共同创造的庙宇文化——建筑、雕刻、楹联、雕塑、绘画等内涵丰富；祭祀文化——程式规整而严密的祭祀仪式、全球信徒的朝拜现象；庙会文化和戏曲文化——物质和文化的交流，戏曲与杂剧的展演；商神文化，关公因其忠义而被社会方方面面的人群当作求平安、求财、求学、求进的神祇；衍生了关公产业文化，各地官方民间举办的关公文化旅游节，相关的文化产业链借机形成和壮大。关公文化是中华民族文化遗产的重要组成部分，是中华民俗文化走向世界的突出个案，将各地关庙、关公祭礼、关公文物、关公影视、关公民俗等进行系统研究与保护，有重要的学理和现实意义。

关公文化以其忠义仁勇内容，倡导了一种高尚的道德精神，满足了人们高层次的精神需要，如追求崇高，自我实现的需要等。经济发展是社会发展的基础和动力，而道德建设则是社会发

展的稳压器和平衡器。关公毕其一生努力实践的儒家道德理想，是人类道德精神的合理内核。对国家以忠诚，对人民以仁爱，对朋友以信义，对故人以勇敢，这种品格和精神，以及重承诺，守信用，扶助弱小，坦诚待人，见义勇为，坚持正义等优良品行和德行，是永远也不会过时的。关公，以他的崇高的人格美誉度和高度的道德感召力，仍旧是我们的道德楷模和人格标范。

在关羽像前的沉吟

郑长春

赊店有座春秋楼，半截插到天里头。这句民谣在赊店是家喻户晓、妇孺皆知的。春秋楼里供奉的就是义贯古今、正气凛然、忠刚义勇的三国名将关羽。

咸丰七年（1857年）八月，此楼被捻军焚毁。2005年春，一尊12.3米高的关公读《春秋》铜像，在各界人士的努力下，于原址庄严落成。

作为社旗游子，我每一次从这神像前经过，总会情不自禁地放慢脚步，虔诚仰望……

一、千年一叹

上下五千年，中华民族的英雄豪杰，璀若星河。汉末也只不过一个短暂的插曲。然而，有人却能在有限的时空里惊天动地，影响久远，例如关羽。

关羽的身世，之前一直不甚清楚。直到清康熙年间，解州州守王朱旦在浚修古井的时候，发掘到了关羽的墓砖，上刻关羽祖、父两世的表字、生卒年月等，还略有提到关羽的家庭状况，资料才开始详细。他因此写了《关侯祖墓碑记》。据墓砖上记载，关家其实是个文人世家。关羽祖父关审，字问之，汉和帝永元二年（90年）庚寅生，居解州常平村宝池里（今山西运城常平乡常平村）。记载说他"冲穆好道"，常以《易》《春秋》训其子，于桓帝永寿二年（156年）丁酉卒，享年68岁。羽父关毅，字道远，性至孝，父审卒后，在墓上结庐守丧3年。除丧，于桓帝延熹三年（160年）庚子六月二十四日生关羽。羽长成后娶胡氏为妇，灵帝光和元年（178年）戊午五月十三日生子关平；羽卒于公元219年，享年59岁。

《三国志·蜀书·关羽传》说，关羽在涿郡（今河北涿州市）遇上朝廷动员各地豪强地主组织武装，共同镇压黄巾起义。他在这里结识了正在当地聚众起兵的刘备，又遇张飞，三人志同道合，友爱异常，亲如兄弟。后世传说，刘、关、张3人曾在桃园结义。

《三国演义》则"演义"出他们颇具传奇色彩的铮铮誓词："虽然异姓，既结为兄弟，则同心协力，救困扶危；上报国家，下安黎庶，不求同年同月同日生，只愿同年同月同日死。"这虽是小说言，却符合了动乱频仍的时代中下层百姓的心态，所以影响巨大。后世很多农民起义都效法桃园结义的故事来巩固队伍，加强团结。刘、关、张3人组织了一支武装力量，加入进攻农民起义军的行列，关羽也就从此开始了他的戎马生涯。从中平元年（184年）一直到死，关

作者简介：郑长春，河南社旗县人，陕西省《政法天地》杂志编辑、知名青年作家。

羽始终忠心耿耿地追随刘备，"随其周旋，不避艰险"。

关羽曾被乱箭射中，箭穿过他的左臂，伤口愈合后但有阴雨便伴有疼痛。有医者认为箭头上有毒，毒素深入骨头，应割开手臂到受伤处，刮去骨头上的余毒，这种病痛才能消除。关羽便伸出手臂让其开刀。当时关羽正请了将领们宴饮，手臂上的血往下流，滴满了一盘子，而关羽却切肉饮酒，谈笑自若。英雄自不同凡响，在三国甚至现在，能以如此豪迈地"笑傲江湖、指点江山"者，唯关羽也！

胆略超群，义冠古今。正如山陕会馆琉璃照壁上的两副对联写的："浩气已吞吴并魏，麻光常阴晋与秦""经壁辉光媲美富，羹墙瞻仰对英灵"！这些大概可以算作对关公一生最好的解读。

一部三国史，关羽以神秘出场，以悲壮结束，中间满是传奇。正应了《出师表》里那句话："出师未捷身先死，长使英雄泪满襟"。

二、鹤立鸡群

通常认为，关于三国时期的许多故事，大多根据陈寿的《三国志》演绎过来。到明末罗贯中的《三国演义》，那就真的进入了一个新高潮。

桃园三结义、三英战吕布、温酒斩华雄、身在曹营心在汉、斩颜良诛文丑、过五关斩六将、义释黄忠、单刀赴会、水淹七军，到最后逼得曹操差点迁都。可以说，此时的关羽真是神勇无双，成果连连，事业直冲顶峰。但关羽是人不是神，物极必反，最终败走麦城。

胜败乃兵家常事。一切都已成为历史。

回首历史是为了更好地寻找答案，启迪未来。我自己在翻阅了大量的历史资料后认为，关羽是被孙权逼死的。盖因关羽太厉害，荆州太重要，最终才有了"大意失荆州"。我在这里特别强调，这里的"大意"不能简单地视为"目空一切，麻痹大意"，而是一种战略进攻和战略防御方面的"决策失误"。丢了荆州，败走麦城，不应该是关羽一个人的错。关羽的一生，是忠肝义胆、诚信磊落的一生。就像臧克家先生说的："有的人活着，他已经死了；有的人死了，他还活着。"关羽就是后者。关羽死后，备受推崇，民间称"关爷"，雅士叫"关公"，更是"儒称圣，释称佛，道称大尊，三教全皈依；汉封侯，宋封王，明封大帝，历代加尊号"。关羽俨然成为代表中华民族"仁、智、礼、义、信、勇"的文化符号。

"侯而王，王而帝，帝而圣，圣而天"，经历代朝廷褒封，至明神宗万历四十二年（1614年），明神宗封其为"单刀伏魔、神威远镇天尊关圣帝君"，正式成为"关圣帝君"。清光绪帝奉其为"忠义神武灵佑仁勇显威护国保民精诚绥靖翊赞宣德关圣大帝"，成为与"文圣"孔子齐名的"武圣"。

三、厚德载物

中国古代名将成千上万，关羽作为一个兵败身死的武将最后却被尊为"武圣"，靠的不是"武功"，而是"文治"，是其自身形象体现出的"仁、义、礼、智、信"等传统美德。从武将、忠臣、义士、财神到"关圣帝君"，关羽的文化符号逐渐升级，内涵逐步丰富，遵循着"侯而王，王而帝，帝而圣，圣而天"的神化轨迹。自三国时代起，官方的宣扬与民间的崇拜使"关公"成为历代文人创作的最佳原型，履行着中华民族道德先驱与文化榜样的职责。

史书上对关羽的文字记载并不多。《三国志》讲："关羽、张飞皆称万人之敌，为世虎臣"。后世所流传无数经典战役，包括"温酒斩华雄""斩颜良诛文丑""过五关斩六将"等，其中大部分不过是《三国演义》"移花接木"或虚构而来。民间也认为"吕布、马超、典韦"武艺都在关羽之上，后世以其为武将标志，主要是因为书中把他描绘为文武兼备，是少数能独自镇守一方的大将。刘备称汉中王时，拜关羽为前将军，总领荆州；关羽死后，由后主刘禅追谥"壮缪侯"。

除了武功，关羽为后世称颂的便是他对刘备的忠诚。从桃园结义开始，他对刘备不离不弃，《三国志·蜀书·关羽传》称之"随其周旋，不避艰险"。其中"屯土山约三事""挂印封金""护嫂千里走单骑"，直至最后败走麦城宁死不降，皆体现了他身为人臣的忠心耿耿。

实际上，关羽身份被抬高与历朝历代统治者对其"忠诚"的推崇有关。历代君王纷纷赐关羽封号，借此宣扬忠君思想，有益于维护统治。

忠臣之外，关羽更为普通人敬仰的是超越政治的"讲义气"。曹操说："云长真义士也"，他用尽金银、女色、爵位，均不能打动关羽，关羽曾叹道："吾终不留，吾要当立效以报曹公乃去"。如此做法，曹操不但没有怨恨关羽，反而认为其有仁有义，更加器重他。此后，关羽为曹操斩颜良诛文丑，最终还在华容道违军令状，放走曹操，有恩必报的态度使其忠义形象深入民心。

其"义举"，也恰好符合儒家思想"仁、义、礼、智、信"的信条。

毋庸置疑，关羽的形象是经过文艺作品与统治阶级的一步步"加工"，逐渐成为仁义智勇礼信的"完美化身"。其美化标志之一，就是自宋代开始在民间日趋增多的"关帝庙"。

因民间流传关公保佑"尽忠尽义"之人，而这样的信条在任何文化中都是人们必备的美德，所以儒、释、道等宗教均将其作为神灵供奉。有点不可思议的是，除了原先供奉关公的军人、武师，其他不相干的行业也推崇关羽。比如，商人拜关羽像昭示君子爱财取之有道，遵义守信不背叛承诺。此外，据称关公像朝向大门，既可招财进屋，又可镇守门户，阻挡外邪。日久，经后人神化，关羽便渐有了"武财神"之名。

据考证，关羽在成为"财神"前，统治阶级、军人好汉、知识分子阶层比较崇拜他。他在宗教化与财神化后，才真正走进千家万户，且历久不衰。至今关公文化影响已经遍及全球。

高希希导演在新版《三国》中，将关羽设置成自杀，曾引发人们争议。高导对此解释说，当时饰演关羽的演员于荣光提出，英雄的死需要有气势，被万箭穿心死得既不好看，也太没尊严，所以建议改为自杀；而高希希也觉得这样改编挺好，有种"壮志未酬身先死的感觉"。编剧朱苏进也觉得关羽是"天下第一，自傲的"，因此不会允许自己被别人杀掉。

四、夜读春秋

关羽一生的精彩故事颇多，为什么在河南省社旗县山陕会馆的春秋楼内，却独独选取关羽

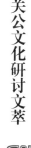

读春秋这一"光辉形象"来昭扬"关羽精神"呢？

关羽喜读《春秋》是有名的。相传他从幼年开始，便喜读儒家经典，深明大义。《三国演义》说：关羽寄身曹操麾下时，操曾欲"乱其君臣上下之礼"，只给破屋一间，结果关羽奉二嫂入住，自己却在院中秉烛夜读《春秋》，令曹操感慨万分。第二天曹操便赶紧给两位刘夫人另行安排后室居住。

《春秋》是中国第一部编年体史书，是中国古代儒家经典"六经"之一，现存版本由孔子修订而成。美国天文学家惠普尔说："书籍是屹立在时间的汪洋大海中的灯塔。"英国数学家巴罗的名言："一个爱书的人，他必定不至于缺少一个忠实的朋友，一个良好的老师，一个可爱的伴侣，一个温情的安慰者。"所以说，一本好书的力量是不可低估的，知识不仅可以武装人的头脑，还能开阔一个人的视野和胸怀，更能提升人的思想境界。

可见，关公读的书籍档次相当高，为经典名著。在我看来，关羽之所以如此严谨地恪守人生信条，具有仁至义尽的侠士风度和英武报国的儒将气概，与他平时阅读《春秋》等优秀儒家典籍有关。

五、朝圣之路

小时候我家堂屋的正墙上，挂的就是关公夜读《春秋》题材的年画。年画上的关羽面颊透红，浓眉细眼，身着绿袍，足登云头靴，左手握《春秋》，右手捋髯，两旁分别站着持戈拿刀的张苞、关兴，形态逼真，栩栩如生，让人望而生畏。

至今，在中原一直流传着"国中关帝庙无穷，赊店春秋楼最灵"的口头语。一些人总是迷信地认为，天敬之风调雨顺，地敬之五谷丰登，人敬之一生平安，官敬之平步青云，商敬之财运亨通。

何哉？

关公忠汉，赊店乃刘秀赊旗，汉室中兴之宝地。

赊店春秋楼，又名大节亭、节义亭，始建于乾隆二十年（1755 年），竣工于乾隆四十七年（1782 年）。春秋楼由主殿、卷棚、左右配殿、东西廊房组成。据有关史料记载，社旗山陕会馆前身为关帝庙，始建于清康熙初年。乾隆四十七年（1782 年）《创建春秋楼碑记》："镇兴伊始，立庙之初，即谋卜地为建楼之基，而未逮者，以事巨用广，工大费奢，尚施有不给，胡以观成"。可惜 1857 年捻军一把大火将春秋楼前原有拜殿、两侧刀楼、印楼及东西廊房焚毁。后仅留一方空悠悠的遗址，静静地守候着风云变幻的岁月。

听这里的老人讲，早在明清时期，赊店商人就名正言顺地以关公的"义"来约束同仁，摒弃见利忘义的不良思想，以关公的"信"来取信于社会，取信于顾客，摒弃欺诈、伪劣行为，起到了较好的约束和警示作用。

对于关公忠义、诚信的美德，这里的老百姓仍然十分赞赏和尊崇。每逢初一、十五，成千上万的香客都会去会馆拜关公。

2004 年，社旗县开始清理春秋楼遗址。次年春，阳光普照，鼓乐声声，春秋楼遗址上，一尊12余米高的关公读春秋铜像及月台落成，并举行了盛大的开光仪式。金光闪闪的关公读《春秋》铜像及月台，从此再现赊店成为华夏之奇观，使赊店山陕会馆成为海内外倡导关公忠义、诚信精神之胜地。

驻足在高大雄伟、熠熠生辉的关公像前，夕阳的余晖竟显得那么柔和和静谧。恍惚中，我已穿越现实，挺立在三国圣殿上，与关公对白。英武夺目，踌躇满志，卓尔不群，这就是关公，我心目中的圣人！面对关公，我在寻找过去，清洗灵魂，审视当下。夕阳下，关公在思考，在《春秋》里寻找答案。我自己的收获呢？忽然想起于右任先生为关帝庙撰写的一副对联：忠义二字，团结了中华儿女；春秋一书，代表着民族精神。社旗重塑关公像，也是在重塑一种高贵的民族精神，号召大家坚守中华民族优秀传统文化中的诚信之本。

在《赊店春秋》杂志发表的部分文章

崇信尚义　知人善任

——刘备的用人术

李庚辰

在《三国演义》第四十　回"刘玄德携民渡江　赵子龙单骑救主"中有一段耐人寻味的故事：当火烧新野后刘备南逃，曹操紧追不舍而达当阳，"面带数箭，跟跄而来"的糜芳一见刘备即报告一个重大消息："赵子龙反投曹操去了也！"刘备听到这消息第一反应是："子龙是我故交，安肯反乎？"表现了对赵云的充分信任。即使是把兄弟张飞提醒说"他今见我势穷力尽，或者反投曹操，以图富贵耳"，仍坚信"子龙从我于患难，心如铁石，非富贵所能动摇也"。这里生动说明了刘备对赵云的真切了解和信赖，从某种角度说，也反映了刘备的用人术。

刘备用人的一大特点是崇信尚义。"桃园三结义"实乃基于深厚友谊和政治理想、政治目标的一致，是心灵的契合和感情的交融，绝非高攀俯就或互相利用。三人结拜后，"食则同桌，寝则同床，恩同兄弟"，于艰难竭蹶中显现了道义之交的纯真和可贵。事业初创时，他们同生死，共患难；称帝道孤后，刘备仍将"义"字放在第一位，"名为君臣，情同兄弟"，始终视关、张为最亲密的战友，不仅信任之，祸福同当，且为之赴汤蹈火在所不辞。当刘备听到关羽的死讯，"便大叫一声，昏厥于地"，边哭边说："吾与云长，誓同生死，彼若有失，孤岂能生哉！"必至"一日哭绝三次，三日水浆不进""泪湿衣襟，斑斑成血"。张飞遇害时，刘备更是声嘶力竭，悲苦万状，说："二弟俱亡，朕安忍独生哉。"他的兴兵伐吴当然是犯了重大战略错误，但也说明了他是"以感情代替政策"，对关、张二位是情真意实的。

不仅对桃园弟兄，对诸葛亮等文臣武将，刘备也都能信义为怀。他对谋士徐庶言听计从，而当曹操羁执了徐母逼庶就范时，有人献计要刘备留庶而让曹操杀其母，则庶必力攻曹操。刘备对此严词拒绝，说："不可。使人杀其母而吾用其子，不仁也；留之不使去，以绝其子母之道，不义也。吾宁死，不为不仁不义之事。"刘备对诸葛亮更可谓信义为先。他接受徐庶的举荐，三顾茅庐，礼请诸葛。及至孔明出山，他言听计从，待之如师，使诸葛亮得以大展其才。出于对诸葛亮德才绩能的全面了解，到白帝城托孤之时，刘备甚至诚心诚意哭泣着对孔明说："君才十倍曹丕，必能安邦定国，终定大事。若嗣子可辅，则辅之，如其不才，君可自为成都之主"；临终之时他又谆谆嘱咐儿子："以父事丞相"，使诸葛亮深感刘备知遇之恩，表示"臣虽肝脑涂地，安能报知遇之恩于万一"，决心"鞠躬尽瘁，死而后已"。

刘备用人的又一特点是知人善任。诸葛亮"本布衣，躬耕于南阳"，经"隆中对"实地考察，刘备发现此人确系当世奇才，遂大胆任用。黄忠、魏延、马超等人本是其他势力的战将，但他

239

作者简介：李庚辰，男，河南社旗县人，著名杂文家、评论家中国文艺家联合会副主席、《解放军报》编辑部原主编。

慧眼识才，一一罗致。这些勇武之才"常先陷阵，勇毅冠三军"，为蜀汉打天下立下汗马功劳。赵云本是公孙瓒部下，他初次相见，即"甚相敬爱，便有不舍之心"，以至"执手垂泪"，不忍相离。及赵云来归，立即委以重任。这位赵云"浑身是胆"，能征惯战，长坂坡前出入曹操百万军中如入无人之境，救阿斗，摧强敌，忠勇无比，被列为刘备的五虎上将之一。

刘备不仅见人之长，也能见人之短。他看准了马谡"言过其实，不可大用"，做幕僚参军尚可，当将帅必误大事。为此他专门向诸葛亮做过提醒，让其"察之"。可惜诸葛亮没有听进去，以致弄出后来的"失街亭"。自然，刘备在识人用人上免不了他的历史和阶级的局限性。比如，他任用刚愎自用、目中无人的关羽独当一面镇守荆州，就是个大的失误。这一失误不仅导致关羽"头颅行万里"，也导致了他自己陨落白帝城，使统一大业成为泡影。"出师未捷身先死，长使英雄泪满襟"，从这个角度说，无论是诸葛亮，还是刘备，都充满了悲剧色彩！

240

平心论关公

王志尧

"生当作人杰，死亦为鬼雄。"宋代女诗人李清照追思项羽的《乌江》名句用来评说关羽其人似乎也是较为恰切的。在这里笔者无意贬损关帝圣君之悲壮英烈人生，仅是参照佚名先生在《关羽文化的概念界定问题》一文中所提出的"关羽文化跟历史上的关羽、艺术形象的关羽、被神圣化的关羽分不开，是三个层面共同组成的文化概念"。"我们应抓住事物的本质，并更多地着眼其现实的价值，使之有利于为今天的社会需要服务。"诚然，单是历史上的关羽是不会形成关羽文化的，但历史上的关羽是艺术形象关羽和神圣化的关羽产生的前提和基础，而且，三个层面关羽一脉相承，都体现了历史上的关羽忠义勇烈这些基本特点。为此，笔者运用历史唯物主义的观点，抱着崇敬的心情和实事求是的态度，对关羽其人其事作一综合考察评判，扬其精华，去其糟粕，使之与时俱进，古为今用，这也是研究关公文化一个十分有意义的课题。

一、历史上的关羽考释

三国时期，确有关羽其人，只是史料记载较为简略。《三国志·蜀书·关羽传》（刘琳译注）其文为："关羽字云长，本字长生，河东郡解县人。因事逃亡到涿郡。先主在家乡招合人众，关羽和张飞做他的侍卫。先主任平原郡相，以羽、飞为别部司马，分别统领部队。先主与二人寝则同床，恩若兄弟；但在稠人广坐之中，二人则整天站在旁边侍卫，先主走到哪儿不避艰险。"

建安四年，先主（指刘备，后同）袭徐州刺史车胄，使关羽守下邳城，代理沛郡太守，而自己回沛县。建安五年，曹公东征先主，先主失败投奔袁绍。曹公擒获关羽而归，任命为偏将军，以礼厚待他。后来袁绍派大将颜良在白马县进攻东郡太守刘延，曹公叫张辽和关羽为先锋去打颜良。关羽望见颜良兵车上的旗帜车盖，打马刺颜良于千军万马之中，斩其首而还，袁绍的部将没人能抵挡，因而解除了白马之围。曹公立即上表封关羽为汉寿亭侯。起初，曹公爱关羽为人勇壮，但观察他的神情好像没有久留的意思，便让张辽试问问他的真实想法，过后张辽将此事问关羽，关羽感叹道：我非常了解曹公待我很好，但我受刘将军的厚恩，发誓生死与共，我不能背叛他。我今后是不会留在这里的，但我要立功以报答曹公，然后再走。张辽把关羽的话回报曹公，曹公很赞赏他的忠义。等到关羽杀了颜良，曹公知道他必定会离开，对他重加赏赐。关羽把所赐的东西全部封存起来，留下书信告辞，到袁绍军中投奔先主。曹公左右的人要

作者简介：王志尧（1947.12—），男，社旗县晋庄镇人，南阳市第二届科技功臣，原南阳师范学院学报主编、编审，中国红楼梦学会会员、南阳市红楼梦研究会副会长。

241

去追赶，曹公说：人各为其主，不要追了。

后来随先主到荆州依刘表。刘表死后，曹公定荆州，先主从樊城准备南渡江，另遣关羽率领水军乘船数百艘到江陵会合。曹公追到当阳长坂，先主斜奔汉津渡，恰好与关羽的船相会，一起到夏口。孙权派兵帮助先主抵抗曹公，曹公领军退回。先主取得江南诸郡，给立了大功的部下封官，以关羽为襄阳太守、荡寇将军，驻江北。先主西定益州，命关羽总管荆州事。关羽听说马超来降，因此写信给诸葛亮，问马超的人才可以同谁相比。诸葛亮知道关羽好强自负，就回信说，马孟起兼有文武的资性，雄猛过人，可谓一代俊杰，属于黥布、彭越一类，可与张益德并驾齐驱，但还不及你美髯公的绝伦超群。关羽看了信非常高兴，还拿出来给宾客们看。

关羽曾经被流矢射中，射穿了他的左臂。伤口愈合后，每到阴雨天骨头都会疼痛。医生说："箭镞有毒，毒入于骨，应当剥开手臂，刮骨去毒，然后才能除去此患。"关羽便伸臂让医生开刀。当时他正请诸将一道饮酒，虽然臂血时淌，流满盘器，而他割肉饮酒，谈笑自如。

建安二十四年，先主为汉中王，任命关羽为前将军，授予节钺。这一年，关羽率军进攻曹仁于樊城，曹公派于禁去援助他，所统的七军全部覆没，于禁投降关羽，关羽又斩将军庞德。梁、郏、陆浑诸县群盗有的遥受关羽的官印、封号，成为他的支党，一时威震中原。曹公商议迁移许都以避开他的锋芒。司马宣王、蒋济以为关羽得志，孙权必定不愿意，可派人劝孙权袭击他的后方，允许割江南以封孙权，那么樊城的包围就自然解除了。曹公采纳了他们的意见。起先，孙权遣使为儿子向关羽的女儿求婚，关羽辱骂使者，不许婚，孙权大怒。又南郡太守糜芳在江陵、将军傅士仁屯公安，平素都怨恨关羽轻视自己。自从关羽出军樊城以来，糜芳、士仁供给军资，不能全部及时供应，关羽说回来要惩治他们，二人都惶恐不安。于是孙权暗中引诱他二人，他俩便使人迎接孙权。这时曹公派徐晃救曹仁，关羽不能攻下樊城，只好率军撤退。而孙权已占据江陵，全部虏获了关羽部下将士的妻儿，关羽的军队因此溃散。孙权遣将拦击关羽，斩羽及其子关平于临沮县。后主时，追谥关羽为壮缪侯。

如果单凭正史的记载，历史上真实的关羽不过是一员勇猛善战的儒将而已，同历史上的乐毅、白起、项燕、项羽、廉颇、孙武、霍去病、卫青、李广等英雄人物相比，也高明不到哪儿去。然而，他却是幸运的，一是得益于艺术的夸饰渲染，二是受到历代封建帝王的封谥。（留待后文评议）

据考，春秋时期有解国，战国时期并于魏，旧地便称解梁。清乾隆二十一年（1756 年）刊印的《解梁关帝志·谱系考辨》云："关氏之先，出夏大夫关龙逄。一云关令尹喜之后也。"关龙逄是夏朝君主桀手下的一位大臣。据《中国人名大辞典》关龙逄条款记载："桀为长夜之饮，龙逄常引黄图以谏，立而不去。桀曰：'子又妖言矣。'于是焚黄图，杀龙逄。"《关帝志·汉寿亭侯父祖辨》载，清康熙十七年（1678 年），州守王朱旦在常平村关帝家庙殿西浚井时得一碎砖，砖有字："左偏字五曰：'生于永元二'，右偏字三曰：'永寿三'；中十七字曰：'先考石磐易鳞隐士关公，讳审，字问之灵位'；傍有字三曰：'男毅供'；砖背字二曰：'道远。'"又考知，关羽的祖父关审，字问之，号石磐，生于汉和帝永元二年（90 年），是一位崇尚老聃信奉道教而学识渊博的读书人。关审对《易经》《春秋》都有研究，以象数之学和儒家之学推行教化。和帝刘肇执政时，东汉王朝已进入衰败时期，君主昏庸，外戚乱政，宦官专权，内讧不已。饱经世故的关审看到朝政腐败，信守'祸兮福之所倚，福兮祸之所伏'的经训，逢乱世而退避，绝意仕进，不求功名，数十年"绝尘市轨迹"，不交结富豪，不攀附权贵，清静无为，洁身自好。关审活了67岁，在桓帝永寿三年（157年）谢世。关羽的父亲，关审之子名毅，字道远，生卒时间不见记载。考之，关道远同其父一样，是位有文化的布衣文人。父亲死后，他"结庐守墓三年"，脱服以后便专事农耕，安分守己，教子传家。常平村关帝庙有刻于清康熙十九年（1680年）的《前将军关壮缪侯祖墓碑铭》一通铭文记述了关羽路见不平，杀死郡豪吕熊一家的事，由"有司惮文法，遂迫求之，于是道远公及配淹芳腐井"等语，可知关羽的父母是因其为民除害，外逃涿郡之前，惧怕官府捉拿而投井身亡。故《解梁关帝志·谱系考辨》中有"运城表忠祠关氏三世由来已远，以忠继忠，异代同心，渊源固有自也"之说。

《前将军关壮缪侯祖墓碑铭》记关羽生于"桓帝延熹三年（公元160年）六月二十四日"，初名长生，后改为羽，取字云长，青少年时期在家习文练武作农事，"稍长娶妻胡氏，于灵帝光和元年（公元178年）五月十三日生子关平。"后因斩杀恶豪吕熊逃离家乡，于中平元年（184年）至涿州结识刘备、张飞，三人结为异姓兄弟。时值黄巾农民起义的风暴席卷全国，统治者纠集各地军队对起义军进行血腥镇压。关羽即随刘备在涿地招募乡勇，组织武装，先后参加了幽州太守刘焉，中郎将卢植，校尉邹靖和校尉都亭侯公孙瓒的军队，同黄巾军作战。献帝初平元年（190年），刘备依附公孙瓒，被任为平原县令（今山东省平原县），后领平原相，关羽、张飞并为别部司马，统领郡属军队。

从史籍记载来看，兴平元年（194年）曹操与陶谦争夺徐州，刘备带关羽援救陶谦，嗣后，刘备派为豫州刺史。建安元年（196年）袁术攻刘备，备与羽拒之于淮阴。建安三年（198年）十一月，刘备曹操联合击吕布，曹杀布于下邳。羽参加是役。建安四年（199年），刘备差关羽斩杀曹之徐州刺史车胄，占领徐州，命羽镇守下邳（今江苏省邳州市东），行太守事。建安五年（200年），曹操攻击刘备，备败逃依附袁绍，关羽及刘备妻室被围于下邳，羽降曹，诒为偏将军，待以厚礼。同年四月，曹操与袁绍战于白马（今河南省滑县东），关羽于千军万马之中斩杀袁之大将颜良，被封为汉寿亭侯。七月，羽探知刘备在袁绍部下，遂挂印封金，拜书告辞，离开曹操回到刘备身边，随后与刘备奔往汝南联络刘辟击曹。建安六年（201年）九月，曹操南征刘备，备与羽等归附荆州刘表，驻军于新野达七年之久。

建安十二年（207年）刘关张三兄弟三顾诸葛亮于南阳卧龙岗，请得孔明出山相助。建安十三年（208年）七月，曹操南击刘表。八月刘表病卒，次子刘琮降曹，刘备离开樊城奔往江陵，后与备会合于沔江共同奔夏口（今湖北省武汉市），是年十一月，经诸葛亮鲁肃等人多方协商，孙权刘备联合在赤壁（今湖北省蒲圻县境内），大败曹军，刘备占荆州江南四郡，羽参加此役。建安十四年（209年）十二月，东吴军事统帅周瑜病死，刘备从孙权手中"借"得荆州以北诸郡，任关羽为襄阳太守、荡寇将军，带兵屯驻江陵。

建安十六年（211年），刘备应刘璋之请率军西征入川，留诸葛亮、关羽镇守荆州。次年，曹操率大军击吴，羽与曹将乐进、于禁战于青泥，击退了曹兵的进攻。建安十九年（214年），刘备进攻雒城（今四川省广汉市）失利，急调诸葛亮、张飞、赵云等入川支援，留关羽独守荆州。是年六月，刘备攻克成都，自领益州牧，正式任命关羽都督荆州事务。建安二十年（215

年），孙权向刘备索要荆州，备借故推托，孙权派往长沙、零陵、桂阳三郡官吏尽被关羽逐之，吴蜀矛盾加剧。孙权遣吕蒙袭取长沙、桂阳，备亲率5万大军顺江而下与之争锋，羽亦带3万精锐之师进兵益阳与鲁肃对峙，双方剑拔弩张，大有一触即发之势。是年二月，曹攻汉中，备怕益州有失，即遣使与孙权讲和，双方商定以湘水为界，以东的长沙、江夏、桂阳三郡属孙权，以西的南郡、零陵、武陵三郡属刘备。

建安二十四年（219年），刘备击败曹操占领汉中，自称"汉中王"，拜羽为前将军，假节钺，列'五虎上将'之首。八月，羽乘孙权与曹操交兵之机，率其主力北上攻打樊城、襄阳，放水淹杀曹军，斩杀曹将庞德，收降于禁，威镇华夏。就在关羽志得意满之时，同年十月，孙权遣吕蒙抄其后路，袭取荆州。羽腹背受敌，军心涣散，处境维艰。十一月，羽从樊城撤军，企图夺回荆州，途中连遭吴军截击，部卒走失，战斗力大减。羽见夺回荆州无望，且战且退，抵麦城（今湖北省当阳市东南），欲逃往西川与刘备会合。十二月，羽从麦城败退临沮章乡（今湖北省安远县北）被孙权伏兵所擒，与子关平同时遇害，时年59岁。这就是历史上真实的关羽。

二、艺术形象的关羽扫描

从三国时代起直到元末明初，关羽的艺术形象在一千多年民间传说的基础上，通过源于历史而又不拘泥历史的高度典型化手法产生，后集中体现在罗贯中创作的《三国演义》中。这是关羽文化产生巨大影响而历久不衰的根本原因。这既反映了历史上关羽的基本面貌，又不等同于历史上的关羽。《三国演义》号称"七分实事，三分虚构"，对于作者着力称颂的关羽来说，恐怕虚构的成分更大一些。正如鲁迅先生在《中国小说史略》中所说"惟于关羽，特多好语，义勇之概，时时如见矣。"例如，写得异常精彩令人称道的冠于全军的'温酒斩华雄、三英战吕布、斩车胄、斩颜良、诛文丑、挂印封金、千里走单骑、过五关斩六将、华容道、单刀赴会、刮骨疗毒，水淹七军，等等，都不乏夸饰虚浮之词。就拿"诸葛亮智算华容，关云长义释曹操"这个世人皆知的故事来说，本是《三国演义》中的重点篇章。说的是赤壁战前，诸葛亮算定曹操必败走华容，因夜观天象，曹操不当身亡，考虑到曹操于关羽有恩，于是派关羽把守华容道，留个人情与关羽做。曹操果然由乌林向华容道败退，并在途中三次大笑诸葛亮、周瑜智谋不足，未在险要处暗设伏兵。然而，一笑笑出赵子龙，多亏徐晃、张辽二人双敌赵云，才使曹操得以逃脱。二笑笑出张飞，又是张徐二将抵挡方使曹操再次脱险。三笑笑出了关云长，且又在有一夫当关之险的华容狭路上，加之曹军几经打击，此时已无力再战。无奈之中曹操只得亲自哀求关羽放行。关羽念旧日恩情，义释曹操，使曹操得以回到江陵。据史料记载，曹操从赤壁败退，走的确实是华容道，但并没有关羽，曹操在途中确曾大笑，但不是三次，而是一次；曹操笑的也不是诸葛亮与周瑜智谋不足，而是笑刘备虽有计谋却迟缓。曹操笑后确也出现了敌情，但亦有惊无险。由此可见艺术虚构之端倪。事实上，当时曹操虽战败，但面临的形势并不十分严峻。因为在赤壁交锋之前，是曹操强大，孙刘弱小。孙刘首先考虑的是如何挫败曹操的强大攻势，使曹操不得渡过长江，以保全自己的势力范围，或保证自己不被曹操消灭。在胜负未卜的情况下，他们没有也无力抽出部分兵力去在曹操可能败退的路线上设伏。所以，曹操在败退的路上，虽后有追兵，却前无伏军。可是，在通往华容的道路上，却曾遇到了难以想象的困难。据裴松之注引《山阳公载记》说：曹操战船被烧，率军从华容道步行而归。华容道上一片泥泞，根本无法通行。加之那天又刮大风，行走更加艰难。于是曹宣命羸弱之兵割草垫路，大军才得以通过，而羸兵被人马践踏、深陷泥中，死亡无数。眼看大军就要全部通过华容道，曹操不由哈哈大笑。诸将本已狼狈不堪，问曹操为何发笑。曹说：刘备的才智与我不相上下，但他的计谋竟要晚我一步；假使他早派快马至华容道放火，我军必全军覆没。话音刚落，接探马报刘备追兵在后面开始顺风点火，但此时曹操大军已通过华容道奔江陵而去，这就是艺术的力量。即如贬抑关羽弱点的情节也较正史掺入了艺术夸张的成分。说是关羽在荆州闻马超归降，即派关平告知刘备"要入川来与孟起比试高低。"玄德大惊曰："若云长入蜀与孟起比试，势不两立。"最后以诸葛亮用书信解之，平息了这场关羽生事的一场风波。

再从各地关庙对联亦能感悟后人对关羽的崇拜程度。

（一）"崇尚忠义"的对联

1. 把关羽抬到与孔子一样高的地位

山西省永济市关帝庙中有一副对联：

先武穆而神，大宋千古、大汉千古；

后文宣而圣，山东一人、山西一人。

天津市关帝庙有联：

夫子孰能当，孺妇知名，继文宣于千秋后；

精忠庸有几，馨香终古，唯武穆可兖而居。

白崇禧为台湾地区新竹县关帝庙写的联为：

山别东西，前夫子，后夫子；

圣分文武，著春秋，读春秋。

黑龙江省虎林市乌苏里江左岸的关帝庙有联：

乃所愿学孔子也；知我者唯春秋乎！

2. 把关羽奉为做人的楷模

贵州省镇宁县关帝庙有联云：

声威何其震，功勋何其赫，忠义何其重，真武圣人也；

富贵不能淫，贫贱不能移，威武不能屈，诚大丈夫哉。

台湾地区屏东县关帝庙于右任先生所写对联：

独往独来，为英雄本色；

大仁大勇，真圣哲楷模。

北京地安门西关帝庙乾隆所题对联：

浩气丹心，万古忠诚昭日月；

佑民福国，千秋俎豆永山河。

3. 把关羽同朱熹、诸葛亮相比

台湾地区台北市武圣庙有联曰：

一道辞曹书，媲比武侯笺二表；

三分尊蜀鼎，定评朱子笔千秋。

河南省辉县关帝庙一副对联有扬朱了、抑诸葛之意联：

春秋大一王，拒北和东，诸葛尚非知己；

纲目存正统，尊刘抑魏，紫阳方是同心。

上联说关羽和诸葛亮不是知己，主要是在对待东吴的观点不同：诸葛亮主和，关羽主战。直到关羽被吕蒙杀害，英魂在刘备面前哭诉，请求刘备伐吴雪恨，诸葛亮还是建议刘备先伐魏，报仇伐吴徐图之。下联又是说关羽与朱熹维护正统的思想同出一辙，虽然朝代不同，但观点一致。紫阳，地名，在今安徽省，朱熹著书立说的地方，代指朱熹。

4. 把关羽的弱点加以包装

浙江省杭州市西湖金沙港关帝庙有这样的对联：

史官评我曰矜，谬矣！视吴魏诸人，原同孺子；

后世尊我为帝，敢乎？论春秋之义，终是汉臣。

另有多处关帝庙挂有下联：

秉烛非避嫌，昼夜思汉室，

释曹岂报德，始终藐奸雄。

（二）赞颂神勇的对联

1. 对英武的高歌

湖南省湘潭市等地关帝庙挂有斯联：

匹马斩颜良，河北英雄齐丧胆；

单刀会鲁肃，江南名士尽低头。

山东省潍坊市关帝庙的对联为：

匹马嘶回千里月；单刀笑指一江风。

2. 对关羽人生经历的概述

生蒲州、长解州、战徐州、镇荆州，万古神州有赫；

兄玄德、弟翼德、擒庞德、释孟德，千秋智德无双。

河南省许昌市等处关帝庙有联是：

赤面秉赤心，乘赤兔追风，驰骋时毋忘赤帝；

青灯观青史，仗青龙偃月，隐微处不愧青天。

3. 对关羽被害的惋惜

辽宁省义县等数处关帝庙张有下联：

数定三分扶炎汉，伐魏讨吴，辛苦备尝，未了平生事业；

志在一统佐熙朝，伏魔荡寇，神威远震，只完当日精忠。

湖北省江陵县关帝庙挂有此联：

荆州形胜即中原，得之则进取易，失之则退守难，天意苍茫，莫怪公犹立马；

壮武大名垂宇宙，生不作曹氏臣，死不作孙家妾，人心维系，遂令我欲登龙。

四川省巫山县关帝庙有联曰：

山势西来犹护蜀，江水东下欲吞吴。

表达了关羽忠于蜀汉，仇恨东吴的强烈感情。

浙江省富阳区和江苏省南京市关帝庙有联云：

此吴地也，不为孙郎立庙；今帝号矣，何须曹氏封侯。

（三）劝人警世类

1. 鞭挞狡诈

江苏省如皋市等关帝庙有联为：

有半点生死交情，方许入庙谒帝；

无一毫光明心迹，何须稽首焚香。

宁夏回族自治区的六盘山顶关帝庙有联云：

拜斯人，便思学斯人，莫混账磕了头去；

入此山，须要出此山，当仔细扣着心来。

福建省泉州市关帝庙有联为：

诡诈奸刁，到庙倾城何益；（摆阔之大上香火钱）

公平正直，入山不拜何妨。

2. 祈福禳灾

湖北省房县关帝庙有这样的对联：

恳关公显灵，驱那毒残鬼魅；

望东岳祈福，佑吾愚弱黎民。

3. 劝人学圣

湖北省阳新市关帝庙有联曰：

作圣有何奇，认真"忠义"两个字；

慕公无别法，熟读《春秋》一部书。

湖南省宁乡市关帝庙有联云：

古来不乏英雄，能称圣贤者罕矣；

世上许多朋友，有如兄弟者谁乎。

云南省石屏县关帝庙的对联是：

异姓胜同胞，笑他人同胞异姓；

三分归一统，恨当年一统三分。

这些关帝庙中的对联，均属文学艺术的创造，丰富了关公文化的内涵，反映了一定历史时期人们的道德理想，体现了关公形象中的正直、忠诚、疾恶如仇、见义勇为，为广大群众所喜闻乐见。

除此，在艺术领域，关公戏曲是最为兴盛的门类，最早可追溯到隋代。据《大业拾遗》记载，炀帝敕学士杜宝修《水饰图经》十五卷，在曲江池大会群臣观看，其中属于三国故事的有五出。唐玄宗李隆基始创梨园，三国故事的剧目更加增多。北宋时有种影戏，即有关羽形象的出现。宋人张耒所著《明道杂志》中记载："京师有富家子，少孤专财，群无赖百方诱导之。而此子甚好看弄影戏，每弄至斩关羽，辄为之泣下，嘱弄者且缓之。"元人陶宗仪所著《南村辍耕录》中称，金院本有《大刘备》《赤壁鏖兵》《骂吕布》《襄阳会》等6种三国戏，每出戏中都有关羽的戏文。

据《元曲选》等记载，以三国故事编写的杂剧约60多种，而以关羽为主角且属名家创作的就有10多种。如：《关大王独赴单刀会》关汉卿撰，《关张双赴西蜀梦》关汉卿撰，《虎牢关三英战吕布》郑光祖撰，《关云长千里独行》作者不详，《刘关张桃园三结义》作者不详，《关云长古城聚义》作者不详，《关云长单刀劈四寇》作者不详（"四寇"为董卓余党李傕、郭汜、樊稠、张济），《关大王月夜斩貂蝉》作者不详，《汉寿亭侯怒斩关平》作者不详，《秉烛达旦》尚仲贤撰等。

明、清时代随着人们对关羽不断地加官晋爵，关羽戏越编越多，称谓也随之而改称关圣、关帝了。乾隆特命庄格亲王、张德德等人系统地辑录和整理了供内廷演出的三国联合大戏《鼎峙春秋》共239出，其中关羽戏占了很大的比重。该长剧的情节大部分来自《三国演义》，少部分是吸收了《三国志平话》《关帝外记》等书和民间的传说故事。京剧产生以后，起初剧目中就有155出三国戏，而以关羽为主角的即占到五分之一，并逐步形成了以饰演关羽为主的"红生"行当。著名的京剧艺人王鸿寿编演了连台本关羽戏，由关羽出世的《斩熊虎》，演至其死后的《雪地斩越吉》共36出。王鸿寿的弟子李洪春又增编了《走范阳》《阅军教刀》《收姚斌》《破羌兵》《教子观鱼》，使关羽戏连台本成为41出。

盛演关公戏的剧种很多，以京剧和蒲剧为最。其他地方戏剧种如汉剧、川剧、徽剧、豫剧、粤剧、湘剧、滇剧、桂剧、昆剧、淮剧、河北梆子、秦腔、青阳腔……可以毫不夸张地说，大江南北长城内外，关公戏无处不演无处不唱。说唱关公的曲艺节目亦有不少，如京韵大鼓、河南坠子、评书等。这也是关公影响遍及华夏的最好例证。

关公戏因其"乃戏中超然一派，与其他各剧绝然不同"；其舞台艺术除具有戏曲舞台艺术这个大范畴的所有特征之外，又有其独特之处。"红生"是演关公的特有行当，其脸谱为戏曲特有，对演员的演技等要求极高。戏曲评论家周剑云认为："演者必熟读《三国演义》，定精神、艺术二类。所谓精神者，长存尊敬之心，扫除龌龊之态，认定戏中之人，忘却本来之我，虔诚揣摩，求其神与古会。策心既正，乃进而研究艺术。以予所见，第一在扮相之英武。要求扮相之佳，尤在开脸之肖。关公之像，异乎常人之像，眼也、眉也、色也（以真朱砂和油搅和）皆有特异之点，可以意会，难以言传。第二在做工之肃穆。要求之好，尤在举动之镇静。关公之武艺，异于常人之武艺，儒将风度，重如泰山，智勇兼全，神威莫测。用力太猛，则流于粗野；手足无劲，则近于委靡。以是舞刀驰马，极不易做，此则勤习无懈，方能纯化。"据扮演关公的老艺人讲，戏曲中关公的特有亮相姿势就有 48 种之多，这是根据各地关庙中不同的关帝塑像和 24 副对联创造出来的"关公 48 图"提炼而成。

据考，旧时上演关公戏曲有着许多不成文的规矩，如扮演关羽的演员在演出的前 10 天要斋戒独宿，熏沐净身；出场前要给关帝像烧香叩头，在后台杀鸡祭圣；红脸谱上要划一金线，称作"破脸"，不如此演出就会出事故；演员要在盔头或者前胸挂护身符（即有关帝圣像的黄表符），演出结束要用此纸拭脸，并拿到关帝像前焚化，以感谢关帝的庇护等。清廷皇宫演戏时，每临关公出场，帝、后、妃都得离座走几步，然后才能坐下看戏。如此等等，不一而足。

在塑造关公形象的艺术门类中，美术占据重要的位置。最早的关公形象见之绘画于何时无可考据。据《解梁关帝志·图像》载，方正学撰海宁关庙词，称关羽"虬髯虎眉面赤"；商辂撰成都关庙碑，称"帝修髯如戟"；李东阳拟古乐府则谓"帝髯如虬，眼如炬"；翁大立撰余姚关庙碑说："帝凤目虬髯"。虬髯，即蜷曲的胡须，特指颊须。这便成了绘画艺术家塑造关羽形象必须把握的一个特点。另有："都城旧有帝像，言先朝从大内出者，其面色正赤，面有七痣，鼻洼二痣尤大，须髯则稀疏而满腹，非五绺也。"看来，关羽面部有痣，其身材雄伟庄重，亦是画师们创作关羽形象时要把握的重要特征。

域内第一座关庙，建于南朝陈光大年间（561—568 年），解州关帝庙和常平村关圣家庙次之。庙宇建成后，或敬奉关公的挂像，或祭祀关公的塑像，这当是最早的关公形象的美术作品。进入五代时期各地盛行悬挂关公的画像，前蜀主王建令画师赵忠义画关将军像悬挂于后宫。至此，关公画像的美术作品已经比较普及了。

清代以后，特别是进入现当代，随着经济发展、科技进步和美术技巧的提高，以关公形象创作的绘画种类日渐繁多，数量大增，国画、年画、版画、工笔画、水墨画、连环画以及由国外传入的油画等，均有一些好的作品：关公或立马横刀奔驰战场，或战袍铠甲主帅军中，或龙袍冕旒端坐庙堂，皆栩栩如生，逼真传神。以《三国演义》为题材的连环画册一套 36 本，数千幅画面，其中关公形象占到五分之三。解州关帝庙午门东西两壁绘于民国时期的关公故事连环画，布局严谨，色彩优美，形象逼真，堪称现代壁画的珍品。近年来还印制了多种以关公绘画形象为内容的年历、挂历，多姿多态，画技高超，制作精美，很受群众欢迎。

关公雕塑形象出现的时间大致与绘画相同，或者还要稍早于绘画。因庙宇与祠堂不同，庙宇祭祀的多是一方神主的雕像、塑像，祠堂敬奉的均是宗族历代祖先的画像、牌位。关公的雕塑形象面部亦以美髯、虎眉、凤眼为特色，其服饰却因庙宇称谓不同而各异，称关帝庙、关王庙、关圣庙、关圣帝君庙的，其塑像多为头戴冕旒冠，身着龙袍，腰系玉带帝王装，面部表情祥和、庄重；称关侯庙、武庙、或将关公与其他神明合祀的庙宇，其塑像服饰则多为头扎巾纶，身着战袍，脚蹬战靴，面部表情为怒目而视，蚕眉紧锁，威武不可侵犯。庙宇内的关公神像多

为泥塑，也有少量的木雕像、铜铸像。近年来，随着"关公热"的再度兴起，关公雕塑作为工艺品、纪念品畅销市场，因而品种、数量大力增加，雕像有木质、石质，塑像多为腊质、石膏质，铸像多为铜质。1991年5月，运城市政府在运城火车站广场中心建造"关公提刀勒马回首望故里"大型铜像，该铸像高12.5米，重6吨，底座为大理石贴面，为目前山西最大的关公铸像作品。

在艺术形象方面，民间关公文化占据着相当重要的分量。关羽在民间的最初形象是以凶残可畏为特征的。这一与鬼很有联系的凶神形象当是受历史上关羽勇武的形象和被东吴擒杀的经历影响有关。从宋代"说三分"等民间文化的基础上出现《三分事略》和《三国志平话》，至元末明初产生的《三国演义》，这一传承过程中，民间艺人对关羽形象进行了重塑。主要是以"儒家化"为旨归。《三国志》本传没有关羽读书的记载。只是裴松之注引《江表传》云："羽好《左氏传》，讽诵略皆上口。"历史上的关羽最大的问题就是曾投降曹操，《演义》却将之改编为：关羽被围困在下邳附近的一座小山上，宁肯战死，决不投降。张辽恳切地向他提出，如果猛拼一死，等于犯了三桩大罪：一是使刘备失去依靠，二是把两位嫂嫂丢在曹营无人照顾，三是不能再匡扶汉室拯救黎民。关羽听后，沉吟半晌，提出停止战斗的三项条件：一是降汉不降曹，二是给刘备的家属以皇叔的待遇，三是探听到刘备的下落便去寻找。直到曹操应允了三项条件，关羽方才回下邳救出甘、糜二夫人，随曹操到达许昌。这一故事不仅抹去关羽降曹的污点，反而将关羽塑造成忍辱负重的忠义人物。其后在"挂印封金""古城会"等故事中充分塑造了关羽的忠的形象，而在"华容道"故事中又突出关羽重义和知恩报恩的形象。因此，宋元"说三分"对于关羽塑造的最大特点，就是在关羽原有"勇武"人格中加入"忠义"的内容。清人顾家相认为：北宋太祖得国，虽亦非正，而诸儒辈出，修身立品，远胜前朝，一时风俗人心，为之五变。沿及金、元，虽以外域帝中邦，而理学大昌，人存直道。文人作诗用典忌用小说家言，而清人作对赋诗引用《演义》者比比皆是。顾家相在《五余读书厘随笔》中评论说："盖自《三国演义》盛行，又复演为戏剧，而妇人孺子，牧竖贩夫，无不知曹操之为奸，关、张、诸葛之为忠，其潜移默化之功，关系世道人心，实非浅鲜。"可谓颇中肯綮之言。

据传，清末义和拳民在降神附法的仪式中都自称关公。万历以后，明王朝对关羽的日益崇拜，是晚明社会危机四伏，王朝摇摇欲坠的一种反映；而清廷对关羽的加封和尊崇，基本上都与清朝从事的军事行动——从入关追剿农民军到平定三藩，从镇压山东王伦起义到镇压川陕楚白莲教起义，从镇压京师、河南天理教起事到镇压太平天国运动、捻军起义都有密切关系。清人有言："予尝谓菩萨中之观音，神仙中之纯阳，鬼神中之关壮缪，皆神圣中之最有时运者……举天下之人，下逮妇人孺子，莫不归心向往，而香火为之占尽。"除此，关羽还被许多秘密宗教、结社所崇拜。明中叶以后关羽崇拜在官方祀典中地位日尊和在民间的日益普及，与同期《三国演义》及相关戏剧、戏曲等民间文化对社会各阶层的普遍影响是分不开的。

综合而论，从唐代至明清，官方与民间对关羽的崇拜有三个周期：在唐代官方崇拜与民间崇拜几乎没有任何接触和关系；从北宋中后期至元代官方崇拜受到了佛教化和道教化关羽的影响；到明清时期官方崇拜与民间崇拜都受到了民间文化的影响。从这些发展变化中，我们看到的是上层文化与民间文化逐渐走向一致性的趋势。这一趋势的形成当与唐宋以来社会流动性日益提高有内在联系，因为它必然带来上层文化与民间文化日益频繁的接触。明清时期，关羽不仅为王朝所推崇，成为国家保护神，同时深入民间，成为财神、行业神和聚落保护神，而且为秘密宗教、结社所尊崇；而王朝、民间社会、秘密社会崇奉关羽的原因，基本上是由于关羽忠义神武的神格。如此之高的一致性，乃是由于这一形象基本上来自共同的文化资源——宋元民间"说三分"的传统。由此可知，上层文化与民间文化、统治阶级文化与被统治阶级文化之间呈现出循环往复、互相影响的关系。单就艺术夸饰来说，民间文化的创意就不能小觑，如南阳民谚云：唐河一座塔，离天一丈八；南阳有个王府山，扒扒权权挨着天；赊店有个春秋楼，半截通到天里头，这便是对艺术形象关羽虚浮性夸饰的最好注脚。

三、神圣化的关羽溯源

历史上的关羽只是蜀汉的一员大将，而中华五千年的历史长河中名将如云。有论者曾指出："若论精忠报国，有岳武穆、国姓爷（郑成功），若论兵法韬略，有孙武、淮阴侯；若论勇猛善战，有楚霸王、飞将军（李广）；若论开疆辟土，有李靖、薛白袍（薛仁贵）；若论守域戍边，有戚继光、霍去病；若论德才兼备，有大树将军（冯异）为风范；若论治军严整，有亚夫为楷模；若论足智多谋，有张良、诸葛；若论志存高远，有班固远通西域；若论老当益壮，有马援之雄；再若论正直重义，翠微亭上韩蕲王（韩世忠）足以彰显……为什么这些名垂青史、功绩卓著的人不能成为武圣，却偏偏挑了个刚而自矜、功败垂成的关羽作为中国武人的代表？"解之的确费辞。

关羽最初仅是作为武庙的配享者出现的。唐代武庙主神为太公尚父（姜尚），故称太公尚父庙。"开元十九年（公元731年），始置太公尚父庙，以留侯张良配。中春、中秋上戊祭之，牲、乐之制如文宣。出师命将，发日引辞于庙，仍以古名将十人为十哲配享。"这"十哲"并没有关羽。关羽进入武庙始于建中三年（782年），此年礼仪使颜真卿奏言："治武成庙，请如《月令》春、秋释奠。其追封以王，宜用诸侯之数，乐奏轩县。"于是，"记史馆考定可配享者，列古今名将凡64人图形焉"，这64位配享者包括范蠡、孙膑、廉颇等古名将，而蜀前将军汉寿亭侯关羽也位列其中。至此，关羽始成为武成王庙的64位配享者之一。

在关羽逐步被神圣化的过程中，儒释道三教的推波助澜是其中重要的因素。

隋唐之际，辗转进入中国的佛教逐渐进入兴盛阶段，并与中国本土文化融合，形成了浸透着中国文化的中国佛教。于是，天台宗作为中国佛教的一个教派，捷足先登，率先将关公拉入佛门，封之为守护佛法的"伽蓝神"。据《关圣帝君历朝封号》记载，唐高宗仪凤元年（676年）封关羽为玉泉寺"护法伽蓝"。因关羽加入佛门，成了佛祖的伽蓝护法神，佛寺的罗汉像便由18尊增至19尊。如今佛教院内，常可见关羽塑像站立于罗汉像之旁，其手中的大刀是倒竖的，刀尖着地，象征"放下屠刀，立地成佛"之意。到了宋代，那个崇尚道教的宋徽宗，曾编造出请关公到解州盐池，大战蚩尤为除妖祛灾的荒诞神话。并被封为"崇宁真君"。至此，关公又成了道教的"荡魔真君"。到明代，关羽登上帝座，道号也随之上升为"伏魔大帝""协天大帝"和"翊汉天尊"。至于儒家推重关公的仁义礼智信犹如汉代"罢黜百家，独尊儒术"将孔子及其

学说提升为百代楷模、万世师表那样，一个美化、圣化和神化关公的浪潮，自宋元社会以来应运而生，且"顺理成章"。儒家尊关羽主要是靠文人学士们宣传，把关羽所体现的道德、人格与儒家思想联系起来，强调二者的一致性。如明代大文学家徐文长说"蜀汉前将军关侯之神与吾孔孟之道并行天下"。清人张鹏翮《关夫子志序》中说，关羽的"刚大之气，忠义之慨，暗与道合"。清光绪年间所修《荆州府志》介绍荆州关庙时指出"侯之心即孔孟之心，侯之道即孔孟之道。"

当宋代社会面临北方少数民族入侵的危难时刻，就多次用关公的"忠"与"勇"来教化臣民。像岳飞那样的忠勇之士，在宋元明清四代社会中，并非少数。而当北方少数民族统治阶级入主中原，取得全国政权后，又都对关公的"忠""义"予以褒扬，这在一定程度上促进了各民族在思想、文化上的认同和凝聚。对宋明以来新兴的工商阶层而言，他们则从关公身上汲取了"信"和"义"的道德原则，提出了"以信为本"和"以义制义"的带有浓重中国传统道德色彩的经营原则，遏制了利欲对道德的吞噬。对于宋元明清时代的文人、士大夫来说，则从关公身上发现了足以使他们效仿的人格和品德，即所谓"无不弃旧从新，乐为之和""金银美女不足以移之""高官厚禄不足以动之"，等等。那些揭竿而起的起义者们，则从关公身上汲取了忠于信义、道义，勇于反抗黑暗的思想和信念。此即梁启超所指出的："绿林豪杰，遍地皆是，日日有桃园之拜，处处为梁山之盟。"对于一般庶民百姓，亦能通过对关公的崇拜和敬畏，起到一定的教化作用。

关羽由汉将军荣升为关帝、武圣，有着深刻的社会历史原因和文化原因。关羽由侯为王，始于宋代。宋哲宗绍圣三年（1096 年），御赐"显烈王"匾额当阳玉泉寺。宋徽宗赵佶，先是将关羽追封为公，接着追封为王。崇宁元年（1102 年）追封关羽为忠惠公；大观二年（1108年），加封为武安王；宣和五年（1123 年），又敕封义勇武安王。还封关羽为崇宁真君。南宋高宗、孝宗、宁宗均有封关羽为王。元代因袭封王，元明宗天历元年（1329 年）加封关羽显灵义勇安英济王。

到明万历年间，将关羽升格为帝。明神宗万历十八年（1590 年），被关羽封为协天护国忠义帝；万历三十三年（1605 年），又被加封为三界伏魔大帝神威远震天尊关圣帝君——在皇帝的敕封令下，掀起了超乎前代的关羽崇拜热潮。史载村社乡里，边塞远疆都建起了关庙。清太祖努尔哈赤本是靠《三国演义》作为兵书行兵打仗的，征战时常随带关羽像，所向克敌，认为是关神显灵帮了大忙。顺治九年（1652 年）加封关羽忠义神武关圣大帝。其后雍正、乾隆、嘉庆、道光、咸丰、同治、光绪一个个竞相褒封关羽。雍正皇帝并将关羽曾祖父、祖父、父亲皆封为公，咸丰则进而将关羽祖辈三代皆封为王。关羽本身的封号也不断增加，由"忠义神武灵佑仁勇威显关圣大帝"，到再加上"护国保民精诚绥靖翊赞宣德"头衔，整个封号长达 26 字。

封建帝王们尊奉关羽，主要是出于王朝自身的利益，为的是借助关羽教化臣民，维护王朝的统治。追溯历史，北宋末年，面临辽、金入侵的强大压力，徽宗皇帝于是请出关羽来护国安邦。南宋与金对峙，同样需要一种精神力量来激励汉人，一致对外，维护其偏安的江山。元朝皇帝为融合民族关系，尊崇汉民族心目中的英雄偶像，同样是出自政治原因。明代万历年间，著名革新家张居正死后，新法被废，统治者日趋腐败，国内矛盾加剧，边关形势紧张，明王朝陷入内外交困境地，岌岌可危。万历皇帝正是在这样的政治背景下，加封关羽为三界伏魔大帝的。清朝，为了取得汉人的支持，而尊重汉人的传统文化是争取汉人支持的重要方略，加上他们的开国始祖本来就尊奉关羽，所以清朝皇帝更是看重汉人敬崇的英雄偶像，尊奉关羽登峰造极，关帝成了清帝推行社会教化的有力工具。从文化的角度讲，利用尊奉关羽起到社会教化作用，所谓"昭忠义以振人心世道"，是封建统治者尊奉关羽的基本出发点。

四、关羽神圣化过程中负面形象传闻举隅

关羽文化在中国实在是一个十分特殊的奇观，既有历史上真实关羽的性格特征，又有经过多种艺术手段创新、夸饰、虚构、综合、归纳，使之典型化地加工提高并不断升华，从而概括为近乎完人的过程。特别是经过多代封建帝王的不断敕封，其地位越升越高，终于完成了"侯而王，王而帝，帝而圣，圣而天"这一由人而神的演进过程。使关羽成为忠贯日月，义薄云天的忠义化身，成为体现中国传统伦理道德观念和人格品质的艺术典型，使之超凡脱俗、青云直上，由一个充满悲壮色彩的人间英雄，变成了万民礼拜的神圣偶像。

然而，贬损甚至诋毁关羽英武形象的著述也并不罕见。为此，我们也不必为尊者讳而采取视而不见的鸵鸟政策。试举几例，看他们讲得是否有点道理。如有论者在《三国毁于关羽》一文中写道："由于降曹，桃园兄弟之义令人生疑；而由于辱吴，他成了孙刘联盟的一个分裂因素。""诸葛亮怕关羽什么？怕他成事不足，败事有余，怕他使自己的《隆中对》毁于一旦，怕他终究会成一块暗礁，撞沉联吴抗曹的联合舰队。而联吴抗曹则是诸葛亮三国鼎立的根本大计。此计不成，蜀国难保，诸葛孔明的殷殷心血将付诸东流"。说到底，是怕他搞不好与东吴的关系。荆州与东吴接壤，又是一块"借"而未还的有争议的地方。作为这个地方的边将宗臣，最难处理的是保住荆州与维护孙刘联盟这两者之间的关系。上策是既不伤害吴蜀联盟，又长"借"荆州不还，这正是诸葛亮处理这个难题的一贯方针。他认为关羽识小义而未必明大义，尽小忠而可能害大忠，逞小勇而未能奋大勇。关羽浓厚桃园之义，却淡薄天下大义。否则，他不会再三阻挠刘备三顾茅庐，也不会刁难诸葛亮初行军令。他只知道诸葛避见乃兄，使三兄弟失了面子，不知道乃兄如果见不到诸葛，会失去争夺天下的机会，会在瓜分国土的军事竞赛中被淘汰出局，连最后一勺残山剩水也得不到。

关羽降曹，曹操善待于他，此"义"（其实是计）不忘，故有华容道放曹之举。联吴抗曹，对关羽来说，似乎是联疏（吴）抗亲（曹），此义（国家大义）不记，故有拒亲辱吴之举。这正是诸葛亮最怕的。怕关公守荆州，在刘备看来，非关公不能守荆州；而在诸葛亮看来，关公最不能守荆州。但疏不间亲，此话怎好对刘备直说？为了让关公心悦诚服地执行他亲手制定的联吴抗曹之基本路线，诸葛亮可谓煞费苦心。他智算华容，阳算曹操，阴算关公。他料定关公的曹操情结不解，不能真心联吴抗曹。所以，故意给关公一个放走曹操的机会，同时又要他立下军令状。其目的有四：一是杀杀他的傲气，赢了他的脑袋，又还给他，是要折服他的心；二是抓抓他的把柄，提醒他注意，他有历史问题；三是解除他的"曹操情结"，此后抗曹不会背不义的名声；四是晓以大义，让他体会守小义（报曹）而损大义（误国）的真实后果。尽管诸葛亮费尽心机，但

关公有他自己的行为逻辑。结果是腹背受敌，腹受国家之敌曹军，背受自己造就的敌人吴军。结局是丧师失地，败走麦城。这就造成了刘备的大不幸，逼着他面对自己一生最困难的选择：要顾孙刘联盟的大局，就不能为关羽报仇。不报仇，结义誓言便不能遵守，便会失去自己的立身之本。要报仇，就要伤害自己的立国之本"孙刘联盟"。

有了诸葛亮，才有联吴抗曹；有了孙刘联盟，才有赤壁之战，才有吴国转危为安，蜀国从无到有，才有三国鼎立之势。因为关公，才有荆州之失；有荆州之失义弟之死，才有猇亭之败蜀国伤筋动骨大流血，从此一蹶不振。故而，有诸葛亮才有三国，三国成于诸葛亮；因关公，盟友相攻，蜀国败亡，三国毁于关羽。如此而论，关羽成了促使蜀汉乃至三国败亡的千古罪人！

另有论者不屑关羽的做派。如"斩颜良诛文丑"，书中写的是"关公径奔颜良，颜良正在麾盖下，见关公冲来，方欲问时，关公赤兔马快，早已跑到面前，颜良措手不及，被云长手起一刀，刺于马下。"两军开战，来将通名，这是规矩，颜良倒霉，是遇到从来不讲规矩的关二爷了，又仗着曹操给的快马才冷不防被摘了脑袋。这哪里是两将交锋，简直是行刺一样的。这春秋大义也不知怎么读的。诛文丑时也没光荣着：那文丑统的兵先被曹操用计乱了阵脚，乱军中又和大将张辽、徐晃忙活了一阵，这时关羽赶到，文丑根本无心恋战，拨马绕河而走。关羽又是仗着马快，给人家脑后一刀。

至于战长沙，斗黄忠一事，称黄忠一口一个"老卒"，傲气冲天，结果和"老卒"斗一百回合也没把人家打趴下。第二天再战，黄忠破马失前蹄，二爷总算是没乘人之危，大说到捉庞德擒于禁水淹七军。庞德要同关羽叫阵，关羽又怒了，一会儿骂庞德竖子匹夫，一会儿损庞德是西羌一小卒耳，结果第一天两人大战一百合没分胜负。第二天打了五十回合又没把庞德怎么样！倒是庞德一箭射中关羽胳膊上，这还多亏了关平提醒，二爷躲了一下。庞德正要趁机追杀，于禁怕被庞德抢了功，一通大鼓把庞德敲了回去。关公箭疮举发，不能动弹，庞德累次要趁机进兵，于禁又是恐庞德成功，就是不肯，才成全了后来的水淹七军。到最后，也是庞德落水不会游泳才被周仓擒得，于庞之败，败在二将异心，而不是关羽厉害。

关羽攻樊城时，随军司马王甫已经提示关羽："糜芳、傅士仁不能竭力守城，潘浚不可任用"，另有人评论说：关羽虽然是刘备的铁杆二弟，但做事不大为刘备考虑，只计较自己的心情感受，和马超计较，和黄忠计较，又和长期追随刘备的糜芳处不好关系，还不能正确处理与东吴的关系。他斩华雄是冒了孙坚的功劳，斩颜良诛文丑是为曹操出力，北伐路上连个小小樊城也久攻不下，除了千里送皇嫂，几乎看不见他的战功，最后把他大哥辛辛苦苦得来的荆州也丢了。

五、结束语

综前所述，试用历史唯物主义的观点较为全面地考察了关羽的其人其事，关羽文化形成过程中正反两方面的传承发展变化轨迹，对于弘扬关羽文化传承关公精神提供一个较为可参酌的文本，以便取其精华、弃其糟粕，更好地为现实服务。

恰如正史所记载的，他与刘备张飞一道创业，不避艰险。当曹操擒获后，虽厚待之，他斩杀颜良解白马之围，然后尽付其所赐，拜书告辞而奔先主于袁军，体现了他的忠。当他坐镇荆州，刮骨疗毒，水淹七军，擒于禁、杀庞德，威震华夏，这些壮举构成了关公仁义礼智信的形象特质。

后世山陕商贾捐巨资兴建天下第一会馆的壮举不仅是缘于交通要塞的地利，更钟情于关公忠义仁爱诚信神勇的人脉传承。作为赊店的后人应倍感自豪幸福。当然，我们也不能躺在先祖的功劳簿上睡大觉。我们该将这份遗产发扬光大，用更加灿烂的业绩回报他们，这才是赊旗人振奋精神将关公文化做大做强的现实价值。我们赊旗人既然具有传承关公文化的优良传统，时下倡导这种美德，就一定抓住这个得天独厚的历史优势，更应乘借全国"关公文化遗产保护专项基金管理委员会"成立之东风，让关公文化和关公精神在社旗大地上一代代地传承下去，为建设大美社旗、富强社旗、文明社旗的美好明天而努力奋斗。

以时代的要求诠释关公精神
从全球的视野发展关公文化

刘小龙

一、以时代的要求诠释关公精神

"忠、勇、仁、义、礼、智、信"——关公精神符合中华优秀传统文化蕴涵的爱国爱民精神。正是这种精神，千百年来关公逐步成为中国社会上下共奉、三教同尊的神圣偶像。"汉封侯，宋封王，明封大帝；释称佛，儒称圣，道称天尊。"关公奇迹般超越时代和历史，由人而神，由神入圣，超越宗教和民族，由海内而海外，成为世界各地皆有香火奉祀的一种特殊且普遍的信仰文化现象。

本文认为，关公文化的主要体现是其以一生英勇践行的"大一统"爱国思想和其签诗里显示的"致人伦"爱民思想，属于中华优秀传统文化的思想精华；关公文化所呈示的"忠、勇、仁、义、礼、智、信"，是中华优秀传统文化的道德精髓。

"义薄云天""忠同日月义同天"，关公精神主要体现在"义"，按时代要求来诠释关公精神的"义"，我想应该是这样——

丹心赤胆，奉献牺牲，为国家践行忠义；

慷慨奋勇，抛头洒血，为民族奔赴大义；

富贵不淫，威武不屈，为真理维护正义；

平等博爱，贫贱不欺，为社会肩挑道义。

天伦尽致，敬长爱幼，对亲人极尽孝义；

热肠侠胆，关爱支持，对朋友倾尽情义；

舍己利他，济贫助困，对世间广施仁义；

尊老敬贤，敦睦邻里，对人事常讲礼义。

关公的"义"是其爱国爱民精神的集中体现，是关公文化中的最重要元素。关公文化是在中国千百年的社会历史进程中不断发展而形成的，并非一成不变。因此，按时代的要求诠释关公精神，从时代的高度进一步提升关公精神，让其更加符合时代需要，更加显示时代特点，这样，关公文化就更加具有时代意义和久远价值，也才能更好地在新的历史时期发挥更大的影响和作用。

作者简介：刘小龙，男，海峡两岸关帝文化研究交流促进会会长、福建省东山县政协原副主席。

二、从全球的视野发展关公文化

武圣关公的庙宇遍布中国,由此承载和延展的关公文化也广入人心。如今,关公香火遍布美国、加拿大、法国、澳大利亚、日本、韩国、泰国、越南、新加坡、马来西亚、印尼、巴西、阿根廷等150多个国家。

改革开放以来,我们由地方到全国,由国内到国外,不断弘扬和发展关公文化,做了大量工作,取得了丰硕成果;但如何进一步突破传统性、地域性、本土性局限,跟上时代步伐,站在时代高度,从全球视野,全方位、多层面来传播和弘扬关公文化,打造和发展关公文化,已成了摆在我们面前的一道新的课题。

本文认为,我们提倡"天下关庙一家亲",更需要"天下关庙一条心",天南海北,海峡两岸,海内海外,一样的责任、一样的义务、一样的使命,一样做奉献。我们做关公文化,应该"多向前看,多往大处想"——就是要把主要眼光和精力放在如何做大做强、不断提升打造、进一步弘扬和发展世界关公文化的研究和工作上来,就是要让关公文化发展成为世界关公文化。这一构想任重道远,但我们必须从现在努力做起,义不容辞。在此提几点建议供参考:

(1)解州祖庙、洛阳关林、当阳关陵、东山关公庙等重要关庙要充分发挥龙头作用,各地主要关庙和各界有识之士形成共识与合力,争取关公文化早日成功申报世界"双遗"(物质遗产与非物质遗产)。

(2)海内外各地主要关庙要克服狭隘的地方意识,加强横向交流与协作,由山西祖庙牵头印制《海内外关庙暨关公文化界通讯录》,以便联络交流,共同推进关公文化发展。

(3)进一步办好庆典、庙会、关公文化节等大型活动,规范祭仪,不断提升规格和品位,开拓和利用不同平台,扩大活动的影响力。

(4)在做好关公文化生态保护的同时,各地应争取建立以关公庙为中心的生态景区景点,尽快开辟国内乃至国际朝圣旅游线路。

(5)利用各种传媒,运用各种文艺形式,争取创作出越来越多的能够走红国内并走向世界的关公文化名戏(影视剧)和名歌(名曲)等,让关公文化广入人心。

(6)打造发展关公文化产业,制造生产一批能够进入国际市场的关公文化品牌产品,让关公文化在体现其社会精神价值的同时充分体现其市场经济价值。

中华优秀传统文化永远是我们汩汩流淌的精神之源,是我们民族的根和魂,也是我们民族的骄傲与荣光。关公文化是中华民族宝贵的文化遗产。"越是民族的,越是世界的。"做大做强关公文化,进一步弘扬和发展世界关公文化,对进一步团结海内外同胞,共同努力奋斗,对构建和谐世界,造福人类,具有深宏远大的现实意义。

论关公信仰

彭允好

关公，名羽，字云长，东汉延熹三年（160 年）农历六月二十四出生在山西运城。关羽一生以"忠、孝、节、义、诚、信"著称于世，留下了"桃园三结义""温酒斩华雄""斩颜良诛文丑""夜读春秋""过关斩将""义释曹操""单刀赴会""刮骨疗毒""水淹七军""玉泉山显圣"等妇孺皆知且千古传颂的故事，成为中华传统文化中的道德楷模。

关公作为中华民族忠义诚信精神的化身，历史上备受百姓顶礼膜拜，以至于明代著名思想家李贽如此慨叹："盖至于今日，虽男女老少，有识无识，无不拜公像，畏公之灵，而知公之为正直，俨然如在宇宙之间也"。

在民间，关公扮演着扬善惩恶、驱邪辟魔、主持正义的保护神角色，成为各行各业、妇孺老幼尊奉的万能之神。民间年画中的关公像常常置于正中，说明关公在民间的信仰神殿中，占有极高的地位。

关羽少年时孝奉双亲、青年时仗义助人、壮年时尽忠尽义，叱咤风云的英雄史迹和重义勇毅的人格操守是后世将关羽敬奉为神灵圣哲的根本原因。

关羽一生追随刘备，忠心耿耿，不避艰险，留下了许多符合忠义节勇、重诺守信等传统文化道德标准的历史片段，为后世的忠臣良将所效仿与崇敬，树立了良好的人格典范和道德标杆，被后人称为"义"的化身。

人们崇拜关公，并不是因为他的丰功伟绩、战绩彪炳，而是因为他以复兴汉室为己任的人生追求、"杀身成仁、舍生取义"的爱国情怀，"贫贱不能移、富贵不能淫、威武不能屈"的大丈夫气概，"玉可碎而不可改其白，竹可焚而不可毁其节，身虽殒，名可垂于竹帛也"的凛然正气，以及"天行健，君子以自强不息；地势坤，君子以厚德载物"始终如一坚守道德实践的处世态度。

关公精神对于后世忠臣义士的影响也极为深远。在关公信仰出现之后一千多年漫漫的历史长河中，中华民族也是屡遭磨难，但在关公"见利不亏其义，见死不更其守"的这种择善固执、大义凛然的精神引导下，涌现出了许许多多忠肝义胆、精忠报国，视民族大义、国家尊严重于泰山的英雄人物，他们受到人们的敬仰，激励着代代国人自强不息、报效祖国。

人们崇拜关公，主要崇拜关公高尚的道德人格。关公对国以忠、待人以诚、恩怨分明、信义卓著的精神，体现了中华民族的传统美德，所以被后人推举为集"忠孝节义诚信"于一身的道德楷模。

凝聚在关公身上而为万世共仰的忠、义、信、智、仁、勇、侠等传统美德，蕴涵着中国传统文化的伦理、道德、理想，渗透着儒学的春秋精义，并为释教、道教教义所趋同的人生价值观念，实质上就是彪炳日月、大气浩然的华夏魂。

"关公庙貌遍天下，九州无处不焚香。"关帝庙已成为中华传统文化的一个重要组成部分。一座关帝圣殿，就是一方风土人情民俗的展示；一尊关帝圣像，就是万千民众的道德偶像和人格鼓舞。

关公身上所体现忠、义、节、勇、诚、信等行为实践被认定为具有道德意义的高尚操守，体现了一种社会价值标准，这也正符合儒家一贯倡导并追求的理想人格。这一切使得关公成为历代各阶层信服和敬慕的榜样原因所在。关公的人格魅力获得了较为广泛的社会认同，由此也证明了优秀传统道德观念仍然是社会的价值取向。

浅谈关公文化热

魏从敬

中华大地人杰地灵，自古以来曾经孕育出了千千万万个叱咤风云、功勋卓著、彪炳千古的风云人物。然而，除孔子以外，任何一位历史人物都没有能像三国名将关羽那样，被封建统治者一致尊之为"圣"，被公众亲切地尊之为"关公""关老爷""武财神"等，长期而广泛地受到尊崇。在今天，这种崇拜势头仍然有增无减，呈现出平民百姓拜，王公大臣也拜；穷人拜，富人也拜；中国人拜，外国人也拜；古人拜，今人也拜的奇异现象。

据记载，自宋代以来，帝王们对关羽屡有褒封，倍加推崇。宋徽宗给关公"连升三级"：先封"忠惠王"，再封"崇宁真君"，又封"昭烈武安王"和"义勇吴安王"。元代文宗皇帝封关羽为"显灵义勇吴安英济王"。明清时朝廷还把关公当作国家的高级神祇去敬奉。明神宗把他尊之为"三界（人、鬼、神）伏魔大帝神威远震天尊关圣帝君"；光绪帝对关公更是恩宠有加，封号叠加至26字之多，即"忠义神武灵佑仁勇显威护国保民精诚绥靖翊赞宣德关圣大帝"，并且还大肆为他立庙，像对待孔子一样，定期进行隆重的祭祀。

关羽在民间的影响也非常广泛。据不完全统计，我国供奉关公的庙宇曾多达30万座。就拿坐落在豫南的社旗县城所在地赊店镇来说，过去那里曾是闻名遐迩的全国四大名镇之一。清初，镇上曾兴建过两座关帝庙，这两座庙宇后因战乱被毁。到此经商的山、陕两省商贾，陆续历经乾隆、嘉庆、道光、咸丰、同治、光绪六帝136年，"运巨材于楚北，访名将于天下"，建筑了一座无木不雕、无石不刻、雄伟壮丽、金碧辉煌的山陕会馆，又名山陕庙、关公祠，在大殿内雕塑有一尊两丈多高的关公圣像。2004年，该县民间又自发捐资100余万元，在原被捻军焚毁的春秋楼遗址后面，用大理石砌造了月台，在月台上铸造了一尊高达6.8米、重8.5吨的"关公夜读《春秋》"铜像。农历的正月十三、五月十三和九月十三（相传分别为关公的生日、磨刀日和忌日），年年都要分别举办祭祀活动。特别是九月十三的庙会，每届举办三天，隆重而又热烈。

关公崇拜不仅在中国广泛存在，世世代代走出国门的中华儿女也把关公文化带向了全世界。在马来西亚、法国、美国、印度尼西亚、越南、泰国、新加坡等国家，凡有华人生活的地方都存在关公崇拜。据统计，现在世界上有168个国家和地区都建有关帝庙，其中仅日本和马来西亚就有1000多座。我国的宝岛台湾共拥有大大小小的关公庙宇400多座，全岛人口2300万中崇拜关公者就达800多万人。美国的"龙冈总会"是一个以祭拜关公为主的民间组织，在各地设立的分会多达140余个。

作者简介：魏从敬，男，河南社旗县人，中国楹联协会会员、河南省诗词协会会员、南阳市作家协会、诗词协会会员、赊店关公文化研究会副会长、《赊店春秋》杂志主编。

这种关公崇拜热，也可以称之为关公文化现象。为什么其在国内长盛不衰，在国外和海外也如此热力高涨？以笔者之管见，原因主要有以下四个方面。

一、关公文化符合人们的社会文化心理和价值取向

在中国的各种文化形态中，伦理道德处于中心地位，中国传统文化强调的是"八德"，即忠、孝、仁、爱、信、义、和、平，这些传统美德在关羽身上都有明显体现。在"忠"上，"桃园三结义"后，誓愿"上报国家，下安黎庶"，不管千难万险，关羽都忠心耿耿地跟随刘备南征北战，断首捐躯也义无反顾。在"义"上，关公身上充凝着正义、义气和侠义。在家乡，他豪侠仗义，杀恶霸替民行道。与刘备、张飞结义后，他发誓"不求同年同月同日生，只愿同年同月同日死"。在曹操赤壁之战大败路过华容道时，关羽念自己在曹营时被厚待之恩，冒杀头之危险（已立军令状），放过曹操。

从这些故事中可以看出，关羽具有理想的道德人格和高尚节操，完全符合中国文化要求的道德楷模标准。因此，广大民众对关公一直虔诚崇拜。

二、顺应了人民大众的美好愿望和精神寄托

我国是农业大国。历史上属于一种长期都自给自足的小农经济，人们在与自然斗争的实践中，抵御天灾人祸的能力非常薄弱，美好的理想和愿望很难实现。为了摆脱苦难，追求幸福，他们迫切需要精神支柱；而关公生前勇武逸群，善于保国佑民，惩恶扬善，又经过一代代封建统治者潜移默化的宣扬，再加上文人墨客的艺术加工和完美塑造，关公在人们的心目中逐渐由盖世豪杰，上升为"人间真神"：他不仅可赐福禄，佑升迁，治病消灾，驱邪避恶，拯救劫难，还能招财进宝、庇佑商贾等。因此，不管士农工商各行业，天南海北各地域、各民族，都把关公作为一种精神支柱，虔诚敬奉。

三、在陌生人世界凝聚熟人的需要

共同的文化崇拜，从来就是凝聚和团结中华民族的根本力量。于右任曾为海外一座关帝庙题写楹联："忠义二字，团结了中华儿女；春秋一书，代表着民族精神"，精辟地概括了关公文化在中华民族形成和发展中的凝聚与团结功能。对于这一点，广大民众早有共识。自汉末以来，因逃避战乱或生计所迫等原因，我国曾发生过多次大规模的移民迁徙运动。还有许多"走西口""闯关东"或"下南洋"弃农经商，谋求生路的。改革开放以来，随着市场经济的发展，我国各地涌现出一大批打工族，他们常年走南闯北，务工经商。这些人到达异地后，远离故土，势单力薄，总是生活在陌生的区域或陌生的人群中，无法依靠血缘关系来保护个人利益，心理上缺乏安全感。于是，他们就以关公的忠义、诚信精神作为纽带和桥梁与人交往，建立超越地域、超越宗族、超越宗教的共同信仰，形成互助友爱的兄弟、姐妹之谊。这正像晋陕两省商贾当年

261

下篇 赊店关公文化研讨文萃

在赊旗店集资兴建山陕会馆，定期组织乡党在会馆（关公祠）内举行关公祭祀活动，以此为契机，让大家"叙乡谊，通商情"。让远离故土的"老家人"交流思想，交换信息，交流经验，联络情感，团结互助，共襄盛举。

关公崇拜活动的开展，对于广大民众尤其是旅居外地的客商、侨居海外的华人团结互助，扶危济困，联络情感，建立新型社会关系，确实起到了不可估量的作用。

四、维护封建统治的政治需要

历朝历代的封建统治阶级都深深地懂得，要维护自己的统治，必须教育和培养全体臣民对皇权绝对效忠，并且还要武勇。当王朝面临外敌入侵、平民叛乱等危机时，能够有一大批人挺身而出，勇敢捍卫。而关公正是他们需要树立的非常理想的典范。关公的一生，完全是为扶刘兴汉奔走效力，无论遇到什么艰难险阻，却毫不动摇，无论刘皇叔如何兵微将寡，身处逆境，他都忠贞不渝地追随。在生前，他英勇顽强，过关斩将，所向无敌，最终又义无反顾地为刘汉王朝断首捐躯。这种"义不负心，忠不顾死"的精神，正是封建统治阶级所要树立的典范。所以，关羽死后，历朝历代的封建统治阶级都对关公大加称颂，极力吹捧，封建帝王还对他步步加封，兴师动众地顶礼膜拜。

总而言之，关公文化作为一种在历史上产生过重大影响的传统文化，对于广大民众来说，具有很强的认同感和吸引力。但它毕竟是一种在封建社会经济基础上产生出来的封建主义文化。当前的关公文化热，是封建传统文化现象在社会主义时代的延续和发展，虽有不良影响，但也有积极因素，因为它是民族心理、民族文化的凝结，在一定程度上反映了普通群众的利益和愿望。我们只有运用辩证唯物主义关于"一分为二"的观点，采取批判继承的态度，对关公文化客观评价，合理利用。吸取其精华，剔除其糟粕。

社旗山陕会馆碑记与关公文化

魏从敬

近日，笔者与几位文友一起故地重游，再次来到社旗县山陕会馆（又名关公祠）考察参观，受到了较大的启迪和震撼。

游览时，我们清楚地看到，在那层层叠叠、巍峨壮观、金碧辉煌的建筑群里，除有许多匠心独具、鬼斧神工的木雕石刻之外，还有 9 块值得考究的石碑。这些石碑都是弥足珍贵的文化遗产，具有较高的史料价值，但对我启发最大、印象良深的当属《同行商贾公议戥称定规概》和《公议杂货行规》。

这两通石碑，详细地记载了本地当时的商业道德规则。它不仅是研究清代赊旗镇商业发展概况及商业行为规则的珍贵佐证，也是对关公"忠义、诚信"精神的直接展示。

《同行商贾公议戥称定规概》碑，树立在药王殿前。此碑立于清雍正二年（1724 年），重刻于清同治元年（1862 年）。它公然申明：

……年来人烟稠多，开张卖载者二十余家，其间即有改换戥称，大小不一，独往其利，内弊难除。是以，合行商贾，会同集头等，齐集关帝庙，公议称足十六两，戥依天平为则，庶平校准均匀，公平无私，俱各遵依。同行有合气之雅，宾主无棘戾之情。公议之后，不得暗私戥称之更换，犯此者罚戏三台，如不遵者，举称禀官究治……

《公议杂货行规》树立在西廊房北山墙上，此碑为清乾隆五十年（1736 年）赊旗镇杂货行订立，其内容达 18 项之多。碑文写道：

买卖不得论堆，必要逐宗过称，违者罚银五十两；不得在门口拦路会

客，任客投主，如违者罚银五十两；

不得假冒名姓留客，如违者罚银五十两；

不得在人家店中引客买货，如违者罚银五十两；

卖货破烂水湿必要以时价公除；

每年正月十五日演戏敬神，各家具要齐备，如故违者不许开行。

……

这些制定于 200 多年前的行规，涉及不许短斤少两，不许打价格战，不许搞虚假包装，反对不正当竞争，禁止拉客、宰客等，规定相当详细和严厉。

据考证，这是我国迄今为止发现的最早以关公的"义"来团结同仁，以关公的"信"来取

作者简介：魏从敬，男，河南社旗县人，中国楹联协会会员、河南省诗词协会会员、南阳市作家协会、诗词协会会员、社旗县诗词协会副主席、赊店关公文化研究会副会长、《赊店春秋》杂志主编。

信于社会、取信于顾客的商业规则。

在三国人物中，关公可以说是"信义卓著"的名将。所谓信，就是诚信，指守信用，重然诺。所谓义，原意是指合乎一定的道或理，符合某种标准，可以引申为正义。信义是关公的重要品质，是关公精神的内核。关羽与刘备、张飞结义后，对刘备"忠不顾死，义不负心"。无论环境如何艰险，诱惑如何强大，他从不动摇，"忠汉"之心坚如磐石。当下邳失陷，关公被困徒山后，以"三约"作为栖身条件。当曹操让张辽去劝降探问关羽："玄德待兄，未必过于丞相，兄何故只怀去志？"关公答曰："我故知曹公待我甚厚，奈何受刘皇叔厚恩，誓以共死，不可背之，我终不留此。"辽说："倘玄德已弃世，公何所归乎？"关公曰："愿从于地下。"当关公得知刘备下落后，竟然封金挂印，带二位皇嫂不避千难万险，过关斩将，千里寻兄去了。这充分表现了关公信义为本的高尚品质。

"诚信为本，义中取利"，是赊旗店商业历史文化中最核心的宣言，是山陕会馆的"魂"之所在。这正如一位专家认定的那样：这几通石碑是"商会文化之祖脉，商业规则之源头，商务公开之标本。关公精神之幻化"。

社旗县城所在地，原名赊旗店，民间俗称"赊店"，过去该地因所有商贾经营都是以关公为道德偶像，依照上述守则进行交易，经商诚实守信、公平公正、以义制利，声名远播，南北十六省的客商闻讯争相到此购地建房、开店办厂，使全镇由一条老街迅速发展为七十二条街"十三万之众"的皇皇巨镇，成为"北走汴洛，南航襄汉，西趣川陕，东进皖浙"的全国性交通和经济中心，呈现出"南船北马，总集百货"，店铺林立，客商云集，生意兴隆，市场繁荣的局面。

从清代赊店山陕会馆碑记和社旗的商业发展史上可以看出，诚信是商贾成功的秘诀，她随着奋进者的拼搏而临近；诚信是财富的种子，只要你诚心种下，就能找到打开金库的钥匙。因此，古人都以关公为楷模，把诚信作为立身之本，立业之基，坚持做到"言必信，行必果"。

古代先贤早就告诫我们："人之交往，信为本"。"言而无信，则不成言"。"民无信不立"。信用是一种彼此的约定，是一种具有约束力的心灵契约。一个没有信用的人，要想跻身成功者的行列，可以说肯定是不可能的。市场经济是信用经济，信用发展与发达的程度。决定着市场经济发展与发达的程度，如若缺乏诚信，任凭掺杂使假，以次充好，假冒伪劣，非法销售等行为泛滥，正常的市场经济秩序将会陷入混乱状态，消费者的利益就会遭到损害，国家和人民的生命财产就会遭到巨大损失。

站在生产销售者的立场上说，诚信犹如一颗青色的果，你咬一口虽然很苦，但回味无穷。倘若你把它丢弃，将遗憾终生。今后，各个生产企业和商户，与外地、外国交往的机会越来越多，如果弄虚作假，你的企业谁还敢信，你的产品谁还敢买，你的投资谁还敢受？实际上，这是自己往自己脸上抹黑，自己捧自己的饭碗，自己砸自己的招牌。

建立社会信用体系，诚信为先，是人民的呼唤，是市场经济法制社会共同的理念。大力弘扬关公的"仁义、诚信"精神，切实加强社会信用建设特别是职业道德建设，这是对人类社会优秀文化遗产的吸收和借鉴，也是净化社会风气，提高社会文明水平，的有效举措。无论是生产销售者还是消费者，都应该充分认识搞好信用建设的重要性和紧迫性，从我做起，从现在做起，积极参加丰富多彩的群众性道德实践活动，牢固树立全心全意为人民服务的思想，处处用公民道德准则和市场规则规范自己的言行。

　　各级职能部门应该切实加强对信用建设的督导，在大力开展职业道德教育的同时，建立健全约束机制，对于那些严重失信的人和事，要像古代赊店杂货行隆茂店、大生店行头对待不法商贩那样，进行严厉惩处，让那些制假售假者得不偿失，臭名远扬。以此确保社会主义市场经济健康、正常、有序地发展，让赊旗店"诚实守信"的优良传统和作风不断弘扬光大，像迎春花一样，在祖国大地上姹紫嫣红，竞相开放。

关公精神的思想理论基础探讨

穆兰东

关公姓关，名羽，字云长，本字长生，山西解州人氏。少有大志，拜师习武，主持正义，抱打不平，除暴安良。与刘备、张飞桃园结义后，为匡扶汉室，身经百战，位居蜀汉五虎上将之首。其"对国以忠、待人以义、行事以礼、处事以信、作战以勇"的行为，可谓集中国传统美德之大成，千百年来，受到了上至帝王将相、下到黎民百姓的顶礼膜拜。乃至汉封侯，宋封王，明封大帝，历朝加封号。儒称圣，释称佛，道称天尊，三教尽皈依，式詹庙貌长新，无人不肃然起敬，后世将其尊为武圣。人们的敬仰崇拜，使关羽升华成了关公，被誉为"万世人极"。关羽的"忠、义、礼、信、勇"精神，形成了特有的关公文化。

参天大树必有其根，浩荡江河必有其源。那么，关公的忠、义、礼、信、勇精神是怎样形成的？其思想理论基础是什么？对这个问题加以探讨，可能会给人们深刻而有益的启示。

一、关羽读《春秋》手不释卷

作为武将，学习研究武术、兵器使用、用兵韬略、排兵布阵、各种计谋，是其职责。高层次者，还研究天文地理及其在军事上的应用。而学习研究政治历史方面书籍者可谓凤毛麟角。关羽就是这凤毛麟角者中的首屈一指。

据有关文史资料记载，且不说在平时，即使在戎马倥偬的征战中，关羽也把文圣孔子编修的历史书籍《春秋》等儒家经典带在身边，稍有点滴时间，即时阅读。当下邳战役失利，关羽被迫留居曹营，他礼待两位皇嫂，秉烛达旦，夜读《春秋》。当关羽在许昌获悉刘备下落，护送两位皇嫂千里走单骑，行至荥阳，不顾鞍马劳顿，"于灯下凭几看书"。《三国志》《三国演义》多处记载，关羽对儒家经典手不释卷。魏晋之际虞溥所著《江表传》中孙权谕吕蒙读书中记载，吕蒙评价关羽"斯人长而好学，读《左传》(《春秋》载于《左传》中)略皆上口，梗亮有雄气，然性颇自负，好陵人"。

在全国各地的关帝庙、会馆、寺庙，在家户神台、商店收银处，在古票号、镖局都能看到供奉的身着绿袍戎装，手端《春秋》专注阅读的关羽塑像、雕像。在工艺美术商店众多姿势的关羽塑像、雕像、画像中，"关羽读《春秋》"的坐姿像，成为关羽形象的经典。

"关羽读《春秋》"这尊经典像，应该成为解读关公精神形成的钥匙。

作者简介：穆兰东，男，河南省社旗县人，原社旗县教委党委书记。

二、《春秋》是本什么样的书

首先从孔子作《春秋》说起。孔子，名丘，字仲尼，春秋末期鲁国陬邑（今山东曲阜）人。五十多岁时做过鲁国的司寇，代行相事。孔子最欣赏的是夏禹、商汤、周文王、周武王等三王时期的制度、礼、乐秩序。而他所处的却是上无圣明君主，周朝的制度废弃、礼崩乐荒的春秋时代。他做鲁国司寇仅三个月，就因鲁国动乱而离开鲁国。孔子为了宣传自己的主张，便对起于鲁隐公元年（前722年），终于鲁哀公十四年（前481年）的242年历史予以修订、评论、褒贬，以此为天下法则。

经过孔子修订过的春秋时期鲁国的编年体史书，定名《春秋》。书中上以阐明三王的统治原则，下以分辨人世的伦理纲常，判别嫌疑纠葛，辩明是非，判断犹豫难定的事情，表彰善良，贬斥丑恶，推崇贤良，鄙视不肖之人，存恤已经灭亡的国家，接续断绝了的世系，弥补残缺，振兴衰废。书中记载杀死国君的有36起，国家灭亡的有52个，诸侯逃亡失去政权的不可胜数。他考察所以如此的缘故，都是由于失去了礼义这个根基。他寓理于事，强调要恢复三王时期君臣父子的伦理道德，并提出了忠、义、礼、信等思想。

概括起来，经过孔子修订过的《春秋》要点有以下几个方面：一是明辨是非，举善贬恶，推崇夏、商、周三代的盛德；二是拨乱反正，教育和引导人们遵守道义；三是强调礼义这个根基的重要性，教导人们按君臣父子的伦理礼义纲常准则行事。

孔子通过重编鲁国史书《春秋》而形成的一套比较系统的儒家学说，在汉代以后的政治上、学术上处于至高无上的尊位。尤其是汉武帝接受董仲舒建议，罢黜百家独尊儒术后，儒家思想成为中国二千多年封建社会的统治思想。

三、践行《春秋》要义终成正果

关羽生活在东汉延熹三年（160年）到建安二十四年（219年），在儒家思想一直占据社会和文化主导地位的环境中，长期受到熏陶，青少年时期便行侠仗义，及至成年，与刘备、张飞结义，走上匡扶汉室的伟大事业后，其所作所为都与儒家的理念相一致。其行为的闪光点，主要体现在秉忠、仗义、遵礼、守信上。

秉忠。"忠"作为一种对国家奉献的政治伦理，有其形成和发展的过程。"忠"的普遍应用、"忠"观念的普及和流行是在西周中晚期之后，到了春秋初期已经是相当普遍而且非常重要的伦理观念。孔子在编写《春秋》中，以事喻理，十分强调臣子对国、对君要忠。他的名言"君使臣以礼，臣事君以忠"收录在《论语》中。《辞海》对"忠"字的解释，一是忠诚，尽心竭力；二是特指忠君。由此，对"忠"可以理解为臣事君、仆对主的竭尽忠诚以及对国家的恪尽职守。

关羽秉忠，是对汉朝、对国家的忠，具体表现为对其所在政治集团即对蜀汉的忠。他与刘、张结义后，一心报效国家，对刘氏汉朝忠诚。在随天子许田围猎中，看到曹操讨天子宝雕弓、金鈚箭射中鹿后，遮于天子之前以迎受群臣将校高呼"万岁"的欺君罔上行为，便"大怒，剔起卧蚕眉，睁开丹凤眼，提刀拍马而出，要斩曹操"。在下邳兵败，刘关张失散，关羽被困土山，

约定三事中，明确提出"只降汉帝，不降曹操"，"但知刘皇叔去向，不管千里万里，便当辞去"。当得知刘备下落时，便挂印封金，千里走单骑护送二位嫂嫂前去寻兄（主）。关羽对刘备，不仅以弟对兄之礼恭敬之，更以臣对君之心忠诚之。在跟随刘备建立蜀汉基业中，关羽以其智勇实现其忠，身经百战，冲锋陷阵，立下赫赫战功，可以说是鞠躬尽瘁，死而后已。

仗义。"义"是儒家五德之一，也是孔子在《春秋》中所提倡的要义之一。《礼记·中庸》中说："义者宜也。""义"和适宜的"宜"是相通的。"义"的主要含义一是事之宜，正义，指思想行为符合一定的标准。二是合乎正义或公益的。三是情谊，恩谊。根据以上意思，可以把"义"概括为"公正合宜"的道德、道理或行为。关羽一生秉承《春秋》大义，除暴安良，匡扶正义；护国建国，桃园结义；尊兄爱弟，倾尽情义；爱民护属，播施仁义；华容释曹，不忘恩义……关羽的义举，成为千百年来重义践义的楷模，被誉为"义冠古今""义炳乾坤""义薄云天"，受到历代执政者的推崇和民众的敬仰。

遵礼。孔子编修的《春秋》，提倡礼治，推崇以礼来规范人的行为，强调用礼仪节制人欲，要求天子、诸侯、卿、大夫、士等各级统治者安于名位，遵守礼制，不得僭越。而礼的作用是防止坏事于发生之前。对不合礼法的事，记叙中寓含贬讥。司马迁称《春秋》包含了礼义的根本。关羽熟读《春秋》，知书达理遵礼，自觉按儒家的礼来约束规范自己的行为，"非礼勿视、非礼勿听，非礼勿言，非礼勿动"。关羽对刘备，始终以弟对兄、臣对君恭敬之，《三国志》中记载关羽在刘备身边"侍立终日"，就点画了关羽"尽礼"之道；在被俘曹营期间，曹操欲乱其君臣之礼，使关羽与二嫂共处一室。关羽乃秉烛立于户外，自夜达旦，显示关羽遵礼慎独；当知道刘备下落，即将离开曹营，数次拜辞曹操皆不得见时，便写书一封，辞谢曹操，表明关羽礼节有制。

守信。孔子把"信"作为人与人交往必须遵守的原则，他说："人言而无信，就像车子缺乏关键的环节"，"人无信不立，业无信不兴，国无信则衰"。喜读《春秋》，笃信儒教的关羽，自桃园结义后，一生谨记并践行与刘备、张飞结拜时的誓言，信守承诺，言必信，行必果。他的"信"，几乎无所不在。在被俘曹营期间，曹操为收买他为自己服务，三天一小宴，五天一大宴，把缴获吕布的赤兔马、金银美女送给他，并封侯拜将。但财贿不以动其心，爵禄不以移其志，酒色不能变其节，一听说刘备所在，便挂印封金，扬长而去；他一诺千金，忠实兑现离开曹营时写给曹操辞别信中"其有余恩未报，愿以俟之异日"的承诺，不顾违背军令状被杀头的危险在华容道释放曹操；战长沙黄忠马失前蹄，不乘人之危反而让其"快换马来厮杀"。关羽的信用、坦诚，光彩照人。

关羽一生践行《春秋》要义，秉忠、仗义、遵礼、守信，充分显示了关羽的高尚品德，熔铸出关羽的高大完美形象，形成了关羽的关公精神和关公文化。

可以说，一部《春秋》成就了两位圣人。孔子著述《春秋》，创造儒家学说，而成为"文圣"，被誉为"万世师表"。关公践行《春秋》，是行为上的巨人，而成为武圣，被誉为"万世人极"。由此可以肯定，关公精神是在孔子儒学思想的熏陶下，汲取孔子儒学思想之精华而形成的。孔子儒家学说是关公精神的思想理论基础。

弘扬关公精神　促进当代社会发展

杨中良

关公精神的核心理念，集中体现在忠义、仁勇、诚信和守礼。它是中华民族优秀传统文化的重要组成部分，是集中华民族数千年传统文化儒、释、道于一身，蕴含着融通时代的精神内涵，是中华民族传统文化精神、传统核心价值观的浓缩。有长期的民间传说与信仰的群众基础，有所蕴含的巨大正能量，是千百年来被广为敬仰的道德偶像。弘扬关公精神的现代价值，用文化凝聚人心，用精神鼓舞士气，构筑中华民族的精神命脉，使其成为社会主义新时代思想道德建设的强大助推器，成为涵养社会主义核心价值观的重要源泉，从而有力地促进新时代社会主义核心价值观的建设。

爱国、敬业、诚信、友善是公民个人层面的价值准则，是立德为人、处事从业的根本要求。关公文化作为中华民族优秀的传统文化，其精神要义，是超越了时空、民族、国籍、宗教的一种特殊的、罕见的文化大观，被古今中外广泛认同。关公精神要旨理念所代表的忠义、仁勇、诚信和守礼，在新时代诠释为待国事以忠、待人以仁、以义取利、以勇奋进、诚实守信、遵礼守法。这种精神如今依然是我们的民族精神和大义，是社会发展进步与和谐的根本。关公精神蕴含着一种融通时代的精神内涵，是中华民族传统文化精神的浓缩。

一、爱　国

爱国是基于个人对自己祖国依赖关系的深厚情感，也是调节个人与祖国关系的行为准则。它同社会主义紧密结合在一起，要求人们以振兴中华为己任，促进民族团结、维护祖国统一、自觉报效祖国。先国后家、以国为家、家国一统，谋事必先有国，兴家必先爱国。爱国是人永恒不变、忠贞如一的节操，也是我们为人处世、创事立业的根本。关公一生秉忠汉室、忠于国家、勤于事业，理想信念坚定不移、矢志不渝、精忠报国、勤于职守。富贵不能改其忠，贫贱不能移其志，威武不能撼其节，为国忠心耿耿、忠肝义胆、忠贞不渝、赤胆忠心，被世人誉为："忠义长存、万古精忠"，是汉室忠臣。弘扬关公精神的"忠"在本质上与社会主义核心价值观倡导的爱国主义一脉相承，有异曲同工之处，对当下培育人民群众的爱国情怀具有重要的借鉴意义，因此，秉忠和爱国二者之间有着密不可分的联系。

作者简介：杨中良，男，河南社旗县人，社旗县政府办行管科长。

二、敬　业

纵观关公一生，为事业义无反顾、迎难而上、不惧艰辛、奋不顾身、勇往直前，无论身处逆境、困难重重，自始至终地坚定信念和操守。以重兴汉室为己任，恪尽职守、任劳任怨，不以权谋私、攫取私利。他为人正直、作风正派、光明磊落，不结党营私、拉帮结派，不计较名利高低、地位尊卑，为事业拼搏一生。新时期赋予了敬业的新内涵，新时代的敬业是对公民职业行为准则的价值评价，要求公民忠于职守、克己奉公、服务人民、服务社会，充分体现了社会主义的职业精神。我们弘扬关公的"勇"，就是要倡导他勇于奋进，不惧艰难困苦，不惧生死、不畏艰辛、不谋私利、不图名利，奋不顾身、勇于担当、身先士卒、仁勇义刚。把爱岗敬业、无私奉献放在体现人生价值的第一位，矢志不渝、坚守节操、敢作敢当，直至终生而无怨无悔。

三、诚　信

诚信，即诚实守信。孔子曾说"人无信不立，业无信不兴，国无信则衰"。诚信是人类社会千百年来传承下来的道德传统，也是社会主义道德建设的重点内容。信以立志、信以立身、信以处事，毋忘立信，当必有成。诚信强调待人处事真诚，诚实劳动，信守承诺，诚恳待人，老实做人、讲信誉、言必信、行必果，一言九鼎、一诺千金。关公精神的要旨，突出体现在他一生恪守不变的"诚信"。自桃园结义后，关公一生谨记并践行着诚信，无论身处何地，也无论荣华富贵、名利加身。关公栖身曹营，被封侯拜将，加官晋爵，上马金下马银，金钱美色，筵席如流水，真可谓名利双收、富贵在身。而富贵、名利、权钱、酒色不能移其志、背其信，最终他信守承诺，挂印封金、千里走单骑，心甘情愿地舍弃荣华富贵，履行自己曾经许下的誓言。我们弘扬关公的诚信精神，将其转化为新时期、新时代社会主义的诚信道德，进而营造全社会的诚信道德、诚信关系。

四、友　善

社会主义的道德友善，强调公民之间应互相尊重、互相关心、互相帮助、和睦友好，努力形成社会主义的新型人际关系。在我们这个拥有14亿人口、56个民族的大家庭里，人与人之间如果能够做到团结互助、友善相待，那么我们的各项事业就能很好地开展下去，进而形成你帮我、我助你，心往一处想，劲往一处使。人人都有一颗友善之心，尊重、关心、帮助别人，那么，必将构建成一个崭新的和谐社会。关公精神重要的一方面，体现在他的"仁"，待人以仁、为人宽厚、知恩图报。华容释曹、义释黄忠、善待降卒，傲上而不欺下、恃强而不凌弱，待人真诚友善，为民做主，维护百姓利益等，充分彰显了关公的大仁、大义。以仁爱、博爱之心待人、处事，不计较个人名利、荣辱得失，施政于仁，爱民、护民，关心、体恤下属和百姓。其"仁民"方略，真正地践行了"仁者爱民"思想。因此，弘扬关公精神的"仁"，有利于促进和形成和睦友善、团结互助的社会主义新型人际关系。

五、公　正

公正即社会公平和正义，它以人的解放、人的自由平等权利的获得为前提，是社会公平、人的正义，社会发展、个人进步的基本前提和根本保证。"义"作为一种范畴和理论，是中国古代最常用的道德概念，是做人的最高标准，泛指公正、合理和应当的德行和道理。关公秉承《春秋》大义，品质高尚，其重义流芳千古，世人皆知，是千百年来重义守义的楷模，被誉为"义冠古今""义炳乾坤""义薄云天"，被世人尊为"义绝""义勇"。关公的浩然正气和精神要旨主要体现在"义"，他忠心赤胆、践行忠义；勇于奋进、民族大义；富贵不淫、维护正义；博爱友善、勇挑道义；赤心侠胆、倾尽情义；爱民护属、播撒仁义。关公的"义"是其民族精神、不忘初心、积极践行、重义守节、一身正气、大义凛然、爱国爱民精神壮举的集中体现，也是维护社会公正必备的基本素质，弘扬关公的"义"，有助于新时代社会关系以及个人公平正义的形成。

六、法　治

法治是治国理政的基本方式，依法治国是社会主义民主政治的基本要求。它通过法制建设来维护和保障公民的根本利益，是实现民主平等、公平公正的制度保证。关公熟读《春秋》，重义守礼，而古人尤为重礼，甚至把尊礼守礼置于"法"的同等重要位置，故名"礼法"，知书明礼是品德高尚的代表和象征。关公重礼守法，崇尚礼义廉耻，事兄弟以礼，待贤以谦、礼贤下士，有礼节、讲道义，严于律己、宽以待人、坚持原则、不触礼法，执法严明、令行禁止。遵守礼法、克己复礼，坚守伦理纲常，不行僭越、不越雷池，治军以法、不徇私情，执法公正、不偏不倚，能够做到在法律面前人人平等并且大义灭亲，即使亲属违法，也决不袒护。如义子关平触犯军纪，关公不偏不袒、予以重责，为世人的楷模。我们弘扬关公的"礼"，摒弃封建社会道德标准和行为规范中的陈腐思想，顺应时代要求和特点，传承、萃取传统思想文化的精髓，有助于人们学法懂法、遵纪守法，有利于社会主义的法治建设和平安建设。

弘扬关公文化不是封建迷信，我们传承的是关公身上折射出的正能量，是关公代表的正义精神和令世人折服的人格魅力。当前我们面对敌对势力加紧对我国实行西化分化战略，面对意识形态领域的尖锐较量，面对激烈的国际斗争形势，掌握意识形态领域斗争的主动权，弘扬作为中华民族优秀传统文化重要组成部分的关公精神、思想精华、道德精髓，弘扬正能量，传承好红色基因，是我们义不容辞的责任和文化担当。

关公文化所显示出的"忠、义、仁、勇、礼、智、信"道德精神，主要体现在是以其一生践行的"大一统"爱国思想；"致人伦"爱民思想；"刚而勇"的敬业精神；"言必行"的诚信精神等。这种精神是中华民族优秀传统文化的道德精髓，是忠义的典范，道德的楷模，有广泛的群众基础。

关公崇拜与晋商之义

张春岭

一、山陕会馆中的关公崇拜

走进金碧辉煌、巍峨壮观的社旗山陕会馆，有关关公崇拜的楹联、雕刻、塑像随处可见。本来，山陕会馆就是明清时期山西、陕西两省商人为敬关羽，叙乡谊，通商情而建，而社旗山陕会馆把关公崇拜发挥到了极致。从琉璃照壁上"经壁辉光媲美富，甍墙瞻仰对英灵""浩气已吞吴并魏，麻光常荫晋与秦"及"义冠古今"的题额，到东、西旗杆自下而上第四节分挂"大义""参天"之镂空铁幡，从石牌坊上"护国佑民万代群黎蒙福祉，集义配道千秋浩气满寰宇"，到大拜殿"至大至刚叁天两地，乃神乃圣震古烁今"，这些楹联，无不充满了对关公的赞颂之情。

如果说山陕会馆中崇拜关公的情结已经凝结在古建筑上，成为历史，那么，在群众自发形成的山陕会馆庙会上，崇拜关公的情形更让人感叹。每逢农历初一、十五，成百上千的信众从四面八方汇集到山陕会馆，焚香祭拜，鼎盛的香火，表明了关公在人们心目中崇高的地位。

其实，在山陕会馆之外，崇拜关公的情形更是不胜枚举。在街头理发店中关公塑像前的缕缕香烟，到家庭供奉的关公画像，都说明关公崇拜已经深入人心。

二、"信""义"是关公崇拜的核心

关公本名关羽，字云长，河东解州（今山西运城）人，出生于战乱频仍、枭雄纷起的东汉末期。关羽在其近六十年的一生中，策马横刀，驰骋疆场，征战群雄，辅佐刘备完成鼎立三分大业，谱写出一曲震慑古今的人生壮歌。

晋陕商人讲求信义，与他们尊崇关公有密切的关系。"仁、义、礼、智、信"虽然是以孔孟为代表的儒家核心价值观，但"义"却是通过关公崇拜才发扬光大的。何谓"义？""义者，宜也"（《礼记·中庸》）；"行而宜之之谓义"（韩愈《原道》）。"行而宜之"，指的就是人们的思想行为要符合一定的标准。应该做的即做，不该做的则罢。为人处事，须问应该不应该，适宜不适宜。

关公以其一生，实践一个"义"字。青年除恶，体现的是义；桃园结拜，凝聚的是义；身在曹营，恪守的是义；沙场释敌，遵循的是义；追随刘备，其核心是义。关公是义的化身，义

作者简介：张春岭，男，河南社旗县人，社旗县林业局主任科员、中国商业史学会理事、中国收藏家协会钱币委员会委员。

的注解。

关公之义有着丰富的内涵，表现为忠心报国，除暴安民，知恩图报；还表现为君有礼，长幼有序，朋友有情，它是儒家思想伦理道德和中华民族优良传统美德的结合体。关公把义发挥到极致，也因义而获美名。

在关羽遇难去世后的三国两晋南北朝以及整个隋唐时期，他仅是英雄、义士，还不是圣人和神人。生活于扰攘不安的元代末期的小说家罗贯中，吸收、采用了宋元时代流传于民间的美化、圣化、神化关羽的大量故事，根据自己的政治理想、道德观念以及当时的社会思潮，进行了大胆而大量的艺术创作，把关羽塑造成了集"忠""义""信""勇"于一身的完人、圣人和神人。

晋商崇拜关羽，一是地域原因，因关羽亦是山西人，出于乡土感情的缘故，对于自己同乡中所出的英雄，山西人更是百倍崇敬、引以为荣，煞是偏爱；同时，自觉或不自觉地崇拜关公，效仿关公。《赊旗镇山陕会馆铁旗杆记》中，就有"帝君亦蒲东产故专庙而祀加"的记录。二是因关公身上所特有的"忠义"气节和商业道德中的"诚信"原则有暗合之处，晋商希冀以讲信用来规范当时的商业活动，赢得商业利润。三是因关羽为万人之敌，"古今勇将中的第一奇人"，其神威英武的英雄之气令人肃然起敬，又因关羽不屑于曹操的高官厚禄、骏马美女之赏赐，千里走单骑，实践了"义不负心，忠不顾死"的诺言。故关羽"威武不能屈，富贵不能淫"的气节深受晋商爱戴。

早在明代，山西商人王现也把经商的经验概括为"以义制利"，这个"义"的内容中就包括了"诚信"。晋商的传说中有大量重合同、守信用的故事。诚信这种文化在晋商的形成与发展中起了核心的作用。"诚信"二字包含了两个内容，"诚"是在企业内员工对东家、下级对上级的忠诚，所谓"受人之托，忠人之事"，这是诚的根本；"信"是商家对客户的重合同、守信用，所谓"一诺千斤"，这是信的中心。对晋商来说，这种诚信是成功的关键，也成为晋商成功的生命线。关公形象本身就具有信、义的特征，晋商关公"忠信义勇"品德中的信义凸显出来，作为一面旗帜，作为他们做人和经商的准则，这就是晋商关公崇拜的核心所在。

三、恩义可铭

2009 年 2 月，在第三次全国文物普查中，绛县文物普查队在冷口乡发现了一通晋商"恩义可铭"碑。2012 年 8 月，笔者到山西绛县，将这块石碑的照片复制回来，经过整理，碑文如下：

恩义可铭碑碑文

从来才德之在己者，未必恩义之及人。而才德兼备、恩义周至者，于我李公见之。公明月，光普其字也。幼而读书，颖异过人，长而贸易，心计无匹，于河南赊镇建立隆盛明号，资本无几而生意茂盛。自咸丰年间逆匪扰境，事业几瘆，公凤夜经营，又得令嗣玳琳辅翼，复立五丰明号，生意繁滋，几逾往日。非有计然之术、范子之智，何克及此！是公之才也。而且图匮于丰，防俭于逸，不矜己以凌人，不恃才以傲物非，公之德与兼之。与人以忠，待人以厚，一时与公为伙友数十年间，食旧德、沐新恩，不记小怨，不忘大德，成败不以易其心，兴衰不以改

度，其深恩汪洋，久已共铭肺腑，然虑其年远而湮也，爰竖石道左，以志不朽。

钦加同知衔敕授陕西延安府肤施县正堂眷弟张熙懋顿首拜撰文

例授修职郎壬戌恩科钦赐副举人眷弟李春芳顿首拜书丹

恩义可铭

伙友 李生□ 李祥□ 李祥秀 李金邦 李道午 仝立

男 玳瑁 玳琳 玳珍 孙 遇水 得水 长水 恪守

同治三年十月谷旦

此碑特点，是"恩义可铭"四个行书大字，居于正中，笔锋流畅、苍劲有力。同治三年为1864年，距咸丰八年（1857年）捻军火烧春秋楼，已经过了七年。查赊店有关碑刻资料，没有发现隆盛明号或五丰明号捐款记录，可能是大难刚过，还没有开始重建吧。

恩义可铭碑有关赊旗的部分，主要是李明月"于河南赊镇建立隆盛明号，资本无几而生意茂盛。自咸丰年间逆匪扰境，事业几隳，公夙夜经营，又得令嗣玳琳辅翼，复立五丰明号，生意繁滋，几逾往日。"

除了碑刻形制上的特点，此碑为赊店历史文化研究、关公文化研究，提供了关于"义商"的可贵资料。赊店要打造"信义之都"，赊店要被策划为"义商"的发源地，恩义可铭碑就是最好的证明。李明月的伙友们，正是感念他"不矜己以凌人，不恃才以傲物非"的品德，"与公为伙友数十年间，食旧德、沐新恩，不记小愆，不忘大德，成败不以易其心，兴衰不以改度"恩情，才特地立碑纪念的。

晋陕商人信奉关公，并将关公的"义"作为作人和经商的准则，这就形成了义商。恩义可铭碑也正是通过对李明月在做人和经商两个方面的行为，来阐释"恩义"的。

那腔义气　震古烁今

张殿举

中国有位武将，出生自寒门，败亡于行阵，仍名贯古今，饮誉海外。自宋以来，上自帝王，下及百姓，三教九流，五行八作，无不尊其为神圣，奉其为典范，称帝称圣，奢孛无上尊崇。

他是谁呢？想必大家不会陌生，此人乃三国赫赫名将——关羽，关云长也。

中国历史上，名将不可胜数，武功在关公之上者也非凤毛麟角，为何他独能享受这份尊荣？这不得不说关公身上的特质——义。

三结义，与朋友情同手足。《三国志》讲，"先主与二人（关、张）寝则同床，恩若兄弟"，"羽年长数岁，飞兄事之"。刘关张以戡乱复汉为志，桃园结义，一生情深谊厚，甘苦与共。关羽被东吴杀后，东吴赔礼请和，刘备盛怒不许，亲率大军讨伐，即使身陷危亡之地也在所不惜。这种至诚至性的情感真是感天动地。难怪人们把刘、关、张的交谊称为"生死之交"。

秉忠义，对朋友不离不弃。刘备微时，势单力薄，前途堪忧。关羽"侍立终日。随先主周旋，不避艰险"。在一次同曹操的作战中，关羽被擒。曹操爱才如命，不但不斩杀关羽，反而任为偏将军，礼之甚厚。在当时，曹操挟天子以令诸侯，实力强大又知人善任，关公若跟从他，肯定前途无量。然当曹操要收留他，派人打探他的想法时，他果决回答，自己"受刘将军恩厚，誓以共死，不可背之"。人往高处走，水向低处流。当时，有才能者，为攀高枝，不断变换主子，已是常态。关公不为俗情所困，毅然跟随刘备，这耿耿忠心，确实难得，实在少有。

重恩义，不忘他人情分。上面说到，关羽被俘后，曹操礼之甚厚，关公内心深为感动，但他身在曹营心在汉，更惦记结义兄弟刘备。怎么办？他想到要用杀敌立功报答曹公的恩情。天降时机，袁绍派大将颜良围困太守刘延，关公奋勇出击，策马刺颜良于万众之中，旋解白马之围。大功告成，他放弃曹操的厚赠，奔刘备而去。还有一次，曹操被关公围困于华容道，曹军兵困马乏，关公获曹操首级，易如反掌。然关公念及曹操当年的知遇之恩，冒着违令当斩的危险，还是把曹操放了。在不是你死就是我亡的战场，关公仍讲义气，真是空前绝后，亘古一人。

讲义规，中规守矩。关公与刘备情同手足，但他不利用这种关系自由放任、为所欲为。他严于律己，丝毫不触犯他人领地。在私下，他们是挚友，大庭广众中，他严格保持上下级关系，侍立左右，维护刘备的权威。他被曹操所获，曹操为离散关公与刘备的关系，故意让关公与刘备的夫人住在一起。关羽严守男女大防，秉烛夜读，避开了男女之嫌。光天下，磊磊落落；暗室内，谨言慎行。这样的朋友，怎不值得人托付，怎不让人倍加信任。

作者简介：张殿举，男，河南省社旗县人，社旗县桥头镇二中教师。

显义勇，坦迎刀山箭丛。关公勇武善战，有万夫不敌之勇。千里走单骑，重重险阻，万死不辞；过五关斩六将，勇冠三军；刮骨疗毒，谈笑自若。所有这一切，岂是凡夫所能为。尽管他也有兵败麦城令人扼腕那一幕，但难以遮掩他那冲天的光辉。

逞义豪，笑傲衣冠权贵。《三国志》称，孙权派使节为儿子向关公之女求婚，"羽骂辱其使，不许婚"。孙权是东吴之主，又是刘备的内兄，他遣使求婚，关公不仅不答应，还把来使臭骂一通，足见他的气势之雄。《三国志》又讲，"羽善待卒伍而骄于士大夫"，再次彰显了他的英雄豪气。这些或许是常人看不惯的，但正是这些，展示了关羽作为军人的英武之气。他的这种气概，无疑会与当时专制重压下的民众心里产生强烈共振。

社旗山陕会馆的琉璃照壁用四个字高度概括和褒扬了关公的精神特质："义冠古今"。

那么，关公的"义"渊源于哪里？

一是家传，二是自我熏修。立于清康熙年间的《关帝祖墓碑记》说："帝祖名磐公，讳审，字问之，……中穆好道，以《易》、《春秋》训其子，……子讳毅，字道远，性至孝，父殁庐墓三年，即免丧。于桓帝延熹三年庚子六月二十四日生帝。"从这里可以看出，至少从祖辈开始，关家已开始对家人进行儒家经典《易》《春秋》的教育，使家人明晓春秋大义，做具有正义品格的人。到关公父亲，关家已是礼义典范了。关公自幼受到良好家风的熏陶，义的理念不由自主就深入血脉了。到了成年，关公更是对《春秋》爱不释手，古书说："羽好《左氏传》，讽诵略皆上口。"

社旗县山陕会馆及关公文化对社会发展的影响

贺华强

  "滚滚长江东逝水，浪花淘尽英雄"，在中国历史上有过多少叱咤风云的英雄人物，而今最被人们长久传颂并顶礼的，只有世称"关帝"的三国时期的蜀将关羽。

  关羽，字云长，山西解州（今运城）人，以其忠义仁勇，为后人所崇敬，历朝先后有 16 个皇帝为其加封，直至被加封为"忠义神武灵佑仁勇威显护国保民精诚绥靖翊赞宣德关圣大帝"，长达 26 字，成为世人皆知的"关帝"。民间传说及《三国演义》中的关羽，基本上是百姓理想的化身。正直威严，不为财色利诱，立场坚定，忠于友谊，知遇报恩，见义勇为，成为民族审美理想的寄托。民间祭祀关羽，经过 1700 多年的演变，形成了独特的关帝文化。关羽之所以受人尊敬，在于他的言必忠信、信必笃敬，并由此而对后人的深远影响。

  商家供奉关帝始于明代，传说关羽挂印封金之时，将曹操所赠金银布帛悉数留下，还附上一本详细的"原、收、出、存"账册，即《日清簿》，也就是现今一般商人使用的流水账。关羽以信义为本，又设计了简明日清的簿记法，同时商人们为确保相互的信赖，请一位尊神来做监护，十分必要，关羽因信义俱全所以被尊为财神。关羽的"义不负心"形成了以"仁义""公正"为核心的商品交易准则，形成了"义中求财"的商品交易道德，并因此成为关帝文化的重要内容。

  关公文化异彩纷呈。关羽的形象不仅出现在文学、书画、影视等艺术形式中，就是时下最为流行的许多电子游戏中也有他的身影；而最凝重的积淀还是关帝庙，展现出丰厚的历史文化。社旗县山陕会馆融历史、建筑、艺术于一体，会馆始建于清乾隆二十一年（1756 年），经嘉庆、道光、咸丰、同治至光绪十八年（1892 年）落成，共经 6 帝 136 年。正殿供奉关羽坐像，所以会馆的绝大部分对联、门楣、匾额都是颂扬关羽的功德，故又称关公祠，道光年间称鼎元社，民国十二年（1923 年）改称山陕会馆。

  该馆现存碑刻共计 9 块，其中有关记述商业道德规则及会馆兴建活动的碑刻计 7 块，分别为：初刻于清雍正二年（1725 年）重刻于同治元年（1862 年）的《同行商贾公议戥秤定规概》碑、立于清乾隆五十年（1785 年）的《公议杂货行规》碑、立于清道光二十三年（1843 年）的《过载行差务》碑、以及记述山陕会馆创建活动及捐资及开支财务公示的《创建春秋楼碑记》《南阳赊旗山陕会馆铁旗杆碑记》《重兴山陕会馆碑记》《重建山陕会馆碑记》。前 3 块碑石对于研究清代赊店商业发展的概况及商业行为的规范提供了弥足珍贵的佐证。其中《同行商贾公议戥秤

  个人简介：贺华强，女，河南省社旗县人，兰州大学硕士研究生，社旗县财政局科员。

定规概》碑对规范度量衡作出了严格的规定；《公议杂货行规》碑则以倡导诚信精神为核心，对各种商业行为做出多达18项的严格规定；《过载行差务碑》则对支应官府的席片数量作出分解公示。这3块碑石也是我国现存会馆类建筑中所存最早也最为全面的商业道德规则碑记，堪称全国之最。其实，3块碑更是对关公所奉行的"信""义"的一种制度化体现。

悬鉴楼为戏楼。兴建于清嘉庆年间，高24米，为三重檐歇山顶建筑。山陕会馆，必有戏楼，目的是为了加重对关公诚信忠义文化的宣扬，寓诚信忠义文化与戏文之中，便于广大人民群众传唱、传播，并逐渐深入广大老百姓心中，渐渐身体力行，起润物细无声的作用。晋陕商人敬重并笃信关公诚信忠义由此可见一斑，不仅自己身体力行，商务之余还不忘对它的传播，希望关公的诚信忠义突破商界，深入各行各业，走向民众，走向社会，继而成为整个中华民族的一种风尚，最终成为整个中华民族的优良传统。这既是晋陕商人让我们尊崇的原因之一，更是他们成功的原因之一。

赊店镇是全国历史名镇，有史以来民风淳朴，是"中华商业诚信之源头"。晋陕商人集资兴建的"通商情、叙乡谊、敬关公、倡诚信"的山陕会馆，真实地记载了古人对诚信忠义传统美德的继承、尊崇和追求。他们自身有精神信仰，即关公的忠义诚信，把"信""义"定为自己的立业之本，并且身体力行；同时用碑刻把它制度化，让与他们交往的人不得不遵从；并且注重宣传，利用戏台广泛传唱，让忠义诚信以戏文的形式深入广大老百姓心中。

今天的赊店人，也正是这一美德的继承者、践行者，赊店美名传天下。近年来，县委县政府明确提出大力开展诚信教育，全力打造"诚信之乡"，全县自上而下形成了人人讲诚信、事事讲诚信、自觉讲诚信的社会氛围，诚信之风已吹遍社旗大地。人人精神昂扬向上，生活富足闲适，干事有劲，相处和谐。2012年7月下旬，央视《茶叶之路》行进版栏目组抵达社旗，对山陕会馆、大升玉茶庄、广盛镖局、赊店酒厂等地进行了实地采访、拍摄，充分展现了社旗丰厚的历史文化及当今的欣欣向荣、生机盎然。

关公文化与"品牌带动"

张保华

关公文化很宽泛，但究其精华和灵魂是义、仁、勇、诚、信，它不仅是民族文化、全球华人的文化，也是世界文化的一个重要组成部分。他忠肝义胆，诚实守信，浩然正气，厚德载物，为我们留下了宝贵的精神财富，是中华民族优良传统"忠义""正气"的化身。市场经济越发达，对"诚信"越需要大力传承与弘扬，而关公"忠义""诚信"的优秀品质被人们传为美谈，彪炳千秋，正好符合社会发展的需要，用"诚实守信"这把圆规来矫正市场经济运行中的"游戏"是最好不过！

以关公文化为主流的古镇文化，内涵丰富，博大精深，县委、县政府成立"关公文化研究会"，高瞻远瞩，意境深远，作用非凡，倾力打造关公文化品牌正是打造古镇文化旅游品牌的形势需要，所以，叫响古镇文化旅游"品牌带动"是形势发展的需要。县委书记、县长在全县经济工作会议上讲道：今后我县的发展战略是强力实施项目、品牌、创新、服务"四个带动"，通过强力实施这一发展战略，实现"争先晋位，跨越发展"；战略定位：最终打造"产业社旗、都市社旗、文化社旗、生态社旗"这四张名片，给力产业生态集聚区、县城新区、赊店商埠文化产业示范区、现代农业先导区和新型农村社区"五区"建设。

以赊店商埠文化产业示范区建设为重点，以打造全国有影响力的文化旅游名县为目标，加大古镇保护开发力度，搞活商贸流通，促进第三产业快速发展。

强力推进赊店商埠文化产业示范区建设。围绕创建国家级文化产业示范区目标，加快县文化展演中心建设，扩大文化产业规模，搞好传统工艺展示布展，邀请传统手工艺者和民间艺人入驻景区，开展景点仿古情景艺术表演，保护恢复非物质文化遗产，丰富景点文化内涵。同时，还要扮靓古城夜景，策划"首届中华商业道德论坛"，力争在社旗举办。届时，将会进一步叫响关公文化品牌，给力古镇文化旅游品牌的宣传和推介，迎来古镇文化旅游业的快速升级！

进一步抓好古镇保护开发。按照打造"中原明清第一古镇"的定位，以开放的理念和经营的思路，引进战略投资者，大手笔推进赊店古镇文化大开发。加快古城改造和景点建设，修建古城迎旭门、炳文门和部分古城墙，启动古码头区域、火神庙广场拆迁建设及景区入口工程建设，完成古城核心区21个古民居和超高建筑改造。搞好古城区精细化管理，推进古城区背街小巷及文明街巷建设，优化古城人居环境。

大力全面提升现代服务业。把现代服务业作为第三产业的重要内容，制定完善服务业发展

作者简介：张保华，男，河南省社旗县人，南阳师院历史系毕业，现任社旗县政协主任科员。

总体规划，大力发展文化旅游业，积极发展餐饮服务和文化娱乐业，搞好各种配套服务，形成"吃、住、行、游、购、娱"相关第三产业的发展，不断完善文化旅游产业链。大力发展商贸物流业。完成特色商业区规划编制，以建设区域性物流中心为目标，着力引进培育物流配送龙头企业。积极引进金融保险、科技服务等生产性服务业；大力培育咨询、社区服务等新兴服务业。

加强关公文化研究与实施"品牌带动"战略相得益彰，相辅相成。从关公身上我们能引申、借鉴、挖掘这几个方面的文化内涵：打造"关公文化"能聚集全球华人，有利于扩大招商引资，也就是用文化招商，促项目带动；研究关公文化促品牌带动，加快古镇旅游业的发展。

关公文化是古商埠文化的名片和亮点。赊店商埠文化全面挖掘与传承，已上升为省级古镇文化发展战略，与中原经济区南阳主体区社旗组团发展一体化，已上升为国家发展战略，并纳入"十二五"发展战略规划，这为古镇关公文化的研究与弘扬提供了政策支持和承载"文化社旗"，并走向海内外有了千载难逢的战略机遇。

进一步在全球华人、省、市、县内叫响"赊店关公文化"，传承与发扬浓厚舆论氛围，以关公文化"重义守信"为魂，吸引海内外游客游览赊店古镇，如在会馆广场等处建"桃园三结义""单刀赴会""关公桃袍"等雕塑，用高科技支撑古镇旅游品牌的发展。

进一步挖掘关公文化内涵并做好外延工作。关公文化历史悠久，其核心"重义守信"文化在全民族及全球华人心中根深蒂固，成为增强中华民族凝聚力的历史文化。但是，我们不能满足现状，要推陈出新，与时俱进，古为今用，要号召动员海内外知名专家学者召开研讨会，举办论坛、文学艺术创作等多种形式，让汉代关公文化发扬光大，历久弥新。

进一步完善关公文化景点配套工程建设，打造古镇文化旅游亮点。古镇山陕会馆内现存景点仅有"关公夜读《春秋》"塑像、青龙偃月刀等古代兵器陈列，汉寿亭侯印鉴，古文化内容单一，可把关公夜读《春秋》、关羽单刀赴会等制作成声、光、电等现代高科技景点。《春秋》一书内容摘要等史书一并陈列在会馆内，可能会使广大游客流连忘返，增强古镇文化旅游的趣味性、厚重感，并让广大游客内心发出："来赊店游不虚此行"的由衷感叹！

二圣碑记解读

张春岭

现立于社旗县城郊乡陈郎店北的两通石碑：一通因风剥雨蚀，字迹漶漫，其立碑时间与碑文内容，已经难于辨识，唯首行"南阳府裕州方城南宝德乡许封镇二圣庙前建立碑文"约略可见；一通字迹清晰，为大明嘉靖戊午年（1558 年）所立，碑额为"二圣碑记"，碑题为《南阳裕州陈家店重修二圣庙碑记》。

"二圣碑记"曾经被收入社旗县文史资料。2013 年，南水北调工程文物抢救性发掘时，省文物考古队发掘了陈郎店遗址，拓制了两通石碑的拓片。2014 年春节前后，对照拓片，本人将碑文一字一句敲入电脑，从此，距今已经 456 年的石碑的碑文完成了由石质载体向电子载体的华丽转身。碑文虽为文言文，但用词浅显，语言晓畅，标点之后，多数人都能读懂其中含义，故本人只对有关史料部分予以重点阐释。

"二圣碑记"开宗明义第一句，"且今之陈家店，即古之许封镇也。"这语气，缓舒迂徐，娓娓道来，是一位博古通今的老先生对着面前的莘莘学子授课，还是一位皓首银发的长者对着成群的儿孙讲古经？"今天的陈家店，就是古时候的许封镇啊"，这句话不是疑问，不是争辩，出口就是事实，就是结论。

"店在州南，离城五十里许，路通唐县。"陈家店在什么地方呢，在裕州南边，离裕州城约 50 里，从裕州到唐县的官道从村边通过。裕州即方城，史料记载，自金代设裕州，属南阳府管辖，元明清三代都是这样的行政建制。民国以后，设方城县，沿袭至今。

陈家店东北临河，裕州到唐县的官道路侧有古关王庙遗迹，陈家人因关王自古为忠义之士，就在古关王庙旧迹上建了 3 间庙宇，内塑关王像祭祀，为的是防御灾患，祈祷风调雨顺，昭示善恶，从而成为这地方崇拜景仰的对象。

这段话告诉我们，二圣庙是由古关王庙演化而来，主要敬的是关羽。和我们现代通称关帝庙不同，那时人们把供奉的关公称为关王。据杨峻声老师辑录的《历代皇帝对关羽的褒封》中可知，关公封王及封帝时间为：

北宋徽宗大观二年（1108 年），加封"武安王"。

北宋徽宗宣和五年（1123 年），敕封"义勇武安王"。

南宋高宗建炎二年（1128 年），加封"壮缪义勇武安王"。

南宋孝宗淳熙四年（1177 年），加封"英济王"。

南宋孝宗淳熙十四年（1187年），加封"壮缪义勇武安英济王"。

元文宗天历元年（1328年），加封"显灵义勇武安英济王"。

明太祖洪武元年（1368年），复原封"汉寿亭侯"。

明太祖洪武二十七年（1395年），改称"汉前将军寿亭侯"。

明武宗正德四年（1509年），赐庙曰："忠武"。

明世宗嘉靖十年（1531年），正洪武二十七年号之误，应为"汉前将军汉寿亭侯"。

明神宗万历十年（1582年），崇封为"协天大帝"。

也就是说，在这块石碑立碑24年之后，关公才被封为"帝"。所以这篇碑文中的"王"，就是关公。

碑文接着叙述说到了嘉靖九年（1530年），赵河向西滚动，河水侵路，路迫于庙，这时候的关王庙已经位于官道之上，而且原来的庙也倒塌了，关王的塑像也毁坏了。有陈氏子文汉等，捐财置地而将庙迁向西北数步，庙面向大路而规模更为宏大。那时因为元碑（就是那通字迹漶漫不清的碑）有"二圣"字，遂添塑二郎神像，像与王并之，方名曰二圣庙，过了28年之后，庙将圮而像将坏，"陈氏子陈耕陈孜齐立二社，率众捐财鸠工"而修理之，使倾圮者得到修葺而毁坏者得到修补，二圣庙因此焕然一新。不用石碑记载下来，修葺之功与前人建这座庙的事迹，都会随着岁月而泯没，所以就刻了这通石碑来记录此事。

碑文接着说庙中供奉的二郎神，具体事迹不太清楚，也不敢妄言欺神以诬人也，只有关公的事迹，史书有载，老百姓妇孺皆知，敬关公就是为了"愿王使我一方之民，有祷必应，有求必获"。

"及殁世而显灵也，除解池之妖，益国利也，于保儿还乡诚之感也，金氏化狗，彰不孝也，张生送母，不忍仁也，是以后世于历代诚感灵应而显报于天下矣。"本段引用了关公的传说、故事、神话，如"解池""金氏化狗""于保还乡""救张姬获生"等，说明关公的神灵之处。

碑文最后引用《易经》《书经》，进一步显示了重教化的目的。"故易曰，积善之家，必有余庆，积不善之家，必有余殃，《书》曰，积善降之百祥，积不善降之百殃。"这和现代所说"莫以善小而不为，莫以恶小而为之"一脉相通。

立碑时间：大明嘉靖岁在戊午仲夏望日

撰稿人：本店居士陈诰陈静

碑文书写者：汝阳后学何潮

刻碑人：石匠郭富和他的儿子郭宝

二圣碑的史料价值主要有两点。其一，它是验证许封镇传说的最古老最直接的文物。许封镇的传说广为人知，虽然有人说正史中有记载，但不见真正的文字资料。民国三十一年（1942年）的《方城县志》，也只是传说的追述，在发现更早的文献、文物之前，二圣碑和元代碑刻那一句模糊的"南阳府裕州方城南宝德乡许封镇二圣庙前建立碑文"就是许封镇存在的铁证。其二，关公崇拜年代久远，碑文中记载的古关王庙，最迟是在元代，而"王之灵，不但天下之人知之，虽妇人小子亦皆知之"，可见其在民间信仰中所具有的普遍性。在当今打造信义赊店、阐扬关公文化中，二圣碑具有重要意义。

在关公像前经商

薛广居

我的爷爷薛建邦，早年在赊店北骡店街做生意。因为我当时年幼，且幼年丧父，加上家谱资料早已遗失，因而对这些情况全然不知。近年来，我才陆陆续续从年过八旬的表姐、表侄那里听说了我的爷爷一生虔诚地崇拜关公，追求诚信，讲究仁义，坚持在关公像前做生意的佳话。

原来，我家祖上也是从山西移民来到赊店镇的。祖辈们白手起家，从做小生意开始艰苦创业。到我爷爷这一代，已在镇上站稳了脚跟，拥有五间临街的大门面，主要经营日用杂货（如土漆、木炭、山货等），生意做得红红火火。

表姐说，爷爷对关老爷的崇拜当时在镇上是出了名的：五间门面的正堂供奉的是红枣木雕成的约一米高的关公全身塑像——关公手持偃月刀，身披绿缎袍，威风凛凛。后院正屋和南屋客厅也供奉着关公画像。正堂关公塑像的楹联是："仰观天日心如镜，夜读春秋义薄云"；东屋关公画像的楹联是："英灵浩气遗千古，万世师表在一人"；南屋客厅关公画像的楹联是："昭然垂千古，不止冠三分"。偌大的庭院关公无处不在。每月的初一、十五，爷爷必率领全家在关公像前上香叩拜，爷爷自己则每天向关公像烧香叩头，恭敬膜拜。提起关公，则必称关老爷。

爷爷在做生意的过程中，始终坚持买和卖一定在关公像前进行。爷爷经营的杂货大多来自湖北和河南禹州，当年交通不便，这些货物只能用手推独轮木车运来。货物运到后，爷爷并不急于收货，而是先让送货人喝茶休息，让他们净面洗手，在关公塑像前上三炷香，然后才郑重其事地在关公塑像前逐一称量货物和结算付款。整个交易过程，更像一场庄重严肃的仪式。待结算完毕，这些拉货人因路远当天不能返回，爷爷就让他们在北屋住宿，不收分文。有一年冬天风雪交加，有一小车帮自禹州而来，到店已是半夜时分，其中有一个人受了风寒，发烧不止，爷爷亲自煎汤熬药为其治疗。十余天后病愈，临走时他和爷爷彻夜常谈，在关公像前焚香叩首，和爷爷结为金兰之交，一生交往不断。此人被爷爷的义气所感动，后来帮忙引来众多客户，爷爷的生意愈发兴旺了。

爷爷常说，拉脚人赚的是血汗钱，十分不易，咱不能坑他们，关老爷在天上看着咱啊！咱在关老爷像前做生意，就得对得起关老爷，对得起咱的良心。一分利吃饱饭，十分利饿死人。金钱总是身外物，唯有仁义值千金。

爷爷一生追求诚信，用一颗赤诚之心善待客户。他始终坚持在关公像前做生意，一时被传为美谈，享誉乡里，声名远播，很多外地客商慕名而来。当年，北到许昌，南到汉口、襄阳、桐柏，客商经常远道而来。爷爷的生意越来越红火，十数年间他就购置了二十多间房产，并买了土地，成为镇上的"中产阶级"了。

兴衰成败寻常事。爷爷唯一的儿子即我的父亲却未能传承他的事业。先父自幼聪慧过人，被称为"宛东才子"。20世纪20年代他从清华大学毕业后一直从事教育事业。爷爷说他不是块经商的料。由于父亲英年早逝，爷爷后继无人，所以后面兴盛了数十年的协和店终于在1949年左右被迫停业，当然这是后话。

行文至此，不由感慨万千。灵感萌动，谨吟七律一首以纪念我的先辈，并以此作为心灵的鲜花献给千千万万诚实守信经商的人们：

蚕眉凤眼善慈心，千古关公佑世人。奉圣交朋情义重，崇神结友挚情深。

心诚可换千斤宝，守信招来万担银。大义参天传万代，谦和诚信乃商魂。

河南赊店关公文化研究会大事记

目　录

2009 年 6 月—2019 年 6 月

一、2009 年

1. 张乾教授来社旗参观山陕会馆，提出研究关公文化问题。

2. 张乾教授再次莅临社旗指导工作。

3. 成立河南赊店关公显圣地研究会，聘请张乾教授为顾问。

二、2010 年

1. 苟义全给时任社旗县县长张明体书面汇报，并得到张明体给时任县委宣传部部长张富强批示。

2. 河南赊店关公显圣地研究会召开工作会。

3. 确定研究会办公地点。

4. 确定研究会章程。

三、2011 年

1. 召开研究会成员会议。

2. 赊店关公显圣地研究会顾问张乾教授莅临社旗指导工作。

3. 苟义全一行去山西运城常平关帝庙、洛阳关林学习考察。

四、2012 年

1. 河南赊店关公显圣地研究会更名为：河南赊店关公文化研究会（以下简称"关研会"）。

2. 成立社旗民俗文化研究会、《赊店春秋》杂志社。

3. 关研会召开工作会议，县委及有关部门参加。

4. 苟义全一行到湖北当阳关陵参观学习。

五、2013 年

1. 社旗县民俗文化研究会、《赊店春秋》杂志社揭牌仪式。

2. 苟义全代表"两会一社"向全县人民春节拜年。

3. 关研会召开会议，研究办好杂志各项措施。

4. "两会一社"召开 2013 年工作总结。

5. 向河南省新闻出版局申请办理《赊店春秋》杂志刊号。

6. 民俗文化研究会（以下简称"民研会"）举办"端午节"座谈会。

六、2014 年

1. 召开关研会全体成员会，商量筹备举办首届关公文化庙会。

2. 《赊店春秋》杂志社被评为县级先进单位。

3. 《赊店春秋》被省新闻出版局批准"准印证号"。

4. 关研会研究庙会方案。

5. 致企业精英及社会各界的一封信。

6. 文化庙会筹备会领导小组成立。

7. 关研会召开庙会筹备会。

8. 关公文化庙会公告。

9. 庙会筹备会确定祭拜人员。

10. 首届关公文化庙会及关公文化研讨会成功举行。

11. 苟义全一行到许昌关志杰办公室，请求帮助赊店策划文化节事宜。

12. 关研会总结上半年工作。

13. 苟义全一行参加解州常平关帝庙关公文化节。

14. 著名作家李庚辰莅临社旗指导工作。

15. 关研会召开三年工作规划会议。

16. 关研会主要人员去淅川参观考察。

17. 上报第二届关公文化节的报告。

七、2015 年

1. 《赊店春秋》杂志社主管单位变更、报批。

2. 关研会召开 2015 年工作会议。

3. 关研会召开《赊店春秋》杂志作者座谈会。

4. 上报县政府举办 2015 年关公文化节方案。

5. 中国·赊店第二届关公文化节公告。

6. 关研会接待山陕甘商会人员。

7. 关研会制订"庙会特邀函"。

8. 苟义全向县委书记汇报第二届关公文化节筹备情况。

9. 关志杰到社旗协办文化节、赠三牲。

10. 第二届文化节启动会。

11. 关研会主要领导去洛阳关林取经。

12. 关研会召开全体会议，明确分工。

13. 农历五月十三日关公文化节及关公文化论坛成功举办。

14. 苟义全应邀参加洛阳关林国际朝圣大典。

15. 迎接马来西亚关老爷文化协会考察团。

16. 中马关公文化交流会在县旅游局会议室召开。

17. 关研会领导和马来西亚关老爷文化协会应邀参加解州和洛阳关公文化节。

18. 关研会主要领导去许昌探讨与马来西亚关老爷文化协会联合办文化节事宜。

八、2016 年

1. 召开"两会一社"工作会议，提出关公文化进校园的思路。

2. 关研会顾问张乾教授来社旗研讨发展关公文化。

3. 郑州大学出版社副社长骆玉安一行到研究会指导工作。

4. 向县政府有关领导汇报第三届关公文化节的设想与建议。

5. 关研会确定第三届关公文化论坛内容。

6. 关志杰来社旗指导文化节具体事项。

7. 洛阳理工学院书记苟义伦莅临社旗协商帮助协办第三届关公文化论坛。

8. 确定第三届关公文化节邀请函。

9. 召开第三届关公文化节筹备会，确定人员分工。

10. 苟义全收到马来西亚关老爷文化协会文化节邀请函。

11. 苟义全一行应邀参加马来西亚第二届国际关公文化节。

12. 讨论文化节情景剧《汉桑情》通稿。

13. 关研会召开会议，研究"敬关公、倡忠义、讲诚信"300 米长卷和万人签字的内容及标语。

14. 苟义全一行应邀参加山西运城国际关公文化节及洛阳关林朝圣大典。

15. 关研会召开全体会议，要求按时间节点完成分配工作。

16. 关研会班子成员认真学习研究"三方共识"材料。

17. 将"三方共识"关于关公文化节庆健康发展的报告报商埠文化园区。

18. 在赊店大酒店召开马来西亚关老爷文化协会、广西恭城关帝庙理事会、赊店关公文化研究会三方座谈会议，关于举办关公文化节庆的若干事项，达成共识，签订协议。县商埠文化园区领导参加了会议。

19. 县民俗文化研究会换届大会。

九、2017 年

1. 换届后新老班子成员召开本年工作会。

2. 马来西亚关公文化推广中心主任和湖北荆州关帝庙领导到赊店座谈交流关公文化工作。

3. 关研会商定记述关研会成长经历的大事记。

4. 召开"两会一社"工作会，一是商量如何协办马来西亚关公文化节，二是如何做好赊店第四届关公文化节。

5. 苟义全应邀参加法国留尼汪关公文化节。

6. 关研会接待山西电视台"天下关公"摄影组。

7. 关公文化研究会和民俗文化研究会部分领导参加印尼关氏宗亲大会。

8. 关研会部分领导参加山西运城国际关公文化节及关林朝圣大典。

9. 法国留尼汪关公文化考察团来社旗参观考察。

10. 苟义全一行去南阳纵横旅行社协商百家旅行社参加文化节事宜。

11. 南阳百家旅行社来社旗考察。

12. 赴马来西亚文化交流新闻发布会在赊店莱邦假日酒店召开。

13. 县商埠文化园区领导为赴马来西亚协办关公义化节的代表团送行，苟义全会长参加了送行仪式。

14. 惠慧一行十三人，按"三方共识"约定带社旗越调《汉桑情》协办马来西亚国际关公文化节。

15. 马来西亚关帝基金会颁发感谢信。

16. 中国·赊店第四届国际关公文化旅游节隆重举行，百家旅行社参加文化节，并有部分旅行社达成了合作意向。

17. 苟义全一行去许昌、山西、洛阳探讨 2018 年赊店文化节如何大办。

18. 关研会换届。

十、2018 年

1. 苟义全一行参观学习平顶山马街书会。

2. 苟义全向南阳市社科联领导汇报"南阳关公文化资源"调查的意义。

3. 上报县委、县政府 2018 年大办文化节方案，重点向县领导汇报今年是马来西亚、广西恭城第一年协办赊店文化节。

4. 苟义全一行到许昌、洛阳、运城协商赊店文化节举办时间如何纳入三大关庙序列等问题。

5. 首届赊店书会在文化广场举办。

6. 南阳关公文化节资源调查工作会在南阳市社科联召开，十三个县市区宣传部门和文化学者参加了会议，西南交大梅红教授和关公网关志杰站长给与会同志讲解了田野调查内容、方法。

7. 苟义全一行去淅川驻马山关帝庙调研。

8. 苟义全向县领导汇报文化节方案，并提交筹建关帝庙可行性报告。

9. 关公网关志杰站长来社旗商讨文化节事宜。

10. 关公网关志杰站长及关研会领导去新野调研。

11. 苟义全和关研会会长杨东恒参加福建东山举办的海峡两岸关公文化节。

12. 确定南阳《躬耕》特刊，刊登社旗关公文化论文硕果。

13. 苟义全及关研会部分领导去桐柏调研关公文化资源。

14. 关研会主要人员在西峡研究文化节事项。

15. 关研会召开文化节筹备会，对文化节所涉及事宜进行了详细分工；并商讨第二部情景剧，以淅川驻马山为题材，由徐东、魏天葆完成。

16. 在南阳市政府新闻发布厅召开2018中国·赊店国际关公文化旅游节新闻发布会，筹委会有关领导参会发言并回答记者提问。

17. 县委、县政府召开文化节协调会，有关单位负责人参加。

18. 协办方马来西亚关老爷文化协会代表团及马来西亚二十四节令鼓表演队到社旗。

19. 苟义全一行应邀参加山西运城关公文化节及河南洛阳朝圣大典。

20. 协办方广西恭城关帝庙理事会携瑶族《吹笙哒鼓舞》节目及"关帝金卷"护送队到社旗。

21. 文化节筹委会为远方来宾举办迎宾晚宴。

22. 2018中国·赊店国际关公文化旅游节成功举办，来自6个国家，我国港台和其他24个省市关庙代表、关氏宗亲和专家学者207人参加了文化节及关公文化论坛。

23. 关公文化研究会主要领导去成都与西南交大梅红教授协商《南阳关公文化》一书编辑出版问题。

24. "两会一社"年终工作总结会召开。

25. 邀请赊店老酒股份有限公司总经理李刚先生加入赊店关公文化研究会。

十一、2019年

1. 召开"两会一社"工作会，聘任赊店老酒股份有限公司总经理李刚先生为关公文化研究会名誉会长。

2. 苟义全和"两会一社"部分同志带节目支援朱集第二届梨花节并对贫困学生给予资助。

3. "两会一社"全体成员会，讨论工作报告，确定2019年工作任务并做了大致分工。

4. 赊店民俗文化研究会、赊店关公文化研究会举办了首届端午民俗文化节。

5. 由"两会一社"部分同志和县越调剧团《汉桑情》剧组组成的赊店关公文化交流团赴广西恭城进行关公文化交流，县政府副县长甘泉涛和文化广电和旅游局局长李峥为大家送行。苟义全、文化广电和旅游局副局长王勇随同前往。

6. 马来西亚关老爷文化协会、赊店关公文化交流团、广西恭城关帝庙理事会汇聚一堂，向广西恭城人民献上了丰盛的文化大餐。

7. 苟义全一行应邀参加了福建东山海峡两岸关公文化节活动。

8. 赊店关研会副会长魏从敬组织了赊店五月十三关公磨刀日祭拜活动。

9. 苟义全到南阳拜访老领导，探讨如何把赊店关公文化做到南阳的问题，提出了联谊湖北当阳、河南洛阳、河南南阳，以"关公头枕洛阳，身卧当阳，显圣南阳"为口号，促进三方文化旅游发展以及建立南阳关公文化研究会的思路，得到与会老领导们的支持。

10. 关研会办公室召开"两会一社"全体成员会，一是回顾总结去恭城协办文化节的成绩、不足和努力方向；二是明确了文化节亮点：（1）"五个一百"，即百名少儿颂关公，百篇文章写关公，百幅楹联赞关公，百幅书画绘关公，百家商企敬关公。（2）赊店关研会成立十周年庆祝活动，开幕式和祭祀仪式也要做好；三是对今年文化节工作进行了详细的分工，并对完成时间提出了要求；四是《南阳关公文化》和《关研会十年大事记》两本书，该补充的内容分工到人，倒计时完成任务。苟义全主讲，与会同志积极发言，表示乐意接受分工并全力以赴完成任务。

11. 在关研会办公室召开《南阳关公文化》一书初稿回笼工作。

这本小书是 2018 年 4 月 13 日南阳市社科联举办"南阳市关公文化研讨会"后的成果。

这些年来,南阳市关公文化以赊店为中心,轰轰烈烈地发展起来了。2016 年成功举办中国赊店国际关公文化节,来自世界十多个国家和地区的关公景仰者、专家学者齐聚赊店,在古香古色的大拜殿下研讨关公文化。2017 年又成功协办马来西亚国际关公文化节,将原创的越调情景剧《汉桑情》带到马来西亚首都吉隆坡演出,开创了中国支援"一带一路"沿线国家关公文化建设的成功先例。赊店与广西恭城、马来西亚达成了《赊店共识》,形成了三地联办的制度,即三地轮流主办、其他两地全力支持的机制,成为关公文化国际化的创新模式。

在对南阳关公文化资源进行实地调查的过程中,参加研讨会的各位同仁齐心协力,在短短三个月时间内,搜集了南阳诸多关公文化的信息资料。一个篱笆三个桩,一个好汉三个帮。一个人可以走得很快,但是一个团队可以走得很远!在这次关公文化资源的调查活动中,南阳各地表现出了团结、合作、高效的精神。

感谢南阳社科联的大力支持!

感谢赊店关公文化研究会的筹划、组织和协调。他们亲赴新野、淅川、桐柏等地调研,为整个调研工作的顺利展开奠定了坚实的基础。

感谢关公网的关志杰站长。他与赊店关公文化研究会共同筹划了此次调研,并且冒着高温、利用周末的时间前往调查。

感谢邓州王国勇同志,第一个交来稿件。感谢镇平晁陂关帝庙,感谢淅川驻马山关帝庙,提供了详尽关帝庙的情况和照片。感谢方城文物所李迎年局长,提供了方城关公文化较为翔实的资料。感谢新野的韩露同志,陪同赊店关公研究会的同志调研新野关公遗迹。感谢白万献同志,帮

忙联络，提供线索。感谢方城亢得顺先生，提供了古裕州关圣庙和拐河关帝庙的材料；感谢淅川赵霞同志、陈进禄先生提供了荆紫关陕山会馆和厚坡韦集山陕庙的材料，为了弄清楚照片的拍摄者，又多方联系。感谢桐柏李修对先生提供了全县全方位的关公文化材料。感谢西峡周晓霞同志提供的资料。感谢南召高天顺先生提供的资料。感谢内乡余昕同志提供的材料。感谢邓州高保海先生提供的资料。感谢南阳周明仁同志提供的材料。感谢豫西南关氏宗亲联谊会积极协助本次调查，派出关振明、关雷、关立从、关文艺等多位同志陪同考察邓州、镇平的七处遗址遗迹并提供资料。

在各方资料汇集起来后，由我进行了统稿工作。

由于时间和能力等原因，本次调查还有很多不完善的地方。这是一个积极开始，期待我们的努力能够抛砖引玉，引来更多的人关注南阳关公文化，为南阳地方经济文化的发展提供帮助。

是为记。

梅 红

2018 年 7 月 21 日